だれでも上手にまとまる

志望理由書

合格ノート

神尾 雄一郎

はじめに

◌ 学校推薦型選抜・総合型選抜対策の基本と実践を漏れなく収録

「学校推薦型選抜」や「総合型選抜」に出願するものの、どのように努力すれば合格できるのか、いったい何から手をつければよいのか、と戸惑っている受験生は多いのではないでしょうか。

　学校推薦型選抜や総合型選抜は、大学・学部・学科が、受験生が自校の学生としてふさわしい人物なのかを、受験生本人の学修歴や活動歴、能力・適性や学修に対する意欲、目的意識などにもとづいて総合的に評価・判定するしくみです。そのため、対策は大学・学部・学科ごとに大きく異なります。そして何より、受験生の人柄自体がそれぞれ異なるのですから、アピールすべきポイントは千差万別なのです。

　とはいえ、合格の可能性を最大限に高めるためのノウハウは共通に存在します。私は、そのノウハウを、学校推薦型選抜・総合型選抜の受験生がかかえるさまざまな悩みに応えるため、この本にすべて投入しました。この本では、志望理由書のまとめ方だけでなく、面接・プレゼンテーション・小論文の基本的な取り組み方や実践的な対策まで、幅広く扱っています。この本を読んでもらえれば、学校推薦型選抜・総合型選抜の全体像がつかめます。

◌ 志望理由書の事例を1系統につき2例掲載

　この本の最大の特長は、志望理由書の事例を多数掲載している点にあります。この本の「第3章」では、受験生からの人気が高い、または志願者が多い35系統につき、実際に学校推薦型選抜・総合型選抜が実施されている大学を想定し、1系統ごとに「合格まであと一歩の志望理由書」と「合格に手が届く志望理由書」の2例を掲載しています。

「合格まであと一歩の志望理由書」としては、一見よさそうに思えるけれども、志望理由書の要件を満たしていないために低い評価で終わってしまう、さまざまなタイプの「ザンネン志望理由書」を掲載しています。一方、「合格に手が届く志望理由書」は、受験生に求められる「合格最低限レベルの志望理由書」の事例です。それぞれの事例に対しては、改善点や評価ポイントなどに関する詳細なコメントをつけています。自分の志望系統以外の事例にも必ず目を通し、志望理由書をまとめるうえでのエッセンスを吸収してください。

◌ 謝　辞

　この本の執筆にあたっては、とくに3人に感謝いたします。1人目は、著者として指名してくださったKADOKAWAの山川徹様。2人目は、弊社取締役で高校教員を長年勤めてきた実弟・神尾友也。3人目は、開成高等学校時代のクラスメイトであり私が理事長を務めるNPO法人にて事務局長を務める齊藤祐哉君。また、私が指導してきた数々の受験生にも感謝いたします。

　学校推薦型選抜・総合型選抜の準備は、これまでの人生の集大成そのものです。この本をよきパートナーとして入念に準備し、憧れの志望校合格を勝ち取ってください。

神尾　雄一郎

この本の特長

- この本は、学校推薦型選抜・総合型選抜による入学をめざす受験生のうち以下のような受験生に細かく配慮して書かれた、志望理由書対策の入門書＆オールインワン参考書です。

  - 学校推薦型選抜・総合型選抜対策に何から手をつけたらよいのかわからない人

  - 志望理由書のまとめ方をまったく知らない人

  - 高校における活動で突き抜けた実績が出せていない［出せなかった］ものの、よく周囲から「まじめだ」「素直だ」と言われている人

  - 志望校に入りたい・志望校で勉強したいという意欲はあるものの、その気持ちを文章としてうまく表現することが苦手な人

  - 学校の先生、もしくは塾・予備校の先生と行った面接の練習で、先生から、「アピールするポイントがずれている」（＝重点を置いて話している箇所が、面接官が聞きたい点と一致していない）と指摘されたことがある人

  - 学校推薦型選抜・総合型選抜で課される面接、小論文などで高得点を上げる自信がないため、志望理由書をうまくまとめることによって逆転合格をねらいたい、と考えている人

- この本は全4「章」で構成されています。「章」は、内容的なまとまりごとに「節」と「テーマ」に分かれ、各「テーマ」は見開き2ページで完結します。

  - 「第1章　志望理由書をまとめるための超基本」（第1〜3節）：志望理由書を含む提出書類をまとめるために知っておくべき前提知識・心がまえ・基本技法を紹介。

  - 「第2章　志望理由書にもとづく試験の具体的対策」（第4〜6節）：志望理由書を使って実施される試験（面接・プレゼンテーション・小論文）の攻略法を紹介。

  - 「第3章　志望理由書の系統別事例」（第7〜14節）：系統別に「合格まであと一歩の志望理由書」「合格に手が届く志望理由書」の2例を紹介。志望理由書1例あたりの分量は500〜800字。文例に対する◎／○／△／✕の評価と詳細なコメントを掲載。志望者が多い系統・人気が高い系統をカバー。

  - 「第4章　面接の系統別事例」（第15〜17節）：系統別に面接の応答例を紹介。

- この本は、"「現在」「過去」「未来」の軸に沿ってまとめる" という著者のノウハウにもとづき、受験生を送り出す高校教員の視線ではなく、面接を実施する大学教員の視線から書かれています。

- 大学受験における学校推薦型選抜・総合型選抜は、年々厳しさを増しています。その理由は、かつての推薦入試・AO入試とは異なり、学校推薦型選抜・総合型選抜では、受験生の入学時点における学力や意欲だけでなく、「明確な将来像を描けているか」「学問に対する鋭敏な問題意識をもっているか」など、大学入学以降の潜在能力も評価されるようになったからです。この本は、実践的ですぐに役立つテクニックを紹介しつつ、大学入学後の「学び」まで見据え、みなさん自身が潜在能力として有する主体性・多様性・協働性を引き出すこともめざしています。

● 学校推薦型選抜・総合型選抜 ●

だれでも**上手**にまとまる

志望理由書合格ノート　もくじ

＊以下、「第1章」〜「第4章」各「テーマ」には★の5段階評価がついています（★が多いほど高評価です）。「第1章」「第2章」の★は「受験における重要度」、「第3章」「第4章」の★は「四年制大学における系統の人気度」をそれぞれ表します。

本文イラスト：沢音　千尋

＊この本は、2023年3月時点の情報にもとづいて書かれています。

＊「第1章　志望理由書をまとめるための超基本」の内容は、原則として文部科学省の公式サイトを参考に執筆されています。

＊この本の「第3章　志望理由書の系統別事例」で取り上げられている事例は、大学・学部・学科の公式サイトにおける実際の掲載内容を参考に、著者によって執筆されています。それぞれの掲載内容の転載・引用ではありません。また、大学側による志望理由書の模範事例でもありません。

＊この本の「第3章　志望理由書の系統別事例」「第4章　面接の系統別事例」では系統別の対策を行いますが、学校推薦型選抜・総合型選抜で評価される「将来像」「問題意識」養成のために、自分の志望系統以外の「テーマ」にも必ず目を通してください。

テーマ 1 学校推薦型選抜・総合型選抜ってナニ？

重要度 ★★★★★

なぜ一般選抜以外の選抜形態が存在しているのか

　　　みなさんが最も知りたい志望理由書の具体的な書き方の説明に入る前に、まずはこの本で取り上げる「学校推薦型選抜」「総合型選抜」がどのような選抜形態なのかについて、その誕生の背景からきちんと説明しておきたいと思います。一見遠回りのように見えますが、これらと「一般選抜」との違いを正確に把握することが、望ましい志望理由書を仕上げるための第一歩となるので、しっかり理解してください。

　20世紀後半の日本は、高度経済成長やバブル経済など、右肩上がりの経済発展を続けていました。その原動力の1つには、年功序列型賃金制や終身雇用制など、企業内での協調をベースとして生産性だけを高めるという、経済的効率性のみを重視する日本的経営の存在があったのです。企業は、それぞれの特性や社風に合わせるよう新入社員を再教育していくので、一定の学力が保証された高偏差値大学出身の人材を集めることが最も効率的な採用手段でした。また、保護者も受験生も、大企業への安定的な雇用を求めたため、少しでも高い学歴を得ようと、暗記中心の受験競争に邁進していたのです。

　しかし、その反動として、個性的な生き方に対する理解や配慮は置き去りにされ、結果として創造性や自発性に乏しい、問題解決力に欠けた人材が、高学歴者の多くを占めてしまいました。やがて、1990年代初頭にはバブル経済が崩壊し、グローバル化や情報化、技術革新といった激しい変化が起こる時代に突入し、困難な局面を打開できるような、集団思考に陥らない、個性のある人物の活躍を必要とする世の中になったのです。

　こうした社会情勢の変化を見据え、点数の高い受験生から機械的に入学させる一般入試の絶対視を改め、多様な尺度を用いて個性的な受験生を選ぶ制度を充実させていく方針が国から示されました。従来は出身高等学校長の推薦にもとづき、原則として学力検査を免除して、おもな資料として調査書を用いる「推薦入試」のみでしたが、21世紀に入ると「AO入試」が本格的に始まります。AO入試は、詳細な書類審査と時間をかけたていねいな面接などを組み合わせることによって、入学志願者の能力・適性や学修に対する意欲、目的意識等を総合的に判定する方式です。

大学入学者選抜実施状況の変化

	2000年度	2020年度	変　化
一般入試	65.8%	50.9%	－14.9%
推薦入試	31.7%	38.4%	＋6.7%
AO入試	1.4%	10.4%	＋9.0%

出典：「大学入試のあり方に関する検討会議　提言」参考資料２－４／大学入学者選抜関連基礎資料集　第4分冊（制度概要及びデータ集関係／その3）を参考に作成。

「学力の3要素」を多面的・総合的に評価する選抜へ

　　推薦入試・AO入試の実施方針は国が示したものの、試験の運用面は各大学の自主判断に任されました。その結果、さまざまな問題が指摘されるようになりました。たとえば、「本来の趣旨や目的に沿ったていねいな選抜が行われていない」「大学定員の充足に向けて早期に合格を決定してしまうことにより、本人の学習意欲に悪影響が出た」「大学教育への円滑な接続につながっていない」などです。推薦入試においては、高校の教科の評定平均値だけが実質的な基準となっている入試が見られました。また、AO入試においては、スポーツや芸術などで突出した才能さえあれば合格できてしまうようなケースが少なからず存在していたのです。

　そこで、こうした課題を克服するため、2021年度からは、「学力の3要素」を多面的・総合的に評価する方向へ改善すべく、試験の名称が変更されました。「推薦入試」は「学校推薦型選抜」に、「AO入試」は「総合型選抜」に、「一般入試」は「一般選抜」に変更されたのです。

学力の3要素

❶　十分な知識・技能
❷　答えが1つに定まらない問題にみずから解を見いだしていく思考力・判断力・表現力等の能力
❸　主体性をもって多様な人びとと協働して学ぶ態度

　これらの「学力の3要素」は、グローバル化、情報化、少子高齢化など、社会構造が大きく変化し、先を見通すことの難しい時代において、生涯を通じて主体的に学び考える力、予想外の事態をみずからで乗り越えることができる力、グローバル化に対応し活力ある社会づくりに貢献することのできる力として、学校教育全体を通じて育む必要があるとされています。そのうえで、高校と大学の教育の架け橋となる大学入学者選抜の段階において、これらの力を念頭に置いた評価が行われるようになったのです。

　こうした「学力の3要素」を適切に評価するため、従来のAO入試の実施要項上に記載されていた「知識・技能の修得状況に過度に重点をおいた選抜とせず」という文言や、推薦入試における「原則として学力検査を免除し」「高等学校の教科の評定平均を出願要件（出願の目安）や合否判定に用い、その旨を募集要項に明記する」といった記載が削除されました。そのうえで、「学校推薦型選抜」と「総合型選抜」の双方には、小論文、プレゼンテーション、口頭試問、実技、各教科・科目に関するテスト、資格・検定試験の成績等または大学入学共通テストのうち少なくともいずれか1つを必ず活用することが義務づけられました。

　つまり、「学校推薦型選抜」と「総合型選抜」のどちらの試験を受けるにせよ、「学力の3要素」を意識した準備をしていくことが大切なのです。もちろん、志望理由書や面接の回答にも意識的に盛り込んでいくことが求められます。自分が「学力の3要素」を身につけた人間であることを積極的にアピールできるような活動実績を提示し、聞かれた質問も「学力の3要素」に関連づけて回答しましょう。

テーマ 2 学校推薦型選抜対策の基本方針

重要度 ★★★★★

推薦入試と学校推薦型選抜の相違点

ここでは、「学校推薦型選抜」について説明します。

学校推薦型選抜には、大きく分けて「指定校制」「公募制」があります。「指定校制」は、各大学の入学定員のうちの一定数が大学によって指定された高校ごとに割り振られ、校内選考ののちに高等学校長の推薦を得たうえで大学の選考に臨む方式です。一方「公募制」は、高等学校長の推薦を必要とすること以外は「総合型選抜」とほとんど変わらない方式です。

学校推薦型選抜の原型は、かつて「推薦入試」→テーマ1と呼ばれていました。以下、文部科学省による「大学入学者選抜実施要項」を確認します。

推薦入試の実施要項

出身高等学校長の推薦にもとづき、原則として学力検査を免除し、調査書をおもな資料として判定する入試方法。出願期間は11月1日以降。この方法による場合には、以下の点に留意する。

❶ 高等学校の教科の評定平均を出願要件（出願の目安）や合否判定に用い、その旨を募集要項に明記する。

❷ 推薦書・調査書だけでは入学志願者の能力・適性等の判定が困難な場合には、㋐～㋒の措置の少なくとも1つを講ずることが望ましい。

　　㋐ 各大学が実施する検査（筆記、実技、口頭試問等）の成績

　　㋑ 大学受験センター試験の成績

　　㋒ 資格・検定試験等の成績

以上のように、推薦入試は、「原則として学力検査を免除し」「高等学校の教科の評定平均（現・学習成績の状況）を出願要件（出願の目安）や合否判定に用い」ると定めていました。つまり、合格は実質的に、定期テストなどの成績にもとづく評定平均で決まっていたのです。それ以外は、「推薦書・調査書だけでは入学志願者の能力・適性等の判定が困難な場合」の補足手段にすぎませんでした。

学校推薦型選抜の実施要項

出身高等学校長の推薦にもとづき、調査書をおもな資料として評価・判定する入試方法。出願期間は11月1日以降。この方法による場合には、以下の点に留意する。

❶ 小論文等、プレゼンテーション、口頭試問、実技、各教科・科目に係るテスト、資格・検定試験の成績等または大学入学共通テストのうち少なくともいずれか1つを必ず活用し、その旨を募集要項に記述する。

❷ 推薦書の中に、入学志願者本人の学修歴や活動歴を踏まえた学力の3要素→テーマ1に関する評価や、生徒の努力を要する点などその後の指導においてとくに配慮を要するものがあればその内容について記載を求める。

推薦入試と学校推薦型選抜の相違点の1つ目は、後者では「小論文等、プレゼンテーション、口頭試問、実技、各教科・科目に係るテスト、資格・検定試験の成績等または大学入学共通テストのうち少なくともいずれか1つを必ず活用」する点です。推薦入試では評定平均が決め手でした。一方、学校推薦型選抜ではそれだけでは不十分で、志望校の出願要件に合わせた対策が不可欠です。

相違点の2つ目は、学校推薦型選抜からは「推薦書の中に」「入学志願者本人の学修歴や活動歴を踏まえた学力の3要素に関する評価」の「記載を求める」ようになった点です。推薦入試における推薦書では、単に自分の長所だけを記載すれば十分でした。

一方、学校推薦型選抜においては、「知識・技能」「思考力・判断力・表現力」「主体性をもって多様な人びとと協働して学ぶ態度」に関する評価の記載も必要です。これらの評価は、受験生自身が取り組んできた学習や活動の成果にもとづきます。

学校推薦型選抜対策への具体的な取り組み

　　　以下、学校推薦型選抜に向けて必要な取り組みを整理します。なお、学校推薦型選抜のうち公募制については、先に述べたとおり、総合型選抜とほとんど変わらないため、**テーマ3**を参照してください。

学校推薦型選抜合格のための取り組み

❶ 評定平均の向上
❷ 「学力の3要素」を意識した校内活動
❸ 志望理由書→テーマ6〜11 ／面接→テーマ15〜19 ／小論文→テーマ23〜26 の対策

❶：前項における「学校推薦型選抜ではそれ（＝評定平均）だけでは不十分」という説明と矛盾していると感じた人がいるかもしれません。しかし、「学習成績の状況」を意識するだけでは「不十分」ではあるものの、「学習成績の状況」を意識することが「不必要」であるわけではありません。「出身高等学校長の推薦にもとづき」という大前提が推薦入試時代から変化しておらず、学校推薦型選抜でも校内選考は避けられないからです。評定平均は、少なくとも、校内選考の段階では比較基準として有効なのです。なお、近年は多くの高校で、定期テストの結果だけではなく、授業に取り組む姿勢や課題の提出状況なども評価されます。成績の向上と学習姿勢の向上の両方をめざしましょう。

❷：推薦書には、「学力の3要素」に関する具体的エピソードの記載が求められます。「出身高等学校長の推薦」を得て校内選考を突破するためには、校内における活動実績で高評価をねらわなければなりません。もっとも、生徒会活動・委員会活動・部活動などの実績や役職経験がとくにないとしても、けっして不利にはなりません。

たとえば、教科や科目の枠を越えた横断的・総合的な学びの時間である「総合的な探究の時間」において課題発見・課題解決の資質・能力を発揮したというエピソードがあれば、高評価の対象となります。自己のあり方や生き方について絶えず深く考察する習慣を身につけましょう。

❸：これらには、校内選考通過後から取り組んでください。面接は、約8割の大学で実施されています。志望理由書はその前提となる書類です。小論文も、多くの大学で実施されます。たとえ高等学校長の推薦が得られたとしても、これらの試験で合格できなければ、次年度以降の指定校枠が消滅する可能性があります。高校に迷惑をかけないよう、この本でしっかり対策しましょう。

テーマ 3 総合型選抜対策の基本方針

重要度 ★★★★★

AO入試と総合型選抜の相違点

ここでは、「総合型選抜」について説明します。

総合型選抜の原型は、かつて「AO入試」→**テーマ1**と呼ばれた方式です。依然として「AO入試」という呼称を用いている大学もありますが、実態は総合型選抜に変わっていると考えてください。

以下、文部科学省による「大学入学者選抜実施要項」を確認しましょう。

AO入試の実施要項

詳細な書類審査と時間をかけたていねいな面接等を組み合わせることによって、入学志願者の能力・適性や学修に対する意欲、目的意識等を総合的に判定する入試方法。

❶　入学志願者みずからの意思で出願する公募制。

❷　知識・技能の修得状況に過度に重点を置いた選抜基準としない。

❸　大学教育を受けるために必要な基礎学力の状況を把握するため、以下のいずれかを用いることが必要。

　㋐　各大学が実施する検査（筆記、実技、口頭試問等）の成績

　㋑　大学受験センター試験の成績

　㋒　資格・検定試験等の成績

　㋓　高等学校の教科の評定平均（現・学習成績の状況）

❹　❸㋐〜㋒を行う場合にあっては、❸㋓と組み合わせるなど調査書を積極的に活用することが望ましい。

以上のように、AO入試では、「大学教育を受けるために必要な基礎学力の状況を把握するため」、「高等学校の教科の評定平均」や「調査書」など、学校での成績を反映した情報の活用が求められていました。したがって、成績不振の受験生、高校との折り合いが悪かった受験生にとっては不利だったのです。

総合型選抜の実施要項

詳細な書類審査と時間をかけたていねいな面接等を組み合わせることによって、入学志願者の能力・適性や学修に対する意欲、目的意識等を総合的に評価・判定する入試方法。

❶　入学志願者みずからの意思で出願できる公募制という性格に鑑み、入学志願者本人が記載する活動報告書、大学入学志望理由書及び学修計画書等を積極的に活用する。

❷　入学志願者の能力・意欲・適性等を多面的・総合的に評価・判定する。なお、高度な専門知識等が必要な職業分野に求められる人材養成を目的とする学部・学科等における選抜では、当該職業分野をめざすことに関する入学志願者の意欲・適性等をとくに重視した評価・判定に留意する。

❸　大学教育を受けるために必要な知識・技能，思考力・判断力・表現力も適切に評価するため、調査書等の出願書類だけではなく、小論文等、プレゼンテーション、口頭試問、実技、各教科・科目に係るテスト、資格・検定試験の成績等または大学入学共通テストのうち少なくともいずれか1つを必ず活用し、その旨を募集要項に記述する。

　AO入試と総合型選抜の相違点の1つ目は、総合型選抜では<u>具体的な評価方法が提示されている点</u>です。人気が低い大学で受験生が入学意欲を示すだけで合格できるケースが多発し、その結果、進学後のカリキュラムについていけない学生の存在が問題視されたため導入されました。

　相違点の2つ目は、総合型選抜が、<u>高校での成績によらず入学志願者みずからの意思で出願できる「公募制」</u>としての性格を強くもつ点です。教科の評定平均や調査書など、高校での取り組みに関する記載がなくなったのです。

◎ 総合型選抜対策への具体的な取り組み

　以下、総合型選抜に向けて必要な取り組みを整理します。テーマ2で述べたとおり、学校推薦型選抜のうちの公募制については以下の記載を参照してください。

【総合型選抜合格のための取り組み】

❶　志望理由書➡テーマ6〜11 ／学修計画書➡テーマ13 ／活動報告書➡テーマ14 の作成
❷　将来の職業イメージの確立
❸　面接➡テーマ15〜19 ／プレゼンテーション➡テーマ20〜22 の対策

　❶：<u>志望理由書</u>は、文字どおり志望校に入学したい理由、そこで学びたいこと、および将来像を記載する書類です。<u>学修計画書</u>は、進学後の学びに関するプランを記載する書類です。<u>活動報告書</u>は、高校までに取り組んできた諸活動を記載する書類です。

　❷：「詳細な書類審査」が課される総合型選抜においては、❶の作成時にこの取り組みが必要です。社会貢献を果たすためにどのような職業を選ぶべきか、その職業に必要な素養や知識はどのようなものかを入念に調べてください。その職業に関連する実績を高校時代に積んでおけば申し分ありません。一方、そのような実績が積めなかった人は、これらの書類で将来に直結する学びを大学生活で得るためのビジョンを明確に示してください。これが大学側に伝われば、たとえ高校で特筆した成果を収めていない人でも、合格の可能性は十分に見込めます。意欲のある人に合格の機会を開くのが総合型選抜の理念なのです。

　❸：「時間をかけたていねいな面接」を突破するためには、深い自己分析と、志望校で学べることへの十分な理解が必要です。なお、<u>おもに理系で実施される口頭試問は、専攻内容に関する知識を確認する試験</u>です。また、<u>プレゼンテーションは、与えられた課題にもとづき、それに対する自分の構想を発表する試験</u>です。

　総合型選抜で合格を勝ち取るためには、一般選抜用の地道な受験勉強を続けるのと同程度の労力が必要です。ただし、興味のないことや苦手なことに取り組むときほどのストレスはないはずです。将来像を実現するために必要な労力であれば苦痛にはなりにくいからです。なりたい自分に近づくためのプロセスを楽しむくらいの余裕をもって総合型選抜対策に取り組みましょう。

テーマ 4 自分の強みの分析法

重要度 ★★★★★

自分の強み＝自分のセールスポイント

「自分の強み」とは、面接官に「ぜひともこの受験生を合格させたい」と思わせるセールスポイントです。アピールすべきセールスポイントは、学校推薦型選抜と総合型選抜では若干異なります。学校推薦型選抜では「学力の3要素」に関する「入学志願者本人の学修歴や活動歴」→テーマ2のアピール、総合型選抜では「入学志願者の能力・適性や学修に対する意欲、目的意識等」→テーマ3のアピールが必要です。自分の強みを把握するために、以下のような方法によって自己分析し、セールスポイントを洗い出していきましょう。

また、自分の強みをアピールするためには、取り組みのプロセスから成果達成までを筋道立てて述べることができるセルフプロデュースの能力も必要です。

学校推薦型選抜合格に必要なセールスポイントはコレ

前項で述べた内容に関連させて言うと、学校推薦型選抜でアピールすべきセールスポイントは以下のとおりです。

学校推薦型選抜合格のためのセールスポイント

❶ みずからが課題を発見し、その解決に向けて探究し、成果等を表現するために必要な思考力・判断力・表現力等の能力を発揮した具体的な場面
- Ⓐ 何かしらの課題を発見した。
- Ⓑ 解決に向けて思考力を働かせて探究した。
- Ⓒ 判断力や表現力を発揮して成果を示した。あるいは、解決につながるよう働きかけた。

❷ みずからが主体性をもち、多様な人びとと協働しつつ学習する態度を示した具体的な場面
- Ⓐ 自分の意思や判断で行動した。
- Ⓑ 他学年の人や教員、保護者や卒業生、地域住民や外国人など、自分と境遇の近い友人やクラスメイトとは異なる人びととともに取り組んだ。
- Ⓒ 同じ目的のために、対等の立場で協力し、ともに働いた。
- Ⓓ 活動を通じて何かしらの学びを得た。

アピールすべき「学修歴や活動歴」は、❶であればⒶ～Ⓒ、❷であればⒶ～Ⓓのすべてを満たすことが必要です。あてはまりそうな実績を、高校での取り組み、たとえば、生徒会活動、委員会活動、部活動、「総合的な探究の時間」→テーマ2、課外授業などから振り返ってください。とくに思い当たる実績がない場合でも、出願までにつくれば十分間に合います。

❶・❷とも、Ⓑの要素において説得力が必要です。「学力の3要素」を身につけるため❶・❷に取り組んだ具体的な事実を積極果敢にアピールしましょう。重要な役職に就いた、顕著な成果が残せたなどの輝かしい実績があることが理想ですが、たとえなくても大きなマイナスにはなりません。

総合型選抜合格に必要なセールスポイントはコレ

　前々項で述べた内容に関連させて言うと、総合型選抜でアピールすべきセールスポイントは以下のとおりです。

総合型選抜合格のためのセールスポイント

❶　自分が解決に寄与したいと考える社会的課題や、探究したい研究課題を明確にもっている。
❷　社会的課題の解決や研究課題の探究につながる取り組みを行ってきた。
❸　解決と探究のために必要な最低限度の適性と能力をもち合わせている。
❹　志望校で学びたいことが定まっている。

　総合型選抜は、学校推薦型選抜とは異なり、高校での取り組みには縛られません。もしこのようなセールスポイントを探し出すことが難しい場合には、具体的な実績がつくれるよう、すぐにでも行動を開始しましょう。自分が積み重ねてきたキャリアをどれだけよく見せるかにこだわる人もいますが、総合型選抜の受験対策にあたっては、少ない材料を飾り立てるのではなく、積極果敢に行動して実績をつくり、アピールできる材料を増やしていくことが大切です。

　以下では、セールスポイントを確立するためのヒントとなるキーワードを紹介します。志望校は決まっていても具体的な自分の将来像の固め方がわからないという人は、ぜひ参考にしてください。

セールスポイントを確立するためのキーワード

❶　どのような個人の問題を解決したいか。
　例　高齢者・子ども・若年層・中高年層・女性・LGBTQ・障害者・失業者・貧困層・移民・難民
❷　どのような社会的課題を解決したいか。
　例　環境・資源・災害・食料問題・少子高齢化・社会保障・貧困・差別・宗教対立・民族紛争・武力衝突・難民問題
❸　どのような組織や属性で取り組むべきか。
　例　国連・国際組織・NGO・NPO・国家・地方自治体・大学・研究機関・企業・地域共同体・起業・フリーランス
❹　どのような学問領域を修めたいか。
　例　歴史・科学・教育・国際関係・政治・行政・法律・経済・情報・医療・生物・農業・文化・言語・美術・音楽・宗教・スポーツ・コミュニケーション
❺　自分が尊重したい思想や価値観は何か。
　例　主体性・協働性・多様性・競争力・人権・格差是正・相互扶助・配慮・社会正義・倫理観・平等・公正・健康・持続可能性
❻　自分が誇れる能力は何か。
　例　リーダーシップ・責任感・調整力・行動力・協調性・チームワーク・柔軟性・計画性・視野の広さ・好奇心・向上心・挑戦・努力・集中力・創造力・想像力・語学力

　ここに示したキーワードは、志望理由書➡テーマ6〜11／学修計画書➡テーマ13／活動報告書➡テーマ14の作成だけでなく、面接➡テーマ15〜19／プレゼンテーション➡テーマ20〜22の対策としても大いに役立ちます。ぜひ活用してください。

テーマ 5　志望校の見きわめ方

重要度 ★★★★★

合格可能性の見込める大学はどう見きわめるべきか

　　学校推薦型選抜・総合型選抜の両方で重要なのは志望校選びです。

　　受け入れ側である大学は、将来性と個性が豊かな多くの新入生に合格してほしいと願います。一方、送り出す側である高校と塾・予備校は、少しでも上位の大学に合格してほしいと願います。次年度以降の生徒募集が有利になるからです。

　しかし、自分もかつてAO入試で合格し、長年にわたり学校推薦型選抜・総合型選抜の両方で指導を手がけてきた立場から、この本の読者にどうしても伝えたいことがあります。それは、やみくもに上位校をめざすのではなく、合格可能性の高い大学を見きわめてほしいということです。

　一般選抜では、複数の大学を受験するのが通例です。一般選抜における1人あたりの受験校数は3〜5校です。また、同じ大学内の複数の学部・学科を受験することも一般的です。一般選抜は、自分の学力を向上させて合格可能性を高めることに専念しやすい方式だと言えます。

　学校推薦型選抜のうち指定校制→テーマ2の方式は、一般選抜とは大きく異なります。指定校制の場合には、校内選考に応募できるのは原則として1校のみであり、その選考に選ばれなかった場合には残った大学の枠から選ぶしかないのが通例です。また、校内選考の実施時期によっては総合型選抜との掛け持ちを認めないという高校も存在します。つまり、指定校制では、合格した場合にはその大学への入学を確約するという「専願」が原則となっているのです。

　総合型選抜についても、ほとんどの受験生は専願で臨みますが、一部の大学は、自校以外の複数の大学を受験する「併願」を認めています。しかし、総合型選抜で複数の大学を受験することは、よほど受験日程をうまく組み合わせない限りは不可能です。1校あたりの受験準備に膨大な労力を要するからです。たとえどれだけ受験準備が順調に進んだとしても、3校の併願が限界でしょう。総合型選抜で複数校を受験するか否かは、安易に考えず慎重に検討すべきです。

学校推薦型選抜における志望校の見きわめ方

　　学校推薦型選抜における準備として重要なのは、校内選考に関する情報収集です。このような情報は、学校内のトップシークレットです。教員がうっかり漏らしてしまうことはありません。また、同級生が不用意に話すこともないでしょう。しかし、その雰囲気やニュアンスはそれとなく伝わってくるものです。

　前項で触れたとおり、みなさんには、合格可能性の高い大学、言い換えると、自分が有利な立場で出願できる大学を見きわめてほしいのです。ですから、無理せず、出願条件が自分の「学習成績の状況」→テーマ2よりも低い設定の大学にエントリーしましょう。学校推薦型選抜の場合には、成

績面や活動面で自分よりも有望な人とせり合っても、逆転合格できる可能性はほぼ見込めないからです。

　もっとも、「ギリギリの評定だけれども、どうしても意中の大学に挑戦したい」という受験生もいるでしょう。その場合には、提出書類の内容を充実させることはもちろん、学校の授業や諸活動にも積極的に取り組み、教員にポジティブな印象をもってもらえるよう努めるべきです。校内選考の基準は高校によってまちまちであり、必ず功を奏する秘策は存在しませんが、教員に好印象を与える振る舞いがマイナスに働くことはないでしょう。

　とはいえ、校内選考は水物です。したがって、選考に漏れた場合をあらかじめ想定し、一般選抜受験、もしくは選考後に出願できる総合型選抜受験にも備えておきましょう。

◎ 総合型選抜における志望校の見きわめ方

　総合型選抜における準備として重要なのは、各校のサイトで公開されている入学者募集要項や各種データで「総合型選抜の実施の有無」「出願資格」「選考時期」「合格倍率」をきちんと確認することです。たとえ総合型選抜が実施されている大学であっても、自分が志望する学部では実施されていないというケースが意外に多くあります。注意しましょう。
　「出願資格」については、以下のように、それなりに高いハードルを設けている大学もあります。

[総合型選抜におけるおもな出願資格要件]

❶ 「学習成績の状況」における最低点
　　：事前審査に用いられる。合否判定には直接かかわらない。
❷ 課外活動や大会での活動実績：成績基準が設けられている場合がある。
❸ 英語外部試験の成績：試験の種類によって出願に必要なスコアが異なる。また、有効期限が定められている場合もある。
❹ 科目履修の指定：大学進学後の指導に支障をきたさないよう、事前の履修が求められる。
❺ 海外経験：国際系で必要とされる場合がある。

「選考時期」については、出願書類提出期間、1次選考結果通知日、2次選考実施日、合格発表日、入学手続締切日などの情報をしっかりおさえてください。1次選考結果通知や合格発表のタイミングによっては、ほかの大学を複数受験できる可能性があるからです。
　最重要の情報は「合格倍率」です。倍率が2倍未満であれば有望、6倍未満であれば勝負可能です。倍率がこれらよりも高い大学に総合型選抜で合格することは、自分の強み→テーマ4によほど大きな自信がない限りかなり難しいと考えてください。

　なお、倍率が高くなる傾向にあるのは、併願を認める大学です。反対に、併願を認めない大学（＝専願のみを認める大学）は、多くの場合、低倍率となります。合格可能性を高めるためには、低倍率の大学を受験するのに越したことはありません。したがって、もし併願可の大学と併願不可の大学で迷っている場合には、併願不可の大学を優先的に受験しましょう。

テーマ 6 志望理由書ってナニ？

重要度 ★★★★★

志望理由書で項目が指定されている場合のまとめ方

　　志望理由書は「大学入学希望理由書」とも呼ばれ、学校推薦型選抜・総合型選抜の出願にあたってほぼ提出必須の書類です。どのような内容を書く必要があるのかについては、大学・学部ごとに多種多様です。ですから、出願要項や所定用紙に記載された指定条件に合わせて構想を練る必要があります。

　また、指定字数は、短い場合には200字程度、長い場合には2000字程度と、かなり大きな幅があります。

　以下では、志望理由書に記載すべき項目を取り上げます。

【志望理由書に記載すべき項目】

❶　志望理由
❷　抱負や将来の目標
❸　進学後の学修計画や大学生活の目標
❹　ここまでに自分が取り組んできたおもな活動内容や取得資格
❺　学校推薦型選抜や総合型選抜で受験する理由
❻　ディプロマ・ポリシー、カリキュラム・ポリシー、アドミッション・ポリシー→テーマ13の理解

　❶：志望校、および学部・学科をみずからの意思で決め、出願という行動に至った理由を説明することが求められます。

　❷：「抱負」の意味は、「心の中にいだいている決意や志望」です。ここでは、具体的な職業イメージや研究を通じて解決したい課題など、将来の目標を示すことが求められます。

　❸：自分の目標を実現するため進学後に何をどのように学びたいのかを、具体的に説明することが求められます。なお、総合型選抜では、多くの場合、これらを「学修計画書」→テーマ13という別の書類としてまとめることが求められます。

　❹：おもに高校時代に取り組んだ校内外での活動や取得した資格・検定などを、将来の目標や大学における学びのイメージと結びつけて示すことが求められます。なお、総合型選抜では、多くの場合、これらを「活動報告書」→テーマ14という別の書類としてまとめることが求められます。

　❺：一般選抜ではなく学校推薦型選抜や総合型選抜で受験する理由を説明することが求められます。この場合には、「一般選抜で合格する自信がないから」「受験勉強に魅力を感じないから」などの否定的な理由ではなく、「自分の意欲や人間性を直接評価してもらいたいため」「少しでも早く進学を決め、興味のあるプロジェクトや研究課題に取り組みたいため」などの前向きな理由を示しましょう。

❻：これらは、文部科学省からの通達により、運営方針として策定・公表するよう各大学に求められている項目であり、公式サイトやパンフレットには必ず記載されています。志望理由書では、これらの項目を踏まえ、自分が志望校の学部・学科にふさわしい人材であることをアピールしましょう。なお、総合型選抜では、多くの場合、これらを「学修計画書」に記載することが求められます。

志望理由書で項目が指定されていない場合のまとめ方

記載項目がとくに設定されず、単に「志望理由を記載してください」という指示だけがある場合には、前出❶〜❻から盛り込む内容を適宜選び、指定字数に沿って整えましょう。

指定字数が200字程度のようにかなり少ない場合でも、「❷ 抱負や将来の目標」はしっかり記載しなければなりません。さらに、「❸ 進学後の学修計画や大学生活の目標」は簡潔にまとめましょう。

また、指定字数が400字以上であれば、「❶ 志望理由」も書き加えてバランスを整えます。「❹ ここまでに自分が取り組んできたおもな活動内容や取得資格」は、❶にからめて書き加えることが可能です。「❻ ディプロマ・ポリシー、カリキュラム・ポリシー、アドミッション・ポリシーの理解」は、分量的な制約がある場合には❸に組み込みましょう。ただし、「❺ 学校推薦型選抜や総合型選抜で受験する理由」は、とくに指定がない限り、記載する必要はありません。

「読みやすい」と思われる志望理由書は、以下のような構成をとります。

（志望理由書の理想的な構成）

- 志望大学・学部・学科が自分の学びの場として最適だと考える理由（現在）
- 志望分野に関心をもったきっかけ（過去）
- 自分がめざす将来像（未来）

志望理由書における最重要ポイントは、「志望校が学びの場として最適だと考える理由」を伝えることです。ですから、読み手にわかりやすく伝わるよう、冒頭に書きましょう。

「志望理由となった過去のきっかけ」は、続く「自分がめざす将来像」と内容的につながるよう記載することが必要です。ここには、自分が経験した出来事の意義と、将来像を描くことになった固い決意を記載しましょう。

志望理由書では「自分特有の物語」を示そう

学校推薦型選抜・総合型選抜で試される受験生の能力は、「学力」と「意欲・適性」です。前者は事前課題、小論文、適性検査や口頭試問などによって試され、後者は、志望理由書の記載内容にもとづき、面接によって測定されます。

志望理由書で意欲・適性をアピールするために必要なのは「自分特有の物語」を示すことです。読み手である大学教員の立場への理解と、前項に挙げた構成を踏まえ、読み手に伝わる的確な表現で志望理由書をまとめましょう。

一方で、漠然とした将来像、将来像と結びつかない過去の経験を書いてしまうこと、および、公式サイトやパンフレット上の記載をそのまま引き写してしまうことなどは、評価を下げることになるので避けなければなりません。

テーマ7 過去のきっかけを振り返ろう

重要度 ★★★★★

「過去のきっかけ」は簡潔にまとめよう

　　学校推薦型選抜の目的は、テーマ2で述べたとおり、「入学志願者本人の学修歴や活動歴を踏まえた学力の3要素に関する評価」です。

　　一方、総合型選抜の目的は、テーマ3で述べたとおり、「入学志願者の能力・意欲・適性等を多面的・総合的に評価・判定する」ことです。

　このように、文部科学省による説明に差異はあるものの、両方式とも、一般選抜では判断しにくい受験生の人間性を評価するという点が共通しています。そのため、テーマ6で述べたとおり、200字のようなごく短い指定字数でない限りは、志望理由書には、「自分がめざす将来像」（未来）や「志望大学・学部・学科が自分の学びの場として最適だと考える理由」（現在）だけでなく、「志望分野に関心をもったきっかけ」（過去）まで示すことが求められます。志望校が受験生自身の人生にとってかけがえのないマイルストーン（中間目標）であるというイメージを伝えることによって、主体性があることをアピールする必要があるからです。

　このような、過去のきっかけにあたるエピソードは、「自分がめざす将来像」（未来）に与えた影響という観点からまとめましょう。特定の仕事に就きたいと思った動機をただ述べるだけ、自分が積み重ねてきた実績をひけらかすだけでは不十分です。

　エピソードは、必要以上に長く書かず、わかりやすく簡潔に示しましょう。長すぎる体験談は、受験生との共通体験をもたない読み手には検証できず、また、書かれたことをそのまま受け止めるしかないため、途中で読み飽きてしまうからです。大学教員は、たくさんの志望理由書に目を通す必要があります。志望理由書に感情移入することはありません。たとえ思い入れたっぷりに体験談を書いたとしても、その労力のほとんどはむだになることが多いのです。

　エピソードは、志望理由書の中心ではなく、あくまで導入部です。読み手の気をひこうとする情緒的な表現は最小限にとどめましょう。分量の目安は、志望理由書全体の3分の1程度です。エピソードが長すぎる志望理由書は、「字数を稼いでいるのではないか」という悪い印象を与えます。

「過去のきっかけ」NGパターン

　　過去のきっかけが各人各様に存在するからといって、何を書いてもよいと考えてはなりません。ありのままを書くとマイナスになる場合もあります。志望理由書としてふさわしくない過去のきっかけの例は、以下のとおりです。

志望理由書としてふさわしくない過去のきっかけの例

❶　個人的な欲望
❷　大学合格が目標そのもの
❸　小説・映画・ドラマ・漫画・番組などから影響を受けたというエピソード

❶：将来の目標を達成することによって生じると見込める副次的効果が目的化しているケースです。「多額の金銭を得たい」「高い社会的地位を得たい」「異性から好かれたい」「自分を下に見てきた人びとを見返したい」などです。

❷：大学合格自体がゴールであり、進学後のビジョンが何もないケースです。「大学受験の最高峰をきわめたい」などです。これらが志望理由となっている場合には、目的意識の低い受験生だとみなされてしまいます。ほかのエピソードを探り出しましょう。

❸：これらは、たとえノンフィクションであったとしても、作者による脚色や編集者の意図が一定程度入り込んでいるため、多くの場合、現場の実態とは異なります。もし受験生がこれらの作品から感じ取った内容が読み手の見識にそぐわない場合には、高評価はつきません。もっとも、過去のきっかけの導入として書くことは問題ありません。効果的に用いましょう。

「過去のきっかけ」OKパターン

では、どのような過去のきっかけなら志望理由書としてふさわしいのでしょうか。以下が、代表的な4パターンです。

志望理由書としてふさわしい過去のきっかけの例

❶ 自身や身内による、志望分野と深くかかわった経験
❷ 志望分野で活躍する身内に感化された経験
❸ 志望分野がかかえる問題を解決したいと考えた経験
❹ 志望分野を通じて地元(地域)に貢献したいと考えた経験

❶：細かく書きすぎないよう注意しましょう。経験談を正しく伝えようとして登場人物や出来事を盛り込みすぎると、内容が複雑化してかえって理解しづらくなるからです。

❷：身内を神聖化しないよう注意しましょう。日本人の伝統的な美徳として、身内自慢を慎むという考え方があるからです。また、あまりに身びいきが行きすぎると、「社会全体に目が行き届いていない、視野のせまい受験生だ」とみなされてしまうからです。

一方、身内を反面教師として取り上げることも、まとめ方が稚拙だと、志望理由書全体の悪印象につながりかねません。身内について尊敬できる点を可能な限りくわしく述べ、ネガティブな言及は最小限にとどめてください。

❸：志望分野における取り組みの現状を踏まえたうえで書きましょう。その認識が低いとみなされてしまうと、面接で追及される可能性があるからです。なお、問題が解決の方向に進んでいる場合には、研究の必要性や価値は大幅に下がります。極力、未解決の問題を取り上げましょう。

❹：地元の特性を理解したうえで書きましょう。そのためには、地元の新聞を読み込むこと、新聞中の有用な記事を保存することが必要です。一方、地元から離れ遠方の大学を受験する場合には、オープンキャンパス→テーマ9で質問する、講演会やシンポジウムに参加するなどの行動を起こして、地元では得られない情報をたくさん収集しましょう。もしこのような準備が難しければ、地域名と志望分野に関するキーワードをインターネットで検索し、情報をストックしておくだけでも十分です。

テーマ8 将来像や問題意識を示そう

重要度 ★★★★★

社会が求めているのは、「何を学び、何ができるか」が明確な人材

　テーマ1でも触れたとおり、右肩上がりの経済成長を続けていたかつての日本では、企業は、基礎的な理解力の高い若手人材を幅広く確保し、時間と資金を投じて必要な能力を自社で伸ばそうとしていました。そのため、年功序列型賃金で入社初期の給与を低く設定する一方、終身雇用によって長期間会社に貢献してもらうことによって、人材育成への投資分を長期的に回収していたのです。

　こうした企業側の事情により、学生側も、有名大学に進学していさえすれば、高給が得られる企業への就職はそう難しくありませんでした。そのため、一部の専門職志望者を除くと、自分の将来を就職活動に入ってはじめて決める学生が主流であり、幅広く応募する学生にいたっては就職先が内定した時点で決めるというケースすらたくさんありました。

　しかし、そのような悠長な仕事選びは、現在では通用しません。バブル崩壊後の経済低迷、変化の激しい時代への突入によって、企業には、長期にわたって人材を育成し囲い込む余裕やメリットがなくなりました。また、価値観の多様化への対応として、企業が、困難な局面を打開できる個性的な学生を評価するようになりました。そのため、現在では、付属校からエスカレーター式に有名大学へ進学した没個性な学生よりも、文系・理系を問わず自分なりの強みをもち即戦力として活躍できる学生が好まれます。つまり、世の中全体としては、「どの大学を出たか」よりも、「大学で何を学び、何ができるか」が重視される傾向が強まっているのです。

　このような変化は、大学受験にも及んでいます。学校推薦型選抜・総合型選抜は、まさにここまで述べたような目的意識の高い人材を選抜するしくみです。したがって、学校推薦型選抜・総合型選抜で受験する場合には、自分の将来像と、自分が解決したい社会的課題に対する問題意識を明確にもっていることが必要なのです。

　なかには、明確な将来像が定まっていない受験生もいるでしょう。しかし、将来像は、大学進学後に変化してもかまいません。実際、AO入試（当時の呼称）で合格した私も、志望理由書や面接で述べた進学後の学びはおおむね達成できたものの、実際に就いた職業は当時めざしていた仕事とは異なります。ただし、自分の将来像をいくつも挙げてしまうと、「将来への迷いがある」というマイナスの印象を与えてしまいます。志望理由書で示す将来像は、出願時点での最有力候補のみに絞り込んでください。

大学進学の目的を考えよう

　自分の将来像として挙げる具体的な職業イメージは、大学（四年制大学・四大）進学の目的とセットでなければなりません。

　たとえば、司法試験受験や教員免許、医師や薬剤師などの資格要件は大卒であること

です。しかし、世の中には、短期大学や専門学校など、大学以外に進学してもなれる職業がたくさんあります。したがって、このような職業を希望する場合には、「短大や専門学校ではなく、大学という教育機関に進む目的」が説明できなければならないのです。

　教育機関は、学校教育法という法律によって定義されています。

(学校教育法)

> 【大　学】
> ●第八十三条　大学は、学術の中心として、広く知識を授けるとともに、深く専門の学芸を教授研究し、知的、道徳的及び応用的能力を展開させることを目的とする。
> 【短期大学】
> ●第百八条　大学は、第八十三条第一項に規定する目的に代えて、深く専門の学芸を教授研究し、職業又は実際生活に必要な能力を育成することを主な目的とすることができる。
> 【高等専門学校】
> ●第百十五条　高等専門学校は、深く専門の学芸を教授し、職業に必要な能力を育成することを目的とする。

　このように、大学は、「知的、道徳的及び応用的能力を展開させることを目的とする」教育機関です。また、中央教育審議会が2005年に公表した「我が国の高等教育の将来像（答申）」にも、「社会が発展していくためには、その基盤として、新しい知識を創造するとともに高度に活用する高い専門性をもった人材を育成することが不可欠である。人類の長い経験と叡智の中で、これを最も良く担う社会的な存在として確立されてきたものが大学にほかならない」という記述があります。

　以上からわかるとおり、大学は、受験生に、既存の知識を応用すること、新しい知識を創造すること、社会の発展のために活用できる能力を身につけることを求めているのです。

◎ 主体的な学びは、出願前から始めよう

　自分がめざす将来像を絞り込んでから志望理由書を提出するまでには、次のことに取り組んでください。それは、「志望分野に関する書籍を読むこと」「実際に働いている人に話を聞き、その分野がかかえる課題や、果たすべき社会的意義について認識を広げること」「出願前の時点で、大学で深めたい学びにつながる活動を行うこと」です。志望理由書には、これらに取り組んだ結果を盛り込むのです。「大学で深めたい学びにつながる活動」については、失敗談でもかまいません。その体験を、学ぼうとする熱意のアピールにつないでください。

　学ぼうとする熱意のアピールのうち、将来の職業に直結する学びを得たいとアピールする場合には、単に理想像を示すだけでは不十分です。その職業に就くために必要な覚悟と使命感も示してください。社会に出ると、モノやサービスの受容者という立場から、モノやサービスの提供者という立場に変わります。その変化への耐性は、受験生のうちから身につけておく必要があります。

　将来の職業をめざす理由には、その職業の特性を意識した前向きな内容を挙げてください。たとえば、看護・医療・福祉系の志望理由書には、「健康に貢献したい」などほかの職業にもあてはまりそうな理由や、「医師をめざすのは難しいから」など消極的な理由を書きがちなので、注意しましょう。

テーマ 9 志望大学・学部・学科でなければならない理由

重要度 ★★★★★

⊙ 出発点は、志望校の特徴を理解すること

　　　志望理由書は、読み手が「この受験生が本気で自校を志望しているかどうか」を見きわめるための材料です。言い換えると、志望理由書は、「『志望』する大学に入学を希望する『理由』を説明する『書』」です。つまり、「志望校が自分の学びに最適だと考える理由」こそが志望理由書の中核なのです。

　では、どのような内容を書けば、大学側に自分の強い思いを伝えることができるのでしょうか。ポイントは、「自分が理解した志望校の特徴を盛り込む」ことにあります。

　ビジネスでもプライベートでも、自分が好意を寄せる相手に対しては、自分の思いを、相手が素直に受け止められるよう工夫して伝えなければなりません。その工夫のカギは、ただ一方的に自分の思いを訴えるのではなく、相手の特徴への理解を踏まえて話しているというアピールにあります。

　志望校の特徴をつかむため最初に取り組むべきなのは、各大学のパンフレットを読み込むことです。パンフレットは、志望校のものから併願予定校のものまで、幅広く取り寄せましょう。志望校とそれ以外の大学のパンフレットを比較すると、志望校の特徴がより明確に浮かび上がってくるからです。併願予定校のパンフレットと直接比較したうえで、志望校がすぐれていると思った点、自分に合っていると思った点を、志望理由書に盛り込みましょう。

　パンフレットの誌面は、作り手である大学の特徴が表れやすい構成をとるため、それぞれの大学のセールスポイントがデジタルの情報である大学・学部の公式サイトよりも簡単に把握できます。

【大学のおもな特徴】

◉ カリキュラム・講義内容	◉ 専門領域の強みや教員の存在
◉ 資格試験対策	◉ 就職支援
◉ 実習・研修プログラム	◉ 施設・設備
◉ 海外研修やグローバル化への対応	◉ 他学部・付属機関・地域との連携

　志望理由書にこれらの特徴を示す際には、もしオープンキャンパスや説明会への参加経験があるならば、ぜひその事実に触れましょう。実際に大学へ行ってさまざまなことを見聞きしたという体験談を入れると、説得力が飛躍的に増します。

　オープンキャンパスは、大学が構内を開放し、受験生などに対してリアルに情報を発信する場です。オープンキャンパスで行われることは、「進学後にどんなことが学べるのかを教員が学部・学科単位で説明する」「教員が高校生向けに模擬授業や体験授業を行う」「教員や現役の学生が、研究室内で研究テーマについて解説する」「個別相談ブースを開設し、受験生からの質問・相談に対応する」などです。このような機会を活用し、教員から大学の魅力を直接聞き出す、自分が学びたいと考えていることについてアドバイスを求めるなど、情報収集に努めてください。

大学の特徴と自分を結びつけよう

　　　志望理由書には、ただ単に志望校の特徴を書き連ねるだけでは不十分です。必要なのは、パンフレットや公式サイトの引き写しではなく、志望校の特徴を、自分が目標とする将来のあり方や自分の学ぶ意欲と結びつけ、道筋を立てることです。つまり、志望理由書では、自分がめざす将来像、および、取り組みたい研究という到達点に向け志望校のどのような環境をいかして何をどのように学びたいのかという、「志望大学・学部・学科でなければならない理由（＝その大学・学部・学科で学ぶ必然性）」を明示することが求められるのです。

　　以下は、先述の「大学のおもな特徴」と結びつく「志望大学・学部・学科でなければならない理由」の例です。

志望大学・学部・学科でなければならない理由の例

【カリキュラム・講義内容】
● 少人数グループで討論（ディスカッション）しながら問題を発見し解決していくという学生主体のプログラムが充実しており、主体的に学ぶ姿勢と方法を修得することができるため。

【専門領域の強みや教員の存在】
● 日本における●●学の権威である▲▲先生に師事して研究に取り組み、生涯にわたって最前線で活躍していくために必要な素養を身につけたいため。

【資格試験対策】
● 模擬試験の実施や個別指導体制などにより、資格試験合格に向けた手厚いサポートが受けられるため。

【就職支援】
● おもにキャリアセンターが、入学時から、個々の学生に適したキャリアプランを助言しプラン作成を支援してくれるため。

【実習・研修プログラム】
● 付属機関との連携による実習や研修が充実しており、進学後間もない段階から現場の雰囲気を体感することができるため。

【施設・設備】
● 国内最大級の実験装置などの充実した実験設備を用いて、最新のシミュレーションに取り組めるため。

【海外研修やグローバル化への対応】
● 海外研修プログラムや海外留学制度、交換留学生の受け入れなどが盛んに行われており、国際的に活躍するために不可欠な視点を培う環境が充実しているため。

【他学部・付属機関・地域との連携】
● 総合大学である利点をいかし、文理融合授業の履修やさまざまな学部の学生との交流を通じて多様な価値観に触れることによって、他者を理解するために必要な幅広い教養を身につけたいため。

第2節 志望理由書を準備しよう

テーマ 10 論理的な文章の組み立て方

重要度 ★★★★★

自分の考えを届けるために必要なこと

これまでの準備で志望理由書の構成に必要な材料はそろったので、あとは制限字数を意識して文章を組み立てていくだけです。しかし、合格につながるような評価を得るためには、書き手と読み手の認識にずれが生じないよう、適切な語彙や接続詞、主語と述語の関係、まとまりのある形式段落によって、文章を論理的に組み立てなければなりません。

「論理的である」とは、「きちんと筋道が立っている」ことです。日常会話では、お互いに知っている人どうしでやりとりするため、簡単な単語や短い文によってスムーズに意図を伝えることが可能です。

しかし、志望理由書は、直接かかわりのない、どのような人間かわからない読み手に向けて書くため、書き手が伝えたい内容が読み手に的確に届くとは限りません。また、日常会話と異なり、言い直しや確認もできないため、読み手は書かれた文章から判断するしかないのです。

だから、志望理由書は、きちんと筋道立ててまとめることが必要です。すなわち、論理的に文章を組み立てなければならないのです。そこで必要となるのは、正しい意味を踏まえた単語と、文章の基本的ルールである文法です。これらが使いこなせれば、たとえ自分と異なる意見の相手であったとしても、自分の考えは届きやすくなります。

論理的な文章を書くためのポイント

以下、自分が伝えたい内容をきちんと受け取ってもらえる、論理的な文章を書くためのポイントをまとめます。キーワードは、「正しい意味の言葉」「シンプルな1文」「適切な接続詞」「イメージしやすい説明」「明確な段落分け」です。

❶ 正しい意味を踏まえた単語を用いる

回りくどい説明によって字数稼ぎをしているような印象を避けるため、熟語やカタカナ用語を使用して簡潔に表現しましょう。その際には、必ず辞書に掲載されている正しい意味にもとづいて使用してください。正しい意味を理解するためには、現代文の単語集などで語彙を増やすことが重要です。

例1 ●伝えたい内容：「再びもとの状態には戻れない」
　　 ●用いるべき単語：「不可逆」➡「人口減少は不可逆的に進行している」
例2 ●伝えたい内容：「行動や考え方が決まりきっていて、新鮮味がない」
　　 ●用いるべき単語：「ステレオタイプ」➡「ステレオタイプな見方を改めていきたい」

❷ 成分が整った文を組み立てる

　中学国語で勉強した「文の成分」に注目し、述語（述部）の主体となる主語（主部）が明確に読み取れる文を組み立てましょう。

　主語・述語の関係が2つ以上あり、複雑な関係で結びついた複文よりも、主語・述語の関係が1つだけの単文のほうが、書き手の意図は伝わりやすくなります。また、文の中心的な内容にかかわらない修飾語は減らし、条件や理由などを示す接続部は別の文として切り離しましょう。1つの文は、最長でも80字程度に収めるのが理想です。

　　例　●△：文化祭のために準備していた入場門の制作過程では、係のメンバーと学校中に響き渡
　　　　　　　るぐらいの激しい口論となったこともあったが、考え方が大きく異なる人と協力して
　　　　　　　取り組む難しさを経験できたことはかけがえのない財産となったと、私は考えている。

　　　　●○：文化祭のために準備していた入場門の制作過程では、係のメンバーと衝突することも
　　　　　　　あった。しかし、多様な考え方をもつ他者と協働する難しさを経験できたことは、私
　　　　　　　にとってかけがえのない財産となった。

❸ 文と文の接続関係を確認する

　文と文の関係を明確にするために、適切な「つなぎ言葉」（接続詞・接続語）を用いましょう。「つなぎ言葉」を選ぶ場合には、話題や議論、主張の展開などが、前後の文で変わるかどうかに注意しましょう。前の文から次の文へのつながりを意識する必要があるからです。なお、正しい「つなぎ言葉」の用い方は、テーマ11であらためて説明します。

❹ 「具体」と「抽象」を組み合わせる

「具体」は、直接的に認識できる実体を表す場合に用います。「具体」は、現実感を与える効果を発揮します。一方、「抽象」は、要素や特徴を抜き出してまとめる場合に用います。「抽象」は、多くの物事にあてはめて解釈することに役立ちます。

　具体的なエピソードばかりで構成されている志望理由書は、書き手が結局どういう考えを伝えようとしているのかがつかみにくいのです。反対に、抽象的な書き方ばかりが目につくと、印象がぼんやりしてしまいます。

　抽象的な説明から始める場合には、途中で「たとえば」などの接続語を用いて、具体例を挙げ読み手に与えるイメージを明確化しましょう。一方で、具体例から始める場合には、「つまり」「要するに」「要は」などの接続語を用いて、具体例を抽象的にまとめましょう。

❺ 段落にまとめて、文章を組み立てる

　文の最初の1字を下げ、次に改行するまでのひとまとまりを「形式段落」といいます。一方、いくつかの形式段落をまとめたものを「意味段落」といいます。形式段落は、文章の体裁を整えるためだけではなく、文どうしの内容的なまとまりを整えるためにも用います。意味段落のまとまりを明確化するためには、形式段落をつなぐ接続詞の役割が重要です。

　志望理由書の文章には、過去のきっかけ→テーマ7、将来像→テーマ8などの構成要素ごとに段落分けするとわかりやすくなります。

テーマ 11 「つなぎ言葉」を正しく活用しよう

重要度　★★★★★

「つなぎ言葉」の2グループ

文と文の関係を明確にするためには、適切な「つなぎ言葉」を用いることが重要です。つなぎ言葉には、独立した品詞である接続詞と、複合語として接続詞と同じ役割を果たす接続語があります。

この本では、文章の論理的なつながりに重点を置き、つなぎ言葉を「順接」と「逆接」という2つのグループに大きく分けて説明します。

順接のつなぎ言葉は、読み手が疑問に思う点について解説や理由を加えるなど、前に述べた内容を踏まえたうえで議論を展開する際に用いられます。これに対して、逆接のつなぎ言葉は、議論の流れを変える場合に用いられます。

なお、逆接は、前に述べた内容とは異なる内容につなぐ場合だけでなく、対比によって別の主張を提示したり、前の主張を修正したりする場合にも用いられます。注意してください。

「順接」グループ

❶ 「添加」：前に述べた内容に付け加えたり、内容を並べたりする場合に用いる。
　例　「そして」「また」「なお」「ちなみに」「ならびに」「および」

❷ 「継続」：前に述べた内容に続いて次の内容が起こる場合に用いる。
　例　「それから」「そこで」「それで」「すると」「そして」

❸ 「導出」：前に述べた内容を踏まえて次の内容を導く場合に用いる。
　例　「では」「それでは」「それなら」「すると」
　　　➡「ある考えや事実にもとづく」という意味をもつ動詞「踏まえる」を用いた、「これを踏まえて」という言い回しも用いられる。

❹ 「累加」：前に述べた内容に次の内容を強く上乗せする場合に用いる。
　例　「しかも」「そのうえ」「それに」「さらに」

❺ 「選択」：前に述べた内容とは異なる内容を述べ、双方を選択させる場合に用いる。
　例　「それとも」「あるいは」「または」「もしくは」「ないし」
　　　➡双方を比べ、前に述べた内容よりも次の内容のほうがよりよいという気持ちを表す「むしろ」も用いられる。

❻ 「解説」：それまでに述べてきたことをまとめたり、説明したりする、理解を助けるために前に述べた内容を別の言葉で説明し直す場合に用いる。
　例　「すなわち」「つまり」「要するに」「このように」

❼ 「理由」：前に述べた内容の原因や理由を説明する場合に用いる。
　例　「なぜならば」「というのも」

❽ 「帰結」：前に述べた内容が理由となって次の内容が順当に起こる場合に用いる。
　例　「だから」「したがって」「そこで」「それで」「それゆえ」「ゆえに」「よって」
　　　➡文中で用いられる接続助詞「ので」「から」も同じ役割を果たす。

❾ 「例示」：前に述べた内容の具体例を挙げたり、具体例で根拠づけたりする場合に用いる。

　例　「たとえば」

[「逆接」グループ]

❶ 「転換」：前に述べた内容を受け、対立する内容や、常識や予想に反した内容を示す。

　例　「しかし」「ところが」「けれども」「だが」

　　　➡これらの次にくる内容が筆者による主張である場合も多い。

❷ 「制限」：前に述べた内容に対して、その条件や例外、補足などを示す。

　例　「ただし」「もっとも」

　　　➡これらの前にきている内容が筆者による主張である場合が多い。

❸ 「対比」：前に述べた内容を受け、比較対象の話題に切り替える。

　例　「一方」「他方」「これに対し」

　　　➡筆者による主張の重みづけは、これらの前後で大きく変化することはない。

❹ 「移行」：1つの話題から新しい話題に移行させる。

　例　「さて」「ところで」「そもそも」「ときに」

主張を強調するために効果的な「つなぎ言葉」

　　　　最後に、自分の主張を強調するために効果的な「つなぎ言葉」を、「順接」グループから3つ、「逆接」グループから1つ、それぞれ取り上げます。志望理由書や小論文をまとめるうえで活用してください。

[「つなぎ言葉」の実践例]

❶ 「したがって」：前に述べた内容と、次にくる主張とのつながりを強化する。

　例　日本国憲法の前文には、「日本国民は、正当に選挙された国会における代表者を通じて行動し」「主権が国民に存することを宣言」すると定められている。したがって、私は、国民1人ひとりに対して、国の政治のあり方を最終的に決定するのは自分たちだという自覚をもたせることが大切だと考える。

❷ 「さらに」：前に述べた内容に次の内容を強く上乗せすることによって、読み手に強い印象を与える。

　例　入学してからずっと物理部に所属し、電子工学を学びながらロボット製作に取り組んだ。さらに、高2のときには、副部長として文化祭のブース責任者も務めた。

❸ 「むしろ」：前に述べた考え方や主張に対して、次にくる異なる考えや主張を強調する。

　例　AIは、人間の仕事を奪う魔物ではない。むしろ、本来人間に不向きな仕事を代行する救世主として、人間の生活を向上させるパートナーだという意識をもつべきである。

❹ 「しかし」：一般的な考え方や、書き手の意見と対立する主張を先に示しておいてから、前の内容とは異なるみずからの考え方や主張を述べる場合にも用いる。その場合、書き手の考えが「しかし」以降に書かれていることを予告し、読み手をひきつける効果を与える。

　例　ロシアのウクライナ侵攻をはじめとした国家間の緊張関係が深刻化している。しかし、環境問題や新型コロナウイルス感染症対策など、イデオロギーの相違を乗り越えて国際協調を推進していく必要性は少しも減じていない。

自己PRの書き方

重要度 ★★★★☆

自己PRのNGパターン

　志望理由書では、「自己PRしてください」という項目が定められている場合があります。「PR」とは「パブリック・リレーションズ（Public Relations）」の略称です。本来の意味は、多くの人びとからの理解・信頼獲得のために企業や官公庁などが行う宣伝活動です。志望理由書の「自己PR」では、他者からの理解や信頼を得るために自分の長所や特徴を伝えることが求められます。また、たとえ志望理由書に記載する必要がない場合でも無視してはなりません。面接の最初か最後によく質問されるからです。

　このように自由度の高い項目では、何を書いたらよいのかわからなくて悩むことは少ないはずです。その代わり、自分の好きなように書いた結果、低評価がついてしまうという可能性があります。

　以下が、志望理由書や面接での自己PRのNGパターンです。

志望理由書や面接での自己PRのNGパターン

❶ どのような部分をPRしたいのかがはっきりしない。
❷ PRしようとする長所や特徴を裏づける客観的エピソードが存在しない。
❸ PRしようとする長所や特徴が絞りきれていない。
❹ 長所とは別に短所についても書かれている。
❺ PRしようとする長所が短所として働いたエピソードを含んでいる。
❻ 長所がいかされる場面が限定されている。
❼ 志望校や専攻したい学部・学科とは無関係な長所をPRしている。
❽ 志望校に入りたいという熱意ばかりをPRしている。

　❶：具体的な個別のエピソードばかりを盛り込んでいるため、結局どのような部分をPRしたいのかがはっきりしないパターンです。

　❷：❶とは反対に、主観にもとづく自己評価ばかりが全面に出ているため、自分の能力を過大評価しているという印象を与えるパターンです。また、その長所や特徴を本当に有しているかどうかが疑わしいパターンも含みます。

　❸：PRしようとする長所や特徴を限られた字数内に複数盛り込んでいるため、読み手や聞き手に与えるインパクトが薄れているパターンです。

　❹：自分の短所についても触れることによって長所の印象を強めようとしたものの、かえって短所の印象を強く残してしまうパターンです。

　❺：話の幅を広げるために、PRしようとする長所が短所として働いてしまったエピソードを盛り込んだため、かえって長所のイメージを悪化させるという逆効果が起きているパターンです。

　❻：「はじめて入ったショッピングセンターでも、迷わずトイレを見つけられる」「ゲリラ豪雨に見舞われるタイミングが事前に察知できる」など、長所や特徴には違いないものの、幅広く応用で

きるとは言いがたい長所をPRしてしまうパターンです。

❼：工学部の志望理由書で「お菓子づくりが得意」とPRするなど、その長所や特徴が進学後からの学びとつながっていないパターンです。

❽：「貴学に進学したいという思いはだれにも負けません」とPRするなど、面接官の歓心を買おうとしていても、具体的な長所や特徴が示されていないパターンです。

⊘ 望ましい自己PRのポイント

望ましい自己PRを構成するためのポイントを説明します。

1つ目は、自分の長所や特徴を探すことです。過去の成功体験を振り返り、自信をもってすぐれていると言える部分を見つけ出してください。とくに思いつかない場合には、これまでとってきた考え方や行動のうち、他人とは違っていたことを思い起こして考えてみましょう。

2つ目は、志望分野での成功につながるものを絞り込むことです。

以下、候補となる長所や特徴をいくつか例示します。

【志望理由書や面接での望ましい自己PRのポイント】

❶ チームワークにかかわる長所や特徴
　➡調整力・協調性・協働性・責任感の強さ・利他性・冷静さ・リーダーシップ
❷ 探究心にかかわる長所や特徴
　➡行動力・分析力・課題解決能力・視野の広さ・チャレンジ精神・好奇心・前向きな姿勢
❸ 継続性にかかわる長所や特徴
　➡自己管理能力・計画性・努力・集中力・向上心・芯の強さ・あきらめない気持ち・最後までやり抜く姿勢・粘り強さ
❹ 誠実な性格にかかわる長所や特徴
　➡まじめさ・ていねいさ・自分を客観視できる素直さ
❺ コミュニケーション力にかかわる長所や特徴
　➡聞きじょうず・語学力・明るさ・笑顔・思いやり・話の流ちょうさ・人前で緊張しない落ち着いた態度
❻ 自分がめざす職業にかかわる技能
　➡機械・建築・IT・旅行・料理・農業・動物・植物・美術・音楽・美容・ファッション・映像・メディア

以上のような長所や特徴が絞れたら、まずはその長所や特徴を冒頭に書いてください。PRポイントは1つに絞り、インパクトを強めましょう。

次に、長所や特徴の印象を強める効果的なエピソードを示してください。その際には、くわしく説明する必要はありません。具体例そのものには高評価はつかないからです。簡潔に説明すれば十分です。

最後に、志望する専門分野において、長所や特徴を今後どのようにいかすつもりかをしっかりアピールしてください。このまとめ部分こそが、自己PRの中核です。この部分を読んだ志望校の教員に、「本学の学生としてぜひ迎え入れたい」と思わせなければ、自己PRは無意味なのです。

テーマ 13 学修計画書の書き方

重要度 ★★★★★

研究テーマの選び方と深め方

総合型選抜における積極的活用が定められている提出書類の1つに「学修計画書」→テーマ3があります。学修計画書は、志望理由書で示された将来像の実現に向け、志望校での学びと学外での学びに関する計画を表した書類です。

　名称に「学修」という用語が含まれていることにお気づきでしょうか。「学修」は「学問を学び、身につける」という意味であり、「学問や技術などの教えを受ける」という意味の「学習」とは異なります。学修計画書は「学修」のプランですから、受けたいと考える講座名を単に列挙するだけではなく、屋外での聞き取り調査・アンケート調査であるフィールドワークの進め方や、学外での活動にも触れる必要があります。大学教員に「この受験生に学ぶ場を与えてあげたい」と思わせる学修計画書を組み立てましょう。

　まず必要なのは、自分が取り組みたい研究テーマ選びです。現在自分が関心をもつ社会的課題にかかわる主体を書き出してみましょう。ただし、関心のあるテーマをすでに決めている場合には、研究テーマと社会的課題を無理に結びつける必要はありません。

研究テーマに結びつく社会的課題や主体

❶　社会的課題
　例　「環境」「資源」「災害」「食料問題」「少子高齢化」「社会保障」「貧困」「差別」「宗教対立」「民族紛争」「武力衝突」「難民問題」
❷　社会を構成する個人
　例　「高齢者」「子ども」「若年層」「中高年層」「女性」「LGBTQ」「障害者」「失業者」「貧困層」
❸　社会を構成する組織
　例　「企業」「NGO・NPO」「共同体」「地方自治体」「国家」「国連」「国際組織」

　次に必要なのは、「調べ学習」です。「調べ学習」とは、書籍や論文を読んで学問領域における最先端の動向や取り組みに関する認識を深める学習法です。論文については、国立情報学研究所が運営する「CiNii（サイニー）」や、国立研究開発法人科学技術振興機構（JST）が運営する「J-STAGE」、「Google Scholar（グーグルスカラー）」などのデータベースがあるので、検索してみてください。志望校の教員が書いた論文を読めば、そこから学修計画のみならず志望理由のヒントを見つけ出せる可能性があります。

　なお、学修計画書ではぜひ、「大学での具体的な学びによって、未解決の社会的課題を解決したい」「未知の学問領域を究明する糸口をつかみたい」など、意欲をアピールしましょう。もちろん、このような意欲の大前提は、学修計画書が具体的で実行可能である点です。

　また、これまでに取り組んだフィールドワークやプロジェクト、実験なども実績として記載してください。これらの取り組みによって何がわかり、どのような問題意識をもったのかが示せると、

研究課題に対する主体性や独自性がアピールできます。また、大学での学修目標がより明確になるという効果もあります。

学修計画の立案と研究目標の立て方

研究テーマを選び終えたら、具体的な学修計画の立案に入りましょう。

まずは、それぞれの大学が公表している「ディプロマ・ポリシー」「カリキュラム・ポリシー」「アドミッション・ポリシー」を確認してください。中央教育審議会による各ポリシーの定義は、以下のとおりです。

各ポリシーに関する基本的な考え方

❶ ディプロマ・ポリシー：各大学、学部・学科等の教育理念にもとづき、どのような力を身につけた者に卒業を認定し学位を授与するのかを定める基本的な方針。学生の学修成果の目標ともなるもの。

❷ カリキュラム・ポリシー：ディプロマ・ポリシー達成のために、どのような教育課程を編成し、どのような教育内容・方法を実施し、学修成果をどのように評価するのかを定める基本的な方針。

❸ アドミッション・ポリシー：各大学、学部・学科等の教育理念、ディプロマ・ポリシー、カリキュラム・ポリシーにもとづく教育内容等を踏まえ、どのように入学者を受け入れるかを定める基本的な方針。学生に求める学習成果（「学力の3要素」➡テーマ1についてどのような成果を求めるか）を示すもの。

次に、大学の公式サイトから「シラバス」を検索してください。「シラバス」とは、授業の概要と目的や到達目標、授業計画などが示されている一覧をさします。シラバスから興味のある講義を探し、自分の学びたいことを整理しましょう。また、同時に、自分が専門的に学びたい領域の教員や研究室も決め、各研究室独自のサイトも参照しながら、研究対象への関心を高めていきましょう。

ここまで準備できれば、いよいよ学修計画書の記載が可能となります。以下が、記載すべきポイントです。

1つ目は、自分のめざす将来像と大学での研究目標です。ただし、志望理由書ですでに記載している場合には、重複を避けて簡潔に記しましょう。

2つ目は、年次ごとに細分化された研究目標です。1年次から4年次まで1学年ごとに分け、各学年での到達目標、受講したい講義名や参加したい実習・研修、所属したい研究室や師事したい教員の名前、取り組みたい研究課題を、抽象的ではなく、具体的に、不必要な情報は取り除いて過不足なく示しましょう。その際には、カリキュラム・ポリシーを踏まえること、および、研究に必要な学外での活動を適宜組み入れることが必要です。

今後の学修目標を示すことが目的である学修計画書には、受験生個人の過去に関する記載が必要な志望理由書や活動報告書に比べて、周囲からのアドバイスを反映させやすいという特徴があります。そのため、中身の充実化は比較的容易です。たとえば、自分が進みたい学問領域とつながりの深い科目を担当する高校教員に下書きを見せる、オープンキャンパスで大学教員に直接相談するなど、正式に書類を提出するまでのあいだに、粘り強く文面をブラッシュアップしていきましょう。

テーマ14 活動報告書の書き方

重要度 ★★★★★

高く評価される活動内容とは

「学修計画書」と並んで、総合型選抜で積極的に活用される提出書類の1つに「活動報告書」→テーマ3があります。「高校生活で積極的に取り組んだ活動」「これまでに熱心に取り組んだ活動」「中学校卒業以降に意欲的に取り組んだ活動」など、大学によって指示は異なりますが、共通点は、受験生の過去の活動を確認したいという意図です。

また、学校推薦型選抜においても、「推薦書の中に、入学志願者本人の学修歴や活動歴を踏まえた学力の3要素→テーマ1に関する評価」の記載が求められていることから、どちらのタイプに出願するにせよ、準備段階ではおもに高校時代の活動を振り返る必要があります。

以下、対象となる活動内容を確認します。

活動報告書に記載可能な内容

❶ 生徒会活動・部活動・委員会活動
❷ 各種大会やコンクールの成績
❸ 「総合的な探究の時間」における探究活動
❹ 長期休暇などで自主的に取り組んだ課題研究や目標
❺ ボランティア活動や就労経験
❻ 留学・海外経験
❼ 取得した資格や検定等

このうち、「❷ 各種大会やコンクールの成績」や「❼ 取得した資格や検定等」については、自分が専攻する分野との関連性が強い内容、および、高校生として突出した実績だと認められる内容を優先的に取り上げてください。

反対に、❷・❼以外には、とくに優先すべき内容はありません。つまり、生徒会長や部活動での全国大会上位入賞など、課外活動に取り組んだことを裏づける役職や結果ばかりを並べても、本人が感じているほどには高く評価されないのです。反対に、自分では取るに足りない取り組みだと思っているような課題研究やボランティア活動が、伝え方次第では予想以上に高く評価される可能性があります。

活動報告書で強調すべき点

活動報告書では、学力の3要素の修得に励んだようすが伝わるよう、以下のような部分を強調して書きましょう。取り組んだ過程の説明に字数を割き、大学以降の学びにつなぐ前向きな姿勢を打ち出すことが重要です。反対に、課外活動で務めた役職や成し遂げた結果ばかりを強調するのは逆効果です。

活動報告書で強調すべき点

❶ みずからが課題を発見し、その解決に向けて探究して、成果などを表現するために必要な
思考力・判断力・表現力等の能力を発揮した場面
❷ 志願者が主体性をもち、多様な人びとと協働しつつ学習する態度を示した場面

　この場合には、<u>学力の3要素とは直接関係しない授業や行事の内容、出来事の細部などの説明に字数を割きすぎない</u>よう注意しましょう。

　また、「学校設立から日が浅いわりに」「特進コースの制約があるなかで」など、学校の特殊事情にもとづいたエピソードもさほど強い説得力をもちません。さらに、「まとまりのないクラス」「形骸化していた行事」など、自分が所属する高校の評価を下げるような言及も避けるべきです。

◯ 活動報告書のサンプル

　以下で、活動報告書のサンプルを示します。学力の3要素のキーワードである「思考力」「判断力」「表現力」「主体性」「協働性」が身についたことを、具体的なエピソードによって伝えましょう。

⚛ 活動報告書のサンプル

　❶私は、高校2年生のとき、運動会におけるけが問題対策の責任者を務めた。❷その際、運動会に関係するケガのリストを独自に分析し、保健室で最も多く手当を受けた症例が足の切り傷であることに気がついた。そして、この背景に、指先にテーピングを巻いただけの素足で競技に参加するために爪がはがれてしまうことと、口内をすすぐ水が入ったガラスびんが割れた際に破片を踏んでしまうことが原因として潜んでいると突き止めた。
　❸こうした足の切り傷を防ぐため、私は足袋の導入を提案し、教師や生徒に働きかけた。❹伝統が損なわれると反対する生徒に対しては、データを示しながら熱意を込めて説得にあたり、最終的には大多数の賛同を得て導入に結びつけた。その結果、けがの件数は激減し、生徒や保護者の運動会に対する満足度も向上した。
　❺この経験を通じて、私は、みずからが発見した課題の解決をめざして粘り強く取り組む姿勢の大切さを認識することができた。

[396字]

ポイントチェック
❶：本人が力を入れて取り組んできた活動実績として、学校行事での役職を示せている。
❷：みずからが発見した課題の解決に向けて探究したようすがわかり、「思考力」を裏づけている。
❸：みずからの意思にもとづいて課題を乗り越えようとしたようすがわかり、「主体性」を裏づけている。
❹：みずからが探究した成果を他者に伝えようとしたようすがわかり、「表現力」を裏づけている。
❺：経験を通じて得た気づきが簡潔にまとめられている。

　これらのほかにも、多様な人びととともに協調して取り組んだようす（「協働性」の裏づけ）や、その場の状況を踏まえつつ判断したようす（「判断力」の裏づけ）を具体的な場面として取り上げることも有効です。もしこれまでの活動の中で思い当たる内容がどうしても見つからない場合には、学校での授業や出願前の夏休みを利用して、新たな活動に取り組んでください。

テーマ 15　面接のねらい

重要度　★★★★★

学校推薦型選抜・総合型選抜では面接がほぼ必須

　　テーマ3で確認したように、総合型選抜では、「入学志願者の能力・適性や学修に対する意欲、目的意識等を総合的に評価・判定する」ための評価方法の1つとして「時間をかけたていねいな面接」が定められています。

　その目的は、受験生本人から直接話を聞き出すことによって、面接官が受験生の人間性全般を理解することにあります。文部科学省「大学入学者選抜における英語4技能評価及び記述式問題の実態調査（令和2年度）」によると、総合型選抜で面接を実施している大学の割合は83.9％となっており、学校推薦型選抜においても78.0％と、きわめて高い数字を示しています。

　　また、専攻内容に関する知識が集中的に問われる口頭試問→テーマ3も、学校推薦型選抜での実施は10.6％とそれほど多くないものの、総合型選抜では22.7％と無視できない割合を示しています。

面接に向けた準備のポイント

　　学校推薦型選抜・総合型選抜において、多くの場合、面接は書類審査を通過した1次試験合格者に対して実施されます。つまり、面接は、一定の水準をクリアした受験生の中から、ぜひとも入学させたい人物を見きわめる最後の関門なのです。

　以下、面接に向けて準備すべき点についてまとめます。

面接に向けて準備すべき点

❶　提出書類（志望理由書・学修計画書・活動報告書）の内容を充実させる。
❷　面接の基本所作を身につける。
❸　正しい言葉づかいを心がける。
❹　スムーズに受け答えできるよう練習する。

　❶：面接の質問は、志望理由書や学修計画書、活動報告書の内容にもとづいてなされます。質問では、受験生が大学、および学部・学科に対する進学目的が明確か、学習に対する意欲が十分か、「学力の3要素」→テーマ1を身につけているかなどが試されます。したがって、提出書類の作成にあたっては、進学目的・学習意欲だけでなく、「学力の3要素」を十分に有しているという点もアピールしてください。受験生を評価・判定する大学側の関心はそこにあるからです。

　❷：仮に面接での受け答えの内容がどれだけ充実していても、身だしなみや服装、振る舞いなどが自校の学生として迎え入れるのにふさわしくない人物であると判断されれば不合格になる可能性があります。また、医学部や教員養成系など、大学入学と将来の職業が直結している系統では、

職業適性まで判断されると考えてください。

❸：面接の合否を直接的に分けるのは、進学目的・学習意欲の有無と、「学力の3要素」の有無です。ただし、自分の思いが言葉どおりに相手に伝わるかどうかは、伝え方に対する意識次第です。ですから、正しい言葉づかいを選ぶ必要があります。

❹：面接の理想形は、場の雰囲気に合わせたアドリブを交え、聞かれた質問に対して簡潔に答えるスムーズなやりとりです。明確な進学目的と旺盛な学習意欲をもち、「学力の3要素」を身につけていて、自分が専攻したい分野の知識がある程度理解できる受験生であれば、おのずとその理想をかなえられるはずです。

しかし、緊張を強いられる大学受験という場面でいきなりアドリブを披露できる受験生はごく少数です。ですから、当日の大失敗を避けるために想定問答をつくり込み、自然に受け答えできるよう、事前に何度も練習しておくことが必要なのです。

「メラビアンの法則」とは

「メラビアンの法則」をご存じでしょうか。コミュニケーションのあり方について説明を受けたことがある人なら、耳にしたことがある言葉かもしれません。「メラビアンの法則」は、他人に好印象を与える会話のヒントとして広まった考え方であり、アメリカ合衆国の心理学者アルバート・メラビアンが行った、好意・反感などの態度や感情のコミュニケーションに関する実験結果にもとづきます。

メラビアンは、対面コミュニケーションにおける3つの要素として、「言語（話の内容や言葉の意味）」「聴覚（声の大きさや口調、話す速さ）」「視覚（表情や視線の動き、ジェスチャー）」を挙げました。そのうえで、好意や反感など感情や態度の伝達場面において、「言語では好意を伝えているのに、怒っているような口調で伝える」など、3つの要素間に矛盾が生じている場合、相手の感情や態度を判断するためにどのような情報が優先されるかを調べました。

その結果判明したのは、3つの要素のうち「言語」が占める割合は7％にすぎず、「聴覚」が38％、「視覚」が55％を占めている、ということでした。つまり、「言語」「聴覚」「視覚」で表現される情報がそれぞれ矛盾している場合には、受け手は「視覚」を最優先して判断する、とわかったのです。

しかし、この結論から、「見た目がよければ、話の内容は気にしなくてもよい」「話の内容よりも、聞き手をひきつけるテクニックのほうが大切」と考えてしまうのは大きな誤りです。正しくは、みずからの思いをしっかりと相手に伝えるためには「言語」「聴覚」「視覚」すべてを用いなければならない、と考えるべきです。

たとえどれほど学問への意気込みがあったとしても、その意気込みを小声や棒読みでしか表現できないのであれば、相手の心には響きません。また、たとえどれほどなめらかに志望理由を述べたとしても、無表情で答えたり、肩を落とした姿勢で答えたりしていてはうまく伝わりません。面接は、「言語」「聴覚」「視覚」をすべて駆使して勝負すべき場なのです。

テーマ 16 面接のテクニック① ──面接の基本所作

重要度 ★★★★☆

面接で減点される身だしなみや服装・振る舞いはコレ

テーマ15で確認したとおり、メラビアンの法則における「視覚」情報は、おもに表情や視線の動き、ジェスチャーをさします。面接の質疑応答時にはこれらを意識することが必要です。また、これらは、質疑応答に入る前段階でも意識しましょう。

身だしなみや服装・振る舞いにも注意しましょう。面接官に好印象を与えるため、少なくとも不利にならないようにするためには、「まじめ」「素直」「清潔」「熱心」「きびきび」「はきはき」など、身だしなみや服装・振る舞いでのアピールが必要だからです。

大学での学びをへて社会に貢献できる人物の多くは、学びに対してまじめに素直に熱心に向き合い、きびきび、はきはきと行動します。そのような人物であるとアピールするためには、清潔さ、さわやかな身だしなみ・服装、振る舞いも意識し、周囲に不快感を与えないよう配慮しましょう。

反対に、「だらしない」「いい加減」「けばけばしい」「元気がない」「ぼそぼそ」などのキーワードにあてはまる、以下のような身だしなみや服装・振る舞いは、減点される可能性が高いので慎んでください。

減点される身だしなみや服装

- 明らかにメイクをしていたり、香水をつけていたりする。
- マニキュアやネイルアートによって爪を装飾したり、爪を長く伸ばしていたりする。
- ピアス、イヤリング、ネックレスなどのアクセサリーをつけている。
- 寝ぐせや無精ひげが目立つ。
- パーマ、髪染め、整髪料などで、頭髪が極端に目立つ。
- ネクタイやリボンが、曲がっていたり緩んでいたりする。
- 上着やシャツのボタンがはずれている。
- ボタンが取れかけていたり、すそがほつれていたりする。
- 服の汚れやしわが目立つ。
- 服に糸くずやほこり、フケなどがついている。
- スカート丈が長すぎたり短すぎたりしている。ズボンをだらしなくはいている。
- 靴下がくたびれていたり、タイツが破れていたりする。
- くたびれた靴を履いている。

減点される振る舞い

- 背筋が丸まっている、足を開きすぎているなど、姿勢が悪い。
- 視線が泳いでいたり、うつむき加減だったりする。

- ◉ 髪や鼻、手や爪など、自分の体の一部分を頻繁に触っている。
- ◉ 腕や足を組んでいる。
- ◉ 足や上半身を揺すっている。
- ◉ 口が半開きになっている。
- ◉ 照れ笑いしたり、ヘラヘラ笑ったりしている。
- ◉ 待機時間中に、ほかの受験生と談笑している。
- ◉ 待機時間中に、スマートフォンをいじったり、ゲームをしたり、音楽を聴いていたりする。

◎ 正しい入室・退室の仕方

 　続いて、正しい入室・退室の仕方について説明します。社会人になってからも通用するこのようなしぐさがスマートにこなせていることを示せれば、「エチケットやマナーが身についている」と高く評価されます。

正しい入室の仕方

❶ 名前を呼ばれたら、「はい」とはっきり返事する。
　　➡あまり元気がよすぎると、知的に見えないため逆効果。声の大きさに注意。
❷ 面接室にドアがある場合は、軽く3回ノックする。
❸ 「どうぞ」という声が聞こえたら、「失礼します」と明るく返事し、ドアを開ける。
❹ 入室して、いったんドアに向き直ってから静かに閉め、面接官に向かって30°くらいの角度でおじぎする。
　　➡ドアを後ろ手で閉めてはならない。
　　➡「よろしくお願いします」のように、言葉を添えてもよい。
❺ いすの左横に立ち、「●●と申します。本日はよろしくお願いいたします」と明るくあいさつして、45°くらいの角度で深めにおじぎする。
　　➡背筋を伸ばして胸を張り、あごを引いて首をまっすぐに立てる。
　　➡手の指先を伸ばし、足はかかとを床につけて立つ。
❻ 「どうぞお掛けください」と促されたら、「失礼します」と言い、かばんを足下に置いて座る。
　　➡左足を1歩前に踏み出し、右足をいすの前に動かして、左足を右足に引き寄せるように移動して座るとよい。
❼ 背筋を伸ばして、やや深めに座る。いすの背もたれには寄りかからない。
　　➡手は、軽く握って膝の上に置くか、握らずに重ねる。
　　➡足は広げず、足先を平行にそろえる。

正しい退室の仕方

❶ 面接の終了が告げられたら、すぐにいすの横に立ち、「ありがとうございました」と言ってから、45°くらいの角度で深めにおじぎする。
❷ かばんを持ってゆっくりと出口に向かい、もう1度、面接官にきちんと向き直って「失礼します」と言ってから、45°くらいの角度で深めにおじぎする。
❸ ドアを静かに開け、外に出て静かに閉め、退室する。

テーマ 17　面接のテクニック②　──言葉づかい

重要度　★★★★☆

敬語は言葉の身だしなみ

　ここでは、「聴覚」に関する言葉づかいを取り上げます。

　メラビアンの法則→テーマ15における「聴覚」は、おもに声の大きさや口調、話す速さをさしますが、それら以外にも、「敬語」や言い回しなどの言葉づかいに気をつけることも大切です。まずは、目上の人や公式の場における言葉づかいの基本である敬語について確認します。

　敬語は、話し手がもつ、相手や周囲の人およびその場の状況に対する感情を伝える言語表現です。さらに言うと、敬語には、社会人としての常識をもっている自分自身を表現するという意義もあります。敬語を使うべき場面で敬語を使わないことは、社会人として相手に礼を失する振る舞いにほかなりません。

　また、話し手がその場の人間関係や状況をどのようにとらえているかを表現するために、相手への敬意だけではなく、社会的な立場を尊重しようとする「敬意」にもとづいて敬語を選択することも求められます。つまり、単なる上下関係からでなく、仮に自分が年長であっても話し手との関係や役割にもとづいて使われる場合もあります。

　以上から、敬語の基本的な分類をまとめます。

敬語の基本的な分類

❶　尊敬語

　相手側の行為や物事に用いて、相手側を高めて敬意を示す言葉。

　　例　「食べる」➡「召し上がる」

❷　謙譲語

　❶　自分側から相手側に対する行為や、相手側の物事に用いて、行為を受ける相手や相手側の物事を高めて敬意を示す言葉。

　　例　「面接に来ました」➡「面接に参りました」

　❷　自分の行為や物事などを丁重に表す言葉。基本的には、「ます」をともなって使われる。

　　例　「あすから中国に行きます」➡「あすから中国に参ります」

❸　丁寧語

　語尾に「です」「ます」「ございます」をつけて、相手側へのていねいな気持ちを表す言葉。

　　例　「〜と思う」➡「〜と思います」

❹　美化語

　物事を美化して表す言葉。

　　例　「みやげ」➡「おみやげ」

話し手が自分の感情を相手へ適切に伝えるためには、<u>場に応じた敬語の典型例や型を身につけ、明らかな誤用や過不足を避ける</u>ことが重要です。実際に、日常生活で周囲の人が敬語を用いる場面から学び、自分でも積極的に使ってみましょう。<u>面接本番では、試験という場を意識しつつ、面接官への敬意を込めて話す</u>ことが大切です。

面接で避けるべき若者言葉や言い回し

 友人どうしの会話でよく使われるような「若者言葉」で話してしまうと、面接官に「この受験生は言語能力が不十分だ」という悪い印象を与えます。以下のリストでは、ついうっかり使いがちな「若者言葉」と本来の「日常語」を対比させています。

「若者言葉」➡「日常語」への訂正例

若者言葉	日常語
マジ	本当に
アリっすね	よいと思います
めっちゃ・超	非常に・きわめて・大変
やばい	まずい・すごい
でかい	大きい
きもい	気持ち悪い・不快だ
うざい	うっとうしい
ぶっちゃけ	率直に言えば
ありえなくない？	信じられません
よさげ	よさそう
ハンパない	みごとだ・すばらしい・まずい
テンパる・パニクる	慌てる・動揺する
なるはや	急いで
ドタキャンする	急きょとりやめる
自分的には	私としては

また、次のような言い回しも評価を落とすので、面接では使ってはなりません。

評価を落とす言い回し

❶	「全然」の後ろに否定形が続かない。	例	「全然大丈夫です」
❷	断定しない。	例	「〜という感じ」「〜みたいな」「なにげに」
❸	相手の話を否定することによって話を始める。	例	「でも〜」
❹	同意を押しつける。	例	「私って〜じゃないですか」

テーマ 18 答え方の極意① ──受け答えの注意点

重要度 ★★★★☆

聞き方と話し方のポイント

ここでは、受け答えの注意点について説明します。

まず、面接官の話や質問の聞き方の注意点に触れます。

聞き方においては、相手に誠実な印象を与えることと、質問の意図を正しく把握することの2点を意識しましょう。緊張して視線を合わせない、答えを考えることに集中しすぎる、質問に対して前のめりになりすぎるなどの態度はNGです。

聞き方のポイント

❶　姿勢を正し、話している面接官を見る。

❷　面接官の話は、ときどきうなずきながら聞く。

❸　面接官の質問は、途中でさえぎらず、最後まで聞く。

次に、話し方の注意点です。話し方においては、視線と発声の2点を意識しましょう。

話し方のポイント

❶　視線を面接官のあごのあたりに柔らかく送り、勝負をかけるときには面接官の目を見て話す。

❷　面接官が複数の場合には、主導役の面接官を中心に、ほかの面接官にも視線を送る。

❸　はきはき話す。

❹　声はやや大きめに、ゆっくり話す。

❺　回答の出だしは、ゆっくり、はっきり話す。

❻　自然な抑揚で変化をつける。

❼　回答の最後をしっかり言い切る。

❶・❷は、視線に関する注意点です。❶：ずっと力強い視線を向けていると面接官が圧迫感を覚えるため、視線にメリハリをつけましょう。❷：面接官はあくまでも、個人としてではなく、大学を代表して質問する立場にいます。質問している面接官以外にも視線を送るよう意識してください。

❸からは、発声に関する注意点です。❸：明瞭な発音で、歯切れよく話してください。❹：小さい声では面接官に届かず、また、大声や早口は聞き取りづらいものです。面接官が聞き取りやすい声量と速度で話してください。❺：最初に質問する場面では、面接官も初対面の相手に対して耳が慣れていないため、声量と速度には十分配慮してください。もし面接順が最初であれば、なおさら強く意識しましょう。❻：想定問答をきちんと準備している場合ほど、棒読み口調になりがちです。練習の段階から自然体を強く意識しましょう。また、語尾を伸ばしたり、不必要な抑揚を

つけたりしないよう注意しましょう。❼：回答の最後をはっきり言わないと、「自信がない」と思われます。また、回答の終わりがわからず、面接官が戸惑います。<u>最後に「以上です」などと付け加え、終わりの合図を出してください。</u>

オンライン面接の注意点

 新型コロナウイルス感染症拡大以降、多くの大学でオンライン面接が実施されています。オンライン面接には、対面式面接とは異なるポイントがたくさんあります。以下の具体的な注意点を踏まえ、事前に1度は練習しておいてください。

オンライン面接のポイント

❶ オンライン面接に適した環境を整備する。
❷ オンライン面接に適したコミュニケーションを意識する。
❸ 対面式面接と同じように準備する。

❶：画面越しに映る室内を整理・整頓（せいとん）しておきましょう。とくに、<u>背景の映り込みについて、他人が見て違和感を覚える部分がないか確認してください。</u>面接実施の時間帯には、家族に対して、電子レンジの使用など電波妨害になる行動、自分への呼びかけ、部屋への入室などは控えてもらうよう依頼しましょう。

使用する機材について述べると、パソコンは、OS（オペレーティングシステム）のアップデートなどに想定以上の時間を要し、起動するまでに長い時間がかかる場合があります。かといって、数日前から起動したままにしておくと動作が緩慢になり、操作中に画面が固まってしまうこともあります。<u>パソコンは、面接当日の早い時間に前もって起動しておきましょう。</u>

面接官に与える印象は、カメラの位置や角度、部屋の明るさによって大きく変わります。あらかじめ適切なカメラ位置や部屋の明るさを調整しておきましょう。必要に応じて、外づけのカメラや専用のライトも準備してください。さらに、生活音が入り込みやすい部屋で受験せざるをえない場合には、特定の方向の音を拾う単一指向性のマイクを用意しておきましょう。

❷：オンライン面接では、最初と最後の表情の印象が残りやすいことから、応対は自然な笑顔で開始し、最後に接続を切断するまでなるべく笑顔を保ちましょう。また、面接官が見られるのは画面に映る範囲のみであるため、どうしても単調に感じられ、面接官の集中力が途切れやすくなります。したがって、<u>対面での面接よりもコンパクトに話すことを心がけてください。</u>さらに、映像や音声のタイムラグが生じやすいことから、自分が話す前には、ゆっくりすぎるくらいの呼吸をはさみ、長い回答の最後には、先述のとおり、「以上です」とひと言添えるとよいでしょう。

❸：身だしなみや服装についてですが、上半身しか映らないからといって油断してはなりません。機器の調整などで動いたときに下まで映ってしまう場合もあるからです。対面式面接の場合と同じ身なりを整えてください。

また、開始15分前には、機器のセッティングやツールの接続準備を完了し、5分前には接続・待機しておきましょう。スムーズに接続できないと、焦りが生じて、平常心を保てなくなりがちです。なお、面接時に手元に出願書類やメモなどを置いて確認しようとすると、不自然な視線の動きに面接官の意識が向いて、回答が十分に伝わらなくなります。<u>書類には視線を落とさず、カメラのほうを向いて話してください。</u>

テーマ 19 答え方の極意② ——想定問答の準備

重要度 ★★★★☆

想定問答を準備しよう

　　メラビアンの法則➡テーマ15における「言語」に相当するのは、受験生による回答です。その回答の内容を充実させるためには、想定問答の準備が不可欠です。原稿を用意することに抵抗を覚える受験生であっても、特定の内容を問われたとき、どのように答えるかという準備は必要です。以下から、説明のコツをうまくつかんでください。

　想定問答準備の注意点は、以下のとおりです。

想定問答準備の注意点

❶　想定問答の原稿は、書き言葉にならないよう注意して書く。

❷　想定問答の原稿は、20〜40秒で140〜280字程度を話し切る分量にまとめる。

❸　追加の質問を想定した回答内容を準備しておく。

　❶：硬い言葉が使われている、難解な展開になっているなどの回答では、聞き手にうまく伝わりません。書き言葉であれば読み返して考えることができますが、話し言葉は、次から次へと押し寄せるため、聞き手の都合で止めることが難しいのです。とくに、主語と述語がいくつも入り込んだ長い話し言葉は、意味を理解しづらくなります。1文は、原則として80字以内、どんなに長くても100字程度で収めてください。質問に対する中心的な回答を最初に30〜50字程度で示し、回答に厚みをもたせる、あるいは説得力をもたせるために必要な内容はそのあとに補足しましょう。

　❷：実際に発声して1分以上かかる回答は、プレゼンテーション➡テーマ20ならさておき、面接の応答としては不適切です。面接とはいえ、面接官と受験生によるコミュニケーションの場であることを忘れてはなりません。一方的な長い回答を聞かされると、面接官は、集中力を切らし、いらだちを感じます。回答の分量は質問の内容次第ですが、それでも、原則としては、1回で話し切る分量の目安は「30秒・210字」、長くても「40秒・280字」までに収めてください。

　❸：聞かれたことにすべて答えようとすると、説明は複雑になり、回答時間も当然長くなります。そうなると、面接の残り時間が徐々に削られてきて面接官が用意していた質問が消化しきれなくなります。その場合には、受験生は手応えを感じても、面接官が低く評価するおそれがあります。回答にあたっては、内容を盛り込むことよりも絞り込むことを強く意識してください。

　また、面接では、最初の質問への回答にもとづく派生質問への対応力が重視されるという点を理解しましょう。最初の質問への回答は、能力の判断基準としてはさほど重視されません。ある程度事前に準備できるからです。重視されるのは、当意即妙な回答を返せるコミュニケーション能力や、課題に対する深い考察力です。面接は、一問一答のように定型的なやりとりで進むわけではないのです。軽く見てはなりません。

　では、派生質問への回答を準備することはできるのでしょうか。

答えは「はい」です。面接官が掘り下げたいと考える余地を、最初の回答に意図的に含めておく、というテクニックが使えるからです。派生質問は、基本的には、面接官がさらにくわしく聞きたいと思う部分や、確認したい部分に向けられます。したがって、用意する回答の中で面接官の興味をひきそうな内容をあらかじめシミュレーションしておくことが重要です。

面接で起こりがちな事態への対処法

最後に、面接で起こりがちな事態への対処法を4つお伝えします。

1つ目は、質問の内容が理解できなかった場合です。この場合には、「もう一度お願いします」と聞き返しても面接官からはほぼ同じ質問が繰り返されるだけであり、事態の改善にはつながりません。この場合には、自分なりに理解した質問内容を要約し、「いまの質問は、～ということで合っているでしょうか」などと聞き返し、わかりやすい質問に言い換えてもらえるよう誘導してください。

2つ目は、面接官が不満そうな表情を見せた場合です。これは、受験生による回答に不備があることの表れです。だからといって、回答の途中で軌道修正しようとすると、しどろもどろになって取り返しのつかない事態に陥るリスクが高まります。この場合には、面接官の表情がどこで変わったかを記憶しておき、自分が伝えようとしていた内容を言い切ってしまいましょう。その後、追加の質問があればその時点で修正を図り、とくになければ気持ちを切り替えて、次の質問に備えてください。

3つ目は、適切な回答が思い浮かばない場合です。面接官からの質問に対し、何を答えたらよいか思いつかない場合には、次の質問に移行するのを待つしかないと思いがちです。しかし、たとえすべての質問に対して完璧に回答できないとしても、合格のチャンスが消えることはありません。途中であきらめず、見当がつく範囲で回答したうえで、次の質問で挽回するのが最善です。しかし、それすら難しい場合には、「勉強不足で十分に調べられていませんでした」「自分の見方がせまかったと反省しています」など、答えられない原因をひと言添えるだけで面接官からの印象は格段によくなります。

4つ目は、「何か質問はありますか」と問われた場合です。この場合には、「とくにありません」などと答えて切り上げようとすると、面接官に与える印象が悪くなってしまいます。この質問は、志望校に対する関心の高さを測る方法の1つです。このように聞かれたら、志望校に直接かかわる質問のうち、パンフレットや公式サイトからは十分に読み取ることができなかった内容を質問しましょう。間違っても、「きょうの面接の評価はどうでしょうか?」などの自分に寄せた質問や、取るに足りない世間話のような質問を向けてはなりません。このような事態を想定し、1個か2個は質問をあらかじめ用意しておきましょう。

テーマ 20 プレゼンテーションの評価ポイントと試験の特徴

重要度 ★★★☆☆

プレゼンテーションの評価ポイント

　　文部科学省「大学入学者選抜における英語4技能評価及び記述式問題の実態調査（令和2年度）」という資料では、「学力検査以外に考慮する資料等の利用率」として、プレゼンテーションを課している大学の比率が発表されています。

　その資料によると、総合型選抜におけるプレゼンテーション利用率は18.6％です。これは模擬講義や事前課題、ディスカッションよりも高い割合です。このように、プレゼンテーション対策を必要とする受験生は一定数存在するのです。

　プレゼンテーションの定義は、「自分の考えをほかの人がわかるように、目に見える形で表すこと」です。ポイントは「ほかの人がわかるように」という部分です。以下が、不合格と判定されやすいプレゼンテーションの例です。

不合格と判定されやすいプレゼンテーションの例

❶　口調：内容が頭に入ってこない

　例　●声が小さい　　●早口すぎる　　●滑舌（かつぜつ）が悪い　　●話し方が一本調子

❷　姿勢：自信がなさそうに見える

　例　●下を向いている　　　●緊張のあまり、視線が定まらない

❸　態度：聞き手が拒絶反応を起こす

　例　●話し手だけが異様にハイテンション　　　●押しつけがましい

❹　中身：話題が不明瞭

　例　●話が飛躍する

　　　●用語を、説明なしに使っている

　　　●理由に納得できない　　●結論がわからない

以下は、高評価が得られやすいプレゼンテーションが満たしている条件です。

高評価が得られやすいプレゼンテーションの条件

❶　提案内容や説明内容が充実している。

❷　全体の構成や細部の説明が理解しやすい。

❸　スピーチが聞き取りやすく、説得力もある。

❹　時間配分が適切。

　試験である以上、プレゼンテーションの評価は、面接官の好みに左右されない客観的な基準にもとづきます。提案内容のインパクトや、印象に残るスピーチの巧みさだけで判定されるわけではないのです。

プレゼンテーション試験の特徴

プレゼンテーション試験の実施方法は大学によって大きく異なります。志望校の入学者募集要項を細かく確認しましょう。以下が、チェックポイントです。

入学者募集要項でチェックしておくべきポイント

❶ テーマ：発表すべき話題は何か

❷ 制限時間：発表時間はどのくらいの長さに設定されているか。また、発表時間はどの程度厳密に守るべきか

❸ 指定事項：発表前に準備すべきことは何か。また、発表時に求められていることは何か

❹ 可能事項：発表にあたって認められることは何か

❺ 禁止事項：発表にあたって認められないことは何か

❶：合格のためには、設定されたテーマに真正面から答えなければなりません。テーマは、1文程度の短いものから、細かく条件が設定された長いものまであります。また、入学者募集要項に何気なく書かれている言葉が、大きなヒントや重要な条件になっている場合があります。これらの情報を見落とさないよう、文節に区切る、わからない言葉は辞書で調べるなどして、与えられたテーマを事前に細かく分析しておきましょう。

❷：ほとんどの場合、発表時間が設定時間とずれても大きな問題はありません。また、「～分以内」と設定されている場合でも、タイムオーバーは許されないものの、短く終わるぶんには、残り時間が設定時間の2割程度に収まれば大きな減点にはつながりません。一方、「～分間」「～分」と設定されている場合には、残り時間を30秒以内に収めてください。

❸：「模造紙1枚のポスターを作成してください」「配布用の資料を3部、試験当日に持参してください」など、試験にあたって大学側が指示している条件が該当します。

❹：「ホワイトボードを使用することができます」「手持ちの資料を参照してもかまいません」など、受験生による判断の余地を残している条件が該当します。

❺：「パソコンやプロジェクターを使用することはできません」「機器の持ち込みはいっさい禁止します」など、受験生による判断の余地を残していない条件が該当します。

ビジネスと大学受験におけるプレゼンテーションの違い

❶ 聞き手と話し手との関係性
- ビジネス：ビジネスの成立に向けて双方の立場から交渉し、合意形成をめざす、ある程度対等な関係が存在する。相手の人物像については、双方がある程度までは把握できている。
- 入学受験：学問を志す受験生と、学問の専門家である教員とのあいだには、明確な上下関係が存在する。受験生が教員の人物像を事前に把握することはできない。一方、教員は、受験生の人物像をプレゼンテーション経由で把握しようと努める。

❷ 成否の基準
- ビジネス：聞き手の視点に立ち、何らかの利益を示せるかどうかで決まる。
- 大学受験：聞き手の視点に立ちつつも、話し手独自の考え方や人物像を示せるかどうかで決まる。

第5節 プレゼンテーションで差をつけよう

テーマ 21 プレゼンテーションの工夫

重要度 ★★★☆☆

説明の工夫

プレゼンテーションの構成を考える場合には、<u>聞き手の立場になり、理解に必要な情報を、理解しやすい順に組み立てる</u>ことによって、<u>聞き手の心理的負担を減らす</u>ことが重要です。

以下、プレゼンテーションに活用したい説明の工夫をまとめます。

説明の工夫

❶ 全体や大枠を示したうえで細かい説明に入る。
❷ 順を追って説明する。
❸ ナンバリングやラベリングを用いる。
❹ 聞き手が納得できる理由と根拠を示す。
❺ 聞き手の知識や経験にもとづき、たとえ話を用いる。
❻ 「対比」を用いることによって、聞き手に強い印象を与える。
❼ 「3」という数字を意識してスピーチを組み立てる。

❶：細かい説明から始まると、聞き手は、その話がすべてだと思ったり、話の先が読めずに戸惑ったりします。そのような事態を避けるため、全体や大枠を示してから細かい説明に入りましょう。

❷：聞き手が予想しやすい順に説明していくという工夫です。たとえば、小さいものから大きいものへ、古いものから新しいものへ、上から下へ、左から右へ、手順に沿う、時系列に沿うなどです。

❸：いくつかの要点を示す場合には、「理由は3点あります」のように、説明に番号をつける「ナンバリング」が効果的です。ナンバリングされていると、聞き手はメモがとりやすくなり、心理的負担を感じにくくなります。また、「1つ目は『●●』、2つ目は『▲▲』」のように、ポイントに10字程度の見出しをつける「ラベリング」も効果的です。聞き手が頭の中に思い描く内容は、先に聞いた言葉によって左右されます。したがって、内容を最初に短くまとめると、聞き手にうまく伝わります。<u>「ラベリング」は、「ナンバリング」と同様、書類のように読み返すことができない性質をもつプレゼンテーションにおける基本技術</u>です。

❹：<u>聞き手は、話し手が伝えた内容そのままを受け取るのではなく、自分が「聞きたい」と思った内容しか受け取らないという人間心理にもとづいた工夫</u>です。話し手が伝えたい内容は、聞き手がもつ経験や知識、信念や価値観、評価基準などを通じて受け取られます。したがって、話し手は、聞き手が何に疑問を感じるのか、どこをくわしく説明してほしいのかを、相手の立場から考える必要があります。具体的には聞き手の好奇心を刺激するような証拠やデータを示す、話の内容に関連する例示を用いる、など工夫をしましょう。

❺：<u>聞き手がすでに有している知識や経験に関連させた新しい内容を説明していくという工夫</u>

です。たとえ話が聞き手の理解を助けるのは、聞き手がもつ知識や経験に訴えかけるからです。たとえ話を効果的に組み入れると、伝えようとしている内容に奥深さや立体感が生まれます。

❻：説明したい内容を似ているものと比較することによって違いを引き立たせる工夫です。「対比」は、スピーチの後半に使うのが効果的です。

❼：「3つの事柄までしか記憶を継続することができない」という人間心理にもとづいた工夫です。実際、「日本三景」や「東北三大祭り」など、ベスト3までの分類はよく聞きますが、ベスト4以降の分類を聞く機会は著しく少なくなります。なお、話術の世界には「三段オチ」という手法があります。これは、3つ目として聞き手の想像や予想を裏切る事柄を持ち出すことによって笑いを誘発するというテクニックです。これには、聞き手に強い説得力を印象づける効果があります。

レジュメ・フリップ作成の工夫

　　　試験によっては、レジュメ・フリップの使用が求められる場合や、使用が認められる場合があります。「レジュメ」とは要約された説明を含む資料、「フリップ」とは図式的な説明を含む資料です。これらは、多くの場合、パソコンに搭載されているプレゼンテーションソフトウェアによってスライド形式で作成されます。

以下が、これらの使用時における注意点です。

［レジュメ・フリップ作成時の注意点］

❶　なるべく短く箇条書きでまとめる。
❷　文字サイズを大きめに設定する。
❸　重要な箇所をわかりやすく示す。
❹　行間を広めにとる。
❺　1枚のスライドに盛り込むテーマは1つだけに絞る。
❻　写真やグラフの扱いに注意する。

❶：聞き手は、資料内の情報をすべて読み切ろうとします。もし情報が長文である場合には、聞き手が読み切れず、スピーチを聞くことに集中できなくなります。資料は、長文で構成せず、箇条書きで端的にまとめましょう。また、話そうとする内容を資料に盛り込みすぎると、「単に朗読しているだけではないか」という印象を与えてしまうので、注意しましょう。

❷：情報がうまく伝わるよう、資料中の文字は、聞き手が判読しやすい大きめのサイズに設定してください。また、書式は、1枚のスライドあたり5行程度、1行あたり15字程度に設定しましょう。

❸：資料中の特定の情報を強調する工夫には、文字の太さや色を変える、図や表で示す、伝えたい数字を強調する、などがあります。

❹：資料を紙で配布する場合もあります。その場合、聞き手はたいていプレゼンテーションを聞きながら紙にメモを書き込みます。そのことを想定し、資料の行間は広めに設定しておきましょう。

❺：1枚のスライドであれこれ説明しようとせず、伝えたいテーマを1つに絞り、こまめにスライドを切り替えて説明しましょう。

❻：資料中の写真を見た聞き手が判断に困らないよう、写真には適切なキャプション（説明文）をつけましょう。また、グラフは、2つの量の違いを示したいのか、時間による変化を示したいのかなど、目的に合わせて作成してください。

テーマ 22 プレゼンテーションの実践

重要度 ★★★☆☆

プレゼンテーションでの伝え方

　　　　プレゼンテーションの目的は、他人に自分の考えを伝えることにあります。本番では、多くの話し手が緊張し、恥ずかしさを感じます。それを避けるためには、不安感に襲われないよう練習を積み重ねるしかありません。

　じつは、プレゼンテーションの評価で重視されるのは<u>「どのように話しているか」</u>よりも<u>「何を話しているか」</u>です。したがって、「どのように」の要素を強調するあまり、過剰なパフォーマンスに走るのはNGです。与えられた課題に対しては、自分をいたずらに華美に見せようとせず、誠実に回答するよう意識してください。

プレゼンテーションの基本姿勢

❶　肩幅に足を開き、膝にはやや余裕をもたせて、まっすぐに背筋を伸ばす。
❷　手は腹の下あたりに自然に置き、資料を持つときにはやや下げる。腕を組む、手をポケットに入れるなどはNG。

　❶：肩をすぼめていたり、背中を丸めていたりすると、自信がなさそうに見えてしまいます。かといって、直立不動の姿勢だと聞き手に緊張感を与えてしまいます。背筋は伸ばしながらも、ゆったりとした姿勢を保ちましょう。

　❷：手は軽く握っておきましょう。髪など自分の体の一部分を触る、資料やペンをいじるなどの落ち着きのないしぐさは、聞き手の注意をそらすのでNGです。ただし、オーバーアクション気味の人は、動きを無理に止める必要はありません。その大きな動きを、躍動感あふれる発表にうまく昇華させてください。

プレゼンテーションでの視線の送り方

❶　話し始める前に聞き手にひと通り視線を送り、人数が多い場合には全体をざっと見渡す。
❷　聞き手以外には視線を注がない。聞き手の目を見るのが恥ずかしければ、口元を見る。

　❶：会話と同様、プレゼンテーションでもアイコンタクトは重要です。聴衆をざっと見渡しそれぞれに視線をしっかり送ることは、<u>すべての聞き手に伝えようとする意思を表明するために必要</u>な行為です。そうすれば、気持ちが落ち着き、相手にしっかり伝えようとする意識も高まります。

　❷：プレゼンテーション中にずっと<u>ホワイトボードや手元の資料を見ながら話していると、聞き手に伝わる効果が激減する</u>ので、注意してください。また、壁や窓の外に視線を向けていると、「プレゼンテーションに集中していない」と感じられてしまいます。<u>聞き手にまんべんなく視線を送り、聞き手の目やあごのあたりを見て話す</u>とよいでしょう。

```
プレゼンテーションでの発声
```

❶　声はやや大きめ・ゆっくりめに話す。とくに、出だしの部分は、ゆっくり・はっきり話す。

❷　一本調子にならないよう、自然な抑揚で変化をつける。

❸　重要な言葉の前後にひと呼吸置く。

❶：小声では、聞き手に届きません。また、早口は聞き手を困惑させます。プレゼンテーション全体の印象は出だしで決まります。聞き手の耳を慣らすため、出だしの部分は、自分を落ち着かせるように、ゆっくり・はっきり話しましょう。

❷：抑揚に乏しい話し方が続くと、聞き手が眠気に襲われます。話の内容に合わせて声の大きさやテンポを変え、メリハリをつけてください。

❸：ラベルや大切な数字のあとなど、重要な言葉の前後に1拍置くと、聞き手に与える印象が強くなります。とくに、プレゼンテーション全体のキーワードを言う場合にわざと沈黙をつくり出すというテクニックには、聞き手をひきつける効果があります。

発表原稿作成の注意点

プレゼンテーションに自信がある受験生は多くないはずです。ですから、あらかじめ発表原稿をつくっておいて、なめらかに読めるよう何度も朗読し、1文1文の内容を覚えておきましょう。

アドリブが利いた情熱的な発表に憧れる人は多いかもしれません。しかし、そのレベルで話せる人はごくまれです。事前に発表原稿を用意し、何度も練習しましょう。場の雰囲気に流され、準備してきた内容の半分も発表できず低評価がついてしまうという事態は絶対に回避しなければなりません。

最後に、発表原稿作成における注意点があります。それは、原稿を書き言葉で作成しないという点です。テーマ19で述べたとおり、書き言葉であれば読み返して考えることができますが、話し言葉は、次から次へと押し寄せるため、聞き手の都合で止めることはできません。書き言葉特有の硬い表現や入り組んだ内容の発表では、聞き手が話の筋を追うことは難しいのです。発表原稿は、あくまで話し言葉を基調として仕上げましょう。また、専門用語や同音異義語の使用は避けてください。これらは、文字として見れば理解できる反面、耳から聞くだけだと理解しにくいからです。

1文を短く整えることも重要です。主語と述語のあいだにたくさんの情報が詰まっている発表は、理解しづらいものです。1文は、原則として80字以内、どんなに長くても100字程度に収めてください。

発表原稿全体の分量にも配慮しましょう。内容的に過不足のない分量の目安は、1分間の発表あたり350字程度です。1分単位でどこまで話すかというめどを立てておけば、緊張で早口になってしまう、場の空気に合わせすぎて時間をかけすぎるなどの事態を回避できます。

発表においては、時間的余裕をあらかじめ確保しておきましょう。聞き手の反応があまりよくない場合、説明し直すための時間なども必要だからです。目安としては、発表が5分以内の場合には30秒程度、7〜8分以内なら1分程度、10分以内なら2分程度です。

テーマ 23　小論文のねらい

重要度 ★★★★☆

小論文の定義

　文部科学省「大学入学者選抜における英語4技能評価及び記述式問題の実態調査（令和2年度）」によると、学校推薦型選抜で小論文試験を実施している大学の割合は29.9%、総合型選抜では28.7%となっています。つまり、それぞれの方式によって、約3割の大学が小論文を導入しているのです。

　みなさんは「小論文」をどのようにとらえているでしょうか。多くの人が、「独創的なことを書かなければならない」とか「自由な発想が必要だ」など難しいというイメージをもっているかもしれませんね。でも、心配は無用です。小論文は結局「試験の答案」にすぎず、攻略法が存在するからです。

　じつは、小論文に関する定義ははっきりとは決まっていません。しいて見つけ出すとすれば、「みずからの考えにもとづき論を立てて記述させる評価方法（小論文等）」（文部科学省「平成33年度大学入学者選抜実施要項の見直しに係る予告」）という記述が挙げられます。

　また、2016年に文部科学省が公表した「高大接続システム改革会議『最終報告』」の中では、「予見の困難な時代に、多様な人びとと学び、働きながら、主体的に人生を切り開いていく力」となる「『知識・技能』『思考力・判断力・表現力』を適切に把握できるよう」「小論文やプレゼンテーション等の形式で行われる評価」という記述もあります。

　これらから、私は小論文を「一定の知識にもとづき、答えが簡単に見いだせない問題に対し、みずから考えて発見した解を、他者に伝わるよう筋道立てて表現した文章」だと定義します。

　小論文では、「答えが簡単に見いだせない問題」が、資料や課題文とともにさまざまな条件をともなって与えられます。そのため、受験生は、小論文を書く方法を問題文が要求する条件ごとに学ぶ必要があります。また、小論文には個人的な経験や感情を中心に書かせるものから、高度な教養や前提知識を必要とするものまで、さまざまなバリエーションがあります。このような多様な分類に対応するためには、資料や課題文の読み解き方、自分なりの考えの導き方、論理的な文章の組み立て方などを総合的に身につけなければなりません。反対に言うと、これらが身につけば、小論文の得点力は一気に向上していきます。

小論文の出題

　以下では、小論文の出題の種類を、前提資料（どのような資料が与えられるか）と、解答内容（答えとして何が求められているか）の2つに分けて整理します。

前提資料

❶　図・表・グラフ：図・表・グラフが与えられ、傾向や特徴を把握したうえで答案を組み立てさせる出題。分析の対象となる図・表・グラフは1、2個が一般的だが、出題によっては10個近くの分析を求める場合もある。

❷　課題文：課題文の内容理解を前提とする出題。設問中に「この文章を読んで」「本文の内容を踏まえたうえで」などの条件が書かれている、課題文中に下線が引かれているなどの特徴がある。提示される課題文は、多くの場合、社会的課題に対する筆者独自の見解を展開する評論文。長文の出題も多い。

（解答内容）

❶　考え：「考えを述べなさい」「意見を述べなさい」「論じなさい」など、みずからの考えを提示させる出題。小論文の王道とも言えるタイプ。

❷　理由：「理由を述べなさい」など、図・表・グラフや課題文の内容にもとづいて理由を考察させる出題。

❸　提案：問題点や現状を踏まえ、「どのように解決すべきか」「どうすればよいか」など、解決策や改善案を示すよう求める出題。

　これらの出題以外に多いのが、「テーマ型」です。これは、図・表・グラフや課題文の読み取りは不要である代わりに、唯一のヒントである設問文中のキーワードに即して構想を練り、立論する必要がある出題です。また、課題文の要約、体験談・具体例の記載、賛否などの立場の明示が求められる出題もあります。

　答案作成にあたっては、指定字数の確認が重要です。一般的に「～字以内」という指定に対しては「～字」の7割以上、「～字程度」という指定に対しては「～字」の前後2割以内がおおよその許容範囲です。もっとも、一部には、指定字数からの分量的な上振れ・下振れを厳しく採点する大学もあります。したがって、小論文の「～字以内」という指定に対しては「～字」の9割以上、「～字程度」という指定に対しては「～字」の前後1割以内に収めるのが妥当です。

　答案用紙に原稿用紙のような、マス目が入っている場合には、空白マスも指定字数にカウントしてください。また、読みやすさに配慮し、改行も適宜入れてください。ただし、改行があまりに多い答案は字数稼ぎのように見えてしまいます。やりすぎは禁物です。

◎ 小論文答案の組み立て方

　これらの前提資料と解答内容を踏まえたうえで論理的な小論文答案を組み立てる方法は、以下の3つの手順に整理できます。このような手順を踏めば、高い評価を得る小論文とまではいかずとも、合格ラインはクリアできる小論文が仕上がります。

（小論文答案の組み立て方）

❶　設問から答案の構成要素を抽出し、与えられた題材を読み解く。
❷　答案の中心となる自分独自の考えや提案を深める。
❸　自分独自の考えや提案を、題材から読み解いた内容にもとづいて論理的に組み立てる。
　　→テーマ10・11

　❶と❷については、次のテーマ24・25でくわしく解説します。

テーマ24 図・表・グラフや課題文の読み取り方

重要度 ★★★★☆

図・表・グラフの読み取り

　テーマ23で説明したとおり、小論文では、多くの場合、前提資料として図・表・グラフが与えられることがあります。その場合に必要なのは、資料の情報から傾向や特徴を読み取ること、および、それらにもとづいて社会的課題に対する見解や解決策を示すことです。

　なお、グラフには、数値の違いを強調するために「0」から始まっていないもの、小さな違いを際立たせるために途中にかかっている波線によって目盛りが省略され数値の幅が変わっているものなどもあります。数値の読み取りには注意しましょう。

図・表・グラフのチェック項目

❶ タイトル：図・表・グラフの主題に注意する
❷ 項目：データによって示された「だれ・いつ・どこ」などの項目に注意する
❸ 目盛り・単位：グラフの1目盛りが表している単位に注意する
❹ 数値：ほかの項目の数値との差や、全体に占める割合にも注目する
❺ 傾向：資料全体から読み取れる特徴を把握する
❻ 例外：全体の傾向にあてはまらない項目などに着目する
❼ 変化：資料内の数値で前の状態から次の状態への移行が生じている箇所を確認する

　これらをチェックする際には、設問に関連する部分にも注目してください。出題者側には、設問を通じて、これらのチェック項目を受験生に読み取らせようという意図があるからです。また、複数の図・表・グラフが与えられている場合には、それぞれの資料どうしの内容的な関連まで考える必要があります。

課題文の読み取り

　また、小論文では、前提資料として課題文が与えられる場合もあります。その場合には、課題文から、筆者が取り上げている主題、筆者が伝えようとしている見解をとらえ、答案に組み込む必要があります。これらを無視してしまうと、的はずれな答案になってしまいます。なお、課題文から読み取った主題と見解は、課題文から該当箇所を引き写すだけでは不十分です。自分なりの言葉でまとめ直してください。

　以下、課題文の主題や著者の見解を把握するためのポイントを挙げます。

　1つ目は、繰り返し登場する単語、社会的課題が提示されている箇所、一般的な見方に対する疑問が提示されている箇所です。筆者が見すごせないと感じている内容は、多くの場合、「〜だろうか」「〜でしょうか」「読者はどう思うだろうか」などの呼びかけとして表現されます。筆者は、これら

の表現を、読者への考察を促す、読者の問題意識を高めるなどの目的で用いています。これらの表現によって、読者は、新たな見方や知識や教養を獲得し、筆者の主張を明確に受け止めることができるのです。

　2つ目は、<u>文末表現</u>です。このような表現は、筆者の意思、主張、意図などを伝えるために用いられます。おもな表現は、以下のとおりです。

＿多用される文末表現＿

❶　「〜である」「〜です」
❷　「〜からだ」「〜からです」
❸　「〜だろう」「〜でしょう」
❹　「〜だった」「〜だったのです」
❺　「〜ではない」「〜ではないのです」「〜ではありません」
❻　「〜ではないだろうか」「〜ではないでしょうか」
❼　「〜かもしれない」「〜かもしれません」
❽　「〜に相違ない」「〜を信じて疑わない」「〜を疑う余地はない」「〜は揺らがない」
❾　「〜だと確信する」「〜だと断言する」

　3つ目は、<u>議論をまとめ直している段落</u>です。そのような段落は、多くの場合、「すなわち」「つまり」「要するに」「このように」などの書き出しで始まります。段落冒頭にあるこれらの語に着目すると、その前にある段落との内容的な関連が明確になり、課題文の理解が円滑に進みます。

⦿ <u>「テーマ型」における構想の練り方</u>

　　これら以外にも、小論文には「テーマ型」→テーマ23の出題もあります。このようなタイプでは、設問文中でキーワードが与えられている反面、図・表・グラフ、課題文のような前提資料は与えられません。つまり、答案を仕上げるためのヒントとなる条件がきわめて少ない出題なのです。

　しかし、だからといって、答案を自分の思うままに書いてよいわけではありません。<u>キーワードを明確に定義しつつ、指定字数に沿って文章展開の構想を練る過程で、答案に記すべき内容をメモしていく</u>ことが重要です。

＿構想を練る過程でメモすべき内容＿

❶　設問文中のキーワードに関連する対象を絞り込む。
❷　その対象と、克服すべき社会的課題との結びつきを考える。
❸　順守すべき思想や必要とされる能力を検討する。

　❶：社会を構成する主体（自分自身や家族、友人や学校、高齢者や貧困層、国家や国際組織など）の中から、設問文中のキーワードと強い関連がある対象を選びます。

　❷：そのような対象と結びつく社会的課題（環境問題や少子高齢化、貧困や差別など）を考えます。

　❸：提示した社会的課題の克服につながる順守すべき思想（多様性や人権尊重など）や、必要とされる能力（協調性やリーダーシップなど）を検討しましょう。

テーマ 25 主張の組み立て方

重要度 ★★★★☆

思考はこうして広げよう

　以下では、「思考を広げる6つの観点」を挙げました。

　これらは、小論文における主張を充実させるために大いに役立ちます。これらを意識して主張を組み立てれば、課題文の引き写しや、同一内容の無意味な反復など、箸にも棒にもかからない答案を書くことはなくなります。

思考を広げる6つの観点

❶ 主張：「意見」「提案」「意義」「理想」「批判・反論」
　➡小論文の中心となるみずからの考え。
❷ 現状分析：「問題点」「原因」「魅力・欠点」「特徴」「分類」
　➡小論文で取り上げる主題の考察。
❸ 根拠：「データ」「ニュース」「体験談」
　➡みずからの考えの補強。
❹ 理由：「因果関係」「法則」「常識・経験則」「傾向」
　➡みずからの考えの説明。
❺ 対比：「反例」「類例」「差異」
　➡みずからの考えの強調。
❻ 変化：「利益・損失」「獲得・喪失」「効果」
　➡みずからの考えによって生み出される新たな状況と現状との比較。

　この6つの観点のうち、「❶ 主張」だけが必須で、❷〜❻の観点を入れるかどうかは問題文の要求次第です。志望校の過去問を分析し、攻略のために効果的な観点を必要に応じて選んでください。

　「❹ 理由」は、独自性の高い「❶ 主張」を展開しようとする場合に、読み手の理解を得やすくする効果が見込めます。

　以下、理由として成立しているか、あるいは十分かどうかに関するチェックポイントを4つ挙げました。

「理由」のチェックポイント

❶ 理由として示した内容が事実に反していないかどうか。
❷ 理由として示した内容が主張とは無関係でないかどうか。
❸ 理由として挙げた事例が、特殊すぎる、サンプル数が少ない、などに該当しないかどうか。
❹ 主たる理由ではなく、取るに足りない内容・関係の薄い内容を取り上げていないかどうか。

「二項対立」を効果的に使おう

　　「❺ 対比」と「❻ 変化」が用いられるのは、おもに、一般常識とそれに対立する考え方、ある事象の主要なイメージと別の一面、過去のあり方とみずからの主張を比較して論じる場合です。このように、2つの事象を比較・対立させる手法を二項対立と呼びます。

　二項対立においては、どのような部分にどのような違いがあるのかという対応関係を明確に記述していくことが大切です。また、必要に応じて共通点も明示し、違いが生じている部分を絞り込むことによって特徴を際立たせることも大切です。

　なお、二項対立は、課題文においても多用されます。課題文は、対立する言葉や文を二項に分類し、違いを意識しながら読み進めていくと理解しやすくなります。

　また、対立する考え方のどちらかを全面的に肯定することなく、両者を発展的に統合させて新たな考え方を導き出す止揚（アウフヘーベン）という結論提示法もあります。この手法を小論文の答案に用いることは、そう簡単ではありません。両者の長所を単純に組み合わせるだけという安易な結論に陥りがちだからです。一方、課題文ではよく見られる手法です。課題文を読む際には、対立する考え方がかかえる問題点を筆者がどう克服すべきだと考えているかに注意してください。

「提案型」のポイントをおさえよう

　　提示されている問題点や現状を踏まえ、「どのように解決すべきか」「どうすればよいか」について解決策や改善案を主張するよう求められる「提案型」という出題パターンもあります。

　この出題パターンでは、以下3つのポイントに注意してまとめる必要があります。このタイプは、「❶ 主張」に含まれます。

「提案型」の3つのポイント

❶　解決すべき問題や原因を明確化する。
❷　提案内容や効果を説明する。
❸　提案に取り組む意義や、ほかの施策と比較された場合の優位性を説明する。

　❶：解決すべき問題について、どのような主体（だれ、あるいは何）に、どのような問題（いつ・どこで・どのように）が起きているのかを明らかにしましょう。図・表・グラフや課題文が与えられている場合にはその読み取りを踏まえ、組み入れる問題点を抽出します。そのうえで、自分がもっている知識や一般教養を活用し、何が原因でそのような問題が起きているのかを分析しましょう。

　❷：自分の提案によって、どのような道筋で問題が解決・改善していくかを説明します。指定字数を考慮しながら、「いつ・どこで・だれが・何を・どのように」するかなどの具体的な提案内容や、解決策としての実現可能性も組み込みましょう。

　❸：提示した問題が一般的な視点からは見落とされがちな場合もあります。その場合には、問題が解決される必要性、つまり、提案に取り組む意義を強調しましょう。また、ほかの施策と比べてどこがすぐれているかを示して提案の価値を高めるというテクニックも有効です。

テーマ 26 小論文の頻出テーマ

重要度 ★★★★☆

よく出るテーマはコレ

　　　内容的に充実した小論文の答案をまとめるためには、社会が直面している問題、その問題に対して講じられている対策、今後の課題など、受験生に求められる水準の知識と教養を身につけておく必要があります。以下、直近3年度分における出題傾向を分析した結果にもとづき、小論文の題材として取り上げられやすいテーマを10個紹介します。

小論文の題材として取り上げられやすいテーマ

❶ テクノロジーの発展と社会への影響
❷ 国家と市民社会との関係性
❸ 人間（個人）のあり方、他者との関係性
❹ 社会的な平等の実現
❺ グローバル社会における諸問題
❻ 都市と地方のあり方
❼ 子どもの教育
❽ 新型コロナウイルス感染症への対応
❾ 経済や企業の役割
❿ 環境問題

　❶：AIの発達、情報化の進展、誹謗中傷、フェイクニュース、科学者や技術者の倫理などが取り上げられます。すべての学部で出題される超頻出テーマです。

　❷：民主主義や選挙のあり方、憲法や法律、議院内閣制や官僚機構、少子高齢化の進展にともなう社会変革、行政の役割や自己責任論などが取り上げられます。法学部系統をはじめとする文系学部の大半で多数出題されています。

　❸：自己と他者との関係性、個人に与えられた自由の保障と制約、コミュニケーションのあり方、現代人の生き方などが取り上げられます。社会学部・国際学部系統や文学部・人文学部系統、法学部系統などで多数出題されています。また、患者とのコミュニケーション、人生の最終段階における医療のあり方などに注目したテーマとして、医学部・歯学部・看護学部系統でも出題されています。

　❹：ジェンダーやマイノリティなどの人権問題、多様性の尊重、貧困や社会の分断、格差是正と社会的再分配などが取り上げられます。社会学部・国際学部系統や文学部・人文学部系統、法学部系統や経済学部・経営学部系統などで多数出題されています。また、健康格差に注目したテーマとして、医学部・歯学部・看護学部系統でも出題されています。

　❺：異文化交流や宗教対立、先進国と発展途上国の関係性、難民や移民の受け入れなどが取り上げられます。社会学部・国際学部系統をはじめとして、文学部・人文学部系統や法学部系統、経済学部・経営学部系統や教育学部系統などで多数出題されています。

❻：東京一極集中や地方の過疎化、地方活性化などが取り上げられます。社会学部・国際学部系統や法学部系統の政治・政策学科、経済学部・経営学部系統などで多数出題されています。また、防災や社会的弱者に対する社会福祉などに注目したテーマとして、理学部・工学部・農学部系統や医学部・歯学部・看護学部系統でも出題されています。

❼：子育てのあり方、教師や大人の役割、教育格差、協調性や粘り強さ、創造性やコミュニケーション能力などの非認知スキルを高める教育の重要性などが取り上げられます。教育学部系統や文学部・人文学部系統などで多数出題されています。また、社会の役割や教育における経済的格差、ひとり親世帯などの社会福祉などに注目したテーマとして、社会学部・国際学部系統や経済学部・経営学部系統、医学部・歯学部・薬学部・看護学部系統でも出題されています。

❽：新型コロナウイルス感染症の社会への影響、感染症との共生、感染予防、ワクチン接種、治療薬の開発などが取り上げられます。医学部・歯学部・看護学部系統をはじめとして、社会学部・国際学部系統、経済学部・経営学部系統、文学部・人文学部系統などで多数出題されています。また、オンライン教育や感染予防に配慮した学校運営などに注目したテーマとして、教育学部系統でも出題されています。

❾：働き方改革、起業・就業支援などの雇用のあり方、消費のあり方、イノベーションや金融リテラシーなどが取り上げられます。経済学部・経営学部系統をはじめとして、法学部系統の政治・政策学科、文学部・人文学部系統などで多数出題されています。また、高齢者や障害者、がん患者などの就業支援、医師の働き方改革などに注目したテーマとして、医学部・歯学部・看護学部系統でも出題されています。

❿：地球温暖化や海洋汚染、SDGs（持続可能な開発目標）、資源・エネルギー問題に加え、食料問題や農業のあり方などが取り上げられます。理学部・工学部・農学部系統をはじめとして、法学部系統の政治・政策学科、教育学部系統などで多数出題されています。

⊘ 専門知識が必要となる系統はココ

将来の職業の方向性が明確な教育学部系統、医学部・歯学部・薬学部・看護学部系統で出題される小論文では、以下に示すような教員や医療従事者に必要な専門知識が問われやすい傾向にあります。

このようなテーマの基本的な理解を深めておくためには、受験生レベルで求められる専門知識を解説した参考書を読む、教員や医療従事者に求められる素養について調べるなどの対策が必要です。

教員や医療従事者に必要な専門知識

❶ 教育学部系統

　学校教員の役割、教科指導のあり方、授業の意義、主体的・対話的で深い学び、児童や生徒の安全管理、健康教育、クラス運営など

❷ 医学部・歯学部・薬学部・看護学部系統

　理想の医療従事者像、チーム医療の重要性、地域医療、認知症、尊厳死、遺伝子治療、新型出生前診断、再生医療など

テーマ27 文学系の志望理由書

人気度 ★★★☆☆

＊國學院大學文学部日本文学科公式サイトの掲載内容を参考に作成しています。

合格まであと一歩の志望理由書

❶私は、日本に生まれ日本に育っていることに心から感謝している。四季折々の豊かな自然、繊細な味わいとおもてなしの心を体現する和食、そして時代の激流に翻弄されながらも人から人へ継承されてきた伝統文化の数々。❷私は、日本文化の中でもとりわけ中古文学を愛しているため、古典の研究を深めるため貴学文学部日本文学科日本文学専攻への進学を希望する。

❸仮名文が使用され、国風の貴族文学が中心となっている中古文学の時代には、多くの物語文学が生み出された。『竹取物語』『伊勢物語』『うつほ物語』『落窪物語』、そして物語文学の代表作である『源氏物語』は、以降の日本文学全体に強い影響を与えたと言われている。中古文学には、しみじみとした情趣や無常観的な哀愁である「もののあわれ」が理念として底流しており、後世の日本人がもつ美意識の原点だとされる。また、物語文学にとどまらず、『土佐日記』『蜻蛉日記』『紫式部日記』『更級日記』などの日記文学、『古今和歌集』『拾遺和歌集』などの和歌文学、『枕草子』をはじめとする随筆作品も誕生している。

❹私は、明治15年設立の皇典講究所が母体となっている貴学にて、学問の伝統を踏まえつつ、古典の世界にひたりたいと願っている。❺とくに、貴学の図書館は人文・社会科学系大学の中でも有数の蔵書数を誇るとされており、貴重書庫を含む書庫および貴重書研究スペースも設置されている。貴学在学時に1冊でも多くの貴重書に触れ、中古文学の息づかいをじかに感じてみたい。❻多くの中古文学を読み進めるなかで、グローバル化が進展し多様性が尊重される現代においても守り抜くべき日本人らしさとはいったい何なのかを探っていきたい。

［696字］

❶：✕　日本文化への愛着を存分に書き表していますが、自己PR→テーマ12の出だしならともかく、志望理由を説明しなければならない志望理由書の出だしとしては不適切です。

❷：✕　この記述からは、志望大学・学部・学科でなければならない理由→テーマ9が伝わりません。研究したい内容の説明が漠然としすぎています。作品名やテーマ設定を明確に示しましょう。

❸：✕　大学教員にとって周知の、中古文学に関する辞書的な説明をわざわざ書く必要はありません。

❹：✕　「伝統」という点に触れるだけでは高評価はつきません。伝統校は多数あるからです。

❺：△　志望校の特徴である施設を志望理由に組み込むこと自体は有効です。ただし、この内容だと、自分の興味を満たしたいという気持ちしか伝わってきません。

❻：✕　日本文学を研究するにしても、グローバル化や多様性などの現代社会の潮流を否定する排外主義寄りの書き方は認められません。

✿ 合格に手が届く志望理由書

❶私は、古典文法の専門家である●●教授に師事し、古典作品の用例から古典文法を可能な限り体系的に研究したい。そのため、貴学文学部日本文学科日本語学専攻を志望する。

❷私は古文の授業が好きで、とくに文法によって解釈が確定していく過程に関心をもってきた。高1の授業で助動詞「まし」を習った際に、反実仮想の形は「ましかば…まし」以外にも多数存在しているという説明に興味をもった私は、授業後先生に質問した。そのときに、貴学の●●教授が執筆した古典文法書が出ていることを教えてもらい、掲載されている用例の多さに圧倒されたのである。その後購入し、この文法書を読むことによって、受験古文では触れなかった句形を知ることができ、また文法に関する疑問も解決して、古典文法に対する知的好奇心がますます刺激された。❸高校の「総合的な探究の時間」でも、本書を参考にして助動詞「めり」の用法について発表した。こうした経験を踏まえ、ぜひ貴学に進学して●●教授に教えを請い、古典文法の新たな解釈を研究したいと考えるようになった。

❹貴学入学後は、まず「基礎日本古典語」の講義を通じて助動詞・助詞・敬語などの基本知識を整理したい。そして、「日本語学演習」の講義で古文の語彙・語法を実証的に調べ、現代日本語文法との違いについても理解を深めたい。

❺貴学卒業後は、出版社への就職をめざし、高校生が古典文法に対する抵抗感を払拭できるような、理解しやすい教材の開発に力を注ぎたいと願っている。❻そのために、選択Ⅴ類の「古典教育研究」も履修し、高校の教育現場における古典教育の展開についても視野を広げたい。

[671字]

❶：○　自分が指導を受けたい教員の名前を明示するとともに、大学で研究したい内容も打ち出せています。特定の教員から指導を受けたいという志望理由を押し出すことは、「その教員以外に魅力を感じていないのではないか」と思われるおそれがあります。ただ、その教員が唯一無二の研究実績を上げている場合には、その点だけで構成することも可能です。できれば、その教員とオープンキャンパス→テーマ9で話す機会を得て、受験に向けた学習アドバイスを受けられることが理想です。

❷：○　古典文法に興味をもった過去のきっかけ→テーマ7について、かなり多くの字数を割いて説明しています。もう少し簡潔でもよいのですが、この記述からは自分がその教員の著書をしっかり読んだ点をアピールしたいという意図がうかがえるので、悪くありません。

❸：◎　高校の「総合的な探究の時間」→テーマ2で取り組んだ内容を、過去のきっかけにうまく取り込めています。学校推薦型選抜・総合型選抜への出願を検討している場合には、「総合的な探究の時間」で学んだことを大学で専攻したい内容と結びつけましょう。

❹：◎　受講したい講義名を具体的に提示し、学びたい内容について示せています。

❺：○　大学での研究を将来の職業にどう生かしたいのかが、簡潔に示せています→テーマ8。

❻：◎　志望学部のカリキュラムを踏まえ、各専攻分野の発展的な内容に関する展開科目を選ぶという前提で、受講したい講義と学びたい内容について示せています→テーマ9。

> 文学系の志望理由書では、自分が好きな文学作品や作家への愛着について語りすぎることなく、何を対象としてどのようなことを明らかにしたいのかという研究の目的をしっかり打ち出そう！

テーマ 28 哲学系の志望理由書

人気度 ★★★☆☆

*明治大学文学部心理社会学科哲学専攻公式サイトの掲載内容を参考に作成しています。

○ 合格まであと一歩の志望理由書

❶私は、幼いころから「死」とはどのような状態なのかが、気になって仕方がなかった。その疑問を親や友人に投げかけても、満足できる答えは得られなかった。しかし、あるとき、中学の担任の先生から、そういったことを専門的に学びたいのであれば大学の哲学科に進むとよい、というアドバイスを受けた。現在ももち続けているその疑問をさらに深めるために、貴学に進学したい。

❷高校では倫理の授業を受けた。先生が教科書を淡々と読むだけの授業であったため、同級生には居眠りしている人が多かった。その光景を目の当たりにし、どうしてこの科目に興味をもてないのだろうか、人間として生きていればこの科目こそ大切なのに、と残念に思った。❸私は将来、何かしらの形で哲学の魅力を伝える人物になりたいと考えている。

❹貴学のオープンキャンパスに足を運んだとき、学生のみなさんの生き生きとした姿が印象に残り、貴学に進学したいという気持ちがさらに強まった。❺また、●●教授の講義が何より楽しみである。オープンキャンパスで拝聴した模擬授業は、自分が志したい哲学の世界観を余すところなく表現していて、感動の連続であった。❻さらに、蔵書数の多い図書館が設置されている点も魅力的である。西洋哲学だけでなく思想史なども、原典にあたって幅広く研究したい。

❼将来的には大学院に進学し、哲学についての学びをもっと深めていきたい。そして新しい価値観を提示できる人間になれるよう、さまざまなことを経験し、成長していきたい。

[618字]

❶：✕ 冒頭でいきなり過去のきっかけ→テーマ7について長ったらしく説明しているため、読み手にはモヤモヤ感が残ります。また、志望理由があくまで「哲学科に進みたい理由」であり、その志望大学・学部・学科でなければならない理由→テーマ9ではない点がマイナスです。

❷：✕ 教員批判は、同じ教育者である試験官の心証を悪くするので、慎みましょう。

❸：✕ はっきりしない将来像→テーマ8を書くよりもむしろ、大学で学びたい内容に字数を割くべきです。

❹：✕ オープンキャンパス→テーマ9の話題に触れること自体はよいのですが、学生の姿が生き生きとしていたという内容だけでは、志望理由としての説得力に欠けます。

❺：△ 模擬授業に興味をもったという内容は、志望理由として十分認められます。ただし、心に残った話をもっと具体的に書く必要があります。

❻：△ 大学であれば図書館が併設されているのは当然ですから、強い志望理由にはなりません。

❼：✕ どの分野を専攻したいのかがわかりません。

❀ 合格に手が届く志望理由書

❶グローバル化や情報化、技術革新が急速に進展する現代において、将来の予測は困難をきわめ、価値観の多様化が顕著となっている。私は、現代の問題を実践的・多角的に扱うことを重視する貴学にて、自分を含む現代人がかかえる不安の実態をとらえるべく、ハイデガーの「世界内存在」の概念について思索を深めたい。したがって、貴学文学部心理社会学科哲学専攻を志望する。

❷幼いころから、「私はいま本当にここにいるのだろうか」「自分が見ている世界は他人にも同じように見えているのだろうか」という疑問をいだいていた。高1の現代社会の授業でこの疑問が哲学にもとづくことを知り、それまでに取り組んできた勉強とは異なり根本原理を追究する哲学の楽しさに目覚めていった。❸なかでも存在論に興味をもった私は、『存在と時間』でハイデガーが示している「『自分はだれか』という問いをもって周りを見ることで自分は存在し、その存在が他人の出現を可能にする」という考えに衝撃を受け、幼いころからいだいていた疑問への答えがこの学問にあると感じ、本格的に学びたいと考えるようになった。

❹貴学入学後は、知識を詰め込むだけでなく、創造的な思考力を身につけるため、「哲学プラクティス」のプログラムによって哲学的な問いを解き明かす「哲学対話」の経験を重ねたい。❺また、貴学では1年生からゼミに参加でき、4年間を通じて少人数で深く学ぶことができる。私は、ハイデガーに関する著書や論文を数多く執筆している●●教授の講義やゼミを通じて、「世界内存在」について学びたい。❻そして、卒業論文では、現代人が実存的な死を肯定的に受け止めることが可能かどうかを探究したい。

[690字]

❶：◎　現代社会における哲学の意義を強調しながら、研究したい内容を明確に打ち出せています→テーマ8。

❷：○　哲学に興味をもった過去のきっかけが簡潔に示せています。もし指定字数に余裕があれば、幼少期にいだいた根源的な疑問に高校時代までどう向き合ってきたかを書き記してもよいでしょう。

❸：◎　自分が影響を受けた哲学者の著書を引用しながら、過去のきっかけが大学への学びにどうつながっているかが説明できています。このように、哲学系への進学をめざす場合には、高校時代までに哲学書をある程度読み込んでおくことが必要です。哲学科教員が推薦図書を示す場合もあるので、それらを読み込んで自分なりの感想をまとめておくと、面接対策として役立ちます。

❹：◎　志望専攻で重視されているプログラムに取り組む意義が明示されています→テーマ9。

❺：◎　1年次に専攻が決まるという志望専攻独自のシステムを踏まえ、自分の研究につながる学びが説明できています→テーマ9。

❻：○　卒業論文で取り組みたいテーマが明示できています。

哲学系の志望理由書では、専門的に研究したいテーマについてじっくり説明する構成と、現代社会における哲学の重要性を踏まえ将来の展望につなぐ構成の両方がありえる。自分の志望理由に合わせて、どちらの構成がよいかを検討しよう！

テーマ29 歴史学系の志望理由書

人気度 ★★★☆☆

＊慶應義塾大学文学部人文社会学科史学系日本史学専攻公式サイトの掲載内容を参考に作成しています。

🕐 合格まであと一歩の志望理由書

❶私は、歴史が大好きである。したがって、貴学を志望する。

❷小学生のころから暗記科目が得意であった。教科書の太字箇所以外にもさまざまな箇所を覚え、それがテストで出題されて得点できることが喜びだった。小学校高学年から習い始めた歴史では、高得点の連続であった。とくに戦国時代に関しては、教科書のほぼすべての内容を暗唱するレベルに達した。テストでも当然のように高得点を獲得することができた。

❸一方、理数系科目は苦手である。途中過程を省略したり、計算ミスをしたりと、なかなか得点できない。そのため、暗記が得意ということと併せて、文系に進むことにした。❹そして、担任の先生との面談で、歴史学について学びを深めたらどうかというアドバイスをいただき、貴学を志望することにした。

❺とくに私は、文献や史料にもとづく研究に関心がある。歴史をたどるうえで重要な文献や史料を読み込み、考古学の講義やゼミを受講したい。また、平安時代の貴族社会に関する研究にも関心がある。したがって、●●准教授のもとで日本古代史を研究する可能性も探っていきたい。その点で、文学部の1年次には専攻を決めないという貴学のカリキュラムに大きな魅力を感じている。❻大学卒業後の展望としては、大学での研究に飽き足らないようであれば大学院への進学も検討したい。その一方で、教えることが好きだという自身の指向を踏まえて教職課程にチャレンジし、教員の道に進むことも検討したい。

[601字]

❶：✕　歴史学系の受験生に歴史ぎらいはいないため、この志望理由は無意味です。

❷：✕　過去のきっかけ→テーマ7としてテストの点数が高かったことを取り上げても、読み手側の関心をひきつけることはできません。ここでは、歴史そのものに興味をもったきっかけを示すべきです。

❸：✕　「理系が苦手だから文系を選んだ」という内容は志望理由として消極的であり、高評価はつきません。

❹：△　担任からのアドバイス自体は歴史そのものに興味をもったきっかけとして有効ですが、このあとには、みずから主体的に志望校を選んだことを示すエピソードが必要です。

❺：△　学びたい内容と所属したいゼミを取り上げている点はよいのですが、どちらかに絞らないと、大学で学びたいことが定まっていないという印象を与えてしまいます→テーマ9。

❻：△　将来像→テーマ8は、1つに絞って示しましょう。

✿ 合格に手が届く志望理由書

❶私は、幼少期から関心を寄せ続けてきた日本のキリシタン史について深く学びたいと考えている。そのため、キリシタン史についての専門的な講義が数多く開講されている貴学文学部人文社会学科への進学を志望する。

❷小学生のとき、キリスト教の布教のために遠く離れた異国日本に赴いたフランシスコ・ザビエルの存在を知り、興味をもった。❸中学生になって、その関心をさらに深めたいと考えていたときに図書館で出合ったのが、貴学文学部●●准教授の著書だった。ヨーロッパでの宗教改革の波を受け、カトリック宣教師として東アジアを布教の地に定め、日本での布教に成功したザビエルの生涯についてその本から深い知識を得られたため、自身の好奇心がさらに高まった。❹その後、高校の「総合的な探究の時間」で、ザビエルに限らず、キリスト教が日本に与えた影響について研究・発表したことによって、大学でキリシタン史について専門的に学びたいという目標が確立した。

❺貴学入学後には、1年次は総合教育科目と必修語学講座により、日本史学にとどまらず、東アジア史、西洋史、および民族学に対する見識を深め、論文執筆に向けてスペイン語の理解に努めたい。また、人文科学・社会科学・自然科学という異なる分野の学問に触れ、史学研究に必要な複眼的視野を獲得したいと願っている。

❻2年次からは史学系日本史学専攻に進み、キリシタン史が専門である●●准教授の講義を中心に、キリシタン史について網羅的に学ぶ。そして、3年次からは▲▲教授のゼミに所属し、先生のもとでキリスト教が我が国の中世史に与えた政治的・社会的影響について多面的に分析し、卒業論文の執筆に励みたいと考えている。

[692字]

❶：◎　志望学部・学科の特徴と結びつけつつ、研究したい内容を明確に打ち出しています。

❷：○　専攻したい分野につながりをもつ過去のきっかけが簡潔に示せています。

❸：◎　直接学びたい教員の著書を取り上げることは、大変効果的です。著書や論文にあらかじめ目を通して内容を把握し、面接で説明できるよう準備しておきましょう。また、オープンキャンパス→テーマ9に行く際には、その教員と話す機会を得て、著書の内容について感想を述べたり質問したりすると、志望理由書にまとめるべき内容が深まります。

❹：◎　高校の「総合的な探究の時間」→テーマ2で取り組んだ内容を、過去のきっかけとしてうまく取り込めています。学校推薦型選抜・総合型選抜への出願を検討している場合には、「総合的な探究の時間」で学んだことを大学で専攻したい内容と結びつけましょう。

❺：◎　最初の1年間で総合教育科目や必修語学講座などを中心にさまざまな学問に接することができるという志望校のカリキュラムを踏まえ、自分の将来の目標につながる学びが明確に説明できています→テーマ9。

❻：◎　所属したい専攻やゼミを示すだけでなく、自分が学びたい目的まで説明していることによって、その志望大学・学部・学科でなければならない理由→テーマ9がアピールできています。

歴史学系の志望理由書では、歴史自体に興味があるという志望理由では不十分。どの時代の、どのようなテーマに関心をもっているのかを、高校時代までの取り組みも含めてアピールしよう！

テーマ 30 心理学系の志望理由書

人気度 ★★★★★

＊明治学院大学心理学部心理学科公式サイトの掲載内容を参考に作成しています。

合格まであと一歩の志望理由書

❶自分は現在、通信制高校の登校コースに通っている。以前は全日制の高校に通っていたが、病気のため学校に通えない時期があり、転校することになった。周りには心配をかけたが、結局はよかったと思っている。

❷なぜなら、そのことがきっかけとなり、調理に目覚めたからである。さまざまな料理をつくる喜びを療養期間中に知ったことは、病気からの回復を助けてくれた。家族もできた料理を喜んで食べてくれ、とくに蓮根饅頭やミネストローネなど、自分なりに工夫を加えた料理が好評であった。そうするうちに、調理という行為には心身の不調や疲労に悩んでいる人を助ける力があるのではないかと思い、そういう人びとに楽しくつくってもらえる料理を学びたいと考えるようになった。

しかし、人間は多様であるから、多くの人に訴えかける料理をつくるには、人の心を客観的に調べる心理学の知識が必要不可欠だ。❸五感が人の心にどのようにはたらきかけるのか、料理が心理学的にどのような力をもちうるのか、その点に強い関心がある。

貴学で心理学を修め、卒業したのちは、調理と栄養学を専門的に学び、高齢者施設職員や学校給食調理員として働きたいと考えている。❹自分のセンスと心理学の知識を駆使して、自由に動けない高齢者のストレスを和らげる食事や、小食の小中学生にもおいしくとれる給食の献立を考える仕事や、実際に調理する仕事に就きたい。最終的な目標は、料理と心理学を結びつけ、心身の不調や疲労をかかえた人びとでも気軽に楽しんでつくれるレシピを創作し、料理研究家として著書を出版することである。

［654字］

❶：✕ 「通信制高校の登校コースに通っている」ことが志望校合格にとって不利にはたらくかについては、現在では多様性が重視されつつあるため、むしろ興味深い人材としてとらえられる可能性も十分あります。ただ、今回の志望理由書の内容であれば、わざわざ冒頭で強調する必然性を感じませんので、将来像→テーマ8と志望校の特徴が結びついた簡潔な志望理由を示してください。

❷：✕ 調理への興味・関心をこれほどまでに熱く語ってしまうと、「栄養学系の学部か調理師専門学校に進むべきではないか」と思われてしまいます。志望学部との結びつきが弱いエピソードを長々と書くのはマイナスです。

❸：✕ 大学で学びたい内容に関する説明が不足しています。授業やゼミなどを取り上げ、大学での学びについて具体的なビジョンを提示しましょう。

❹：△ 将来の目標と大学で学びたい内容がどのようにつながるのかが示されていません。

🧬 合格に手が届く志望理由書

❶自分は、将来的には調理の分野に進み、心身の不調や疲労に悩む人を助けたいという目標をもっている。そのために、料理が心理学的にどのような力をもちうるのかを学び研究したいと考えて、貴学の心理学部心理学科への進学を希望する。

❷自分は高1で病気を患い、療養期間中に料理に目覚めた。❸自分なりに工夫を加える余地がある調理という行為は創造性に富む活動であり、心から楽しむことができた。また、自分の料理が家族に与えた笑顔は、自分にとってかけがえのない宝物となった。❹こうした経験を積み重ねるうちに、料理には心身の不調に悩んでいる人を助ける力があるのではないかと思い始めた。そして、人間は多様であるため、多くの人の心に訴えかける料理をつくるには、人の心を客観的に調べる心理学の知識が必要だと考えた。

❺貴学に進学したら、まずは●●准教授の認知心理学の授業を受け、人間がどのような認知機能をもつか、あるいはその機能が生涯にわたってどう変化していくかを理解したい。また、料理を食べるという行為が五感を介して子どもや高齢者の心身にもたらす影響とその発生原因についても研究し、料理に対する反応の違いを世代別に分析したい。

❻3年次以降は、▲▲教授担当の、摂食障害を研究・援助するゼミに参加したい。ゼミでは、認知心理学の知識を踏まえ、摂食障害患者が食事に対する嫌悪感を示すメカニズムにおいて五感がどのように作用しているのかを調べ、症状軽減の方法を模索する。❼さらには、療養中の患者が身近な人にどんな料理をつくってもらいたいのかを調べて適したレシピを考案するなど、将来就きたい調理の仕事と関連する研究を積極的に行いたい。

[687字]

❶：○　冒頭で、調理の分野で働きたいという将来の目標と心理学がどのように結びつくかを簡潔に説明することによって、読み手が覚えるはずの違和感を先回りして防いでいます。

❷：◎　自身の病気が心理学部の志望理由になったという説明は、筋が通っています。反対に、病気が直接的なきっかけでない場合には、誤解を避けるため簡潔な説明にとどめましょう。

❸：○　料理をつくる側の喜びが伝わる説明です。ただし、自分がつくった料理を食べた人にもたらされる心理的恩恵にも触れれば、なおよい説明に仕上がります。

❹：○　自身の経験にもとづき、料理と心理学を結びつけて学びたいと考えるようになった過去のきっかけ→テーマ7がわかりやすく説明できています。

❺：◎　大学のカリキュラムを踏まえ、教養課程で学んでおきたい基礎的な内容と、自分の将来の目標につながる学びの両方が明確に説明できています。

❻：◎　所属したいゼミを示すだけでなく、自分が学びたい目的も説明していることによって、その志望大学・学部・学科でなければならない理由→テーマ9がアピールできています。

❼：○　大学での研究課題と将来の職業イメージを結びつけて説明できています。ただし、「将来就きたい調理の仕事」の説明がはっきりしないので、面接で問われる可能性があります。

　心理学系の志望理由書では、心理学自体を学びたいのか、あるいは、臨床心理士や公認心理師などの資格を取得し実務家として働きたいのかを明確に打ち出そう！

テーマ 31 語学系の志望理由書

人気度 ★★★★☆

＊東京外国語大学言語文化学部イタリア語学科公式サイトの掲載内容を参考に作成しています。

◉ 合格まであと一歩の志望理由書

❶私は、イタリア文化とイタリア語の関係を研究し、国内に広めることを目標としている。そのため、言語と文化に関してどの大学よりも深く学ぶことができる貴学言語文化学部イタリア語学科への入学を志望する。

❷イタリアと日本は、国を統治する上層部が絶え間なく変わってきたという歴史をもつ点で共通性がある。にもかかわらず、国民性が正反対である点に興味をもったことが、イタリア文化を理解したいと思ったきっかけである。❸日本語には「こもれび」など、風景や気候を表す言葉が多い一方、イタリア語には日本語に訳すことが難しい「好き」を表す言葉が多い。貴学では、このような文化と言語との関係も研究したい。❹さらに、イタリア語の原型となったダンテの『神曲』の誕生がイタリア人の民族的自覚をうながしイタリア統一運動を導いたという説から言語が歴史に影響を与えた事例を知り、『神曲』を原文で読んでみずから翻訳したいという意欲がわいた。

❺イタリア語について最高峰の学びを得られるのは、間違いなく貴学の言語文化学部である。私は、イタリア文化や言語に関して研究したいという熱意が人一倍強いと自負しているため、貴学のアドミッション・ポリシーにふさわしい。

❻貴学入学後は、イタリア語力向上の重点を、読み書きの習得ではなく会話の習得に置き、楽しみながら学んでいきたい。そして、3年次にはイタリアへ1年間留学したい。　〔577字〕

❶：△　「イタリア文化とイタリア語の関係を研究し、国内に広める」という将来の目標を達成するための方法が十分に説明されておらず、読み手側にイメージが伝わりません。

❷：△　こう書いたからには、「国民性が正反対である点」をくわしく説明すべきです。

❸：△　志望理由につながる過去のきっかけ→テーマ7の説明というよりは、大学入学後に取り組みたい研究テーマの説明となっています。過去のきっかけの説明としてよりふさわしいのは、イタリア文化を調べ、「『好き』を表す言葉が多い」ことに気づいた体験談です。

❹：△　興味深い内容ですが、過去のきっかけの説明として❷・❸に多くの字数を割きすぎたため印象が弱まっています。過去のきっかけを複数示してしまうと、読み手側の消化不良を引き起こします。自分がめざす将来像→テーマ8に最も強い影響を与えた出来事1つに絞りましょう。

❺：✕　「間違いなく」「熱意が人一倍強い」といった主観的な表現が目につきます。アドミッション・ポリシー→テーマ13に触れるのであれば、どの部分に合致するのかまで明示しましょう。

❻：✕　語学力向上に関する決意のみとなっており、研究のビジョンが伝わりません。

🌸 合格に手が届く志望理由書

　❶私は、イタリア文学を翻訳し、国内に広めたい。そのため、翻訳に欠かせない言語と文化の双方について理解を深められる貴学言語文化学部イタリア語学科を志望する。

　❷私がイタリア語に興味をもったきっかけは、ファビオ・ランベッリの『イタリア的「南」の魅力』を読んだことである。❸この本を読むまで、イタリアは「陽気な国」で、イタリア人は「陽気な人びと」という認識しかもっていなかった。しかし、この本を読み、イタリア人の楽観主義は悲観主義からくるということを知り、衝撃を受けた。そして、不安や不安定、不確実があるからこそ前向きに生きていこうとするイタリア人の思想に強くひかれ、イタリア語とイタリア文化を研究したいと決意した。

　❹貴学入学後は、翻訳家をめざしたい。「陽気」というステレオタイプなイタリア文化理解以外の異なる視点を翻訳によって日本人に与えられるよう、イタリア語の習得とイタリア文化の研究に励みたい。❺また、貴学オープンキャンパスで●●教授の模擬授業に感銘を受けたため、先生が担当する「近現代イタリア文学」の講義を履修し、イタリア文学から文化を学ぶとともに、イタリア文学に見られる悲観主義も研究していきたい。❻また、「伊和翻訳と文学分析の実践」の講義を履修することによって、イタリア文学の文化的背景を日本語への翻訳に反映させる訓練を積み、将来へのステップアップにつなぎたい。❼さらに、少人数制で学べる利点を生かし、言語を学ぶ意欲が高い仲間や先輩たちと対話を積み重ねることによって語学力を向上させ、イタリア文化に対する理解を深めていきたいと願っている。

[664字]

❶：◎　冒頭で、イタリア語の翻訳家をめざすという将来の目標と、「言語と文化の双方について理解を深められる」という志望学部特有の長所を踏まえた志望理由が示せています。

❷：◯　過去のきっかけとして読書体験をまとめる場合には、このように、著者名と書籍名を明示しましょう。また、面接では、書籍の内容・感想、あるいはほかに読んだ書籍について質問される可能性があります。そのため、面接前に読み返しておくなど、対策を講じておきましょう。

❸：◎　1冊の書籍とのめぐり合いが自分の人生の方向性を定めたという説明になっており、どのような知識を得たのか、どのような部分に心ひかれたのかもしっかり書けています。

❹：◎　単に翻訳家になりたいと示すだけでなく、自分がめざす職業を通じてどのように社会貢献を果たしていきたいかまで説明できています➡テーマ8。

❺：◎　オープンキャンパス➡テーマ9でのエピソードは、志望校に対する熱意を伝えるうえで効果的です。模擬授業や個別相談会、キャンパスツアーなどに積極的に参加し、自分と志望校とのつながりを深めておきましょう。

❻：◎　具体的な講義名だけでなく自分が学びたい目的も説明していることによって、学びへの意欲の高さがアピールできています。

❼：◯　少人数指導という志望学科特有の長所を自分の学びにどういかしていきたいかというビジョンが示せています。

　語学系志望の場合には、単に「語学力を高めたい」という理由だけでは、「語学専門学校に進学すればよいのではないか」と思われかねない。文化や歴史にも着目し、自分が研究したい内容を打ち出そう！

テーマ 32

国際系の志望理由書

人気度 ★★★☆☆

＊東京国際大学国際関係学部国際関係学科公式サイトの掲載内容を参考に作成しています。

合格まであと一歩の志望理由書

❶私は、国内最大手の旅行会社に勤めたい。私は旅行を愛しており、将来は観光産業に従事したいと考えているのだが、とりわけ国内最大手の旅行会社に対しては強い思いがある。貴学で開講されている産学連携講座は、同社就職のために自身をアピールする絶好の機会である。積極的に参加し、必ず将来につないでいきたい。したがって、貴学への入学を志望する。

❷幼少期からコロナ禍拡大に至るまでのあいだ、年に1度は海外旅行に出かけていた。その際、いつも国内最大手の旅行会社を利用していたが、私や家族に対するホスピタリティの手厚さにそのつど感動してきた。計算された旅行行程、1人ひとりの観光客への温かい対応、かけがえのない体験機会など、どの旅行も心に残るものばかりであった。ぜひ私もその会社の一員として、旅行という身近な一大イベントをたくさんプロデュースしたい。

❸観光産業はコロナ禍で窮地に立たされたが、現在ではウィズコロナが進み、復調の兆しを見せている。人生には「ハレ」と「ケ」があり、旅行はまさに「ハレ」の場である。旅行は生活に潤いを与える。コロナ禍においても、他人との触れ合いは可能だ。また、異文化交流は、自国の文化への理解を深める近道でもある。

❹観光産業に従事するためには、まずは観光地を知ることが求められる。そして、海外の文化と日本の文化を比較できるよう、日本の文化に精通することも必要だ。もちろん、日本の歴史についても深く学んでおく必要がある。❺さらに、貴学在学中には、総合旅行業務取扱管理者の資格取得やサービス接遇検定の受検にも挑戦したい。

[656字]

❶：✕　いくら特定の企業と結びつきが深い大学を志望しているとしても、その企業への就職を目的とする志望理由は認められません。

❷：✕　旅行の思い出を過去のきっかけ→テーマ7として示すこと自体に問題はないのですが、特定の会社に対する思いを示すために用いるのは不適切です。また、感動した体験は、多数挙げるのではなく、とくに印象に残ったものに絞りましょう。

❸：△　旅行への思い入れをあまりに強くアピールしてしまうと、「観光学部や観光系の専門学校に進学すればよいのではないか」と思われかねません。ここでは、日本における観光の社会的課題に対する問題意識→テーマ8を示してください。

❹：✕　国際系の学部で学ぶべき内容が示せていません。

❺：△　国際系の学部に関連する資格や検定に触れる場合には、英語への取り組みを示しましょう。

⊛ 合格に手が届く志望理由書

❶私は、ウィズコロナやポストコロナを見据えたツーリズムについて深く学び、日本の観光産業に貢献したい。そのために、国際社会で通用する実践的な英語力が得られ、また、観光地に関するマーケティングも学べる貴学国際関係学部国際関係学科への進学を希望する。❷私は、幼少期から世界各地の観光地に家族と出かけることが多かったのだが、行く先ざきで驚かされたのが、旅行会社が与えてくれるホスピタリティの手厚さであった。❸しばらくはコロナ禍で旅行機会が限られていたが、観光立国をかかげる日本においても、「インバウンド消費」を通じて外貨を獲得することは、地方創生や経済振興にとって不可欠であると考える。また、日本の観光地には、英語が通じにくく外国人観光客が不便を感じるという問題点がある。❹そこで、私は、旅行会社に就職し、外国人観光客が日本の魅力を存分に味わえるツアープランの開発と、受け入れ側が身につけておくべき実践的な英語会話力の向上に貢献したい。

❺貴学入学後は、「観光ビジネス論」や「観光コミュニケーション論」などの講義を通じて、ツーリズム産業に対する理解を得て、観光産業で必要となるホスピタリティについても学びたい。❻また、観光専門のシンクタンクとの「産学連携講座」の履修や、「観光実務研修」や「観光先進地研修」などの研修制度の活用により、旅行企画立案のためのフィールドワークや、ホテルでのインターンシップにも取り組みたい。❼あるいは、GTIを利用した講座も受講し、英語力を高めたい。❽さらには、卒業研究で●●教授に師事し、第二言語習得研究を通じて、観光現場における実践的な英語会話力向上プログラムの開発を研究したい。

[693字]

❶：○　冒頭で、自分が取り組みたい研究内容と、志望校が強みとする特徴を結びつけた志望理由が示せています。

❷：○　幼少期の体験を、過去のきっかけとして簡潔に示せています。このように、過去のきっかけを短めに書き、問題意識の提示に字数を割くという構成は効果的です➡テーマ8。

❸：◎　観光分野の課題に対する社会的意義が説明できています。

❹：○　単に就職希望先を示すだけではなく、自分の問題意識と結びつけて将来像➡テーマ8が示せています。

❺：◎　具体的な講義名だけでなく、シラバス➡テーマ13にもとづき自分が学びたい内容を説明していることによって、その志望大学・学部・学科でなければならない理由➡テーマ9がアピールできています。

❻：◎　産学連携に力を入れているという志望学科の特徴が志望理由として示せています➡テーマ9。

❼：◎　国際系の学部である以上、学科で開講されている専門分野に対する志望理由に偏りすぎず、このように、国際的視点や英語に関する志望理由まで明記すべきです➡テーマ9。

❽：◎　所属を希望する専攻やゼミを示すだけでなく、自分が学びたい目的も説明していることによって、研究に対する意識の高さが打ち出せています➡テーマ9。

国際系は、国際協力や地域研究、安全保障や経済連携など、カバーする領域が広い。志望理由書では、英語重視の姿勢を前提とし、どのように学びを深めていきたいかを明確に示そう！

テーマ 33 教養系、リベラル・アーツ系の志望理由書

人気度 ★★★★☆

＊国際基督教大学教養学部アーツ・サイエンス学科公式サイトの掲載内容を参考に作成しています。

❶ 合格まであと一歩の志望理由書

❶私は、受験勉強に特化した高校のカリキュラムに満足できず、学外に飛び出し、ビジネスコンテストに挑戦するなどの努力を重ねてきた。❷また、新型コロナウイルス感染症拡大の影響で当初予定していた留学が中止されても英語学習をあきらめず、英会話塾最年少となる高1時での英検1級合格を実現させた。❸そしていま、私は、品質や形状が出荷基準に合わない規格外農水産物に関するイノベーターとして活躍するため、貴学への入学を希望する。

❹生産、製造、販売、消費等の各段階において、食べられるにもかかわらず食品が大量に廃棄されるというフードロスが多発している。このような事態は、「持続可能な開発目標」（SDGs）においても、「小売・消費レベルにおける世界全体の1人あたりの食品の廃棄を半減させ、収穫後損失などの生産・サプライチェーンにおける食品ロスを減少させる」として国際的に問題視されている。

「令和2年版消費者白書」によると、規格外農水産物の購入経験に関するアンケート結果から、規格外農水産物を購入したことがあると回答した人が約8割にのぼっていることが読み取れる。また、購入した理由としては「価格が安いから」「見た目にはこだわらないから」「規格品と味が変わらないから」という理由が上位となっており、購入しなかった理由としては「買えるところがないから」が多い。

❺このような点から、規格外農水産物が身近な場所で安く販売されていれば購入が増え、処分や過剰生産が防げると期待されている。私は、こうした動きを活性化させるための研究に貴学で取り組み、ビジネスにつないでいきたいと希望する。

[670字]

❶：✕　高校に対する批判をあえて表明する必然性がありません。高校批判は、同じく教育に携わる試験官の心証を悪くするので、慎みましょう。

❷：△　「英検1級合格」は十分なセールスポイントとなりますが、「英会話塾最年少」をわざわざ志望理由書で誇っても、とくに好印象を与えることにはつながりません。

❸：✕　「規格外農水産物に関するイノベーター」がどんな仕事であるかが説明されていないため、将来像→テーマ8が伝わってきません。また、その将来像と志望理由とのつながりも不明です。

❹：✕　自分が調べてきたことに多くの字数を割きすぎており、レポートのような印象を与えています。過去のきっかけ→テーマ7や大学で取り組みたいことに触れましょう。

❺：△　自分が設定した社会的課題に対する問題意識→テーマ8を提示できている点はよいのですが、それ以外にも、志望校でどのような学びに取り組もうとしているのかを明示すべきです。

✿ 合格に手が届く志望理由書

❶私は、おいしく食べられるにもかかわらず規格外農作物が大量に廃棄されているというフードロスを食い止めるため、消費者や投資家から共感を得られるビジネスモデルの確立に向け研究を進めたい。そのためには、経営学と環境研究を組み合わせて学ぶ必要があると考え、2つの専修分野を同時に履修できる貴学への進学を志望する。

❷私は、高2のときに●●財団から付与された研究資金にもとづいて、規格外農作物の生産者・流通事業者・消費者の視点別に調査を進めた。その結果、生産者は規格外農作物の販売による正規品の価格暴落を恐れていること、流通事業者は規格外農作物の不安定な供給に苦悩していること、消費者は見慣れた正規品とは異なる形状に違和感を覚え購入をためらいがちであることが判明した。

❸一方で、視点をアメリカに向けてみると、近年では規格外農作物を取り扱うサービスが急成長し、流通量も増大しているという。生産者と流通事業者との結びつきが強まっていることに加え、正規品との比較動画やフードロス減少への効果に関する議論など、消費者や投資家による積極的な関与も目立っている。こうした流れを日本でも展開し、フードロスの削減に貢献することが私の目標である。

❹貴学は、ディスカッション中心の講義が多く、また日本人も留学生も同じ授業で学ぶため、自分の教養を高める学習環境として最適であると考える。❺卒業研究では▲▲准教授に指導していただき、ビジネスモデル研究の観点からアメリカで規格外農作物の市場が拡大した理由と背景を分析し、日本におけるビジネスモデルの確立を模索したいと考えている。

［665字］

❶：◎　志望校の特徴と結びつけつつ、大学で研究したい内容を明確に打ち出せています。リベラル・アーツ系の大学では、入学から卒業までの流れが各校で大きく異なるため、カリキュラムの細部を確認しておく必要があります。今回の志望校は、「メジャー」と呼ばれる専修分野の中から、「❶ メジャーを1つ修める」「❷ 2つのメジャーを同時に組み合わせて履修する」「❸ 2つのメジャーを、異なる比率で履修する」という3つの選択肢を示しています。総合型選抜で入学をめざすのであれば、一般的な大学と変わらない❶以外の形を提示すべきでしょう→テーマ9。

❷：◎　特定の「財団から付与された研究資金にもとづいて」取り組んだ研究内容を、過去のきっかけにうまく取り込めています。財団からの研究資金付与は、十分な実績に相当します。

❸：○　自分の研究結果だけでなく、日本では成功していないがアメリカでは成功しているという事例の対比によって、読み手側の興味や疑問を喚起する効果が生み出せています。

❹：◎　志望理由として、少人数・対話型授業、および留学生との交流制度という、志望校の特徴が示せています→テーマ9。

❺：◎　指導を受けたい教員の名前を示しながら自分が研究していきたい内容を再度まとめており、全体の結びとして強い印象が打ち出せています。

> 教養系、リベラル・アーツ系の志望理由書では、文系・理系の区別なく知識を幅広く得ようとする姿勢と、その学びを研究にどういかしていきたいかという展望を積極的にアピールしよう！

テーマ 34 社会学系の志望理由書

人気度 ★★★★☆

＊上智大学総合人間科学部社会学科公式サイトの掲載内容を参考に作成しています。

◐ 合格まであと一歩の志望理由書

❶私は、高校生活で力を注いできた活動をモデル化し、各地に広げていきたいと考えている。

❷私が取り組んできたのは、地元の商店街にかつてのような活気を取り戻す「街もどし」という活動である。❸インターネットの普及や、大型ショッピングモールの郊外出店などで、近年は商店街の存在意義が薄らいでいる。しかし、商店街はこのまますたれてよいのだろうか。商店街には、商品の売買という機能以外にも、地域の憩いの場という機能がある。商店街は、子どもの成長を見つめ高齢者の毎日の安心を見守る、地域社会の根幹としての役割を担ってきたのである。このような社会的装置を衰えさせてはならない。

❹私の家族は、アルコール依存症の父にずっと悩まされてきた。自分の進学先を調べているうちに、貴学の●●教授が全日本断酒連盟の顧問に就任していることを知った。連盟には、家族の悩み相談に応じてもらった恩がある。このようなつながりから、先生が担当するコミュニティソーシャルワークの授業をぜひ受けてみたいと思ったことも、志望理由の1つである。

❺総合人間科学部では人間の尊厳が守られる社会の実現をポリシーとしてかかげており、私が行ってきた活動で見つけた問題や課題を解決するため実践的に学べる場がそろっている。そして、私は「他者のために、他者とともに」の理念をかかげる貴学で、変化し続ける現代社会の中ですべての他者の尊厳が守られ、みなが共存できるコミュニティづくりのために、地域の人びとに寄り添った街づくりに貢献していきたい。

〔630字〕

❶：△　大学進学後から取り組みたい内容がしっかり伝えられている一方、志望理由が不明です。

❷：✕　高校時代に取り組んだ活動は、過去のきっかけ➡テーマ7として十分認められます。一方では、「地元の商店街にかつてのような活気を取り戻す」活動の中身が書かれていないため、読み手側が消化不良を引き起こしかねません。

❸：✕　今後取り組んでいきたい活動に対する問題意識➡テーマ8に多くの字数を割きすぎています。また、社会学科で学ぶことと、これらの社会的課題➡テーマ8の解決とのつながりも不明です。

❹：✕　志望校とのつながりのアピールは、研究内容と結びつかない限り無意味です。

❺：✕　パンフレットや公式サイトに示されている大学のポリシーや理念を引き写しているだけであり、説得力に欠けます。取り組みたい研究内容を明らかにしましょう➡テーマ9。

合格に手が届く志望理由書

❶私は、地域包括ケアシステムを中心に据えた、地域の再生モデルを構築したいと考えている。そのために、1年次から社会学の基本について実践的に学べ、地域社会に関係する講義が幅広く履修できる貴学総合人間科学部社会学科を志望する。

❷私の地元では、国からの補助金にもとづく地域活性化事業として、地域の魅力を発信するポータルサイトを立ち上げた。しかし、開設3か月後には月1回程度しか更新されなくなり、補助金交付が終了した1年後には更新が完全に止まって、効果を上げることはできなかった。❸私は、この件について、高校の「総合的な探究の時間」でレポートを書いた。そこでは、地域活性化のためには行政が地域の現状や要望にもとづいて企画を立案し、補助金に頼らずに運営していけるスキームを地域の事業者や住民と一体となって編み出すべきだと述べた。

❹とくに、私は、地域包括ケアシステムの観点から地域再生モデルを提案したい。近所付き合いの希薄化が進んでいることから、声かけや見守りが十分でないことが社会的課題となっている。地域包括ケアシステムの考え方や近所で助け合うことの大切さを伝え、顔が見える関係を着実に広げ、先進地域の社会調査結果を取り入れて地域再生モデルの創出に取り組みたい。

❺貴学では、「地域社会学」や「ライフスタイルの社会学」などの講義があり、地域のさまざまな問題から現代コミュニティのあり方まで幅広く学ぶことができる。❻また、他学科の講義も横断的に履修できるため、社会福祉学科などの講義も履修することによって、高齢化にともなう地域福祉の観点から、現代コミュニティには何が必要なのかを探究していきたい。

[684字]

❶:◎ 志望学部・学科の特徴と結びつけつつ、大学で研究したい内容が明確に打ち出せています→テーマ9。

❷:○ 地元の地域活性化事業が失敗した経緯をわかりやすく説明できています。

❸:◎ 高校の「総合的な探究の時間」→テーマ2で取り組んだ内容を、過去のきっかけにうまく取り込めています。学校推薦型選抜・総合型選抜への出願を検討している場合には、「総合的な探究の時間」で学んだことを大学で専攻したい内容と結びつけましょう。

❹:◎ 社会学的アプローチによって、大学で学びたい内容がしっかり示せています。「地域おこし」のような政策立案を示すと「政治学系の学部に進むべきではないか」と思われてしまうため、このように、志望系統に合った社会的課題を記載する必要があります。

❺:◎ 具体的な講義名だけでなく、シラバス→テーマ13を確認したうえで自分が学びたい内容まで説明していることによって、その志望大学・学部・学科でなければならない理由→テーマ9がアピールできています。

❻:◎ 他学科科目の積極的な履修を奨励する柔軟なカリキュラムが組まれているという志望学部の特徴を、志望理由として示せています。また、他学科で受講した講義についても、自分の研究課題と結びつけて説明できています→テーマ9。

> 社会学系の志望理由書では、社会事象や社会問題を幅広く学ぶことへの意欲を示しつつ、調査・分析したい領域を明確に打ち出そう!

テーマ 35 法学系の志望理由書

人気度 ★★★☆☆

＊早稲田大学法学部公式サイトの掲載内容を参考に作成しています。

合格まであと一歩の志望理由書

❶私は、弁護士になって多くの人の役に立ちたい。幼少期からのこの夢をかなえるため、貴学への進学を希望する。

❷私が弁護士になりたいという思いを固めたのは、テレビドラマの影響である。たとえ小さなトラブルでもその裏にはだれかの「大切な暮らし」があるというテーマが貫かれているそのドラマを視聴し、社会に潜む問題に寄り添う弁護士の存在がどれほど重要かを知った。

❸私の父は、祖父から引き継いだ弁護士事務所を営んでいる。離婚訴訟や交通事故被害、債権回収や労働問題など、一般市民が直面する法的トラブルの解決に日夜奔走している。激務の中にも仕事に対する充実感を漂わせる父は、私にとって憧れの存在である。金銭的に何ひとつ不自由なく暮らせてきたのは、父のおかげである。私もぜひドラマの主人公や父のような弁護士になり、地域住民や家族に幸せをもたらす存在になりたいと願っている。

❹貴学は、強い社会的使命感をもつ法律実務家の育成を教育理念にかかげており、私がめざす法曹像にふさわしい。❺さらに、貴学の大学院法務研究科は、全大学中3位、私立大では1位の司法試験合格者数を誇る名門であり、法学部卒業後の進路として大いに魅力を感じる。

❻私は、部活動でディベートに取り組んでいたことからも、貴学が「入学者に求める素養」として提示している「❶みずから必要な情報を収集し、❷自分なりの視点や意見を形成し、❸それらを論理的に整理・分析し、❹説得的に表現する力」には自信がある。ぜひ、こうした適性を評価し、私を合格させていただきたい。

[638字]

❶：✕　司法試験は、学部を卒業して法科大学院に進学しなくても、予備試験に合格すれば受験できます。つまり出身学部不問ですから、この記述は法学部の志望理由として不十分です。

❷：△　過去のきっかけ→テーマ7であるテレビドラマのエピソードは、これくらい短ければ許容範囲です。ただし、このあとに続くエピソードに比べると、わざわざ書く必然性に欠けます。

❸：✕　身内自慢と、裕福な家庭に育ったというアピールが鼻につきます→テーマ7。

❹：✕　パンフレットや公式サイトに示されている大学のポリシーや理念を引き写しているだけであり、志望理由としてまったく説得力がありません。

❺：✕　あくまでも法学部の志望理由書であるため、連携している法科大学院の魅力を取り上げても高評価にはつながりません。

❻：✕　志望理由書の要件に含まれていない限り自己PR→テーマ12を無理に組み込んでも無意味です。また、このような合格の懇願は自信のなさの表れだととらえられかねません。

✿ 合格に手が届く志望理由書

❶私は将来、弁護士として、生まれ育った●●市の住民がかかえる法的トラブルの解決に取り組みたい。したがって、「法曹コース」で法科大学院進学を見据えた学びが学部時代から可能な貴学法学部への進学を希望する。

❷私が法学部を志望したきっかけは、高校の「総合的な探究の時間」の課題として取り組んだ同性婚についての研究発表である。現在の日本の法律では、同性どうしでの結婚は認められておらず、一部自治体によってパートナーシップ協定が規定されているだけである。こうした法制度の不備のため、同性婚希望者は心理的に疎外されていると同時に、相続権や親権が発生しないという不利な状況に置かれてもいる。

❸このような課題を家族に話したところ、弁護士の父による「多くの人から共感されないことでも、本人にとっては人生を揺るがす問題が、この社会にはあふれている」という言葉が強く印象に残った。その言葉を聞き、以前から同級生の悩み相談に乗り解決法をともに考える機会が多かった私は、父と同じ弁護士として●●市の住民を取り巻く法的トラブルの解消に貢献したいという決意を固めた。

❹貴学入学後は、「法曹コース」の講義に加えて、「ジェンダー論」や「ジェンダーと法」などの講義も履修し、他国と日本との法制度、歴史的背景、変遷などの違いを理解し、現行法改正に向けた課題について論理的に学んでいきたい。❺そして、「地域連携演習」では、現行法や他自治体の条例を参考として、●●市の無料法律相談所に寄せられた法的トラブルの類型や、求められている支援の種類を調べたうえでレポートとしてまとめたい。

[663字]

❶：○　冒頭で、「地域探究・貢献入試」という地域連携の受験制度にもとづく将来の目標と、早稲田大学大学院法務研究科（法科大学院）との連携による「法曹コース」プログラムの履修という志望学部の特徴を結びつけ、志望理由をわかりやすく示しています。

❷：◎　高校の「総合的な探究の時間」→テーマ2で取り組んだ内容を、過去のきっかけにうまく取り込めています。学校推薦型選抜・総合型選抜への出願を検討している場合には、「総合的な探究の時間」で学んだことを大学で専攻したい内容と結びつけましょう。

❸：◎　弁護士である父親の地位をひけらかすことなく、専門家としての実感がこもった父親の発言を紹介することによって、過去のきっかけが効果的に伝えられています。

❹：◎　❶で挙げた「法曹コース」プログラムを再度取り上げることによって、論理性が打ち出せています。また、法律専門科目を中心とした法律主専攻履修モデルを想定し、シラバス→テーマ13の内容も確認したうえで自分が学びたい内容まで説明していることによって、その志望大学・学部・学科でなければならない理由→テーマ9がアピールできています。

❺：◎　法学系の志望理由書では、入学後の教育やキャリアとの関連が求められるため、この受験制度で入学した学生向けの演習科目「地域連携演習」で学びたい内容を明確に示す必要があります。このように、学校推薦型選抜には入学後の学び方について制約が課されるタイプもあります。入学者募集要項→テーマ5を細部まで確認し、条件に沿って記載しましょう。

> 法学系の志望理由書では、弁護士、検察官、裁判官などの法曹をめざす場合以外は、大学でどんな法理論や法的課題を学びたいのかを明確に示そう！

テーマ 36 政治学系の志望理由書

人気度 ★★★★☆

＊中央大学法学部政治学科公式サイトの掲載内容を参考に作成しています。

❶合格まであと一歩の志望理由書

❶私には、法で定められたおのおのの権利を住民が尊重する自治体の実現という夢がある。したがって、法がうまく機能していない自治体での法のあり方を政治と関係づけて学ぶため、貴学への入学を志望する。

❷私は、幼いころから、法律を扱ったテレビドラマなどが好きだったことから漠然と法律に関心をいだいており、中学生のときには、公民で学んだ訴訟について自分でくわしく調べるくらい法律に興味をもった。❸そうした興味から、高1のときには、貴学の●●教授による「COVID-19をめぐるガバナンスの諸課題を考える」という模擬授業に参加した。その際、先生から聞いた「高い壁があったときに公平に踏み台を与えても、背が低い人にとっては不平等・不公平となってしまう」という話によって、住民全員が満足できる結果を導くためにはどのような政治と法律が必要とされるのかを考え始めた。❹さらには、社会的弱者にはどのような法律が寄与するのかまで学びたいと考えるようになって、「法学・政治学の体系的理解にもとづいて問題状況を分析し、実際の解決に結びつけることのできる人材」を育てる貴学法学部政治学科に進学したいという決意に至った。

❺私は、高2で貴学の学校見学会へ参加した際に、「OB・OGが多いことが強みであり、つながりは社会に出ても続く」という説明を受け、伝統校としての貴学に魅力を感じた。❻入学後は、政治学科の学びの特徴でもある「実践力とコミュニケーション力を培う」ために、自治体、および貴学で多数受け入れている留学生に対してヒアリング調査を行い、国内事情と海外事情の両方に精通したいと考えている。

[672字]

❶：✕ 「法で定められたおのおのの権利を住民が尊重する自治体」「法がうまく機能していない自治体」がどちらも具体的にイメージできないため、志望理由が不明です。

❷：✕ 過去のきっかけ→テーマフであるテレビドラマの話や中学時代の話は、このあとに続くエピソードに比べると、わざわざ書くほどの必然性はありません。

❸：◎ 志望学部の教員が実施した模擬授業への参加エピソードは、志望理由として大変有効です。とくに、そのなかで実際に出てきた発言を引用できると、真剣に受講していたようすが伝わるため高評価につながります。模擬授業を聴くときには詳細にメモをとっておきましょう。

❹：✕ この説明では、「政治学科よりも法学科のほうが向いているのではないか」と思われてしまいます。

❺：✕ 伝統校にOB・OGが多いのは当然であるため、志望理由として成立していません。

❻：△ どのようなテーマで自治体と留学生にヒアリング調査を行いたいのかを明示すべきです。

✿ 合格に手が届く志望理由書

❶私は、生まれ育った●●市の公務員となり、マイノリティもマジョリティも互いが気遣って共存できる自治体の実現に貢献したいと願っている。したがって、「地域創造コース」で地方公務員として必要な学びが得られ、公務員試験合格に向けたサポートが受けられる貴学法学部政治学科を希望する。

❷私の姉は、障害をかかえている。それは、他人が文字を書く際に出る音が頭に響き集中できないという聴覚過敏である。そのため、目の悪い人が眼鏡をかけるのと同様、イヤーマフをかけているが、理解されないことが多く、周囲から注意されたり、姉が大きい音を控えるように言っても無視されたりするなど、たくさんのいやな目に遭ってきた。姉と同じ症状で困っている人は数多く存在しており、▲▲市や■■市の図書館では、聴覚過敏の人でも快適に勉強できる個人ブースを設置するなど、行政サービスが充実している。一方、●●市内の図書館ではそうした配慮が見受けられない。私は、●●市住民からの声を聞くことによって、行政の立場から、社会的弱者それぞれの特性に応じた解決策を提案し、実行したい。

❸貴学入学後は、「地方自治法」や「まちづくり論」などの講義を通じて、法学とともに地方政策や地域政治などの政治分野を学び、地方自治に関する知見を深めたい。❹また、◆◆教授のゼミに所属し、福祉先進国の事例を研究しながら、政令指定都市における福祉行政のあり方について論文をまとめたい。

❺また、地方公務員上級職合格のための学内対策講座を1年次から受講したいと考えている。❻さらには、インターンシップ提携先の行政機関に赴いて自治体行政の課題を現場で理解し、将来につながる経験を積み重ねたい。

[696字]

❶：○　冒頭で、自分が大学で学びたい内容と、志望校でキャリアデザインに応じて4つのコースから選択できる点、および公務員試験合格に向けたサポートが充実している点という志望校の特徴を結びつけることによって、志望理由が示せています。

❷：◎　過去のきっかけとして、自分の姉が直面してきた福祉行政の問題点が示せています。また、他自治体との比較で地元の福祉行政の不備が指摘できていることによって、説得力を高められています。

❸：○　具体的な講義名だけでなく、シラバス→テーマ13の内容も確認したうえで自分が学びたい内容まで説明していることによって、その志望大学・学部・学科でなければならない理由→テーマ9がアピールできています。

❹：◎　指導を受けたい教員名を明示しながら、自分が研究したい内容を的確にまとめています。

❺：○　公務員試験合格のための体系的なカリキュラムが学内で受講できるという志望校の特徴と自分の将来像→テーマ8を結びつけ、志望理由を示しています。

❻：◎　演習形式以外に自治体での実習機会もあるという講座の特徴を入念に調べたうえで、自分の将来に直結するその講座への参加意欲をうまくアピールできています。

政治学系の志望理由書では、政治思想、公共政策、地方自治、国際政治、メディアなどの研究対象を明示し、大学における学びのビジョンをしっかり打ち出そう！

テーマ 37 経済学系の志望理由書

人気度 ★★★★★

＊成蹊大学経済学部経済数理学科公式サイトの掲載内容を参考に作成しています。

❻ 合格まであと一歩の志望理由書

　❶私は、将来中小企業の経営コンサルタントとして日本の経済を支える一員になりたいので、貴学経済学部経済数理学科を志望する。

　私は、高1のときに哲学の本を読んでいて、政治や法、思想などは経済という土台の上に成り立っているという考え方があることを知った。そこで、経済を展開させることは、貧困問題の解決はもちろん、国内政治、国際関係、地球環境に至るまでのさまざまな問題の解決につながると考えるようになった。❷また、先人がつくってきた基盤の上に、最新の、より高度でグローバルな発想をもつ経済を積み重ねていくことが、世界をこれからも引っ張っていく日本のために不可欠であると意識するようになった。

　また、高1のときに受けた「情報Ⅰ」の授業で、「ソサエティー5.0」について習う機会があった。❸その授業を通じて、ソサエティー5.0がめざす社会では、世界規模でさまざまな課題を解消する必要があり、それがSDGsの達成につながり、AIによって人間中心の社会を創造することに役立つと知った。そして、私自身も統計学やデータ解析を学ぶことによって、この取り組みをぜひともサポートしたいと思うようになったのである。

　❹私は、高3のときにバレーボール部の主将を務め、チームを県大会ベスト4に導いた。だから、貴学経済学部で求められる資質に該当する「他者と積極的にコミュニケーションを図り、努力しようとする姿勢」が備わっていると自負している。❺貴学は、経済学を基礎から応用までしっかり学べる点が魅力的であり、その特徴にもとづいて、最先端の環境に適応するための施策を提案したいと考えている。

[669字]

❶：△　なぜ「中小企業の経営コンサルタント」をめざすのに「経済数理学科」への進学を希望するのかが、この記述からは読み取れません。

❷：✕　「最新の、より高度でグローバルな発想をもつ経済」とはいったい何なのかが、読み手にまったくイメージできません。このように、ただ大仰なだけで具体性に乏しい説明は避けましょう。

❸：✕　「SDGs」「AI」などの時事用語を無意味に用いているだけで、この内容が「中小企業の経営コンサルタント」という将来像→テーマ8とどうかかわってくるのかが不明です。「統計学やデータ解析を学ぶこと」がどのような「サポート」につながるのかを具体的に説明する必要があります。

❹：✕　志望理由書に自己PR→テーマ12を盛り込むのは、出願資格→テーマ5でない限り不適切です。

❺：✕　「経済学を基礎から応用までしっかり学べる点が魅力的」と記されているのに、カリキュラムや指導体制、「経済数理学科」特有の長所が示されていません。

合格に手が届く志望理由書

❶私は、将来的には、中小企業の経営コンサルタントとして、データにもとづいたアドバイスによって日本の経済を支えていきたい。したがって、貴学経済学部経済数理学科を志望する。

❷私は、高1のときに読んだ哲学の本で、政治や法、思想などは経済という土台の上に成り立っているという考え方があることを知り、経済分野に興味をいだくようになった。また、高校の政治・経済の授業で、国内企業の約99％が中小企業であると知り、中小企業の持続的な発展が日本の経済発展に直結すると考えるようになった。

❸しかし、中小企業では、新たなイノベーションへの対応の遅れが見られる。日本がめざすべき未来社会として提唱されている、サイバー空間と現実世界とが高度に融合した「ソサエティー5.0」では、AIによる人間の仕事の収奪がない、人間中心の豊かな社会が実現すると考えられている。❹私は、中小企業がこうした変化に対応できるよう、データ解析によってアドバイスを行う経営コンサルタントになりたい。そのために、「計量経済学」をはじめとする講義やゼミを通じて、統計やデータ解析について深く学べる貴学への進学を志望する。

❺1年次には、基礎ゼミナールで、相手の心に届く効果的なプレゼンテーションの技法を学びたい。❻2年次には、「理論・計量ワークショップ」を履修し、中小企業診断士の資格取得に向け対策を始める。また、3年次には、「計量実践ワークショップ」を履修して計量経済学の実践的な手法を身につけたい。❼そして、4年次には、応用計量経済学を専門とする●●教授のゼミで、高齢社会における外食産業の市場分析に取り組みたい。　　　　［674字］

❶：○　冒頭で、将来の目標である「中小企業の経営コンサルタント」という職業と、志望する学部・学科との結びつきが簡潔に示されています。

❷：○　経済分野に関心をもち経営コンサルタントになりたいと考えた過去のきっかけ→テーマ7が簡潔にまとめられています。

❸：◎　中小企業が直面する社会的課題→テーマ8について、「ソサエティー5.0」という将来の変化も見据えながら言及できています。

❹：◎　データ解析に関する手法を身につけて企業へのアドバイスを行う「経営コンサルタント」という将来像と、経済数理学科とのつながりがうまく説明できています。

❺：◎　基礎科目の授業で経営コンサルタントとして役立つプレゼンテーション能力を学ぼうとする姿勢と意欲が示せています。

❻：◎　具体的な授業を取り上げ、自分が学びたい内容とカリキュラムが合致していることが示せています→テーマ9。「中小企業診断士」は、経営コンサルティングを担当する国家資格であり、中小企業支援法によって「経営の診断及び経営に関する助言」という業務が位置づけられています。合格者全体に占める20代の合格者比率は、約1割という低水準です。取得の年齢制限はないものの、長年実務を経験したうえで受験しないと合格は難しい状況です。

❼：◎　専門性を深めたい領域について直接学びたい教員名と具体的な研究内容を示すことによって、志望校に進学したいという強い目的意識が打ち出せています。

経済学系には、国際経済学科、地域経済学科、経済政策学科など、ほかの社会領域と近接した学科が数多く存在する。社会的課題の解決に経済学がどう役立つのかを明確に示そう！

テーマ 38 経営学系の志望理由書

人気度 ★★★★★

＊駒澤大学経営学部市場戦略学科公式サイトの掲載内容を参考に作成しています。

合格まであと一歩の志望理由書

❶私の父は、地元でコンビニエンスストアを3店舗経営している。かつては小さなスーパーマーケットを個人経営していたが、時代の流れもあり、フランチャイズへの加盟を決断したらしい。❷フランチャイズ経営には、メリットもデメリットもある。メリットとしては、運営方法が規格化されているため大きく失敗しない点、仕入や発注などのサポートが受けられ経営が効率化できる点などが挙げられる。一方、デメリットもある。父が個人経営していた店舗は、買い物の時間になると地域住民がつどい、買い物の場としてだけでなく交流の場としても機能していた。いわば、心が通う経営であったが、この機能は失われた。これには、地域の特産品を販売できていたことも関連する。知り合いの農家が生産した商品を提供していたことは、商品や商店に対する価値や信頼感を高めていたように感じる。

❸安定的な経営の資本となる利潤の確保と、地域住民に愛されることによる精神面の充足。その双方を満たす理想の経営を実現することは、はたして可能なのだろうか。その答えを見つけるためには、経営学を学ぶほかない。

❹貴学では、マーケティングやブランディング、フランチャイズなど、経営にかかわるさまざまなビジネスを学ぶことができる。❺また、ビジネスや経営に関するさまざまな思いをかかえる新たな仲間との出会いも期待できる。❻将来的には、父の後継者となって経営をさらに拡大させていきたい。経営者としての素養とスキルを身につけるために、貴学への進学を希望する。

［626字］

❶：✕ 父親のエピソードを紹介した意図が不明であるため、数多くの志望理由書に目を通さなければならない試験官が読み飛ばしてしまうおそれがあります→テーマ7。

❷：△ フランチャイズ経営に対する問題意識→テーマ8を説明しようとする姿勢自体は悪くありません。ただ、記述がやや脱線気味であり、字数稼ぎだと感じられます。

❸：△ 大学での研究を志す問題意識としてはよい視点だと感じます。一方では、「経営学を学ぶ」ことが「理想の経営を実現すること」とどう結びつくのかという説明が不足しています。

❹：△ これらは、経営学系であればどこでも学べる内容です。具体的なカリキュラムや講義、自分が学びたい教員名などを示し、志望大学・学部・学科でなければならない理由→テーマ9を説明しましょう。

❺：✕ ❹の目的としては、単に仲間と出会いたいというだけではなく、「産学連携のプロジェクトに携わりたい」「ビジネスコンテストに出場したい」など、もっと学びに寄せた内容を書くべきです。

❻：✕ 大学はビジネススクールではなく、学問の場です。学問とは直接にかかわらない個人的な願望を前面に押し出すのは不適切です→テーマ8。

合格に手が届く志望理由書

　❶私は、フランチャイズ経営の基礎と特性を学び、フランチャイズ経営を現代社会に適合した新たなビジネスモデルに進化させたいと考えている。その研究を深めるために、貴学経営学部市場戦略学科を志望する。

　私の父は、地元でコンビニエンスストアを3店舗経営している。かつては小さなスーパーマーケットを個人経営していたが、フランチャイズに加盟したことによって本部からのサポートなどが受けられるようになって経営が効率化し、店舗を拡大することができた、と父は語っていた。❷しかし、その一方で、地域の特産品を販売するという地元商店のよさが失われ、また24時間営業を維持するためのアルバイト確保が容易ではないため自分や母が深夜勤務を余儀なくされるデメリットも生じた。

　フランチャイズ経営の特性は、チェーンとしてのブランドイメージが手に入る点、販売形態の例外をつくらず安定的な売上が維持できる点にある。❸とはいえ、少子高齢化や情報社会化が進展し消費者のニーズやライフスタイルが多様化しているため、フランチャイズというビジネスモデルもけっして安泰ではない。❹ブランド価値を損なうことなく、扱う商品や労働形態に多様性を織り込んでビジネスモデルを構築することは、はたして可能だろうか。私は、現代社会に適合した新たなフランチャイズのあり方を研究したいと願っている。

　❺貴学入学後は「現代産業・起業コース」を選択し、「現代経営論」や「サービス経営論」などの講義を通じて、企業経営の基礎理論を学びたい。❻そして、フランチャイズ研究の専門家である●●准教授のゼミに所属し、歴史的経緯や現状の取り組みを踏まえたうえで、フランチャイズの多様性について卒業論文を書きたい。❼卒業後は父のビジネスを手伝い、地域社会の発展に寄与したいと願っている。

［739字］

❶：◎　大学で研究したい内容と志望学科との結びつきが明確に示せています。

❷：◎　過去のきっかけ→テーマ7となる自分の父親のエピソードが簡潔に紹介されています。また、その内容も、身内自慢に陥らず、フランチャイジーがかかえる問題点を示しています。

❸：○　現在の社会的課題→テーマ8を指摘することによって、自分が取り組みたい研究の社会的意義を補強できています。

❹：○　❸で説明した社会の変化を踏まえ、自分が取り組んでいきたい研究内容についてわかりやすく説明できています。

❺：◎　自分が学びたいコースを指定し、具体的な授業を取り上げることによって、その志望大学・学部・学科でなければならない理由がアピールできています。

❻：◎　指導を受けたい教員名を具体的に挙げるだけでなく、卒業論文として取り上げたい研究内容まで明示できています→テーマ9。

❼：○　卒業後の進路について、ビジネスを通じて「地域社会の発展に寄与したい」という明確な目的意識が打ち出せています。

　経営学系は多くの大学に設置されている。志望理由書では、所属教員の研究内容にも注目したうえで、どのように学んで将来に生かしたいのかをはっきり示そう！

テーマ 39 商学系の志望理由書

人気度 ★★★★☆

＊日本大学商学部商業学科公式サイトの掲載内容を参考に作成しています。

◯ 合格まであと一歩の志望理由書

　日本の農業は危機的状況にある。食料自給率の低迷、農家の高齢化、大手企業参入による零細農家の没落。作物を育て、人間に還元するという農業の本質が見失われつつあるのではないだろうか。❶このような、農業の危機的状況を打破する救世主となることが私の使命である。

　❷私の実家は農家である。父は朝早くから出かけ、日が沈むころに帰ってくる生活を繰り返していた。父と旅行に行った記憶もなければ、父が学校行事の参観に来てくれた記憶もない。にもかかわらず、収入は少なく、生活にゆとりはなかった。これでは、農家になりたい若者など現れるはずがない。このような状況を、1つひとつ私の手で変えていきたい。

　❸農業は、品種改良や農業AIの導入などによってもっと効率化するのではないか。逆に言えば、効率化しない限り、農業に未来はない。そういったことを大学で学問として学び、農業に還元したい。そして、農業はつくり出して終わりではない。市場に出し、売れることではじめて完結する。そのため、マーケティングについても学ばなければ、売れる農家にはなりえない。❹マーケティングの方法を学んでいくうちに農業への興味が高まってくれば、その道で生きることも考えたい。

　❺貴学は、学習環境がすばらしい。ゼミが整っていることや充実した講義がそろっていることももちろんだが、緑に囲まれて学べるという点が最も気に入った。農業に緑は欠かせない。自然豊かな環境で学べるのは、すばらしいことだ。❻この魅力的な環境の中で、自分の目標達成のための施策を考え、ブラッシュアップしていきたいと強く希望している。［659字］

❶：✕　「農業の危機的状況を打破する救世主」をめざすための最良策は、農学部への進学です。この表現は、商学系に対する志望理由からずれており、説得力がありません。

❷：✕　農家を営んできた父親に対する私怨をぶつけている記述です。このように、身内のあり方を反面教師のように取り上げても、好意的にはとらえてもらえません→テーマ7。

❸：✕　「品種改良や農業AIの導入」による農業の効率化というテーマは、商学部で学ぶ対象からずれています。農家の経営効率向上など、商学系に寄せた内容に変更しましょう。

❹：✕　「その道」のイメージが不明です。また、❸までに農業マーケティングへの興味を打ち出していながら農家になるという選択肢を提示することは逆効果です。

❺：✕　キャンパスの自然環境は、学びにとっては二の次です。むしろ、「ゼミが整っていることや充実した講義がそろっている」点をもっと具体的に説明しなければなりません→テーマ9。

❻：△　総合型選抜合格のためには、「自分の目標達成のための施策」について明確なイメージを提示する必要があります。

✿ 合格に手が届く志望理由書

❶私は、地元の農業がかかえるマーケティング上の課題を解決できる人材になりたい。したがって、商品が売れるさまざまなしくみを専門的に学ぶことができる貴学商学部商業学科を志望する。

私の実家は、一族で農業を営んでいる。❷叔父の話によると、従来のJA経由の販売方法では、買取の安定性はあるものの価格交渉が難しく、少しでもよい作物を生産しようという努力と工夫が地域的なブランドに埋もれてしまいがちであるという。❸また、一部の農家は大手販売店と直接契約を結んで販路を確保しているが、下請企業のような扱いになっていて作物そのものの価値を認めてもらえないケースも少なくないという報道も目に入る。

最近は、農業人材の不足や食料自給率の低さなどの問題を認識するようになり、時間を見つけて畑に足を運ぶようになった。❹叔父から植物の育て方や品種改良の方法を学ぶなかで、せっかく労力を投入するからには農作物の価値が市場で適切に評価されるためのしくみづくりにかかわりたいと考えるようになった。

❺貴学では2年次からコースが選択できるため、マーケティングコースに所属して消費者の購買行動や流通経路について基礎から学んでいきたい。とくに、「ブランド・マネジメント」の講義を通じてブランドエクイティの構築手法について理解を深めたいと考えている。❻また、2年次からゼミに所属でき、3年間にわたってきめ細かい指導を受けられることにも魅力を感じる。私は、●●准教授の「マーケティング戦略」ゼミに所属し、製品開発コンテストに参加して製品開発プロセスを経験的に学びたい。❼そして、農作物のブランド化や販売ルートの創出に有効な施策を研究していきたいと願っている。

[698字]

❶：◎ 志望学科の特性と結びつけながら、大学で研究したい内容を明確に打ち出せています。

❷：◎ 過去のきっかけ→テーマ7となる叔父のエピソードが示せています。また、その内容も、身内自慢に陥らず、農業がかかえる問題点を示す材料として効果的です。

❸：○ 農業が直面する課題について報道から得た客観的情報で❷の内容を補完できています。

❹：◎ 関心の対象が品種改良や種苗（しゅびょう）開発、有機栽培など農業そのものではなく、ブランディングやマーケティングに向いている理由がわかりやすく説明できています。

❺：◎ 「2年次からコースが選択できる」という志望学部の特性を踏まえ、自分が学びたいコースを指定し具体的な授業を取り上げることによって、その志望大学・学部・学科でなければならない理由→テーマ9がアピールできています。

❻：◎ 所属したいゼミ名を具体的に挙げ、取り組みたい内容を明示できています。オープンキャンパス→テーマ9でゼミのようすを確認できれば申し分ありません。

❼：◎ 取り上げたい研究テーマを、「あらゆるビジネスの諸問題に対して、旺盛な知的好奇心をもち、その解決をめざす強い意欲を身につけている者」というアドミッション・ポリシー→テーマ13に結びつけて明示できています。

経営学系との大きな差を打ち出しにくい商学系の志望理由書では、商品・サービスの取引や物流、貿易などミクロな視点に対する興味・関心をアピールしよう！

テーマ 40

環境系の志望理由書

人気度 ★★★★☆

＊東京都市大学環境学部環境創生学科公式サイトの掲載内容を参考に作成しています。

◯ 合格まであと一歩の志望理由書

❶私は、地域の生態系保全活動に関する調査や実践に取り組み、人と自然とのかかわりを学んでいきたい。したがって、貴学への入学を希望する。

❷中学生のころに参加した生態系保全活動で生態系が破壊されているという事実に直面し、ショックを受けた。それ以来、1人ひとりが生態系保全に対する意識を高めていかない限り、この美しい地球は損なわれてしまうという危機感をいだき始めた。❸そして、まずは自分が知識を深め、それを他者に伝えていくことこそ美しい地球の保全につながると考え、理科の授業を以前よりも真剣に受けるようになった。

❹生態系は、1度破壊されると復元することはきわめて困難だと聞く。じつは、環境破壊が確認されていない場所にこそ、環境保全のカギがあるのではないだろうか。そう考え、身近な環境保全活動に対して積極的な関与を果たしていきたいと強く願うようになった。

❺私自身にとっての課題は、保全すべき環境を探すことと、人びとの力を借りて保全活動を具体的に行うことにある。貴学には、環境保全をくわしく調査する研究室が複数存在しているため、どの研究室に所属しても専門性を高められる点に魅力を感じる。

❻だれもが自然に囲まれて暮らしたいと願うだろう。自然は心を豊かにし、そして人びとに潤いを与える。人類の発展のためにはある程度の開発はやむをえないが、自然と共存することこそ私たち人類がめざす道だと考える。この道を学問として究めたい。

［596字］

❶：✕ 環境に関する学びに取り組みたいという意欲は伝わりますが、研究ターゲットをもっと絞り込む必要があります。また、志望理由も伝わってきません。

❷：△ ここでは、たとえば、どのような植物や昆虫が見られなくなってしまったのか、どのような原因が考えられるかなど、今後の学びにつながる気づきの内容を書くべきです。

❸：✕ わざわざ志望理由書に記すべき内容ではありません。生徒が授業をまじめに受けるのは当然だからです。

❹：✕ 自分なりの仮説を立てて課題に取り組もうとする姿勢はよいのですが、ここからは、仮説を立てた背景がうかがえません。

❺：✕ 学校推薦型選抜・総合型選抜に出願する以上、希望の研究室は出願段階である程度明確にしておくべきです。

❻：✕ 環境問題に関する当たり障りのない見解で締めくくられていますが、読み手からは字数稼ぎだと感じられるだけです。

合格に手が届く志望理由書

❶ 私は、開発が行われる地域近隣で開発前と同様の生態系を確保するという自然復元手法の取り組みである生物多様性オフセットを国内で実現すべく、研究に取り組みたい。したがって、自然復元・創造にかかわる知識や技術が獲得でき、少人数のゼミ形式で専門的な指導が受けられる貴学環境学部環境創生学科への進学を希望する。

❷ 私は、高1時に参加した、近所に流れる小川の生態系保全活動を通じて、自分が小さいころに採取していた魚や昆虫がほとんどいなくなっていることを知った。それは、近くに建設された工場からの排水による水温の上昇が原因だとわかった。❸ 日本では、開発による自然の消失に対して法的な責任が生じないため、地域固有の生態系が失われ続けている。こうした現状に危機感を覚えた私は、高校の「総合的な探究の時間」で他国の制度について調べてみた。すると、生物多様性オフセットが50か国程度で義務づけられているとわかった。このことから、日本でもこうしたしくみを導入したい、開発によって失われる自然の復元活動に寄与したいと考えるようになった。

❹ 貴学入学後は、「環境分析演習」「自然環境調査演習」などの講義を通じて、汚染物質に対して定量分析を行う手法や自然環境調査における科学的アプローチを実践的に学びたい。
❺ また、東京都市大学オーストラリアプログラムを活用し、生物多様性オフセットが制度化されているオーストラリアの取り組みを現地で調査したい。❻ そして、3年次からは、生態環境分野の●●研究室に所属し、里山の創出や復活をめざした生物多様性オフセットの手法について研究したい。❼ さらには、自然再生士補の資格取得にも励み、地球環境問題を解決する仕事に就きたい。

[703字]

❶：○　自分が取り組みたい研究内容と、志望校がもつ特徴の両方を志望理由として示せています。

❷：○　生態系保全活動に携わったという事実だけではなく、開発によって地域固有の生態系が失われることに気づいたという過去のきっかけ→テーマ7が示せています。

❸：◎　高校の「総合的な探究の時間」→テーマ2で取り組んだ内容を過去のきっかけにうまく取り込めています。学校推薦型選抜・総合型選抜への出願を検討している場合には、「総合的な探究の時間」で学んだことを、大学で専攻したい内容と結びつけましょう。

❹：◎　具体的な講義名だけでなく、シラバス→テーマ13の内容も確認したうえで自分が学びたい内容まで説明していることによって、その志望大学・学部・学科でなければならない理由→テーマ9がアピールできています。

❺：◎　参加希望の留学プログラムを挙げ、研究内容と結びつきが強い学びへの目的が示せています。なお、留学プログラムについては、新型コロナウイルス感染症拡大の影響で中止されている場合もあるため、実施の有無を事前に確認しておきましょう。

❻：◎　所属したい研究室の名前を示しながら自分が研究していきたい内容を再度まとめており、強い印象が打ち出せています。

❼：◎　志望校で取得可能な資格を取り上げることによって、将来の職業イメージが示せています。

　　環境系の志望理由書では、政策立案や企業連携などによって環境問題に関与するというマネジメントの視点と、環境保全活動に対して実質的な貢献を果たすという自然科学の視点のどちらかを選んで示そう！

テーマ 41 機械系・電子系の志望理由書

人気度 ★★★★☆

＊大阪産業大学工学部交通機械工学科鉄道工学コース公式サイトの掲載内容を参考に作成しています。

ⓘ 合格まであと一歩の志望理由書

❶私はいわゆる「鉄オタ」である。だからこそ、鉄道に関する授業が充実している貴学工学部交通機械工学科鉄道工学コースを志望する。

❷「鉄オタ」にはたくさんの種類がある。代表的なのは、鉄道車両を写真に収める「撮り鉄」や、時刻表を熟読する「時刻表オタク」などだが、私は「シートオタク」である。たくさんの乗客が座ってきたシートには深い愛着と歴史を感じる。シートに関する情報の収集はもちろん、実際に各地の鉄道路線に乗って座り心地を確かめている。また、そのシートの素材を調べて再現したり、自分にとって理想のシートを考えたりすることも趣味の一環である。そのような趣味を将来に生かしたいと願っていたところ、貴学を知った。鉄道工学が専門的に学べる授業の数々に心を奪われている。❸趣味に没頭しすぎるあまり勉強が疎かになっている私にとって、総合型選抜は魅力的である。ぜひ合格して、趣味を仕事につないでいきたい。

貴学では弾塑性（だんせい）について深く学び、乗り心地の向上を研究したい。❹また、震動は乗り心地と密接に関係するため、その分野の専門家である●●教授や▲▲准教授の授業も受講したい。もちろん、「シートオタク」としての活動も継続していく。❺私が志望する学科には、「オタク」である同志がたくさん集まるだろう。嗜好は各人で違うかもしれないが、「鉄オタ」に壁はない。鉄道を愛する同志とじっくり会話できると考えると、大学生活が楽しみでならない。

[596字]

❶：✕　趣味の延長上に志望理由があること自体は問題ありません。しかし、趣味を全面的に押し出すだけでは説得力に欠けます。自分の趣味を社会的課題解決という問題意識→テーマ8につなぐ視点が必要です。

❷：✕　自己PR→テーマ12であれば自分の書きたいことを自由に書くことがある程度許されますが、志望理由書の要素としては不要です。ここに字数を割いても合格にはつながりません。

❸：✕　勉強が苦手だから総合型選抜を受けるという消極的な理由は、マイナスの印象しか与えません。自然科学系の学校推薦型選抜・総合型選抜では、多くの場合、面接において口頭試問→テーマ3が課され、専門分野に関する基礎知識が問われます。勉強が苦手では合格できません。

❹：✕　長たらしい「シートオタク」のエピソードに対する着地点である研究目的についての記述が少なすぎます。エピソードの字数をこちらの記述に割くべきです。

❺：✕　「同志」は、話し相手ではなく、あくまでも学友だと認識すべきです。

❶私は、鉄道の乗り心地向上に関する研究に取り組み、鉄道業界で活躍できる人材になりたい。そのため、鉄道工学について基礎から専門的に学べる貴学工学部交通機械工学科鉄道工学コースを志望する。

❷私は、高校3年間打ち込んだラグビーで大きなけがを負い、2度の車いす生活を経験した。移動することはある程度可能だったが、移動につきまとう振動の不快感に何度も悩まされた。自分で意図して進む際に生じる振動であれば心の準備ができるものの、電車移動における予測不能な縦方向の振動は耐えがたかった。❸こうした振動によって生じる突発的な痛みに顔をしかめているとき、かつて地域の高齢者と語り合うボランティアで同じような悩みを高齢者から聞いた記憶がよみがえった。

❹バリアフリー化で移動の負担は軽減されつつあるが、それでもまだ車いす利用者などにとって振動は不快である。安全性に加え、人びとがいだく不快感を取り除くことができたら、乗車という行為はもっと快適になる。そう考え、鉄道の乗り心地向上について研究することを決意した。

❺貴学では、車両の設計や製造に特化した鉄道分野の専門応用科目を1年次から学びたい。❻また、3年次に履修できる鉄道工学フィールドワークでは、機械設備全般の設計、製作、保守など、鉄道技術について体系的に学びたい。❼卒業研究では●●准教授に師事して鉄道車両用車輪の形状について研究し、振動の軽減を実現したい。❽さらに、個別相談によって充実した就職支援を得られる点にも貴学の魅力を感じる。将来は鉄道関連企業に就職し、鉄道車両の設計や製造に携わりたい。

[657字]

❶：○　自分が取り組みたい研究内容と、志望校がもつ特徴の両方を志望理由として示せています。

❷：○　「鉄道の乗り心地向上に関する研究」に取り組みたいと考えるようになった過去のきっかけ
→テーマ7が、自身の体験談にもとづいてわかりやすく示せています。

❸：○　課外活動でボランティアに取り組んでいたことがさりげなくアピールできています。

❹：◎　「バリアフリー」がかかえる課題についてまとめ、研究目的の社会的意義→テーマ8が強調できています。

❺：◎　「交通機械」に特化した学科をもつというカリキュラム特性が取り上げられています。

❻：◎　具体的な講義名だけでなく、シラバス→テーマ13の内容も確認したうえで自分が学びたい内容まで説明していることによって、その志望大学・学部・学科でなければならない理由→テーマ9がアピールできています。

❼：◎　指導を受けたい教員名を具体的に挙げるだけでなく、卒業研究として取り上げたい内容まで明示できています→テーマ9。

❽：○　大学自体が「就職支援」の環境を積極的にアピールしている場合には有効な記述ですが、強調しすぎると、試験官から「専門学校に進学するほうがよいのではないか」と思われてしまうため、書き方には工夫が必要です→テーマ8。

機械系・電子系では、専門分野が細分化されている。志望理由書では、進学先として最適だと考える大学・学部・学科の研究内容のうち、自分が学びたい内容をなるべく具体的に示そう！

テーマ 42 土木・建築系の志望理由書

人気度 ★★★★☆

＊東京工芸大学工学部建築コース公式サイトの掲載内容を参考に作成しています。

❶ 合格まであと一歩の志望理由書

　❶私は、安全な街づくりの研究とその実践に取り組みたいと考えている。そのため、貴学工学部建築コースを志望する。

　私は、高校におけるボランティアの一環として地域の見回り活動に参加している。少子化が日本の大きな課題となる一方、幼い子どもが事件・事故に巻き込まれる痛ましいニュースが増えるなかで、少しでも安心・安全に暮らせる街づくりに寄与したいと考えたことが参加のきっかけである。

　❷この活動を通じて、現在の日本では、安全な街づくり実現のための法制度の充実とその適切な執行が不十分であると感じるようになった。また、地域住民に対する自治体の広報も不十分である。そのため、この活動にかかわってくれる人の絶対数が不足している。

　❸こうした問題意識をかかえるなか、貴学のオープンキャンパスで、●●准教授の「建築の視点から、街づくりによって安全を確保する」という模擬授業を聴く機会に恵まれた。先生の講義に感銘を受けた私は、この活動に街づくりの観点から向き合うことによって地域がかかえる問題を解決できると思い始め、貴学を志望したいと考え始めた。

　貴学では、1年次から、基礎科目と専門科目を織り交ぜたカリキュラムが組める。❹早い段階で全体像をつかみ、街づくりによって実現可能な安全確保の方法を学びたい。❺そして、何よりも、志望のきっかけとなった●●准教授のゼミに入って研究することが私の夢である。❻もちろん、貴学入学後も地域の見回り活動には引き続き参加していきたい。　〔612字〕

❶：△　将来像→テーマ8が明確に打ち出せている一方、大学の特徴と結びついた志望大学・学部・学科でなければならない理由→テーマ9が示されていないため、説得力に欠けます。

❷：×　「法制度の充実とその適切な執行が不十分」「地域住民に対する自治体の広報も不十分」などの問題意識が強調されすぎると、試験官から「法学部や政治学部に進学するほうがよいのではないか」と思われかねません。

❸：△　模擬授業で感銘を受けた内容、および、その授業を聴いたことによって見回り活動が地域の問題を解決すると考えた思考過程が説明されていません。

❹：×　何の「全体像をつかみ」たいのかが説明されていません。また、「街づくりによって実現可能な安全確保の方法」をどのような科目から学びたいのかも示されていません。

❺：×　ゼミに入ること自体を目的化するのは不適切です。学びたい研究内容を示すべきです。

❻：△　課外活動について記載する場合には、大学での学びとの関連性を説明することによって、学びへの主体的な意欲を示すべきです。

🌀 合格に手が届く志望理由書

❶私は将来、エアコンを使わなくても過ごせる快適さと、思わず見入ってしまうようなデザイン性の両方が備わった住宅を提供できる建築家になりたい。このような目標の実現に向け、貴学工学部建築コースを志望する。

❷私には、サイクリングがてらデザイン性の高い建築物を見て回るという趣味がもともとあり、将来は多くの人の関心をひきつける建築物をデザインしたいと強く願っていた。❸そうしたある日、高校の授業で、ジンバブエにある「イーストゲートセンター」という建築物の存在を知った。その建築物は、日中に壁で熱を吸収し、夜間にファンで熱を内部へ送り込むことによって、エアコンなしで適温が保てるしくみをもつ。❹このことを知って、日本でも同様の建築物が設計できれば地球温暖化の防止やヒートアイランド現象の抑制につながるのではないかと思い、研究意欲がわいてきた。

❺貴学では、そのような建築物を生み出すための風工学に関する研究に取り組みたい。❻「建築環境学」「設備計画学」「建築環境学実験」などの授業を履修することによって、建築物に対して吹きつける風が周辺環境から受ける影響や、風通しが最もよくなる建築物の高さなどを考慮し、建築物全体に風が行き渡る設計を開発したい。

そして、思わず見入ってしまうようなデザイン性が備わった建築を生み出すために、表現力の習得にも努めたい。❼そのためには、写真教育をルーツにもち芸術学部を併設する貴学で開講されている「写真演習」「デザイン演習」などの基礎科目に加え、「建築デザイン概論」「建築意匠」などの専門科目も履修し、基礎力を身につけたい。

[662字]

❶：〇 自分がめざす建築家のイメージと、志望校がもつ特徴➡テーマ9の両方を志望理由として示せています。

❷：〇 「思わず見入ってしまうようなデザイン性」のある建築物を設計したいと思った過去のきっかけ➡テーマ7が簡潔に示せています。

❸：〇 「エアコンなしで適温が保てるしくみをもつ」建築物を設計したいと思った過去のきっかけがわかりやすく示せています。

❹：◎ ❶～❸で取り上げた建築物を設計する社会的意義➡テーマ8が、地球環境問題の視点から明確に示せています。

❺：◎ ❻で示されている「建築物全体に風が行き渡る設計を開発したい」という学びへの意欲が、志望校の特徴とうまく結びついています。

❻：◎ 具体的な講義名だけでなく自分が学びたい目的まで説明していることによって、学びへの意欲の高さがアピールできています。

❼：◎ 志望校がもつ「写真教育をルーツにもち芸術学部を併設する」という強みが、前文で示されている学びへの意欲と結びついています➡テーマ9。

　土木・建築系の志望理由書では、大学での学びと将来像を、現在の社会がかかえる課題、および今後の社会がかかえることになる課題と結びつけて説明しよう！

テーマ43 航空宇宙工学系の志望理由書

人気度 ★★★★★

＊帝京大学理工学部航空宇宙工学科航空宇宙工学コース公式サイトの掲載内容を参考に作成しています。

合格まであと一歩の志望理由書

❶私は宇宙の研究にかかわりたいと考えており、貴学への入学を希望する。

❷私は、小さいころから宇宙に強い興味をもってきた。小学生のときに天体望遠鏡を買ってもらってからすっかり天体好きになり、中・高でも天文気象部に所属して観察や調査に打ち込んできた。宇宙には、成り立ち、多数の天体、地球外生命体など、探究すべきテーマがたくさんある。宇宙は古代から人びとの関心事であり想像力の源泉である一方、観測で得られた情報から仮説を立て、その仮説を確かめるために新たな観測を行うというきわめてロジカルな分野でもある点が興味深い。

❸私は、大学でも将来の職業でも宇宙研究にかかわりたいと願っている。そのため、物理や化学、地学などの科目にまじめに取り組んできた。航空宇宙工学の分野でその成果を発揮したい。❹また、私は機械やコンピュータも得意であるため、工学部の視点から宇宙研究に携わりたいと考えている。今後は、世界各国が宇宙開発を強化し、先進国による技術開発競争が過熱していく。そのような未来を見据え、日本人技術者として活躍したい。

❺貴学のカリキュラム構成、学科構成、クラブ活動はどれをとってもすばらしく、学びの環境に大きな魅力を感じている。❻また、先生や諸先輩たちが熱意にあふれていると聞いている。同じ志をもつ学科生と宇宙についてじっくり会話できることが待ち遠しい。これまで過ごしてきた東京から離れた宇都宮の地で学友たちに出会えることが楽しみでならない。

[609字]

❶：✕ 「宇宙の研究にかかわりたい」という記述だけでは、志望理由がまったく伝わりません。志望理由は、志望校の特徴と結びつけて示しましょう→テーマ9。

❷：△ 幼いころから天体に興味をもってきたことが伝わる内容です。しかし、この内容では、試験官から「理学部地球惑星科学科に進学するほうがよいのではないか」と思われかねません。

❸：△ 航空宇宙工学の分野に対する思いの強さを示すのであれば、取り組みたい研究とその内容まで明示すべきです。

❹：✕ 「得意」というのはあくまで主観であり、説得力に欠けます。客観的な根拠が必要です。

❺：✕ ❹と同じく、「すばらしい」というのはあくまで主観です。具体的な講義名を示しましょう。

❻：✕ 「聞いている」という伝聞表現から、実際には訪れていないことが露呈しています。また、大都市部から地方の大学やキャンパスを受験する場合には、面接でその点が問われます。あえて地方への進学を志す理由として前向きな回答を準備しておきましょう。

⚛ 合格に手が届く志望理由書

❶私は、宇宙工学や機械工学を学びつつ、人工衛星プロジェクトにも携わりたいと考えている。したがって、実学を重視したカリキュラムで多くの実践が積み重ねられる貴学理工学部航空宇宙工学科航空宇宙工学コースへの入学を希望する。

❷私は、幼いころから宇宙の神秘に対する探究心にあふれ、航空宇宙工学の技術者になりたいという夢をいだいてきた。しかし、年齢を重ねるにつれ、人工衛星や宇宙空間、無重力などの研究は「天才」と呼ばれる人びとが自分の計り知れないところで進めるような手の届かない領域ではないかと思い始めた。そのような不安をかかえながら、貴学の体験プログラムに参加した。その際に、●●教授から「JAXA革新的衛星技術実証プログラム」にかかわる貴学の人工衛星プロジェクトの存在を教えていただき、貴学で学びたいという思いを強めた。とくに、貴学志望理由として決定的だったのは、宇宙空間で実施する研究の具体的なテーマを学生自身で立てられるという点と、研究を進めるために必要な人工衛星デバイスを地元企業からの協力のもと学生自身で開発できるという点であった。

❸私は、第3級アマチュア無線技士や日商プログラミング検定STANDARDの資格をもっているため、人工衛星の開発に工学的な視点からかかわることができると考えている。そして、将来は、人工衛星やロケットなどを製造する企業に就職したい。

❹貴学入学後は、航空宇宙工学の基本理論を学ぶとともに、これまで蓄えてきた知見をさらに深め、「航空宇宙工学プロジェクト演習」をはじめとした少人数実習プロジェクトによって具体的な技術を身につけたい。❺さらに、クラブ活動では「宇宙システム研究会」に所属し、産官学連携の人工衛星開発プロジェクトにも携わりたいと願っている。

[732字]

❶：○　自分が取り組みたい研究内容と、志望校がもつ特徴の両方を志望理由として示せています。

❷：◎　志望校の体験プログラムに参加したエピソードが、志望分野と深くかかわった経験として効果的に示せています➡テーマ7。

❸：◎　自分が所有している資格をアピールしながら、大学で取り組みたい内容や将来像➡テーマ8まで示せています。航空宇宙工学系や機械系・電子系をめざす場合には、高校時代に工学系の資格を取得しておくことが有利に働きます。ぜひ挑戦しましょう。

❹：◎　具体的な講義名だけでなく、シラバス➡テーマ13の内容も確認して、その志望大学・学部・学科でなければならない理由➡テーマ9がアピールできています。

❺：◎　自分が所属したいクラブ名を示すとともに、自分が携わりたい産官学連携のプロジェクトにも言及できています。志望理由書では、基本的に、サークル活動のような課外活動に触れることは避けるべきです。ただし、大学の公式サイトでも大きく取り上げられているような、志望学科での学びに直結する活動内容であれば触れてもかまいません。一方、産官学連携プロジェクトは大学のセールスポイントになっている場合が多いので、プロジェクトの有無を事前に調べておきましょう。

> 航空宇宙工学系の志望理由書では、基礎的な科学・工学を重視する大学か、実学志向の強い大学かどうかを見きわめたうえで、大学院進学を見据えた研究方針、もしくは学部で取り組みたい実践的な研究内容を打ち出していこう！

情報系の志望理由書

人気度 ★★★★★

＊群馬大学情報学部公式サイトの掲載内容を参考に作成しています。

◐ 合格まであと一歩の志望理由書

❶私は、貴学入学後、さまざまな授業を履修し、メディアが現在かかえている問題の解決策を研究したいと考えている。

❷私は小6のころ、「マインクラフト」というゲームでマルチプレーするためにサーバを運営していたことがある。掲示板などにそのサーバのアドレスを公開し、世界中からたくさんのユーザーが訪れる状態を創出した。だが、サーバ内チャットでの「炎上」と、チャットへの誹謗中傷というトラブルが多発した。私はこの経験を、社会的課題の解決に生かせないだろうかと考えている。

❸SNSや動画サイトなどへの投稿を自動的に削除するシステムはすでに存在している。しかし、ネット上のトラブルが絶えないのは、各領域で問題が山積しているからである。技術面では、投稿を識別するテクノロジーの進歩が不十分である。法律面では、誹謗中傷への取締りを強化し犯罪を抑制するしくみが未整備である。また、文化面では、ネットリテラシーに対する人びとの理解が不完全である。

❹現在のインターネットは、ほぼ無法状態にある。インターネットが一般化したため、個人は、情報を受け取るだけではなく、みずから発信できるようになった。一方では、ネットリテラシーをもたないユーザーの投稿によってほかのユーザーが心理的に傷つくという事態が多発し、ユーザー間のトラブルが自殺を招いた例まである。また、国家ぐるみのサイバーテロも多発している。❺私は、貴学に入学し、技術・法律・文化の3領域すべてがかかえる問題の解決策を研究したいと考えている。

[629字]

❶：✕ 「さまざまな授業」「メディアが現在かかえている問題の解決策」という記述からは、志望校で取り組みたい内容がまったく伝わってきません。具体的に示す必要があります。

❷：△ 小6の時点でサーバを運営していたというエピソードはとても強力です。ただし、ここではその経験をどう生かしたいと考えているのかを明示すべきです。

❸：△ 指摘自体は正しい認識にもとづいており、誤りではありません。しかし、全体の指定字数に対してあまりにも多くの分量を割きすぎています。

❹：✕ 指摘に独自性が見られた前段落の内容とは異なり、一般論に終始しています。試験官から「字数を稼いでいるのではないか」と疑われるおそれがあります。

❺：✕ 「技術・法律・文化の3領域すべてがかかえる問題の解決策」を考え出すことは専門家でも困難であり、ましてや学生には不可能です。専門的に学びたい領域を1つに絞り、残りの2領域を補完的に学ぶというプランが現実的です→テーマ8。

⊛ 合格に手が届く志望理由書

❶私は、情報化にともなう誹謗中傷被害防止の自動識別システムを研究するため、情報を基軸として文理横断型の教育が受けられる貴学への入学を希望する。

❷昨今、インターネット上で数多くのユーザーが「炎上」を起こしている。私は、誹謗中傷を見かけたときには必ず通報しているが、ほとんど受理されないため無力感を覚えている。そのため、この問題を解決するには、誹謗中傷とそうでない投稿を判別する高精度の自動識別システムが不可欠だと考えるようになった。❸法律の整備や文化的施策も重要だが、技術革新のスピードに法律や人びとの倫理規範を適合させていくには限界があるため、技術的に誹謗中傷を抑止することが最大の近道だと考える。

❹卒業後は、システムエンジニアとして、誠実なユーザーがインターネットを快適に利用できる環境を整備するために、投稿を自動識別し、ほぼすべてのサイトで使える互換性をもつプラグインの開発に努めたい。

❺貴学入学後は計算機科学プログラムを修得し、プログラミングに関する数多くの講義や「ソフトウェア演習」を履修して、自動識別システム開発に不可欠なプログラミング言語の研究を進めたい。❻また、誹謗中傷やインターネット空間における表現のあり方に対する理解を深めるため、法律の知識や文化的素養も身につけたい。そのため、社会共創プログラム科目として展開される「情報社会と私法」をはじめとした法律系の講義や、人文情報プログラム科目として展開される「社会学的コミュニケーション論」「批判的メディアリテラシー」などの講義を履修したい。

[647字]

❶：〇　自分が取り組みたい研究内容と、志望校がもつ特徴の両方を志望理由として示せています。なお、情報系では、各大学が強みとするプログラムの格差が激しいため、志望校の特徴を他校と細かく比較し、的確に把握しておきましょう。

❷：◎　誹謗中傷の問題に対する主体的な取り組みとそこから感じた限界に関する記述が、過去のきっかけ→テーマ7として有効に機能しています。

❸：◎　自分が専門的に取り組みたいと考えている誹謗中傷の技術的な抑止の重要性が、法律・文化との比較によってわかりやすく説明できています。

❹：◎　「システムエンジニア」の将来像→テーマ8が簡潔に示されています。情報系で学ぶ内容を将来の職業にどう生かすかについては、さまざまな選択肢が考えられます。現時点におけるビジョンをはっきり示してください。

❺：◎　専攻したいプログラムを明示し、受講したい講義の名前も具体的に提示しながら、学びたい内容が示せています。なお、志望学部の設立から3年以内である場合には、卒業までのカリキュラムが確定していない可能性があります。必要に応じて大学に問い合わせましょう。

❻：◎　具体的な講義名だけでなく、シラバス→テーマ13の内容も確認したうえで自分が学びたい内容まで説明していることによって、その志望大学・学部・学科でなければならない理由→テーマ9がアピールできています。

情報系の志望理由書では、コンピュータを中心とした技術面からメディアにかかわりたいのか、法律や政策、経済や教育などの社会的側面からアプローチしたいのかをはっきり示そう！

テーマ 45 農林水産系の志望理由書

人気度 ★★★★☆

＊明治大学農学部生命科学科公式サイトの掲載内容を参考に作成しています。

🗙 合格まであと一歩の志望理由書

❶世界の食糧問題が深刻化している。世界の穀物生産量は十分でありながら、供給先が偏在しているため必要な国・地域に行き渡っていない。食糧問題は、気候変動による自然災害、極度の貧困による作物生産能力の低下、バイオ燃料用への需要との競合など、さまざまな原因がからみ合って発生している。その結果、その日必要な食糧に困る子どもたちが全世界にたくさんいる。そのような飢えに苦しむ子どもたちに何かしてあげられないかと考え、貴学で学ぶことを選んだ。

❷「もったいないからちゃんと食べよう！」「食を得られない人への支援を！」などの取り組みに対して、私は、生物学、とくに遺伝子工学の視点からアプローチできないかと考えている。❸農作物を必要なときに必要な量だけ生産・流通させるにはどうすればよいのかを、遺伝子工学の観点から検討したい。たとえば、寒さに強い遺伝子と暑さに強い遺伝子を組み合わせて季節を問わず年間を通じて流通可能な品種が開発できないかなど、専門的に学びたいと考えている。

❹貴学入学後は、基礎からしっかり学んだうえで研究に携わりたいと考えている。❺貴学では、理論的な研究から実用的な研究に至るまで、植物の遺伝子研究が複数の研究室でさかんに行われている。自分が専門として何を学ぶべきかを、2年次までに見きわめたい。❻また、植物の生育環境として最適な里山が農場となっている点も魅力的である。❼さらに、短期留学プログラムにも参加し、農業について国際的な視点から知識を得たいと願う。　［622字］

❶：✕　食糧問題に対する現状分析や危機意識は十分に伝わってきます。しかし、あまりに多くの分量を割きすぎています。また、志望理由もここからは読み取れません➡テーマ9。

❷：✕　「！」や「？」のような記号は軽薄なイメージを与えます。志望理由書で使用すべきではありません。

❸：△　「遺伝子工学の観点」を、もっと専門的に掘り下げて記述すべきです。

❹：✕　基礎からしっかり学びたいという意欲は、わざわざ記すまでもありません。大学のカリキュラムではたいてい、1年次から基礎科目が組まれているからです。

❺：✕　学校推薦型選抜・総合型選抜に出願する以上、「2年次までに見きわめたい」という記述は好ましくありません。出願段階で希望の研究室をある程度見定めておくべきだからです。

❻：✕　持続的な実習が可能な付属農場をもっているという志望校の特徴➡テーマ9を挙げるだけでは不十分です。自分の研究とどう結びつけたいのかを明示しましょう。

❼：✕　留学で学びたい内容が書かれていません。なお、留学プログラムについては、実施の有無を事前に確認しておきましょう。

合格に手が届く志望理由書

❶ 私は、高温による発芽阻害を回避する性質がある発芽制御遺伝子の研究を通じて、世界の食糧問題解決に寄与したいと考えている。したがって、基礎から専門まで体系的に学ぶことができ、最先端技術によるバイオテクノロジーの研究にも取り組める貴学農学部生命科学科への進学を希望する。

❷ 私は、世界の約9人に1人が飢餓(きが)に苦しんでいるという報道に触れたことによって食糧問題に関心をいだき始めた。そこで、食品廃棄削減の視点からではなく農作物生産の視点からこの問題に取り組めないかと考え、高校の「総合的な探究の時間」の課題として選んだ。❸ 佐賀県で農家を営む叔父に話を聞いたところ、農作物を必要なときに必要な量だけ生産・流通させることはとても難しいと言われた。収穫できるのは種蒔きや苗植えの数か月後であり、天候などにも左右されてしまう。その結果、農作物の不作・多作が毎年のように発生する。このようなインタビューや文献調査を踏まえ、生育期間や生産量調整が比較的容易な植物を遺伝子研究によって開発できれば、必要なときに必要な量だけ供給することが可能となるのではないかと考えた。

❹ 貴学の農学部では段階的に専門性を高めるカリキュラムが設定されており、基礎を固めたうえで「分子遺伝学」や「植物分子生理学」などの専門科目が学べる。❺ また、「ファイトトロン」や「マイクロアレイデータ処理装置」などの装置を利用し、環境条件によって植物の成長や遺伝子の発現が変化するようすを観察できるという研究環境にも魅力を感じる。❻ 3年次からは植物分子生理学研究室に所属し、発芽制御遺伝子の研究に取り組みたい。

[669字]

❶：○ 自分が取り組みたい研究内容と、志望校がもつ特徴の両方を志望理由として示せています。

❷：◎ 高校の「総合的な探究の時間」→テーマ2で取り組んだ内容を、過去のきっかけ→テーマ7としてうまく取り込めています。学校推薦型選抜・総合型選抜への出願を検討している場合には、「総合的な探究の時間」で学んだことを大学で専攻したい内容と結びつけましょう。

❸：◎ 農業を営む叔父から聞いた専門的な見解を過去のきっかけとしてうまく取り込めています。また、文献調査の経験を示すことによって意見の公平性までアピールできています。

❹：◎ 具体的な講義名だけでなく、シラバス→テーマ13の内容も確認したうえで自分が学びたい内容まで説明していることによって、その志望大学・学部・学科でなければならない理由→テーマ9がアピールできています。

❺：◎ 大学側が発表している研究施設や設備に関する情報の中から、自分の研究に使用したい装置を取り上げており、下調べの完璧さがアピールできています。もしオープンキャンパス→テーマ9で施設の見学が可能であれば、実際の使用状況などを教員に質問してみましょう。

❻：◎ 所属したい研究室を示しながら自分が研究していきたい内容を再度まとめており、全体の結びとして強い印象が打ち出せています。

農林水産系は、食品開発や微生物の研究、養殖や森林保全、農業政策や農業経済など、カバーする領域が広い。志望理由書では、希望する専攻内容と志望校の特徴を結びつけよう！

テーマ46　獣医系の志望理由書

人気度 ★★★★★

＊麻布大学獣医学部動物応用科学科公式サイトの掲載内容を参考に作成しています。

合格まであと一歩の志望理由書

❶イヌは寂しがり屋である。里親活動をライフワークとしている私は、飼い主がいないイヌたちの寂しそうな鳴き声を聞いて、いつも心を痛めてきた。なんとかしてイヌの気持ちを理解できるようにならないだろうか。この課題を克服するため、貴学への進学を志望する。

❷こうした思いをもつきっかけとなった出来事は、祖母が亡くなったことである。祖母は、長年イヌと同居し、ひとりぼっちで生活してきた。イヌは、祖母の生活には欠かせない存在であった。祖母が亡くなったとき、我が家でそのイヌを引き取ったところ、なんと1か月もたたずイヌが死んでしまった。祖母に面倒を見てもらっていたイヌが、寂しくてあとを追いかけたのだろう。そのことを思い出すと、いつも胸が締めつけられる。

獣医学という学問領域に対しては、ペットの病気を治すというイメージしかもっていなかった。❸しかし、貴学の公式サイトを見ると、動物のいやし効果についても学べると記載されていた。これこそが、祖母の飼っていたイヌの死からも自身の里親活動からも最も学びたかった内容である。将来は、ヒトと動物のさまざまな接点で活躍できる動物と生命の実践的ジェネラリストとして、動物の気持ちを理解したうえで多くの人びとにいやしを与えられる職業に就きたいと考えている。

❹夏に訪れた貴学のオープンキャンパスでは、先輩から「充実した講義や研究環境が整っているのでぜひ進学すべきだ」と強く勧められた。❺貴学入学後は、外科・内科領域に属する動物医療や、畜産としての食や健康の観点とは異なる、「動物のこころ」に重点を置く学びに取り組みたい。

〔662字〕

❶：✕　「イヌは」という書き出しで注意をひこうとする意図が透けて見えますが、このような小手先の技巧は、かえって読み手をしらけさせるだけです。また、この導入では、なぜイヌの気持ちを理解したいのか、なぜ志望校への進学を希望するのかが伝わりません→テーマ9。

❷：△　祖母が亡くなったときの出来事と志望理由とのつながりが不明瞭です。

❸：✕　「イヌの気持ちを理解したい」という内容から「動物のいやし効果」について学びたいという内容にずれてしまっています。また、将来就きたい職業のイメージも伝わってきません。

❹：✕　この記述からは、志望理由が在学生からの勧めであり、みずから主体的に選んでいないことが露呈しています。

❺：✕　「『動物のこころ』に重点を置く学び」が、第1段落にある「イヌの気持ち」とつながる内容である場合、途中に出てきた「動物のいやし効果」の説明が浮いてしまうため、違和感を覚えます。また、結局どのような学びや研究に取り組みたいのかという具体的な説明が欠けています。

✿ 合格に手が届く志望理由書

❶私は、飼い主との突然の別れによって大きな心理負担を負った動物の精神状態を把握する研究に取り組みたい。したがって、STEM型教育プログラムを通じてヒトと動物との関係が多角的に学べ、介在動物学研究室で専門的な研究に携わることもできる貴学獣医学部動物応用科学科への進学を希望する。

❷私は、中学時代から現在に至るまで、飼い主がいなくなったペットの里親を探すボランティアに携わっている。この取り組みを通じてわかったのは、ペットの生涯を充実させるためには、飼い主側の経済的・家庭的な事情だけでなく、飼い主とペットとの相性もきわめて重要だという点である。なかには、里親となった新たな飼い主には落ち度がないのに、飼い主との相性が悪いため1か月もたたずに死んでしまうペットもいる。このことから、動物の個性や精神状態を理解することが獣医学で扱うべきテーマの1つになりうると実感した。

❸その後、長期間離別していた飼い主と再会する際にイヌが涙を分泌することを明らかにした貴学介在動物学研究室の研究成果を知り、大きな感銘を受けた。ぜひ私も、貴学で動物の個性や精神状態を把握するアプローチを、科学的に分析・実践していきたい。

❹貴学では、「動物行動治療学」や「動物環境行動学」などの動物人間関係学科目の講義を中心に、共生を介した動物の心身への影響について学びたい。また、「応用動物心理学実習」を通じて、人間社会と共生可能な動物の飼育方法を習得したいと考えている。❺そして、介在動物学研究室に所属し、●●教授に指導を仰ぎながら、ヒトに対するイヌの共感性や精神状態の変化について研究したい。

〔674字〕

❶：◎　自分が取り組みたい研究内容と、志望校がもつ特徴の両方を志望理由として示せています。なお、獣医系では、立地条件などによって、各大学が強みとするプログラムの格差が激しいため、志望校の特徴を他校と細かく比較し、的確に把握しておきましょう→テーマ9。

❷：○　ボランティア経験を過去のきっかけ→テーマ7としてうまく取り込めています。獣医系をめざす受験生の多くは、動物に対して強い愛着をいだいています。しかし、そのような思いを過剰に書き立てても、試験官には伝わりません。過去のきっかけのエピソードは、自分が志望する研究と直結する内容に絞りましょう。

❸：◎　希望所属先の研究内容だけでなく、自分が研究したい内容まで示せています。なお、研究室によっては独自に公式サイトを開設している場合があるので、必ずチェックしてください。

❹：◎　具体的な講義名だけでなく、シラバス→テーマ13の内容も確認したうえで自分が学びたい内容まで説明していることによって、その志望大学・学部・学科でなければならない理由→テーマ9がアピールできています。

❺：◎　指導を受けたい教員の名前を示しながら自分が研究していきたい内容を再度まとめており、全体の結びとして強い印象が打ち出せています。

　獣医系のうち、獣医師養成の大学・学部で学校推薦型選抜・総合型選抜を実施するところは少ない。獣医系の志望理由書では、動物の病気を治すという獣医師の役割とは異なるアプローチによって、動物とかかわる研究にどう取り組みたいかをはっきり示そう！

テーマ47 医学系の志望理由書

人気度 ★★★★★

＊東京女子医科大学医学部公式サイトの掲載内容を参考に作成しています。

合格まであと一歩の志望理由書

❶私は、乳幼児期早期から発達面でのつまずきをかかえる子どもたちが存在する原因の究明とその治療を通じ、社会的不利益をもつ小児の生活の質を高め、健常な小児と同様に彼らが夢や希望をもって成長する一助となる医療を、医師として提供したい。そのために、貴学の医学部を志望する。

❷中学生のとき、板書を写すことが苦手な友人の存在をきっかけに、発達障害という症状があることを知るとともに、視知覚認知障害という問題があることも知った。その原因を調べたところ、脳の損傷をともなう疾患だとわかった。しかし、その詳細なメカニズムはまだ解明されていないという。❸また、一因として高齢出産の増加が関係しているという可能性を知り、高校の「総合的な探究の時間」では、日本の少子化について諸外国と比較検討したうえで論文を作成した。その結果、日本における女性のキャリア形成と出産の両立の難しさ、晩婚化、婚姻制度のあり方など、複雑な社会背景が存在するとわかった。

❹脳の認知障害について、認知のどの段階で障害が起きているのか、またその最適な治療は何かを、臨床研究によって明らかにしたい。私が貴学への進学を希望するのは、貴学のチュートリアル教育によって、みずから問題提起できる思考力や発想力を磨き、最善の解決法が導ける技術を習得できると考えたからである。❺さらに、自分が置かれている現在の環境を出て海外で視野を広げる経験も、医師として治療に携わるうえで有意義だと考える。そのため、海外交換留学プログラムに参加してリーダーシップを身につけ、チーム医療に貢献できるよう成長したい。

[661字]

❶：△　将来像→テーマ⑧は明確に打ち出せています。一方、志望理由は、志望校の特徴と関連していないので、説得力に欠けます。

❷：○　問題意識をもち、みずから調べたという姿勢自体は評価に値しますが、どのような手段で調べたかについても説明がほしいところです。「書籍を読んで調べた」と書ければ申し分ありません。

❸：△　高校の「総合的な探究の時間」→テーマ②で実際に行った研究を取り上げるのは好印象です。しかし、その活動を通じて認識した社会的課題→テーマ⑧が志望校での学びとどう結びつくのかが示されていないため、読み手が消化不良に陥ります。

❹：△　志望校で取り組みたい研究内容が示せている点はよいのですが、大学のどのようなカリキュラムを通じて取り組みたいのかが示されていません。この内容だけでは、試験官から「他校に進学してもよいのではないか」と思われてしまいます。

❺：△　「海外で視野を広げる経験」が「医師として治療に携わるうえで有意義だ」につながる因果関係が不明瞭であり、留学の目的が読み取れません。

⚛ 合格に手が届く志望理由書

❶私は、発達障害をかかえる子どもたちの生活の質を高め、健常な小児と同様に彼らが夢や希望をもって成長する一助となる医療を、医師として提供したい。❷また、研究に勤しむだけでなく、女性医師として社会貢献し続けるために欠かせない人格的成長を遂げるべく、貴学医学部で「慈しむ心の姿勢」を習得したい。

中学生のとき、板書を写すことが苦手な友人の存在をきっかけに、発達障害という症状があることを知るとともに、視知覚認知障害という問題があることも知り、原因や治療法に興味をもった。❸そこで、発達障害の子どもがかかえる視知覚認知障害の問題に関する書籍を読んだところ、認知のどの段階で障害が起きているのかについては不明な点が多く、治療法もまだ確立されていないことがわかった。❹そのため、子どもの認知障害に関する治療法を開発すべく、貴学と早稲田大学によって創設された医理工融合研究教育拠点であるTWInsに所属し、理工学の視点を取り入れて研究したいと考える。

また、発達障害有病率増加の一因として高齢出産の増加が関係しているという可能性を知り、高校の「総合的な探究の時間」では、日本の少子化について諸外国と比較検討したうえで論文を作成した。その結果、日本における女性のキャリア形成と出産の両立の難しさ、晩婚化、婚姻制度のあり方など、複雑な社会背景が存在するとわかった。❺私も、このような問題について医師の立場から世の中に発信することによって、治療という分野以外でも活躍したい。❻そのために、貴学のチュートリアル教育でみずから問題提起できる思考力や発想力を磨き、最善の解決法が導ける技術を習得したい。

[680字]

❶：◎ 自分がめざす専門領域が簡潔に示されています。どの専門科を希望するか、あるいはどのような研究を進めたいかが絞れない場合や、候補が複数ある場合であっても、専門領域は1つに絞って示しましょう。志望理由書をまとめる過程で、自分がとるべきスタンスやめざすべき方向性にブレが生じることは避けなければなりません。

❷：○ 志望理由が、志望校のカリキュラム・ポリシー→テーマ13と関連しています。医師になるための医師国家試験の受験資格はどの医学部に入っても得られるので、医学部は通過点としてとらえられがちです。このように、医学部受験では志望大学・学部・学科でなければならない理由→テーマ9が希薄になりがちなので、注意しましょう。

❸：○ どのような手段を通じて調べたのかが明示できています。

❹：◎ 志望校がもつ特徴である研究拠点の情報と、自分の将来的な目標とを結びつけて志望理由が示せています。面接では、どのような研究を考えているのかというアイディアについて問われる可能性があります。現段階での構想を固めておきましょう。

❺：◎ この内容は、厚生労働省「医師臨床研修指導ガイドライン 2020年度版」に示されている「資質・能力」中の「社会における医療の実践」に符合しています。

❻：◎ 志望校の特徴的な教育プログラムを受講することによって将来像にどう近づいていきたいかという筋道が説明できています。

医学系では、医師になることが大前提。志望理由書では、医師として備えるべきだと考える人間性をはっきり示そう！

テーマ 48 歯学系の志望理由書

人気度 ★★★★☆

＊昭和大学歯学部公式サイトの掲載内容を参考に作成しています。

◐ 合格まであと一歩の志望理由書

❶私は、患者に身近な存在として信頼され、ほかの医療関係者と協力できる歯科医になるため、貴学歯学部を志望する。

❷歯科医である私の父は、毎日たくさんの患者に治療を施している。私が幼いころはあまり遊んでもらえないことに不満をもっていたが、成長するにつれ、父に対する感謝と尊敬の気持ちが自然にわき上がってきた。そして、私も父のように人の歯を守っていく歯科医になりたいと決意した。

❸貴学は医療系総合大学であり、チーム医療を学ぶことができる。口腔がんなどの治療で抗がん剤を用いる際には、薬剤師との連携が必要となる。また、歯科医がワクチン接種に携わるなど、これからは医療全体の協力がさらに必要となる。そのため、学部の枠を越えたつながりをつくりたい。❹さらに、付属病院が多いという点も心強い。❺加えて、1年次に山梨県富士吉田市で寮生活が送れる点にも魅力を感じる。コロナ禍で多くの学校行事が縮小されてしまったため、他人とつながることの楽しさを寮生活で体感したいと願っている。

将来は、笑顔で患者に接し、痛みを緩和する治療が得意な歯科医になりたい。患者が痛みを感じず、患者に負担がかからない治療は可能だと考える。❻歯科医は、技術や知識だけでは患者に安心感を与えることができない。歯科医が患者に笑顔で接することが大切だと感じる。将来、このような歯科医になるためには貴学のカリキュラムが必要であるため、進学を希望する。

[590字]

❶：△　将来像→テーマ8はある程度示せています。一方、志望理由は、志望校の特徴と関連していないので、説得力に欠けます。

❷：×　身内と志望分野とのかかわりに関するエピソードは過去のきっかけ→テーマ7として妥当ですが、内容が思い出話に終始しています。身内自慢となることを避けつつ、父親のひたむきな姿勢や、父親との何気ない会話から得られたアドバイスなどを盛り込む必要があります。

❸：◎　チーム医療の一員として歯科医が果たすべき役割が具体的に説明できています。

❹：×　なぜ「付属病院が多い」ことが「心強い」のかという因果関係が不明です。ていねいに説明する必要があります。

❺：×　この内容では、寮生活をレクリエーションの場としてしかとらえていないという印象を与えかねません。志望理由を、チーム医療の学びと結びつく内容に改めましょう。

❻：×　「患者に笑顔で接する」ことについて、どのようなカリキュラムで学べるのかを明示すべきです。

🦷 合格に手が届く志望理由書

❶私は、全身の健康における口腔機能の重要性を学べるとともに、医療系総合大学として チーム医療の基礎を身につけることができる貴学を志望する。

❷私が幼いころ、歯科医である私の父が毎日歯の仕上げ磨きをしてくれたため、これまで 虫歯にかかったことがない。しかし、周囲の人とかかわっていくうちに、虫歯にかからず生 活を送れることはけっして当たり前ではないと気づいた。友人から虫歯の治療に煩わされて いるという話を聞き、将来は、笑顔で患者に接し、痛みを緩和する治療が得意な歯科医にな りたいと思っている。

❸また、父との会話の中で、義歯の装着を適切に行ったことによって栄養摂取が困難だっ た患者の経口摂取が可能となり、栄養状態が改善したという話を聞き、口腔機能が健康にも 大きく影響すると知った。❹ほかにも、誤嚥性肺炎の防止や糖尿病などの疾病重症化の防止 にも寄与するなど、歯科医が多職種連携に加わることの重要性を感じるようになり、歯科医 をめざす気持ちが強まった。

❺貴学は医療系総合大学であり、異なる学部の学生どうしが施設実習や病院実習などに取 り組む教育プログラムが設定されている。❻さらに、医学部付属病院との緊密な医療連携に より、臨床実習を通じて患者中心の医療を提供するために歯科医が果たすべき役割について 多角的に学ぶこともできる。こうした特徴により、学部の枠を超えて学び、互いに理解し努 力し合える環境を通じてチーム医療の基礎が身につくと感じ、貴学への関心が高まった。

❼貴学に入学できた場合には、歯科学で周知されている痛み緩和に関する知識や技能の習得 に加え、コミュニケーション力や幅広い視野を養っていきたい。

[683字]

❶：◎　医師・看護師・理学療法士などを志すさまざまな学生とのかかわりや多様な講義によって 実践的にチーム医療のあり方を学んでいきたいという、強い思いがくみ取れます。

❷：○　過去のきっかけとして、身内から影響を受けた体験が簡潔に示されています。

❸：◎　自分の父親のエピソードが再び持ち出されていますが、専門家に対するインタビュー内容 の要約であり、しつこさは感じられません。歯科医の仕事については虫歯の治療や歯並びの 矯正などのイメージが一般的ですが、このような栄養面でのサポートという役割を打ち出す ことによって、職業に対する理解の深さが印象づけられています。

❹：◎　冒頭で述べられている「全身の健康における口腔機能の重要性」を学びたいという意志につ ながる、歯科医としての社会的使命が端的に示されています。

❺：◎　志望校が提供する具体的な教育プログラムを取り上げることによって、その志望大学・学部・ 学科でなければならない理由→テーマ9がアピールできています。

❻：👌　志望校の特徴として冒頭で述べられている「医療系総合大学としてチーム医療の基礎を身に つけることができる」という記述との整合性が確認できます。

❼：○　歯科医に求められる「知識や技能」「コミュニケーション力」などを身につけたいという意欲 を入学後の展望として示すことによって、全体の結びとして強い印象が打ち出せています。

歯学系の志望理由書では、世間的なイメージにとらわれることなく、具体的な職業イメージを盛り込む ことが肝心。歯科医が果たしている役割を、現役歯科医などへの取材で聞き出そう！

テーマ
49 薬学系の志望理由書

人気度 ★★★★★

＊東邦大学薬学部公式サイトの掲載内容を参考に作成しています。

合格まであと一歩の志望理由書

❶私は、将来、薬剤師として国民の健康増進に貢献したいと思い、貴学の薬学部を志望する。

❷私の母は以前病気にかかり、現在も薬による治療を続けている。ときおり見せる母の苦しそうな姿から、薬はよい効果だけでなく副作用も起こすことを知り、薬に対する興味が高まった。

現在、新型コロナウイルス感染症が世界的に大流行しているが、いずれ感染力が強いほかのウイルスが出現するかもしれない。ウイルスのワクチンや経口薬（けいこうやく）を開発することは、感染予防や治療だけではなく医療崩壊を防ぐという点で医療従事者の負担を減らすことにもつながる。❸私が薬剤師になるころには新型コロナウイルス感染症の流行は収まっているかもしれないが、同じような感染症が流行した場合には最前線で活躍したい。

❹私は、中1から高3の夏まで吹奏楽部に所属し、定期演奏会や全国大会に向けて日々練習に励んだ。演奏力を高めるため、部員とのコミュニケーションを大切にした。また、後輩への指導では、1人ひとりの性格や奏者としての弱点を見きわめ、それぞれに合うアドバイスを与えた。この6年間の経験を通じて、つねに相手を尊重する姿勢が身についた。この学びを生かし、貴学でも人として成長したい。

私が貴学を志望したのは、実習が充実している点に魅力を感じたからである。❺また、貴学伝統の「心の温かい薬の専門家」という理念にもとづいたプログラムもすばらしいと思った。私は、90年以上にわたって優秀な薬剤師を多数輩出する貴学に期待している。ぜひすばらしい薬学教育を施す貴学に入学し、現在の私に不足している薬学の知識や心がまえを深く学びたい。

[669字]

❶：✕　「国民の健康増進に貢献」できる仕事は薬剤師以外にも数えきれないほどあります。また、この記述からは志望理由が伝わってきません。

❷：△　身内と志望分野とのかかわりに関するエピソードは過去のきっかけ→テーマ7として妥当ですが、薬学系志望であれば、薬の副作用についてもくわしく説明すべきです。

❸：✕　「最前線」という言葉には、「医師や看護師のほうがふさわしいのではないか」と思わせる危険性があります。薬剤師として活躍する将来像→テーマ8を具体的に示しましょう。

❹：✕　薬学系の志望理由書に吹奏楽部のエピソードを入れる必然性はありません。「チーム医療」の重要性を訴えるエピソードだとしても、志望理由書ではなく面接に回すべき内容です。

❺：✕　「すばらしいと思った」「期待している」などの表現は、志望校を見下しているように感じられます。単に伝統があることだけを示すのではなく、その伝統が具体的なカリキュラムにどのように反映されていて、自分がどういうところに魅力を感じたかまで説明しましょう。

⚛ 合格に手が届く志望理由書

❶私は、将来、患者に適切な服薬をうながし、また医師に減薬の提案を行うこともできる高いコミュニケーション力がある薬剤師として社会に貢献したいと願っている。そのため、医学部および付属病院との連携による臨床教育が充実している貴学の薬学部を志望する。

私の母は、以前病気を患っていた。ときおり見せる母の苦しそうな姿から、薬はよい効果だけでなく副作用も起こすことを知り、薬に対する興味が高まった。❷そこで、私は、患者1人ひとりの体質に合った薬の処方によって大きな社会貢献が果たせると考え、薬学部志望を決意した。

私が貴学を志望したのは、優秀な薬剤師を多数輩出してきた90年以上の長い伝統と、「心の温かい薬の専門家」という理念にもとづいたプログラムに魅力を感じたからである。❸また、1年次から早期臨床体験を行うなど、薬剤師として必要なコミュニケーション能力や倫理観の養育を重視している点にも魅力がある。❹さらには、実習機器や設備が充実していて、付属3病院の連携による病院実習や薬局実習では現役医師・薬剤師からチーム医療について直接指導を受けられるなど、カリキュラムの実践性がきわめて高い。

❺また、中国に留学していた妹がリンパ節炎にかかった際に漢方薬で治療したという話を聞いたことから、漢方薬にも興味をもっている。貴学のオープンキャンパスで訪れた薬用植物園は、生薬の基原植物や薬用植物などに直接触れられる環境として強く印象に残った。❻貴学入学後にはぜひ生薬学教室に所属して漢方薬の有効性について理解を深め、植物由来の新たな医薬品開発の可能性を探究したい。

[662字]

❶：◎ 薬剤師は、地域包括ケアシステムを担う一員として医療機関などの関係機関と連携しつつ、患者に安全かつ有効な薬物療法を提供し、保管法、副作用、飲み合わせなどに関する服薬指導を行います。この箇所では、そのような使命を念頭に置きつつ、志望校の特徴である「臨床に強い薬剤師」の育成と関連づいた志望理由が示されています。

❷：○ 副作用の問題を踏まえ、「体質に合った薬」を処方したいという強い意志が伝わります。

❸：◎ 「伝統」と「理念」という、パンフレットや公式サイトからだれでも読み取れる情報の補完として「1年次から早期臨床体験を行う」という志望校の特徴的な教育プログラムを取り上げることによって、❶で述べた薬剤師としての将来像とのつながりが示唆できています。

❹：◎ この内容は、「薬学教育モデル・コアカリキュラム──平成25年度改訂版」に示されている「薬剤師として求められる基本的な資質」中の「チーム医療への参画」に符合しています。また、「付属3病院の連携による病院実習や薬局実習」という学修環境を挙げている点も有効です。

❺：○ 大学で専門的に研究したい漢方薬に注目するようになった過去のきっかけとして妹のエピソードを最終段落で付け足すという構成をとっていますが、不自然さは感じられません。また、「薬用植物園」を併設する大学は少なくありませんが、その話題に触れている点も妥当です。

❻：◎ 4年次から所属することになる研究室の希望を明確に示すことによって、薬剤師国家試験合格以外の進学目的や意欲がアピールできています。

薬学系の志望理由書は、志望校が単科大学であれば専門性に着目し、他学部併設の総合大学であればチーム医療の重要性に着目して構成しよう！

テーマ50　看護系の志望理由書

人気度 ★★★★☆

＊東京都立大学健康福祉学部看護学科公式サイトの掲載内容を参考に作成しています。

❶ 合格まであと一歩の志望理由書

❶私が看護学科を志望する理由は、人の役に立つ仕事をしたいと考えるからである。❷母が看護師であったため、昔から看護師という仕事を身近に感じていた。❸看護師をめざしたいと思ったきっかけは、小学生のときに入院した経験である。看護師からていねいな処置を受けるだけでなく、心細く感じていた私にやさしい励ましの言葉までもらえた。看護師は、医師よりも心理的に近い立場から患者のケアに臨むため、身体面だけでなく精神面のケア技術も求められる。このように、患者との心理的な触れ合いが可能で社会の役にも立てる看護師という職業に強くひかれた。

私は、将来、地域医療がかかえる問題を解決したいと考えている。❹現在、日本では高齢化の進展による病床の不足、社会保障関係費の膨張など、さまざまな問題が起きている。❺そのため、地域医療や在宅ケアの重要性が高まってきている。

私は、貴学健康福祉学部看護学科だけでなく、貴学大学院人間健康科学研究科にも進学したいと考えている。❻大学院ではさまざまな分野をより専門的に学ぶことができるが、そのなかでも在宅看護学の分野についてくわしく学びたい。そして、地域看護専門看護師になってからは、現場において使われる実践的な知識だけでなく、地域医療のしくみに関するより専門的な知識も使い、地域医療がかかえる問題を解決したいと考えている。❼「大都市で生活する人びとおよび地域の健康」を看護科学域のテーマとしてかかげる貴学で学ぶことが、自分の将来に役立つと確信している。以上の理由から、貴学への進学を志望する。　［643字］

❶：✕　そもそも、人の役に立たない仕事はありません。この記述は、看護系だけでなく、他系統の志望理由としても不適切です。

❷：✕　志望分野で活躍する身内に影響を受けたという経験は過去のきっかけ→テーマ7として妥当ですが、この程度の言及であれば記載する必然性がありません。❸で挙げられている過去のきっかけとも重複しています。

❸：〇　自分が志望分野と深くかかわった経験を過去のきっかけとしてわかりやすく示せています。

❹・❺：✕　なぜ❹が原因となって❺の結果が起きるのかという因果関係が説明されていません。

❻：△　大学院への進学意欲を示すのであれば、志望分野だけではなく、具体的な研究構想まで示す必要があります。

❼：△　なぜ「大都市で生活する人びとおよび地域の健康」を標榜する大学で学ぶことが自分にとって有益なのかが説明されていません。「大都市」と関連づけて志望理由を示す必要があります。

✿ 合格に手が届く志望理由書

❶私は、首都である東京を支える地域看護専門看護師として活躍できるよう、大都市圏の地域特性に対応した専門性の高い看護技術を身につけたい。したがって、貴学健康福祉学部看護学科を志望する。

❷私が地域医療問題に関心をもったきっかけは、孤独死に関する報道に触れたことである。大都会東京のアパートの一室でだれにも気づかれずに亡くなり、遺体がそのまま何か月も放置されていたというニュースを見た。この悲惨な現状に驚愕するとともに、人間としての尊厳が失われた死に対する悲しみの感情があふれてきた。❸しかし、少子化の進展や家族形態の多様化を考慮すると、孤独死の事例が今後さらに増えることは避けがたい。したがって、個人や家族の責任に帰せず、地域が訪問介護や訪問医療を充実させていくことが必須だと考える。❹そのためには、多職種連携の調整役を果たす看護師の存在がきわめて重要である。私は、過密地域である東京において、孤独死をはじめとする地域医療の問題に対処できる看護師になりたい。

❺貴学「在宅看護学」のカリキュラムでは、キャンパス所在地である荒川区や、周辺の北区・足立区を中心に、体制の整った訪問看護ステーションおよび病院の退院支援部門で実習を受けることが可能であり、将来の仕事に直結する経験が積めると確信している。❻また、大学院の博士前期課程に進学し、在宅看護専門看護師教育課程を履修したい。そして、医療職と介護職のあいだに存在するといわれる「メンタルバリア」を取り除くために果たすべき看護師の役割を研究し、地域包括ケアシステムの要として医療にかかわりたい。

[661字]

❶：◎　冒頭で志望理由が明確かつ端的に述べられています。看護師としての将来像→テーマ❽だけでなく専攻したい内容まで示せており、学びへの意欲の高さがアピールできています。

❷：○　志望分野に関連する「孤独死」という問題を認識した過去のきっかけが説明できています。

❸：◎　今後の社会のあり方を見据えつつ、地域医療によって「孤独死」を解決すべきであるという、社会的課題→テーマ❽に対する高い問題意識が示されています。

❹：◎　志望分野がかかえる問題を解決するために看護師という職種がどのような役割を果たせるかについて説明できています。また、自分自身が具体的にどう貢献していきたいかという点までアピールできています。なお、この内容は、文部科学省「看護学教育モデル・コア・カリキュラム」における「看護系人材として求められる基本的な資質・能力」中の「保健・医療・福祉における協働」に符合しています。

❺：◎　志望校の特徴的な教育プログラムを取り上げることによって、❶で述べた看護師としての将来像との整合性が確認できます。

❻：◎　大学院に進学して在宅看護専門看護師をめざし、在宅介護に関する研究を究めたいという強固な志望理由が打ち出せています。看護師の資格は専門学校や短期大学に進学しても取得できるため、大学に進学したいと考える明確な目的意識を示す必要があります→テーマ❾。

看護系の志望理由書では、療養上の世話を担いながら患者の回復を促していくという職業上の使命を意識したうえで、大学で専門性を高める意義に触れよう！

テーマ 51 医療系の志望理由書

人気度 ★★★☆☆

*順天堂大学保健医療学部理学療法学科公式サイトの掲載内容を参考に作成しています。

⚓ 合格まであと一歩の志望理由書

❶あの痛みは衝撃的だった。

❷全国高等学校総合体育大会サッカー競技大会の県大会準々決勝。センターバックとして先発出場していた高2の自分は、前半終了間際、ドリブルを止めようとして相手チームの右サイドハーフの前に立ちはだかった。ボールをめぐって激しく攻防している最中、相手選手から左足膝関節を蹴られ負傷してしまう。そのとき、これまでに体験したことのない激痛が膝に走り、途中退場を余儀なくされた。

その後受けた手術は無事に成功した。しかし、そこから始まったリハビリテーションの日々は、練習や試合に参加できないもどかしさや、以前のようにプレーすることができないかもしれないという不安などとの闘いであり、精神的にとてもつらかった。❸そのような絶望感に打ちひしがれている自分を支えてくれたのが、理学療法士の●●さんである。リハビリを受ける過程で、●●さんのような理学療法士になりたいと思い始めた。

❹貴学は、即戦力として活躍できる人材の育成に力を入れている点が魅力的である。また、たくさんの種類がある実習によって現場での対応力が身につけられる点も心強い。さらには、オープンキャンパスで先輩から聞いた「少人数制学習によって先生からのアドバイスを受けやすい」という言葉どおり、国家試験合格のための指導体制が充実している。

❺将来は、理学療法士としてスポーツチームに勤務し、けが予防のためのマッサージや健康管理を担当することによって、選手を支える存在になりたい。

[613字]

❶：△ 志望理由書で、あたかも作文コンクール出品作のような印象の書き出しから始めることは、ほかの受験生と安易に差別化を図ろうとするテクニックだとみなされ、低評価がつきます。

❷：✕ エピソードが長すぎます。理学療法士をめざすこととなった過去のきっかけ→テーマ7として提示すべき部分はリハビリテーションの過程であり、負傷した経緯ではありません。

❸：✕ 単に「理学療法士の●●さん」に対する憧れの気持ちを書いているだけであり、説得力がありません。

❹：△ オープンキャンパス→テーマ9でのエピソードが含まれている点は評価できます。しかし、この志望理由は専門学校でも満たされる内容であり、その志望大学・学部・学科でなければならない理由→テーマ9ではありません。

❺：△ ここで示された将来像→テーマ8は、民間の資格である「アスレチックトレーナー」でも実現可能です。理学療法士でなければ担えない医療的な側面を打ち出す必要があります。

合格に手が届く志望理由書

❶私は、理学療法士としてスポーツ分野で貢献すべく、膝関節の運動療法がもつ有効性について学びたい。そのために、貴学保健医療学部理学療法学科への進学を希望する。

私は、高2のときに出場したサッカーの試合で左足膝関節を蹴られて負傷し、手術を受けることになった。そのリハビリテーションの過程において、理学療法士から適切な助言と励ましを受け早期に復帰できたという経験をもつ。❷とくに、リハビリを兼ねたトレーニングメニューの効果で以前よりもパフォーマンスが向上したことによって、理学療法士という存在のありがたさを強く感じた。

❸将来は、スポーツ分野において、選手の外傷に適切な処置を講じて快復を図り、再び活躍できるまでの心身をサポートできる理学療法士になりたい。❹貴学保健医療学部では、医学部や付属病院と一体的に指導が受けられるため、チーム医療における理学療法士の役割を体系的に学んでいきたい。

❺貴学への進学が実現したら、1・2年次には教養科目の履修によって社会に対する視野を広げ、リハビリテーションに必要不可欠なコミュニケーション力の向上にも努めたい。❻そして、3年次に履修できる「スポーツ理学療法学」「スポーツ理学療法学演習」を通じて、スポーツ外傷や障害を分析する手法と、スポーツ復帰に向けたエクササイズプログラムの構築について学びたい。❼4年次の卒業研究では、整形外科医でもある●●教授に師事し、自分が外傷を負った経験にもとづきながら、膝関節のしくみと機能を研究したい。

［623字］

❶:◎ 冒頭で志望理由を明確かつ端的に述べています。自分がめざす理学療法士としての将来像だけでなく大学で学びたい専攻内容にも触れ、学びへの意欲の高さがアピールできています。

❷:◎ 単なる感謝の気持ちだけでなく専門職として担ってもらえた役割まで具体的に示すことによって、トレーニングを提供する側に立つ理由が明確に伝わってきます。

❸:○ 冒頭で述べられている理学療法士としての将来像が、よりくわしく説明し直せています。

❹:○ この内容は、日本理学療法士協会「理学療法学教育モデル・コア・カリキュラム」に示されている「理学療法士として求められる基本的な資質・能力」中の「チーム医療職の一員として、科学的根拠にもとづいた治療を対象者に提供できること」に符合しています。

❺:◎ 理学療法士国家試験の受験科目は決まっているため、受験対策として必要な授業内容は大学でも専門学校でも提供されます。大学と専門学校の大きな違いは、一般教養科目の有無です。専門学校における実践的な職業教育だけでは不十分だと学びの意義という点から指摘することは、専門学校ではなく大学で学びたいという意欲の表明として有効です→テーマ9。

❻:◎ 具体的な授業を取り上げ、自分が学びたい内容とカリキュラムが合致している点を示せています→テーマ9。

❼:◎ 専門性を深めたい領域について直接学びたい教員名と具体的な研究内容を示すことによって、志望校に進学したいという強い目的意識が打ち出せています。

医療系の志望理由書では、作業療法士や言語聴覚士、臨床検査技師や診療放射線技師などの医療職が果たすべき専門的な役割と、専門学校ではなく大学で学びたい理由をはっきり打ち出そう！

テーマ 52 福祉系の志望理由書

人気度 ★★★☆☆

＊大妻女子大学人間関係学部人間福祉学科公式サイトの掲載内容を参考に作成しています。

合格まであと一歩の志望理由書

❶私が貴学人間関係学部人間福祉学科を志望する理由は、福祉の専門職を1つに限定せず、科目選択次第では社会福祉士、精神保健福祉士、介護福祉士の受験資格が取得できる点にある。また、❷1年次に学ぶ「社会福祉学基礎セミナー」という科目にも魅力を感じている。さらには、オープンキャンパスに行った際に先生や先輩が人間関係学部の特徴や学生生活についてお話しくださったことも、志望理由の1つである。

❸私が福祉関係の仕事に就きたいと思ったきっかけは、小学生のころ、祖父が急に体調を崩してしまい、物につかまらないと歩けなくなってしまったことにある。この経験を通じて、懸命に生きようとしている要介護者を手助けできる福祉の仕事に尊敬と憧れをいだき、専門的にサポートしたいと思い始めた。

❹自分の夢を実現するため貴学で社会福祉の知識と技術を学ぶことはもちろん、施設利用者やその家族と接する際に必要となるコミュニケーション能力も向上させたい。❺そのため、心理学やコミュニケーション技術についても深く学び、実習によって経験を重ねていきたい。❻そうした知識や能力を貴学で身につけたうえで、施設利用者1人ひとりがかかえている問題や悩みにしっかり向き合うことができ、それぞれに適した方法でサポートすることができる福祉の専門家になりたいと考えている。

[548字]

❶：△ 志望理由が志望校の特徴と関連していますが、自分の将来とどう結びつくのかが不明瞭です。大学進学によって資格取得をめざす場合には、「将来の選択肢を増やす」などの消極的な理由ではなく、将来像→テーマ8を描くために必要不可欠であるという点を示しましょう。

❷：✗ どの点に魅力を感じたのかをていねいに説明する必要があります。もし意図的に説明を省き面接での質問を誘導しようとするテクニックのつもりであるならば無意味です。読み手が消化不良に陥るだけであり、逆効果だからです。

❸：✗ 祖父にまつわるエピソードと、福祉の仕事に「尊敬と憧れ」を感じていることのあいだにつながりがありません。ここでは、志望理由を導いた過去のきっかけ→テーマ7について適度な説明を加えるべきです。

❹：△ ここまでに「自分の夢」が何なのかを明示していないため、唐突な印象を与えます。

❺：△ 具体的なカリキュラムや講義名を提示し、専門学校ではなく大学で学びたい理由→テーマ9を述べましょう。

❻：✗ 大学卒業後の進路選択に関するイメージを、資格取得と関連づけて明確に述べるべきです。

✿ 合格に手が届く志望理由書

　私は、社会福祉士と介護福祉士の資格を取得したうえで、福祉の専門家として行政機関で活躍したい。そのために、❶社会福祉士と介護福祉士の国家試験受験資格が取得できる貴学人間関係学部人間福祉学科への進学を志望する。

　私が小学生のころ、祖父が急に体調を崩して歩行困難になってしまった。しかし、❷祖父を担当してくれた専門職の方による前向きな声がけや、祖父の身体に負担をかけない高度な介護技術により、祖父のみならず家族も笑顔でいられた。このような経験を通じて、懸命に生きようとしている要介護者の手助けができる福祉の仕事に尊敬と憧れをいだき、この道に進むことを決めた。

　❸私が貴学を志望した理由は、おもに3つある。

　1つ目は、先述のとおり、科目選択次第では社会福祉士と介護福祉士の国家試験受験資格が取得できる点である。❹私は行政機関で社会福祉士として相談業務に携わりたいと思っているが、現場での提案力を高めるために、介護福祉士の資格を取得することも希望している。

　2つ目は、1年次に学ぶ「社会福祉学基礎セミナー」という科目に魅力を感じている点である。私は、要介護者が要介護状態になってからどう生活するのかという点に関心がある。❺この科目では、要介護者という立場をシミュレーション体験し、グループごとの考察結果を討論できるので、体験にもとづく学びがたくさん得られると期待している。

　❻3つ目は、高齢者の排泄自立介入プログラムの開発の研究を進める●●教授の指導が受けられる点である。❼卒業論文ではぜひ高齢者の尊厳を守るための排泄ケアについて取り上げ、高齢者のQOL向上につながる介護のあり方を探究したい。

[680字]

❶：○　社会福祉士と介護福祉士の国家試験受験資格が同時に取得できる大学は限られているため、志望理由として有効です。ただし、これらの資格は専門学校でも取得可能であるため、ここでは、専門学校ではなく大学で学びたい理由を明確に示す必要があります。

❷：◎　家族としての感謝の気持ちだけでなく専門職として担ってもらえた役割まで具体的に示すことによって、介護を提供する側に立とうと決めた理由に説得力が加わっています。

❸：○　2つ以上の理由を示す場合には、個数を先に示すナンバリング→テーマ21 が効果的です。

❹：◎　複数の資格取得をめざしたい理由がはっきり打ち出されています。

❺：◎　具体的な講義名だけでなく授業内容の細部も示していることによって、自分が学びたい内容がカリキュラムに合致している点をアピールし、志望大学・学部・学科でなければならない理由→テーマ9がはっきり打ち出せています。

❻：◎　専門性を深めたい領域について直接学びたい教員名と具体的な研究内容を示すことによって、志望校に進学したいという強い目的意識が打ち出せています。

❼：◎　この内容は、日本介護福祉士養成施設協会「介護福祉士養成課程　新カリキュラム　教育方法の手引き」に示されている「求められる介護福祉士像」中の「尊厳と自立を支えるケアを実践する」に符合しています。

　福祉系の志望理由書では、社会福祉士・介護福祉士・精神保健福祉士の各資格の違いに留意しつつ、志望校で学ぶことが将来のキャリア形成にどう結びつくのかをはっきり示そう！

テーマ 53 家政学系の志望理由書

人気度 ★★★☆☆

＊共立女子大学家政学部被服学科公式サイトの掲載内容を参考に作成しています。

合格まであと一歩の志望理由書

❶私は、歴史的な衣服の保存・修復に関する職に携わるという夢をかなえるため、貴学を志望する。

❷歴史的な衣服の修復技術者という、あまり世間に知られていないマイナーな職業の存在を知るきっかけになったのは、幼少期から両親と出かけていた博物館めぐりである。展示品をながめているうちに衣服の歴史に関心をいだき、歴史的な価値をもつ衣服が現在まで保存されていることに強い興味をもった。

❸和服は、まさに歴史の継承の表現である。これまでの歴史の過程のどれか1つ欠けただけでも、いまの和装は成立しなかった。そのような歴史の継承に欠かせない職業こそが修復技術者である。生地となる繊維を細かく調べ、ほつれなどを器用に修復していくことによって和服の技術が保存される。❹このような職業に就くためには、専門的な学びが必要である。貴学では、その環境が整っている。ぜひ貴学でたくさんのことを学び、博物館で即戦力として働きたい。

❺仮に技術を会得できなかった場合でも、学芸員の資格がとれる点が魅力的だ。その場合には、大好きな歴史を学芸員として後世に語り継いでいきたい。❻また、幼いころからおしゃれ好きでもあったことから、かつてはアパレル業界への就職も漠然と考えていた。もしその気持ちが再燃すれば、3年次からはファッションビジネスコースに所属することも考えたい。1・2年次にすべての領域にわたって被服学の基礎が広く学べる貴学のカリキュラムを生かし、3年次以降の進路はそこで再検討したいと思う。

[619字]

❶：△　将来像→テーマ8は明確に打ち出せています。一方、志望理由は、志望校の特徴と関連していないので、説得力に欠けます。

❷：✕　自分がめざそうとする職業に対して「マイナー」という修飾語を使い、否定的な印象を与えることはご法度です。

❸：◎　「修復技術者」を志す強い動機が示されており、読み手をひきつけます。

❹：△　「専門的な学び」の具体的な内容や環境を明示する必要があります。

❺：✕　❹までで「修復技術者」になりたいという強い意欲を示していながらここで急にトーンダウンし、「仮に技術を会得できなかった場合でも」と言い訳がましく書かれていて、読み手に失望感を与えます。

❻：✕　たしかに、志望校のカリキュラムでは3年次からのコース変更は可能ですが、ここでその可能性に触れると、志望校での学びのプランが固まっていないことが露呈します。学校推薦型選抜・総合型選抜に出願する以上、希望の専攻は出願段階で決めておくべきです。

✿ 合格に手が届く志望理由書

❶なぜ博物館には、つくられてから1000年以上経過した衣服が着脱可能な状態で現在でも展示されているのか。これは、幼少期から両親と博物館を訪問する機会が多かった私にとって、訪問するたびにいだいていた疑問である。この疑問は、将来の夢を模索する過程で解決した。修復技術者という職業があると知ったからである。私も、歴史の継承を助ける職業として修復技術者になりたい。❷そのために、染色文化財コースで染織品の保存修復などの専門知識を深く学ぶことができる貴学家政学部被服学科を志望する。

❸私は、小さいころからおしゃれにも高い関心をもっていた。とりわけ、七五三のときに着た和服に魅了され、できれば和服関係の職業に就きたいと思っていた。そして、高校進学後から和服について本格的に調べたところ、歴史的な価値をもつ衣服の修復技術者という道があることを知った。❹現在の衣服は、過去の職人たちによる技術の集積であり、過去の状態を維持することは未来の衣服技術へとつながる。もともと博物館めぐりが好きだった私は、この仕事に将来像を見いだした。博物館に勤め、染織品の保存・修復を担当したい。

❺貴学における染織品の保存・修復研究は国内最高レベルであり、在学中から染織品の保存・修復作業に携わることができる。大学卒業後は博物館で即戦力として染織品の保存・修復を担当したいと考えているため、「染織品保存科学」や「染織品保存修復実習」などの授業を履修したい。❻また、●●教授に師事し、小袖の保存や修復について教えを請いたいと願っている。❼さらに、学芸員資格の取得が可能である点も魅力的である。歴史の継承という使命をまっとうするため、貴学で歴史的な背景をじっくり学びたい。

[708字]

❶：○　疑問文で始まる書き出しからは、読み手をひきつけようという意図がうかがえます。疑問文はえてしてうっとうしく感じられがちですが、この記述は、世間からの認知度が低い「修復技術者」という職業を志した理由として十分に成立しており、悪くありません。

❷：◎　「修復技術者」をめざすために志望大学・学部・学科でなければならない理由→テーマ9がはっきり打ち出せています。

❸：○　第1段落では、過去のきっかけ→テーマ7として「修復」に関するエピソードが述べられています。また、ここでも衣服に関するエピソードが述べられており、説明に整合性があります。

❹：◎　「修復技術者」という職業の社会的意義→テーマ8を強調しています。

❺：◎　「染織品の保存・修復研究」という、志望学科の特徴と関連する志望理由が明示できています。

❻：◎　指導を受けたい教員名を具体的に挙げるだけでなく、研究したい内容まで明示できています→テーマ9。状況が許せば、卒業研究として取り組み可能な試みをオープンキャンパス→テーマ9の場で聞き出すことが理想です。

❼：◎　学芸員の資格取得という将来像を示すだけでなく、学びへの意欲的な姿勢までアピールできています。

家政学系の学科は、食物学科や住居学科、児童学科など幅広い。人びとの生活向上に貢献するには自分にとってどの分野が最もふさわしいかを絶えず意識しながら、志望理由書をまとめよう！

栄養学系の志望理由書

人気度 ★★★☆☆

＊大妻女子大学家政学部食物学科管理栄養士専攻公式サイトの掲載内容を参考に作成しています。

○合格まであと一歩の志望理由書

❶私は、将来、スポーツ栄養士として活躍したいと考えている。具体的には、スポーツに取り組む人びとに食の大切さと楽しさを知ってもらい、食を通じた体づくりを支えていきたい。そのためには、スポーツ栄養について学んだうえで、自分の考えを相手に合わせてわかりやすく伝える能力が必要だと考えている。したがって、貴学への入学を志望する。

❷母が料理好きであったため、食卓には多くの料理が並んだ。ある日、母になぜここまでたくさんの種類をつくるのか尋ねたところ、栄養を気にしながらつくっているからだと言っていたことが印象に残っている。よく使われる「一汁三菜」という言葉は、栄養学の観点からはきわめて理にかなっているらしい。なぜなら、主菜からはタンパク質や脂質、副菜からはミネラルやビタミンをとることができるからである。このような家庭環境が、料理に対する私の興味・関心を形成した。

❸私がめざしているスポーツ栄養士は、アスリートを栄養面から支える仕事である。まだ日本では一般的ではないものの、プロスポーツチームと直接契約して活躍しているスポーツ栄養士もいるという。また、骨折しがちであったアスリートが栄養学の面からサポートを受けたところ、骨折癖が解消したという話を聞いたこともある。私は、スポーツの根幹を担うこのような仕事に就きたい。

❹貴学では、管理栄養士免許取得に必要な専門知識が習得でき、調理室などの設備も充実している。❺また、オープンキャンパスで接してくださった先輩がみなやさしかったことも印象に残っている。貴学では4年間前向きに学んでいける環境が整っていると確信しているため、貴学を第1志望として考えている。

［690字］

❶：△　将来像➡テーマ8は明確に打ち出せています。一方、志望理由は、志望校の特徴と関連していないので、説得力に欠けます。

❷：✕　料理に興味をもった過去のきっかけ➡テーマ7としては成立しているものの、スポーツ栄養士をめざす理由としては成立していないため、志望理由書に盛り込む必然性が感じられません。

❸：✕　専門家である大学教員に対して、スポーツ栄養士に関する一般的な説明は不要です。また、「聞いたこともある」という程度の不確実な情報を盛り込むべきではありません。

❹：✕　このようなカリキュラムや設備は、「管理栄養士」を養成する大学であればどこでも整っています。これらを志望理由として提示する効果はまったくありません。

❺：△　オープンキャンパス➡テーマ9における学生とのエピソードを書くのであれば、学生から声をかけられ、学びへの意欲を高める端緒となった言葉を具体的に示すのが効果的です。

合格に手が届く志望理由書

❶私は、公認スポーツ栄養士として栄養学の観点から、アスリートの夢の実現をサポートしたいと考えている。したがって、管理栄養士免許取得に必要な知識だけでなく、スポーツ栄養に関する理論まで学べる貴学食物学科管理栄養士専攻を志望する。

❷私が所属していた陸上競技部では、コロナ禍期間の休部後に練習が再開された際、軽い練習でもケガを負う部員が続出するという事態に見舞われた。そうした折、校内でスポーツ栄養士の資格をもつ卒業生による講演会を聴いた。そこで強調されていたのは、カルシウムやたんぱく質を意識した栄養摂取の大切さだった。その話を取り入れ、私が主導して部全体で食事改善に取り組んだ結果、ケガの発生率は劇的に減少し、効果が実感できた。

❸この経験から、スポーツ栄養士として栄養学の観点からアスリートの力になりたいという将来の志望が決まった。競技者という立場以外でスポーツにかかわっていきたいと考えていた自分にとって、スポーツ栄養士という資格は、自分の志望をかなえる最良の選択肢であると確信している。

❹貴学では、スポーツ栄養士にとって必須資格である管理栄養士の受験資格が得られるだけでなく、「スポーツ栄養論」や「応用栄養科学」などの専門的な講義も履修できる。これらの講義を通じて、スポーツ栄養に関する科学的理論を学びたい。また、「栄養教育論実習」や「栄養学実験」などの実践的な講義を通じて、現場での食事管理に応用できる知識も身につけたい。❺そして、卒業研究のために●●教授の「食物学演習」を受講し、女性アスリートのサポート強化につながる栄養のあり方を研究し、将来の職業に役立てていきたい。

［683字］

❶：○　自分がめざしたい「公認スポーツ栄養士」という職業イメージと、志望校が強みとする領域を結びつけた志望理由が示せています。

❷：◎　「公認スポーツ栄養士」をめざすことになった過去のきっかけが、スポーツ栄養士による講演内容にもとづいて取り組んだ食事改善の成功というエピソードによってわかりやすく示せています。また、「答えが1つに定まらない問題にみずから解を見いだしていく思考力」や「主体性をもって多様な人びとと協働して学ぶ態度」などの「学力の3要素」→テーマ1を身につけた受験生である点もアピールできています。

❸：○　「公認スポーツ栄養士」を将来の職業として選んだ理由が説明できています。

❹：◎　具体的な講義名だけでなく、シラバス→テーマ13の内容も確認したうえで自分が学びたい内容まで説明していることによって、その志望大学・学部・学科でなければならない理由→テーマ9がアピールできています。

❺：◉　指導を受けたい教員名を具体的に挙げるだけでなく、卒業研究の内容まで明示できています。管理栄養士の受験資格は短期大学や専門学校でも得られるので、ここでは、大学でなければ取り組めない理論的な研究内容を示す必要があります。状況が許せば、卒業研究として取り組み可能な試みをオープンキャンパス→テーマ9の場で聞き出すことが理想です。

栄養学系の志望理由書では、管理栄養士として給食管理や栄養管理を専門的に担当したいのか、それとも栄養の知識を生かして企業に就職したいのかをはっきり示そう！

テーマ 55 教員養成系の志望理由書

人気度 ★★★☆☆

＊大妻女子大学家政学部児童学科児童教育専攻公式サイトの掲載内容を参考に作成しています。

◐ 合格まであと一歩の志望理由書

❶私は将来、児童に寄り添い、児童の心を育む小学校の教員として活躍していきたい。その夢を実現するためには、教育現場でたくさんの体験を積んで児童とかかわること、および教員として物事を的確に説明できることが必要だと考える。貴学はそのような学びを深める環境として最適であるため、進学を希望する。

❷私は、中・高の6年間で合唱部に所属し、高3ではパートのトップとして自分の意見を主張する機会を数多くもった。はじめは考え方が異なるメンバーと衝突することも少なくなかったが、何度も話し合いを重ねることによってチームワークを高めることができた。この経験を生かし、他人とともに努力を重ね、協働と社会的連帯を実現させる小学校の教員になりたいという目標が定まった。

❸1年次にはボランティアにも積極的に参加し、たとえば清掃活動などを通じて地域の人びととも交流し、広い視野の土台を築いていきたいと考えている。2年次には教科ごとの教育法を学ぶとともに、わかりやすく説明するために必要な論理的思考力も身につけたい。❹また、貴学では希望者が水泳指導に携わることもできるので、その機会を利用して経験を重ねたい。3年次には、児童による跳び箱や逆上がりの能力を向上させる技法を学びたい。4年次には、それまでの学びの集大成として教育実習に取り組み、児童に寄り添う指導を行いたい。❺4年間かけて語学力を磨き、英検準1級を取得したい。また、夏季休暇を活用して海外の小学校の現場でも経験を重ね、国際的な視野を身につけたい。

［632字］

❶：△　小学校教諭として必要な素養が示せている点は悪くありません。しかし、このような能力を身につけるためのカリキュラムは、どの大学でも提供されています。ここでは、その志望大学・学部・学科でなければならない理由→テーマ9を述べる必要があります。

❷：✕　この内容は、小学校教諭をめざそうと決意した過去のきっかけ→テーマ7と結びついていません。ここでは、高校での部活動経験ではなく、自分が小学校で受けた授業や、習った教員に関するエピソードを取り上げるべきです。

❸：✕　学びの計画は示されているものの、志望校が公開しているシラバス→テーマ13やカリキュラムの情報と結びついていません。

❹：△　「水泳指導」「跳び箱や逆上がり」をあえて取り上げている意図が不明です。この内容を記すのであれば、体育指導の重要性などにも言及すべきです。

❺：△　小学校教諭としての将来像→テーマ8は伝わるものの、そのために必要不可欠な学びが説明されていないため、説得力に欠けます。

🧬 合格に手が届く志望理由書

　❶私は、自分が主体的に学習してきた理科の魅力を児童に伝えられる小学校教諭になるため、貴学家政学部児童学科児童教育専攻を志望する。

　❷私が小学生のとき、石灰水に二酸化炭素を入れると白濁するという実験が終わってから、先生が、地球温暖化の原因である二酸化炭素を減らす方法について話してくれたことがある。❸この授業を通じて、理科の知識が地球環境問題の解決につながると気づき、観察や実験などに積極的に取り組むようになった。さらに、地球環境問題に対する問題意識も高まり、さまざまな環境保護活動に参加するようにもなった。❹学びに対する主体的な姿勢を児童から引き出すとともに、社会がかかえる課題に対して科学的に向き合える児童を育てたい。

　❺1年次には、教育全般や理科について基礎から学ぶとともに、児童を対象とするボランティアにも積極的に参加し、たとえば植栽活動などを通じて地域の人びととも交流しながら、教育者としての素養を高めたいと考えている。❻2年次には、理科教育について専門的に学びつつ「児童の学びと言語」の講義も履修して、わかりやすく教えるための論理的思考力や伝達力も習得したい。3年次には、各教科の指導法を学ぶことに加え、実際に児童とかかわることができる「小学校総合演習Ⅰ・Ⅱ」を通じて、児童の発達や成長の過程を見守りたい。❼そして4年次には、4年間の学びの集大成として教育実習に取り組み、ゼミでは●●教授のもと、児童が科学的な物の見方や考え方を自在に働かせるための心的メカニズムを研究したい。

〔634字〕

❶：◎　自分がめざしたい「理科の魅力を児童に伝えられる小学校教諭になる」という職業イメージと、理科の授業に自信がもてる教員の養成をめざすという志望校の強みを結びつけた志望理由が示せています。

❷：○　小学校で受けた理科の授業と教わった教員に関するエピソードが、❶のきっかけとしてわかりやすく示せています。

❸：◎　小学校での理科の授業によって受けた影響と自分に生じた変化を示すことによって、小学校教諭が果たすべき専門職としての役割が説明できています。

❹：◎　この内容は、文部科学省「小学校学習指導要領（平成29年告示）」に示されている「自然の事物・現象についての問題を科学的に解決するために必要な資質・能力」の養成という、理科教育全般の目標に符合しています。

❺：○　基礎科目の履修が中心となる1年次の学びへの意欲だけでなく、児童と自主的にかかわろうとする課外活動への意欲までアピールできています。

❻：◎　具体的な講義名だけでなく、シラバスの内容も確認したうえで自分が学びたい内容まで説明していることによって、その志望大学・学部・学科でなければならない理由がアピールできています。

❼：◎　専門性を深めたい領域について直接学びたい教員名と具体的な研究内容を示すことによって、志望校に進学したいという強い目的意識が打ち出せています。

　教員養成系の志望理由書では、幼・小・中・高それぞれの教員をめざす理由を、教員としての具体的な将来像、志望校のカリキュラム・ポリシーに結びつけてまとめよう！

テーマ56 教育学系の志望理由書

人気度 ★★★☆☆

＊名古屋大学教育学部公式サイトの掲載内容を参考に作成しています。

◐ 合格まであと一歩の志望理由書

❶私は、もともと教員志望であった。とくに小6時の担任は、学びたいという気持ちを引き出すことにたけたすばらしい先生であった。しかし、中1時の担任は、クラスでトラブルが起きていても取り合わずただ手をこまぬいて見ているだけであり、その消極的な姿勢に憤りを覚えた。その反面教師として、自分は正義感あふれる教員になりたいと考え始めた。

❷しかし、昨今の報道を通じて教員の業務の多忙さを知るにつれ、その気持ちが薄らいでいる。じつは、私の父親も中学校教諭である。平日は朝早くから夜遅くまで学校に拘束され、土日も部活動の引率で家を空けざるをえず、完全にワーク・ライフ・バランスを失っている。❸こうした働き方とは無縁のかかわり方で教育に携われないかと考え始めたところ、教育現場そのものを変えるには教育学者になるしかないと思い至った。

❹社会科研究部に所属していたことから、1つのテーマに向けて文献調査やフィールドワークを行ったり、ポスターで発表したりすることは得意である。この点から、自分には教育学者としての素養があると確信している。

❺貴学では、2年次までに履修する必修科目において、口頭発表やレポート作成などの基礎となる技能を少人数で学ぶことができる。また、実践的かつ体験的な学修や探究を通じて教育の現実に直接触れられる教育研究実習も興味深い。❻学生による授業評価が高いとされる珠玉の講義を受けることによって、教育学の神髄を学び取りたいと願っている。　[609字]

❶：✕　読み手をひきつけようという意図がうかがえますが、教員志望を取りやめるきっかけとなった中学時代の教員に関する冗長なエピソードは、字数稼ぎしている印象しか与えません。また、教員批判は、同じ教育者である試験官の心証を悪くするので、慎みましょう。

❷：△　教員志望を取りやめた理由が後ろ向きです。❸で述べられているような、教員が置かれている厳しい労働環境を教育学者として改善したいという内容に書き改めるべきです。

❸：✕　教育に携わる職種は多数あります。また、「教育現場そのものを変える」仕事には、教育学者以外に、たとえば官僚などの国家公務員もあるので、この理由には説得力がありません。

❹：✕　自己PR→テーマ12ではないので、「教育学者としての素養」を訴えても無意味です。

❺：△　興味をもった志望校のカリキュラムが取り上げられています。しかし、そのカリキュラムを自身の研究にどうつないでいくかという視点がまったく説明されていません。教育学者をめざすからには、取り組みたい研究内容についても明示すべきです。

❻：✕　「珠玉」「神髄」などのむだな修飾語は軽薄な印象を与えるので、使ってはなりません。

合格に手が届く志望理由書

❶私は、中学校教諭を取り巻く長時間労働の問題に対し、労働環境改善につながる部活動のあり方について研究するため、貴学教育学部への進学を志望する。

❷私の父は、公立中学校の教諭である。父は、競技経験のないバレーボール部の顧問を務めており、土曜日はほぼ休めない。日曜日も、大会開催日は遠征に出かけ、開催されない日も、平日にできなかった授業準備などにあてている。不登校の生徒や学級でのトラブルへの対応にも追われ、余裕のない日々を過ごしている。私たち家族と接する時間も少ない。

❸このような実態に心を痛めた私は、高校の「総合的な探究の時間」で中学校教諭による長時間労働の実態を調べてみた。その結果、部活動の活動日数が多いほど学内勤務時間が長くなることがわかり、部活動こそが中学校教諭の勤務を長時間化させている原因だと結論づけた。❹部活動は、学習指導要領で「学校教育の一環」と明記されているが、法令上の義務ではない。そこで、多忙な教員をめぐる労働環境を改善するための最善策は、部活動のあり方を専門的に研究して教育学者になり、教員以外の立場から提言することだと考えるようになった。

❺貴学教育学部は、学生1人あたりに対する教員数が多く、学習環境に恵まれている。❻入学後は、教員の長時間労働や部活動のあり方に関する研究分野で第一人者である●●教授に師事したい。部活動や教員の働き方に関する●●教授の著書や論文は、「総合的な探究の時間」における研究の引用元としてとても参考になった。大学院への進学も見据え、教員の負担軽減策として現在検討されている部活動の地域移行を実現させる方法とその課題について研究したいと考えている。

［692字］

❶：○　専門的に学びたい内容が冒頭で簡潔にまとめられています。なお、冒頭で「●●先生に師事したい」という志望理由を示してしまうと、試験官から「その教員がいなければ志望する気はないのか」と受け止められかねません。

❷：○　志望分野で活躍する身内に影響を受けたというエピソードが過不足なくまとめられ、❸にうまくつながっています。

❸：◎　高校の「総合的な探究の時間」→テーマ2で取り組んだ内容を、過去のきっかけ→テーマ7としてうまく取り込めています。学校推薦型選抜・総合型選抜への出願を検討している場合には、「総合的な探究の時間」で学んだことを、大学で専攻したい内容と結びつけましょう。

❹：◎　教育学者になって社会的課題→テーマ8を解決したいという強い意欲が伝わります。

❺：○　「学生1人あたりに対する教員数」が多くきめ細かい指導が受けられるという志望校の特徴が打ち出せています。

❻：◎　専門性を深めたい領域について直接学びたい教員名と具体的な研究内容を示すことによって、志望校に進学したいという強い目的意識が打ち出せています。もしオープンキャンパス→テーマ9に行って指導を受けたい教員と話した際にその教員に対して著書の感想を述べたり質問したりしたというエピソードがあれば、目的意識の高さを表す強力な材料となります。

教育学系の志望理由書では、なぜ現場の教員をめざさずに教育学を学びたいのかという点を明確に打ち出すとともに、教育学を通じて向き合いたい教育上の課題にもしっかり言及しよう！

テーマ57 美術系の志望理由書

人気度　★★★★☆

＊多摩美術大学美術学部彫刻学科公式サイトの掲載内容を参考に作成しています。

◐ 合格まであと一歩の志望理由書

❶彫刻家という世界に憧れをいだいたのは中学生のときである。❷家族とともに美術館に出かけた際ある作品に出合い、あまりの迫力に言葉を失った。❸それ以来、彫刻の世界に魅了され、漠然と美術系を志望するようになった。中・高の美術の授業では、いつも最高の成績を収めていた。とくに、彫刻作品では独自の世界観を展開して、先生からの賞賛を受けるだけでなく、先生からの推薦によってコンテストにも応募した。❹賞をとることはできなかったが、自分の将来を決めるうえでコンテストへの応募は貴重な経験だったと考えている。

　私は、自己主張が苦手なタイプである。話し合いの場では自分の意見をはっきり表明することができない。しかし、芸術の場となれば別である。自分の思念を芸術作品に込め、視覚的に表現する。❺自分の考えは、わかってくれる人だけがわかってくれればよい。高校の美術部では、自分が納得できる作品をたくさん制作できた。貴学入学後も、満足の行く作品をたくさん生み出したい。

　❻貴学では制作に没頭できる環境が整っており、芸術家としての将来を考える場としてふさわしい。とくに、彫刻制作環境の充実ぶりは国内随一である。❼貴学からは高名な芸術家のOB・OGが多数輩出されており、自分が同じフィールドに立てると考えるだけで気分が高揚する。同志とともに日々芸術に没頭できる日が来ることを、いまから待ち望んでいる。

[575字]

❶：○　志望理由ではなく、過去のきっかけ→テーマ7から書き出しています。美術系という、ほかの受験生とは異なる個性をアピールする必要がある系統では有効な差別化戦略です。

❷：×　「ある作品」を具体的に明示しましょう。もし作品名が思い出せないのならば、別のエピソードに差し替えましょう。作品名を覚えていながら志望理由書にわざと書かず、面接の場ではじめて披露するというテクニックは、読み手である試験官の消化不良を引き起こすだけであり、まったく推奨できません。エピソードは志望理由書内で完結させるべきです。

❸：×　「漠然と」した気持ちがどの段階で明確になったのかという点への説明がありません。

❹：×　コンテストで「賞をとることはできなかった」というエピソードは、読み手にマイナスの印象を与えるだけであり、余分です。❹の前文で披露されているエピソードが書ければ十分です。

❺：×　芸術が果たす社会的使命を無視した、独善的な考え方です。

❻：×　志望校のカリキュラムが自分の将来にどうつながっていくかという視点が欠落しています。

❼：×　大学を学びの場としてではなくブランドとしてとらえており、志望理由として不適切です。

合格に手が届く志望理由書

　❶私は、貴学美術学部彫刻学科に進学することによって、彫刻家として活躍していくための土台をつくるとともに、みずからの心のあり方を世界や未来に向けて発信するための技術も学びたい。

　私は、美術を愛好する父親の影響で、幼少期から美術館に行く機会が多かった。❷中学生のあるとき、高村光雲作の「老猿」という作品に出合った。最初に見たときにはあまりの迫力に言葉を失ったが、何度も見るうちに作品の奥深さに引き込まれていった。調べてみたところ、高村光雲は、自身が気に入った素材が見つかるまで何度も山奥に分け入ってトチの木を探し続けただけでなく、自分のイメージに合うモデルのサルが見つかるまで探し続けたという。❸1つの作品に対する彫刻家のこのような執念に触れ、みずからの思念を造形物として出現させ、時代を超えて他者の精神に迫る彫刻家という仕事を生業にしていきたいという気持ちが固まった。

　❹貴学がかかえる専門工房数は国内随一であり、課題ごとに素材と専門工房を自由に選択できるだけでなく、自分が納得できるまで作品制作に没頭できる。また、現役芸術家として活躍する先生やOB・OGから直接に講評してもらえる機会も設けられており、表現力を高める場が豊富な点も魅力的だ。❺1・2年次で石像や金属などの世界に触れて視野を広げ、卒業制作では、心の内奥を具現化する木彫りに挑みたいと考えている。

　❻技術革新でたとえどれほど技術・手段が進歩しようとも、心がもつ本質的な価値は不変である。私は、人びとの心に潤いと思索の材料を与えられる彫刻家になるために、貴学への進学を希望する。

[660字]

❶：◎　「過去に学び未来を創造する我が国独自の芸術家の育成」や「新たな彫刻表現の可能性を模索し世界に発信」していくなど、志望学科がかかげている特徴を踏まえた志望理由が示せています。

❷：○　自分が影響を受けた具体的な作品名を示すだけでなく、作品のどこから影響を受けたのかまでしっかり説明できています。

❸：◎　面接の採点基準として「将来、芸術家になる意欲を強くもっているか」がかかげられている点を踏まえ、ここまでに述べた過去のきっかけにもとづいて「彫刻家という仕事を生業にしていきたい」という決意を固めた理由が説明できています。

❹：◎　単に施設が充実している点や指導環境に恵まれている点に触れるだけでなく、学科の特徴を自分の成長にどう結びつけていきたいのかまで示せています。

❺：○　面接の採点基準として「具体的な志望研究領域があるか」がかかげられている点を踏まえ、卒業制作で取り組みたいテーマが示せています。なお、この志望校では、「高等学校等で学習・経験しておいてほしいこと」として「自分にとって関心のあることをとことん探究すること」が要求されているため、これまでの取り組みについて質問される可能性があります。

❻：◎　彫刻家として果たしていきたい社会的使命を意識した志望理由が示せています。

　美術系の志望理由書では、芸術家として生計を立てていく覚悟なのか、芸術センスをほかの領域で生かしていきたいのかによって組み立てが大きく異なるので、注意しよう！

テーマ58 映像系の志望理由書

人気度 ★★★★☆

＊東京工芸大学芸術学部映像学科公式サイトの掲載内容を参考に作成しています。

◊ 合格まであと一歩の志望理由書

❶私は、将来は映像制作会社に入り、映像編集の技術者として『ハリー・ポッター』シリーズや『ホーム・アローン』のような、どの年齢層も楽しめるような映像の制作に携わっていきたいと考えている。そのために、貴学芸術学部映像学科を志望する。

❷私は子どものころからテレビ番組や映画が大好きで、映像という存在こそが無二の親友だった。テレビ番組の公開収録や映画の初日舞台あいさつにも何度となく足を運んだ。❸自分は、大切な娯楽であるテレビや映画に、仕事として一生かかわっていきたいと考えている。

文化祭におけるクラスの出し物として企画した映像の制作に取り組んだことがある。新型コロナウイルス感染症の影響でオンライン開催となる可能性があったため、クラスムービーを制作する案を出し、そこで中心的な役割を果たした。❹映像の内容は、クラスの1年間の活動に関する振り返りであった。撮影に関しては、多方向からのアングルにより、同級生の顔が映るよう工夫した。また、制作過程では、ムービーに組み込むサウンドを決めたのち、クラス全員による合唱を撮影した。

❺大学では、映像制作や制作演習の授業を通じて、映像の編集経験を重ねていきたい。また、映像の編集だけでなく、音響・照明・映像などの技術も幅広く学びたい。

❻将来、映像スタッフとして作品にかかわる際には、中・高、および貴学での経験を生かして社会人になってからも積極的に学び、映像制作の分野で活躍するという目標に向かって努力し続けるつもりだ。

[618字]

❶：△　将来像→テーマ8は明確に打ち出せています。一方、志望理由は、志望校の特徴と関連していないので、説得力に欠けます。

❷：✕　映像に対する強い愛着をアピールしたいという意欲は伝わるものの、「無二の親友」という表現を使ってしまうと、内向的で対人関係に興味がない人物だと疑われかねません。ここでは、「映像は精神的な成長の糧であった」などの表現を使う必要があります。

❸：✕　映像系を志望することとなった過去のきっかけ→テーマ7が説明されていないため、サービスを受ける立場から提供する立場に回りたいと考えた理由が伝わってきません。

❹：✕　志望理由書というよりも自己PR→テーマ12に近い内容です。また、このような映像制作の工夫が大学での学びや将来像とどうつながっているのかも不明です。

❺：△　具体的なカリキュラムや講義名を示すことによって、専門学校ではなく大学で学びたい理由に展開させましょう。

❻：✕　志望理由書では、入学後に学びたい内容を表明すべきであり、空疎な決意表明は不要です。

✿ 合格に手が届く志望理由書

①私は、テレビ番組制作の現場で活躍するという将来の夢を実現するため、テレビ関係の講義や施設が充実している貴学芸術学部映像学科を志望する。

私はいわゆる「テレビっ子」であり、バラエティやドキュメンタリー、ドラマなどさまざまなジャンルの番組を見てきた。そのようなテレビ漬けの生活を送っていた高1の秋、自分が通う高校にバラエティ番組撮影班がやって来た。②一芸に秀でたクラスの友人を特集するという内容であったが、長くても3分程度と見込まれる放映時間のために2時間以上かけて何カットも撮影していた姿に感銘を受けた。③実際のオンエアでは多くのシーンがカットされていたが、友人と高校が大きく取り上げられていて、地方に住む祖母からは、少しだけ画面に映った私の姿を確認したという連絡を受けた。テレビの影響力とその背景にある誠実な仕事ぶりを体感した自分は、見る立場ではなくつくる立場に回りたいという思いを固めた。

④貴学では、「テレビ制作論」をはじめとするテレビ関係の講義が充実している。このような授業を受講することによって、テレビ番組制作の現場で蓄積されてきた理論や技術が身につく。⑤また、収録スタジオや編集室も充実しており、テレビ番組制作の現場に触れながら映像制作の課題に取り組める。このような取り組みを重ねることにより、テレビ制作の現場で即戦力として働く土台が築けると確信している。

将来は、映像制作会社やテレビ局などで、「テレビ」というメディアにしっかりとかかわりたい。⑥インターネット映像隆盛の時代ではあるが、スイッチを入れるだけで老若男女が視聴できるというテレビの長所にもとづく新たな可能性を、貴学で探っていきたい。［695字］

❶：◎　専門領域の1つとして「テレビ領域」が設置されているという、志望校の特徴と関連した志望理由が冒頭で示せています。

❷：◎　志望理由につながる過去のきっかけとして、テレビ番組制作のどのような側面に「感銘を受けた」のかが簡潔に示せています。

❸：◎　「テレビの影響力とその背景にある誠実な仕事ぶり」の裏づけとなるエピソードを示すことによって、「テレビっ子」というサービスの受益側からサービスの供給側に回りたいと思い始めた理由に説得力を与えています。

❹：◎　具体的な講義名だけでなく、シラバス➡テーマ13の内容も確認したうえで自分が学びたい内容まで説明していることによって、その志望大学・学部・学科でなければならない理由➡テーマ9がアピールできています。

❺：○　単に施設が充実していることに触れるだけでなく、大学のカリキュラムと結びつけ、自分がどのように活用していきたいかまで示せています。

❻：◎　個人の趣味に適合する多種多様なコンテンツを提供するインターネットメディアと比較し、年齢や世代を問わず公共性の高い情報を一斉に届けるというテレビの社会的意義➡テーマ8が意識できています。

映像制作技術は、専門学校でも十分に学べる。他分野との複合的な学びや新領域の開拓など、「専門学校ではなく、大学でなければならない志望理由」をはっきり示そう！

テーマ 59 デザイン系の志望理由書

人気度 ★★★☆☆

＊日本大学藝術学部デザイン学科公式サイトの掲載内容を参考に作成しています。

◐ 合格まであと一歩の志望理由書

❶私は、絵が好きである。小さいころからクレヨンや色鉛筆を使って絵を描くのが好きだった。中学生になってからは、パソコンで絵を描くことを覚えた。それ以来、現在までずっと絵を描き続けている。将来も、絵を描いていたい。そう思ったからこそ、貴学を志望する。

❷自分の志望を固めたきっかけは、高校の文化祭である。クラス展示用の看板をパソコンで作成してほしいと友人に頼まれ、寝食を忘れて没頭するくらい日夜夢中で描き続けた。好きなことだったから、いくらでもがんばれた。文化祭当日、看板がお披露目されると、同級生たちから歓声が起こった。その光景は、いまでも忘れられない。美術の道に生きる人たちは日々このような感動を味わっているのかと考えると、美術への思いがますます強くなる。

❸デザイン系の大学・学部はたくさんあるが、私は「日藝」というブランドをなんとしてでも手に入れたい。デザインの分野で活躍する人たちにとって、貴学のブランド力は絶大である。日藝で学ぶことこそ、自分の将来を豊かにするに違いない。❹さらに、キャンパスが家から近いことも魅力的だ。勉強に没頭してから帰宅するまでの時間が短ければ肉体的疲労は小さくて済む。親にも家から通える大学を探すよう言われているため、貴学は自分の希望条件に合致している。

❺これからはデザインの時代である。旧態依然としたしがらみに別れを告げ、新たな時代を切り開くデザイナーとして私が活躍するためには、貴学で4年間かけてじっくり学ぶことが不可欠だ。以上が、貴学を志望する理由である。

［640字］

❶：✕　「将来も、絵を描いていたい」という希望は、画家になることや、趣味として絵画を楽しむことによっても満たされます。ここでは、デザイン学科をめざすべき理由が必要です。

❷：✕　このエピソードは、志望者がもつ絵のセンスが高く評価されたという自慢話にすぎません。「他者の評価＝美術の魅力」だととらえており、「志が低い」と感じられます。また、デザイン学科をめざすことになった過去のきっかけ→テーマ7も不明です。

❸：✕　有名大学の「ブランド」がほしいという志望理由はあまりに軽薄であり、評価の対象外です。試験官から、「この受験生は学歴がほしいだけであり、まじめに学ぶ気はない」と思われます。

❹：✕　「キャンパスが家から近い」という志望理由は、「キャンパスが新しいから」という志望理由と並び、大学側から最もきらわれる回答です。学校推薦型選抜・総合型選抜では、安易な理由で大学を選ぶ受験生は合格できません。

❺：✕　読み手が納得できる根拠を示さずに、「旧態依然とした」という言葉で過去を全面否定してはなりません。

合格に手が届く志望理由書

❶私は、アートディレクターとして活躍するという夢をかなえるため、デザイン思考と制作技術を体系的に学ぶことができる貴学藝術学部デザイン学科を志望する。

私はもともと絵を描くのが好きで、幼少期は色鉛筆やクレヨン、中学に入ってからは、iPadを用いて絵の制作に取り組んでいた。❷その後、高校の文化祭でクラス展示用の看板をパソコンで作成してほしいと友人に頼まれたため、どのようなイメージがふさわしいかなどを入念にヒアリングしながら看板を完成させた。そして迎えた文化祭当日、クラス展示は大盛況となり、他クラスの知り合いや来場者からも「看板がすばらしかった」という声が寄せられた。❸私は、自身作成の看板が評価されたことよりも、依頼された友人の希望をかなえることができたことの充足感で満たされた。

❹この経験を契機として、クライアントの要望をくみ取りながら顧客満足度を高める仕事に魅力を感じ、アートディレクターをめざしたいという気持ちが固まった。将来は広告制作会社に勤務し、消費者の購買意欲を刺激するデザイン制作に取り組みたい。

❺貴学では、1年次は専攻が分かれておらず、デザイン学科全ジャンルの基礎的な講義を受けられるというカリキュラム編成となっている。現時点で志望するジャンル以外の講義も受けられるため、トータルのデザイン力が伸ばせると考えている。そして、2年次からはコミュニケーションデザイン分野を専攻し、アートディレクションについての専門性を高めたい。❻さらに、貴学は産学連携の実績が豊富であるため、在学時からデザインの現場に出て実務にかかわり、経験を積んでいきたいと願っている。

[678字]

❶：○　自分がめざしたい「アートディレクター」という職業イメージと、志望校が強みとする領域を結びつけた志望理由が冒頭で示せています。

❷：○　自分の趣味のために絵を描いていた段階をへて、友人である他者からの要望に応じて作品を作成するという、「アートディレクター」を志した経緯がわかりやすく説明できています。

❸：◎　過去のきっかけとして、「自身作成の看板が評価されたことよりも、依頼された友人の希望をかなえることができたことの充足感」を得られたという心境の変化が示されています。このことによって、他者からのニーズを取り入れデザインによって社会貢献を果たすという、「アートディレクター」としての適性がアピールできています。

❹：○　「アートディレクター」が活躍できる場は、インターネット媒体やアプリの開発、ゲームやイラストのキャラクターデザインなど幅広く存在しています。この記述では、多様な活躍の場から広告制作会社勤務という目標を立て、将来像→テーマ8を明確化しています。

❺：◎　1年次にデザイン関連の基礎が全範囲学べるという志望校の特徴を踏まえ、デザイン力を向上させたいという意欲がアピールできています。なお、デザイン系では、入学時から専門コースで学ばせるカリキュラムを採用する大学もあります。

❻：◎　広告制作会社で働きたいという目標に直結する志望校の特徴を示し、積極的に取り組んでいきたいという目的意識の高さが打ち出せています。

　デザイン系では社会の多様な要請に応えようとする積極的な姿勢が求められるので、大学で得た学びをどのような職業によって役立てたいのか、はっきり示そう！

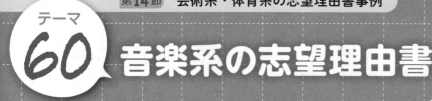

テーマ 60 音楽系の志望理由書

人気度 ★★★☆☆

＊昭和音楽大学音楽学部音楽芸術運営学科音楽療法コース公式サイトの掲載内容を参考に作成しています。

合格まであと一歩の志望理由書

❶私は、音楽を愛する。ピアノに限らず、ギターやバイオリン、独唱など、幼少期から音楽に関することは何でも好きだった。

❷ピアノは人を元気づける。悲しいとき、ふさぎ込んでしまいそうなときに明るい曲を弾くと、悲しい現実から離れられ、気分が高揚する。バイオリンは人を感動させる。線と線が重なるだけでどうしてあのような美しい音色が奏でられるのか、不思議でならない。そして、歌は、聴く人にとっても歌う人にとっても、生きる希望を与えてくれる。このように、演奏や歌唱の魅力を挙げればきりがない。❸私には、中・高での音楽の授業や部活動のコーラス・管弦楽団は物足りなかった。音楽に没頭するためには、音楽大学に進学するしかない。

❹音楽を愛する私は、将来も音楽にかかわっていきたい。しかし、音楽に関するどの仕事で生計を立てていくのかはまだ決められない。そうしたなか、何か資格を取得すべきだという両親からのアドバイスにもとづいて調べたところ、音楽療法士という仕事の存在を知った。音楽療法士は、音楽に関する高度な知識や技術にもとづき、医療、福祉、教育などの現場で活躍する専門家である。貴学ではぜひ音楽学部音楽芸術運営学科音楽療法コースに進学して、音楽療法士の受験資格を得たい。❺そして、選択必修科目で鍵盤ソルフェージュを学び、音楽家としての表現力を高めていきたい。音楽とともに生きていく術を得るために、貴学への進学を希望する。

[593字]

❶：✕ 音楽系の受験生に音楽が好きでない人はいないため、この志望理由は無意味です。また、何かしらの実績をともなわない限り、音楽にたくさん触れてきたというエピソードを語ってもアピールにはつながりません。

❷：✕ 音楽への愛着をただ書き連ねているだけであり、字数稼ぎだという印象しか与えません。

❸：✕ 「中・高での音楽の授業や部活動のコーラス・管弦楽団」のどういう点が物足りなかったのか、そして音楽大学に進学することによって物足りなかった点がどのように満たされるのかを説明しなければなりません。

❹：✕ 「音楽療法士」という職業をめざす固有の理由が示されていないため、説得力がありません。

❺：△ 志望校で履修可能な科目を具体的に示し、どのような学びを得たいかが示せている点は評価できます。しかし、その学びが音楽療法士という仕事にどう結びついてくるのかという将来像→テーマ8が説明できていません。

合格に手が届く志望理由書

　❶私は、将来、音楽療法士として福祉現場で勤務し、認知症の症状緩和やリハビリテーションの支えとなりたい。そのために、音楽について専門的な指導が受けられ、社会福祉系の授業も充実している貴学音楽学部音楽芸術運営学科音楽療法コースへの進学を志望する。

　❷私が中3のとき、祖母がアルツハイマー型認知症と診断され、特別養護老人ホームに入所することになった。ある日、施設の行事である童謡の合唱に祖母が参加し、音楽療法士の指揮に合わせて歌うのを聴いた。歌っている祖母の笑顔は、認知症が進行する以前に見せていた穏やかな表情そのものだった。そのようすに感動した私は、歌い終わった祖母に思わず抱きついた。❸あとで音楽療法士から話を伺ったところ、施設では簡単な楽器を演奏するプログラムも実施しており、祖母をはじめとする高齢者に音楽療法が喜ばれているという。

　❹3歳からピアノを習い続け、高校の合唱部では全国大会金賞を受賞するなど音楽に親しんできた私は、音楽に関する体験を自分の将来とどう結びつけていくべきかに思い悩んでいた。しかし、祖母にまつわる体験から、多くの高齢者に音楽の楽しさを伝えるとともに、音楽を通じてコミュニケーションを支える音楽療法士という仕事に進もうと決意した。

　❺貴学は、音楽療法に必要なプログラムに加え、施設実習も充実している。また、選択必修科目として、ピアノ演習やハーモニー演習も受講できる。さらに、選択科目によっては社会福祉主事任用資格の取得が可能であり、福祉施設勤務という道への可能性が開かれている。❻卒業論文では●●教授から指導を仰ぎ、認知症高齢者を対象とするグループ音楽療法の効果について研究を深めたい。

[696字]

❶：○　自分がめざしたい「音楽療法士」という職業イメージと、志望校が強みとする領域を結びつけた志望理由が冒頭で示せています。

❷：○　認知症の祖母とその家族である自分という、自身や身内が志望分野と深くかかわった経験が過去のきっかけ→テーマとして示せています。

❸：◎　現場で働く「音楽療法士」から直接話を聞いたというエピソードを加えることによって、自分がめざしたい職業に対して深い理解がある点をアピールしています。

❹：◎　音楽大学をめざす以上、高校時代までに音楽に深くかかわった経験をくわしく説明する必要があります。ここでは、そのような経験に触れながら福祉の現場に音楽療法士として貢献したいと考えるようになった経緯がわかりやすく説明できています。

❺：◎　志望校のカリキュラムを踏まえたうえで、音楽療法士になるために学びたい内容が明示できています。また、志望校がもつ「社会福祉主事任用資格の取得が可能」という特徴と、自分の将来像との結びつきまで説明できています。

❻：◎　音楽療法士になるためには、大学進学だけでなく専門学校進学という選択肢もありえます。ここでは、大学でなければ学べない内容に触れられています。

　音楽系の志望理由書では、プロの音楽家をめざす場合には専門性をアピールし、音楽の専門的知識を生かして社会に貢献する道を選ぶ場合には音楽が果たす社会的意義をアピールしよう！

テーマ 61 体育・スポーツ科学系の志望理由書

人気度 ★★★★☆

＊順天堂大学スポーツ健康科学部公式サイトの掲載内容を参考に作成しています。

◯ 合格まであと一歩の志望理由書

❶私は、心から愛してやまないバスケットボールと一生かかわっていきたいため、「トップアスリートを支え、育成する」ことを教育理念としてかかげる貴学への入学を志望する。

❷私は、中学までは陸上競技に取り組んでいたが、高校からバスケットボール部に入った。走る動作以外は陸上競技と異なる動きが多く、毎日懸命に練習してもなかなか上達しなかった。そうしたなか、練習試合に来たOBから個人的に「体幹を鍛えてごらん。きっとうまくなるよ」というアドバイスを受けた。その人の、簡潔にして温かく説得力のある言葉が心に響き、その日から体幹トレーニングを開始した。すると、次第にすべての動きが安定し、上達が実感できた。この経験から、将来は個々のスポーツ選手の能力を最大限に引き出せる指導者になりたいという思いを強めた。

❸男子バスケットボール日本代表の世界ランキングは38位、女子は8位であり、とくに男子は、世界一を争うレベルからはほど遠いと言わざるをえない。しかし、女子バスケットボールが東京オリンピックで銀メダルを獲得したことや、Bリーグの知名度が浸透しつつあることによって、バスケ界は徐々に活況を呈しつつある。❹私は指導者として、体格でまさる欧米のチームに負けないチームづくりにかかわっていきたい。

❺貴学には、コーチング論だけでなく、スポーツ医学、外傷・障害学、栄養学、スポーツ心理学などの授業がある。私がめざすのは、技術面だけでなく、体力面・心理面までサポートできる指導者であり、その基礎を幅広く学びたい。また、最新の測定機器を用いた身体メカニズム解析への興味だけでなく、実習にも高い関心をもっている。このように、知識と実践の両面からバランスよく研究できる貴学で、4年間かけてじっくり学びたい。 ［730字］

❶：✕ 「バスケットボールと一生かかわっていきたい」という思いは、趣味としても満たすことができます。また、「トップアスリートを支え、育成する」ことを教育理念として挙げていますが、同校の公式サイトでは別の教育理念（カリキュラム・ポリシー→テーマ13）をかかげているので、この記述は誤りです。

❷：✕ この記述からは、競技力の向上はあくまで受験生自身による努力の成果であって、OBによるコーチングの成果だとは読み取れません。

❸：✕ バスケットボール界の常識的な現状分析に字数を割くべきではありません。

❹：△ トップレベル選手の指導者になるためには、公益財団法人日本バスケットボール協会のコーチライセンス取得が必要です。その資格取得と大学での学びのつながりを説明しましょう。

❺：△ 専門的に学びたい内容は、1つに絞るべきです。

✿ 合格に手が届く志望理由書

❶　私は、部活動の外部指導者としてバスケットボールに携わっていきたい。したがって、コーチングに関する専門知識と、医科学的知識にもとづいたスポーツパフォーマンスの分析力を身につけることができる貴学スポーツ健康科学部を志望する。

❷　私は、友人の誘いで高校からバスケットボール部に入部した。初心者からのスタートであったため上達には苦労したが、外部指導者であるコーチによる献身的なアドバイスのおかげで最終的にはレギュラーの座をつかみとり、チームも県大会ベスト8まで進出した。

❸　私は、大学卒業後には家業である運送業に勤めようと決めていたため、バスケットボールの活動には高校でひと区切りつけようと思っていた。そうしたなか、教員による働き方改革の一環として、運動部活動の地域移行が推進されているというニュースに触れた。そこで、私は、地域にある学校の外部指導者としてバスケットボールにかかわることができればこれまでの経験を生かせると思い、コーチングについて専門的に学びたいと考えた。

❹　貴学では、1年次に、医科学と健康科学の側面からスポーツと健康に関する基礎的な知識や考え方を集中的に学ぶことができる。また、1年次は全寮制であるため、多様な価値観をもつ同級生と触れ合ったり、学びを通じてチームワークを高めたりすることができる点にも魅力を感じている。❺ 2年次以降はスポーツコーチング科学コースに進み、「スポーツの測定評価学」や「スポーツコーチング総合演習」などの授業を受講し、選手をデータ面からサポートするための理論と実践を学びたい。❻ 3年次からは●●准教授のゼミに入り、卒業研究ではゲーム展開を見据えた効果的なシュートの打ち方を分析したい。

[703字]

❶：○　自分がめざしたい「外部指導者」という職業イメージと、志望校が強みとする領域を結びつけた志望理由が冒頭で示せています。

❷：○　コーチからのアドバイスによって競技力を向上させた経験が過去のきっかけ➡テーマ7として示せています。

❸：◎　自分の将来像➡テーマ8を社会的意義➡テーマ8と実現可能性の両面から説明できています。

❹：◎　志望校の特徴である「1年次は全寮制である」点、および、学部初期教育として「スポーツ健康科学総論」がカリキュラムとして組まれている点が志望校で学びたいことと結びついています。なお、全寮制を採用する大学の面接では、集団生活に対する適性の有無が試されます。回答で集団生活の適性をアピールしましょう。

❺：◎　具体的な講義名だけでなく、カリキュラムの全体像も確認したうえで自分が学びたい内容まで説明していることによって、その志望大学・学部・学科でなければならない理由➡テーマ9がアピールできています。

❻：◎　所属したいゼミの名前を挙げていることによって、卒業研究で自分が取り組みたい内容が具体的に示せています。

体育・スポーツ科学系が扱う領域は、スポーツを通じた教育活動や健康福祉活動、スポーツ・マネジメント、医科学的な分析など幅広い。志望理由書では、これらの多様な選択肢の中から自分がめざしたい将来像をはっきり示そう！

テーマ 62 人文科学系（心理学系）の面接

人気度 ★★★★★

➤ 設　定

面接官	A〜C
受験生	● Dさん：将来は、大学で心理学を学び、卒業後から調理技術を身につけ、高齢者施設職員や学校給食調理員として働きたいと考えている。趣味は水墨画。通信制高校に通っている。

面接の事例

面接官A まず、高校時代のすぐれた実績や経験をアピールしてください。

Dさん 水墨画の創作です。❶もともとは画家を志していました。中3のときに日美展で優秀賞を受賞し、さらに高1のときには作家入選を果たしました。日美展はプロ・アマを問わない全国公募のコンクールであり、10代の入賞者はほとんどいません。これまでに培ってきた作画の能力は、料理に使う材料の組み合わせ、切り方や盛りつけを考える場合に役立つと考えます。

面接官B それほどの才能に恵まれながら、なぜ画家の道を選ばなかったのですか。

Dさん ❷創作自体は得意なのですが、デッサンの能力が高くないため美術大学への進学は難しいと、美術予備校で言われたからです。その後体調を崩したこともあり美術の道に進むことを断念し、美術はあくまで趣味として取り組むことに決めました。

面接官C 通信制高校に通っているようですね。高校において、授業以外で最も力を入れて取り組んできたことは何ですか。

Dさん ❸任意参加の校内プロジェクトです。私が通う高校で実施されているオープンキャンパスに来場する中学生を配布対象としたグッズの企画に携わりました。メンバーどうしで話し合った結果、私はエコバッグのデザインを担当することになりました。配布計画を綿密に練ったことによって、開催期間中にすべてのエコバッグを配布することができました。また、メンバーどうしで大きな達成感を共有することもできました。

面接官A ところで、Dさんは心理学に関する書籍を何か読みましたか。

Dさん ●●先生が書かれた摂食障害に関する著作を読みました。

❶：○ 「すぐれた実績」として知名度が低い大会やコンテストへの入賞を説明する場合には、受賞することの難しさ、大会規模、主催団体（文部科学省、文化庁など）を示す必要がある。

❷：○ 「すぐれた実績」が志望系統や将来の方向性と関係性が薄い場合には、その実績にもとづいた進路を選ばなかった理由がよく問われる。納得できる説明を準備しておこう。

❸：◎ 通信制高校に通っている場合には、「協働性」を必要とする活動に携わってきたかどうかに懸念をもたれるおそれがあるため、在学中に何かしらの団体活動にかかわっておきたい。もし校内の活動にかかわることが無理であれば、ボランティア活動でもアルバイト経験でもかまわない。

面接官B 読後の感想を教えてください。

Dさん ❹先生の著書を読んでわかったことは、摂食障害の患者の病理や治療には思春期の過ごし方が大きくかかわっていること、また、摂食障害の患者には対人不安や自己評価の低さ、感情表出の困難など、さまざまな心理的特徴があることです。さらには、発症後における家族の対応によって治療が遅れたり慢性化したりする場合が多いということもわかり、家族が担う役割の大切さを認識しました。

面接官C Dさんが学びたいことは、本学のアドミッション・ポリシーとどのように合致していると考えますか。

Dさん ❺私は、貴学の教育理念である"Do for Others.（他者への貢献）"に共感しています。また、貴学心理学部心理学科のアドミッション・ポリシーに示されている「こころを探り、人を支える」の意義を理解し、「こころ」を科学的に探究する高い意欲を有しています。貴学で学ぶ認知心理学や摂食障害の研究を踏まえ、調理という仕事を通じてよりよい社会づくりに貢献したいと考えます。

面接官A ところで、もし今回の試験で不合格となってしまった場合には、一般選抜でも受験しますか。

Dさん ❻そのつもりです。少人数制による実験・実習科目が充実している点や、豊富な専門講義科目が開講されている点に魅力を感じ、貴学を第1志望として考えているからです。

面接官B 本学卒業後には、どのような仕事に就きたいと考えていますか。

Dさん ❼卒業後は、調理と栄養学を専門的に学び、高齢者施設職員や学校給食調理員として働きたいという意欲があります。また、自分の美的センスと心理学の知識を駆使して、自由に動けない高齢者のストレスを和らげる食事や、学校に行きたがらない小中学生でも楽しみに待ってくれる給食の献立を考え、実際の調理にも携わりたいと考えています。最終的な目標は、料理と心理学を結びつけ、心身の不調や疲労をかかえた人びとでも気軽につくれるレシピを開発し、そのノウハウを書籍として出版することです。

面接官C なるほど。では、時間となりましたので、終わります。

❹：◎ 心理学系の学校推薦型選抜・総合型選抜では、自分の志望分野にかかわる質問が頻発するため、関連書籍を読んでおくことが必須。それが志望校教員の著書であれば申し分ない。内容の要約や学んだ知識について簡潔に述べられるよう、準備しておこう。

❺：◎ 面接官が、志望校の教育理念やアドミッション・ポリシーを理解しているかどうかを確認する場合がある。あらかじめ頭に入れておこう。

❻：◎ 一般選抜での受験も想定していると答えると、志望校に対する入学意欲の高さが伝わる。その際には、単に「第1志望だから」という理由だけでなく、他校との比較による志望校の魅力にも触れるのが望ましい。

❼：○ 志望理由書での説明が不足している箇所につき、面接で説明を求められる可能性が高い。字数の関係で志望理由書にくわしく記載できなかった内容については、補足説明を回答として準備しておこう。

心理学系は根強い人気があり、一般選抜と同様に競争倍率が高い。また、「臨床心理学」「発達心理学」「社会心理学」など、大学によって得意とする領域が異なる。自分の志望分野に関する入門書を読み、小論文対策などにも力を入れよう。

テーマ 63 社会科学系（経済学系）の面接

人気度 ★★★★★

➤ 設 定

面接官	A～C
受験生	● Dさん：将来は中小企業診断士の資格を取得し、中小企業の経営コンサルタントとして活躍したいと考えている。高3でバレーボール部の主将を務め、チームを県大会ベスト4に導いた。

面接の事例

面接官A ❶志望理由書を読みました。高1で哲学書を読んだそうですね。かなり高い意識をもっていると感じました。どういうきっかけで読むことになったのですか。

Dさん 高1で教わっていた国語の先生に薦められたからです。自分は当時、哲学的な疑問をもつことや、それについて考えることも多かったため、とても前向きに読むことができました。

面接官B 経済関係で読んだ本を教えてください。また、どのような部分が心に残りましたか。

Dさん ❷経済学全般の入門書だけでなく、経済数学、マクロ経済、ミクロ経済、ゲーム理論などの入門書も読み、人間の複雑な消費行動が関数などの数学的な要素にある程度まで還元できるという説明に驚きました。また、利益の最大値は微分や大学レベルの数学的知識を利用して予測することができるという説明も読み、ぜひ自分でシミュレーションしたいと思いました。

面接官C 「日本の中小企業におけるグローバル化や新しいイノベーションへの対応の遅れ」について、Dさんが把握している日本の現状を説明してください。

Dさん ❸グローバル化の遅れについて説明しますと、ほかの東アジア諸国や欧州諸国で新興国への市場進出が急拡大しているのに対し、日本は遅れをとっていてエレクトロニクス分野における世界シェアが低下しています。新しいイノベーションへの対応の遅れについては、エレクトロニクス分野では国を超えた水平分業が急速に進んでいる一方、日本はそのような新しいモデルに対応できていません。その傾向は、とくに中小企業で顕著です。

面接官A では、「日本の中小企業におけるグローバル化や新しいイノベーションへの対応の遅れ」の解決策を答えてください。

❶：面接では、これまでに読んできた本や最近読んだ本に関する質問が頻発する。この場合には、実際に読んでいない本を答えてはならない。内容の説明を求められ、答えに窮することになるからである。見栄を張ること、うそをつくことはNG。

❷：○ 趣味に関する本を取り上げても問題はないが、志望分野の本について追加質問を受ける可能性が高いので、読んでおくことを推奨する。それが志望校教員の著書であれば申し分ない。

❸：○ 志望理由書において指定字数の関係で細かく説明できなかった内容は、必ず質問される。しっかり説明できるよう準備しておこう。

Ｄさん ④グローバル化の遅れを挽回するには、広い視野をもち国際社会で活躍できる人材が必要です。しかし、そのような人材のほとんどは大企業に就職するため、中小企業が確保することは困難です。したがって、高校と大学の段階で、英語力、リーダーシップや交渉力、コミュニケーション能力を育成するとともに、成長可能性が高い中小企業の魅力を伝えるべきです。一方、イノベーションは、資本や人材などのさまざまな資源が集中的に投入され、新たな知識が生み出されることによって創出されます。そのため、高度な専門知識をもつ科学者、技術者、管理職などの人材採用が可能な雇用の流動化と、多数のスタートアップ企業が絶えず市場に参入できる環境を生み出していくことが必要だと考えます。

面接官Ｂ Ｄさんの資質は、本学の経済学科にとってどのようにふさわしいと考えますか。

Ｄさん ⑤1つは、中小企業の持続的な発展に寄与したいと考える「社会問題の解決に対する強い関心」です。もう1つは、バレーボール部の主将としてチームをまとめ上げた経験にもとづく「他者と積極的にコミュニケーションを図り、協力しようとする姿勢」です。

面接官Ｃ 志望理由書に記載された授業以外で履修したいプログラムはありますか。

Ｄさん ⑥「産業組織論」の授業で消費者行動や企業行動の分析を通じて市場や産業構造に対する理解を深めたいと考えます。また、「ファイナンス」の授業で金融産業や金融システムに関する正しい認識を得たいと思います。

面接官Ａ ところで、Ｄさんは、福岡県内の高校に在籍していますね。なぜ本学がある東京に出てこようと考えたのですか。

Ｄさん ⑦東京を含む首都圏は人口規模が大きいため、日本経済の実態を直接目にする機会が多いと考えたからです。また、東京には親戚や知人がいないため、大学入学を機に生活面でも新しいことに挑戦したい自分に合っている環境だと考えたからです。

面接官Ｂ なるほど。では、時間となりましたので、終わります。

④：◎ 自分が提示した問題点に対する解決策としては、ある程度実現可能な提案を具体的に示す必要がある。なお、イノベーションについては、スタートアップ企業の信用保証を政府が行って資金調達を容易にすることや、企業内に存在するイノベーション活動推進のために分社化を実行することなども挙げられる。

⑤：○ 志望学科にふさわしい資質を2つ示す場合には、専攻したい分野に関連する内容を先に答えるとよい。ほかの学部・学科でも該当するような資質を述べても高評価にはつながらない。

⑥：○ 大学Webサイトに掲載されているシラバスを確認したうえで、自分の学びのイメージに合った授業を答えよう。もしくは、専攻したい分野の教員名を挙げてもよい。

⑦：○ 地方から大都市部にある大学を受験する場合には、この種の質問が頻発する。大都市部で学ぶメリットを答えよう。「都会での生活が楽しそう」などの浮ついた理由はNG。

経済学系では、商学系や経営学系以上に、経済理論に対する興味・関心や学修意欲の高さが求められる。そのため、高校で公共や政治・経済の授業を受けるだけでなく、大学進学まで見据え経済分野の入門書にも目を通し、ミクロ経済やマクロ経済に関する基本的な理解を深めよう。

テーマ 64 自然科学系（土木・建築学系）の面接

人気度 ★★★★☆

➤ 設　定

面接官	A〜C
受験生	● Dさん：将来は設計事務所に勤め、エアコンを使わなくても過ごせる快適さと、思わず見入ってしまうようなデザイン性を兼ね備えた住宅を設計したいと考えている。趣味はサイクリング。

⚛ 面接の事例

面接官A　志望理由書を読みました。本学の授業カリキュラムに魅力を感じてくれているようですね。それ以外に、他校と比べて魅力的だと感じている点はありますか。

Dさん　❶履修者全員に個人用の製図板が用意される点です。少人数制の演習を通じて建築設計の能力が高められる点に魅力を感じました。

面接官B　Dさんは本学のオープンキャンパスに参加しましたか。

Dさん　❷はい、6月と8月のどちらにも参加しました。

面接官C　オープンキャンパスで印象に残ったことは何ですか。

Dさん　見学した授業で●●先生が指導されていた内容です。「▲▲団地に外部から人を呼び寄せられる魅力的な建造物」を考えるという課題に対して、ある学生が「カフェを含む円柱の建物の周囲にらせん形の階段を設置した建物」を提案しました。それを受け、●●先生は、その学生に対して、以前提出した課題と比較して成長した箇所をていねいに指摘されていたのです。そのようすを見て、❸●●先生の熱意あふれる指導に感動し、自分もここで学んで成長したいという思いを募らせました。

面接官A　Dさんが目標とする建築家を、その理由と合わせて教えてください。

Dさん　❹隈研吾（くまけんご）さんです。高2で読んだ『建築家になりたい君へ』という本において、隈研吾さんは、「建築が本質的に環境を破壊する犯罪的な存在であるという意識が欠落し、独善的に自分の造形美を実現しようとするその姿勢を、僕は『勝つ建築』と感じていました」と述べています。私は、この対概念である、周りの環境など外力に合わせた「負ける建築」という考え方に共鳴しました。

---

❶：○　多くの大学に設置されているメジャー系統を志望する場合には、「他校でもかまわないのではないか」と思われないよう、他校にはない志望校の特徴を的確に答える必要がある。

❷：○　オープンキャンパスでは、学校推薦型選抜・総合型選抜合格のヒントが多数得られる。できれば、1度だけでなく複数回参加し、さまざまなプログラムに参加しておこう。また、他校のオープンキャンパスにも参加すると、他校にはない志望校の特徴が把握しやすくなる。

❸：○　単に「感動し」たという感想にとどめず、入学後の姿に結びつけて答えることによって、意欲の高さがアピールできている。

❹：◎　土木・建築学系では、理想とする建築家について質問される可能性が高い。有名建築家がみずからの考えをまとめている著作には、なるべく目を通しておこう。また、建築関係の雑誌にも目を通し、近年の動向も把握しておこう。

面接官B ほかの建築家とは異なる隈研吾さんの魅力について教えてください。

Dさん 隈研吾さんが設計したデザインには、「だれが設計したのだろう」と思わせる魅力があります。⑤自宅から自転車で約15分の場所に建っている国立競技場をはじめて見たときには、木材と鉄骨のハイブリッド構造の屋根などに目を奪われました。木目を大切にする隈研吾さんらしいデザインだと思います。スタジアムのような大型建造物でも、コンクリートだけでなく自然と調和したデザインを施すことが可能だとわかったことは、もともと和風建築に魅力を感じていた自分にとって大きな気づきでした。

面接官C 今回提出してもらった課題をあらためて説明するとともに、その取り組みで印象に残ったことを教えてください。

Dさん ⑥隈研吾さんが設計に携わった「Murasaki Penguin Project Totsuka」をスケッチしました。この建築物は、保育所として利用されることを意識して、木目とガラスの多用によって周りの建物よりも色を明るく目立たせ、内部をよりよく見せるよう工夫されていました。施工を担当した建設会社の人からは、木目にはとくに気を遣い、仕上がりに納得できず何回か張り替えたと聞きました。設計者の建築物に対する理念が建設会社にも正確に伝わっていることに感銘を受けました。

面接官A 最後に、高校時代に最も努力したことについて教えてください。

Dさん 周りの人とのコミュニケーションです。もともとは苦手なタイプの人とかかわることを避けていましたが、高校に入ってからは、偏見や先入観を排除して他人と付き合うよう心がけました。実際に、周囲との交わりを拒んでいる同級生に対し自分から積極的に話しかけたところ、それなりに時間はかかったものの、最終的には打ち解けることができました。⑦とくに、彼は環境学にくわしかったので、彼との共通の話題をもつため自分なりにいろいろと調べた経験が、自分の知識を広げ、エアコンを使わなくても過ごせる快適さを備えた建築物を生み出したいという目標をもつきっかけになりました。

面接官B なるほど。では、時間となりましたので、終わります。

---

⑤：○ 自分が好きな建築家に関する説明だけでなく、その建築家が設計したデザインの魅力に関しても具体的な説明が求められる。

⑥：○ 事前課題の提出が求められている場合には、その取り組みから学んだことや感想について尋ねられることが多い。課題に対する意欲的な姿勢をアピールしよう。

⑦：◎ 苦手とするタイプの人と打ち解けられたというエピソードだけでなく、その経験が自分の進路にも影響を与えたというエピソードを付け加えたことによって、面接官に強い印象を残している。

　土木・建築学系では、面接官が口頭試問→テーマ3によって数学・物理の知識を確認する場合が多い。対策が必須である。なお、土木工学を志望する場合には、上下水道・道路・鉄道・公園など社会基盤の設計意欲や、都市計画、防災、環境保全に対する貢献意欲まで求められる。土木関係の書籍・雑誌やニュースに目を通しておこう。

テーマ
65 看護医療系（歯学系）の面接

人気度　★★★★☆

➤ 設　定

面接官	A～C
受験生	❶Dさん：父親が歯科医であり、歯科医としての仕事ぶりについて日々話を聞くうちに、歯科医に興味をもった。将来は、自分のクリニックを開業したいと考えている。高校では野球部に所属していた。現在、2浪。

面接の事例

面接官A　では、❶本学を志望した理由を教えてください。

Dさん　私が貴学を志望するおもな理由は、医療系総合大学としてチーム医療の基礎を修得できる環境に身を置きたいと考えたためです。貴学では、異なる学部の学生どうしが施設実習や病院実習などに取り組む教育プログラムが設定されています。さらに、医学部付属病院との緊密な医療連携により、臨床実習を通じて患者中心の医療を提供するために歯科医が果たすべき役割について多角的に学ぶこともできます。こうした特徴により、学部の枠を超えて学び、互いを理解し協力し合える環境を通じてチーム医療の基礎を身につけられると感じ、貴学を志望します。

面接官B　Dさんが考える、「患者中心の医療を提供するために歯科医が果たすべき役割」とは、具体的にはどのようなことですか？

Dさん　❷たとえば、入院している患者が、うまく栄養摂取ができないために原疾患の治療が進まなかったり、入院が長期化したりしてしまうことがあると聞きます。そうした場合に、医師や看護師、管理栄養士と歯科医が連携し、栄養状態が向上するようにサポートすることなどが挙げられると思います。

面接官C　そもそも、なぜ歯科医師をめざそうと思ったのですか？「患者中心の医療を提供する」のであれば、医師のほうがよいのではないですか？

Dさん　❸私が歯科医師をめざす理由は、口腔内（こうくう）の健康を守ることができる唯一の存在である歯科医師に憧れるからです。私は、生まれてから虫歯1つなく生活できています。それは、歯科医師である父が幼いころ、毎晩仕上げ磨きを欠かさずやってくれたおかげです。しかし、周囲の人とかかわっていくうちに、虫歯がなく生活を送れることはけっして当たり前ではないということを実

❶：面接の場で説明すべき「志望理由」は、「なぜ志望する大学でなくてはならないか」の部分。すでに志望理由書として提出している内容と重複してもかまわない。反対に、大きく異なった理由を挙げてしまうと、もともと提出した志望理由書は別人が書いたものではないかと疑われてしまう危険性がある。

❷：◎　歯科医師にとってのチーム医療のあり方について、正しい理解が示せている。ほかの事例として挙げられるのは、❶ 医師や看護師、理学療法士や臨床工学技士と連携し、人工呼吸器管理されている患者に対して口腔内のチェックを行い、口腔乾燥や口腔粘膜炎など、さまざまな口腔有害事象の改善を図る。❷ 医師や看護師、言語聴覚士や管理栄養士と連携し、脳血管疾患患者の誤嚥（ごえん）を防ぐ。

❸：○　医師ではなく歯科医師をめざす理由として適切。場合によっては、医学部を断念して歯学部に転じるという受験生もいるかもしれない。しかし、そうした本音は抜きで、歯を中心とした口腔全体の治療に携わることへの使命感や、歯磨きの指導や定期検診を通じた歯の病気の予防活動への意欲などを示す

感しました。虫歯や治療に苦しむ友人の話を耳にすることも多く、将来は歯科医師として社会に貢献したいと思うようになりました。

面接官A 　将来は、どのような歯科医師になりたいと考えていますか？

Dさん 　❹一般的に、歯科学で周知されている痛みを感じさせない方法の知識をベースにして、治療の経験を積むことによって患者にフィードバックしながら、できる限り痛みを与えないやり方を施しながら治療を進めていけるよう、日々努力していきたいと思います。そして、❺将来的には自分のクリニックを開業し、歯科衛生士やスタッフと協力して、患者をクリニックの受付で最初に出迎えるところから、器材の準備、受け渡しなども含めたスムーズな治療を提供することによって、地域から信頼される歯科医師になりたいと考えています。

面接官B 　では、Dさんの高校時代について質問させていただきたいと思います。Dさんは、高校時代に何か部活動をやっていましたか？

Dさん 　はい、野球部に所属していました。

面接官C 　そうですか、では、野球部での活動を通じてどのようなことを得たり、学んだりすることができましたか？

Dさん 　仲間と助け合いながら、試合で勝ったときには、何にも代えがたい喜びを感じることができました。また負けてしまった試合のあともミーティングを開き、次の試合はどう戦うか、そしてそれまでどのように練習するかという意見を出し合うことによって、単なる悔しさで終わらせることを避けました。❻野球部での活動を通じて、多くの人と助け合いながら何かを成し遂げることの尊さや、他者に対して自分の意見を伝えるための工夫を学ぶことができました。

面接官A 　具体的に、どのような工夫を心がけたのですか？

Dさん 　❼感情的な対立を生むことのないよう、言葉づかいや声のトーンに気を配り、話すタイミングを探りながら、相手が受け入れやすいような提案に絞りました。

面接官D 　なるほど。では、時間となりましたので、終わります。

べきだ。

❹：○　各大学が策定する「カリキュラム」のうち、全大学で共通して取り組むべき部分を抽出し、体系的に整理した「歯学教育モデル・コア・カリキュラム」の中に、「歯科医師として求められる基本的な資質・能力」が定められている。そのうち、「生涯にわたってともに学ぶ姿勢」として「歯科医療の質の向上のために絶えず省察し、ほかの歯科医師・医療者とともに研鑽しながら、生涯にわたって学び続ける」という項目があり、こうした目標に合致する回答が示せている。

❺：○　自分のクリニックを開業するという目標だけでなく、どのような医療を提供していきたいかについても、チーム医療の観点を含めて明示できている。

❻：○　「歯学教育モデル・コア・カリキュラム」の中で、「歯科医師として求められる基本的な資質・能力」として定められた、「保健・医療・福祉・介護および患者にかかわるすべての人びととの役割を理解し、連携する」という「チーム医療の実践」につながる回答が示せている。

❼：○　「歯学教育モデル・コア・カリキュラム」の中で、「歯科医師として求められる基本的な資質・能力」として定められた、「患者の心理・社会的背景を踏まえながら、患者およびその家族と良好な信頼関係を築く」という「コミュニケーション能力」につながる回答が示せている。

　　看護医療系に共通するのは、基本的に、学部卒業後は医療従事者として働くことが前提となっているという点である。そのため、他の学部と比べて、自分のめざす職業に対するイメージをしっかりもつ必要がある。また、面接では医療に関する専門的な知識が問われることも少なくないため、参考書を用いて理解を深めておこう。

テーマ 66 教員養成・教育学系の面接

人気度 ★★★☆☆

➤ 設定

面接官	A〜C
受験生	● Dさん：将来は、小学校教諭として、理科好きな子どもたちを育てたいと考えている。一方では、養護教諭になる夢も捨てがたいため、他校との併願可能な総合型選抜で受験した。合唱部に所属し、高3ではパートのトップを務めた。

面接の事例

面接官A ❶志望理由書の内容以外で、中学校教諭や高校教諭ではなく、あえて小学校教諭をめざす理由を教えてください。

Dさん 小学生のときに家族で博物館や科学館、プラネタリウムに行った楽しい記憶が残っていて、そのときに感じた理科の楽しさを、子どもたちがはじめて理科に触れる小学校の授業を通じて感じてもらいたいと考えたからです。

面接官B 小学生のときに「博物館や科学館、プラネタリウム」に行ったことによって得られた理科的教養について教えてください。

Dさん 当時は、同じ星がいつも同じように見えていると思っていたのですが、実際にプラネタリウムに行くことによって、星が季節や時間によってまったく異なる動きをとるという事実が学べました。また、都内では星を観測することが難しいとよく言われますが、部屋の明かりを全部消すとはっきり観測できることにも気づきました。

面接官C 小学生のときに印象に残った先生とのエピソードを教えてください。

Dさん ❷小6のときに、ピアノ伴奏者の学年代表に選ばれました。うれしさの反面、大役を任されたことへの不安に襲われた私に、担任の先生が寄り添って励ましてくれたことに、いまも感謝しています。

面接官A Dさんが描く、理想の教師像を教えてください。

Dさん 私が理想とする姿は3つあります。1つ目は、先ほどのエピソードで取り上げた先生のように、児童に信頼され、安心を与える姿です。❸2つ目は、多様性を重んじ、児童の個性を引き出してそれぞれの成長意欲を高める姿です。3つ目は、思いやり

❶：志望理由書に記載できる分量には限りがあるため、面接官から「志望理由書の内容以外で」追加の回答を求められることはよくある。「とくにありません」と回答することのないよう、前もって考えておこう。このような場合には、最終的に志望理由書には盛り込めなかった構想段階のメモが役立つので、捨てずにとっておこう。

❷：◎ 保育士、学校教諭をめざす場合には、高い確率で「印象に残った先生とのエピソード」が尋ねられる。その場合には、不快に感じた、悲しみを覚えたなどの後ろ向きなエピソードではなく、感謝した、尊敬の気持ちがわき上がってきたなどの前向きなエピソードを答えよう。

❸：◎ この回答は、中央教育審議会が2021年に発表した『『令和の日本型学校教育』の構築をめざして〜全ての子どもたちの可能性を引き出す，個別最適な学びと，協働的な学びの実現〜（答申）』の「9年間を見通した新時代の義務教育の在り方について」に示された「児童生徒が多様化し学校がさまざまな課題を抱える中にあっても、

の気持ちを育みながら児童どうしが互いの存在を認め合い、力を合わせて取り組める協働性を身につけさせていく姿です。

面接官B 志望理由書に記載されていた、これからの小学校教諭に求められる「国際感覚」について説明してください。

Dさん ④単に英語が話せるだけではなく、異なる文化についての深い理解をもち、違った価値観を受け入れられる姿勢です。人口減少が進む日本では、今後はますます海外からの移住者が増加します。国際感覚は、海外出身の児童だけでなく、海外生活が長い保護者との円滑なコミュニケーションを図るためにも必要です。

面接官C 小学校の現場では、教員不足や働き方が問題視されています。学童保育をはじめとする連携についてどのようなあり方を模索していくべきだと考えますか。

Dさん 国や自治体からの財政支援によって支援員の待遇を改善し、人材の確保に努めるべきだと考えます。また、保護者みずからが子育てに携わる時間を確保するために、勤務時間の短縮やテレワークの推進も重要だと考えます。

面接官A 「ゼミで学びたい」と記載されている「子どもと科学する心」とは、どのような内容なのでしょうか。

Dさん 子どもが見方や考え方を自在にはたらかせて科学し、新たに「わかった」という発見を得ることです。

面接官B 算数における発見と、理科における発見の違いを説明してください。

Dさん 算数における発見は発見した内容を実体としてとらえることが難しいのに対し、理科における発見は実験を通じて視覚的に確認できる点に違いがあります。

面接官C ところで、本学を受験するにあたり、どうして併願可能な受験方式を選んだのですか。

Dさん ⑤じつは、小学校教諭になるという目標以外に、併願校に入学して養護教諭をめざすという目標も捨てきれていないからです。現段階では、貴学と併願校のどちらに進むべきかを絞ることができません。もし合格できなかった場合には、貴学を一般選抜で受験することも考えています。

面接官A なるほど。では、時間となりましたので、終わります。

義務教育において決して誰一人取り残さない、ということを徹底する必要がある」という基本的な考え方に沿っている。このように、自分がめざす職業に関連する公的文書にはできる限りたくさん目を通し、求められる姿勢と専門性を理解しよう。

④：〇 志望理由書中で複雑な内容を簡潔に表してはいるが、空疎（くうそ）に響く言葉についてより具体的な説明を求められる場合がある。とくに、学校の先生などによる添削をへて志望理由書を提出している場合には、借り物の言葉ではない自分自身の言葉でしっかり説明することが必要である。

⑤：◎ 大学によっては専願方式と併願可能方式を両方用意している場合があるため、併願可能方式の受験者は、専願しない理由を尋ねられることが多い。そのようなケースで最も理解が得やすいのは、「併願校には貴学に存在しない特徴があるため、現時点では貴学と併願校のどちらに進むべきか決めかねている」という回答である。ただし、その際には、一般選抜まで視野に入れているなど、志望校への入学意欲の高さをアピールする必要がある。万が一、併願校を第1志望として考えていることが面接官に伝わってしまうと、そのアピールもむだになる。正直に答えることが評価を下げることにつながりかねない。伝え方には十分気をつけよう。

教員養成系の面接では、医歯薬系・看護医療福祉系と同様、職業適性の有無が確かめられる。教員は、受験生の想像以上に社会変化の影響を受けやすい職種である。少子化が進展し、以前にもまして多様性が尊重される社会における教育の役割について、自分なりの認識をもっておこう。

＊600字詰です。志望理由書作成の練習用にお使いください。

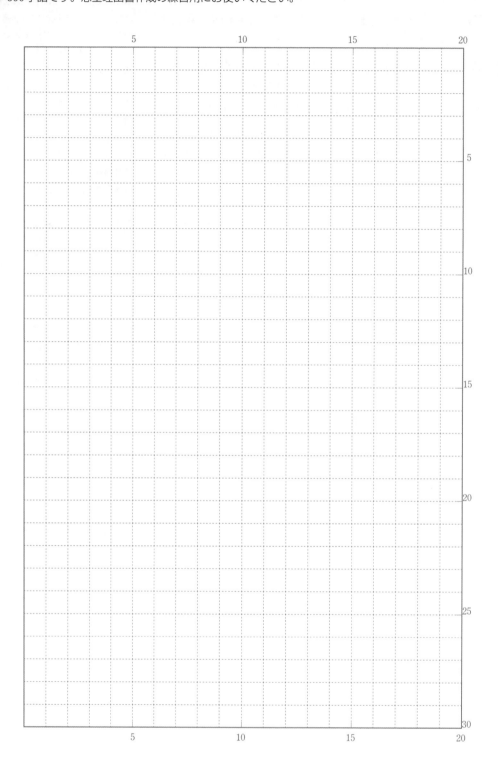

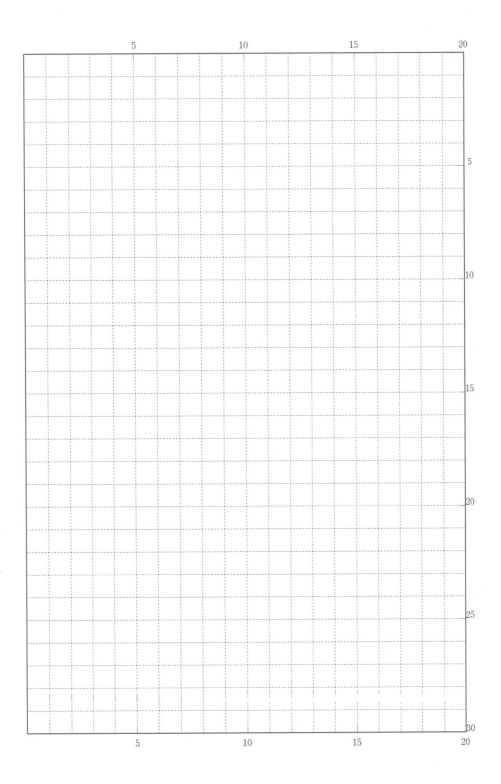

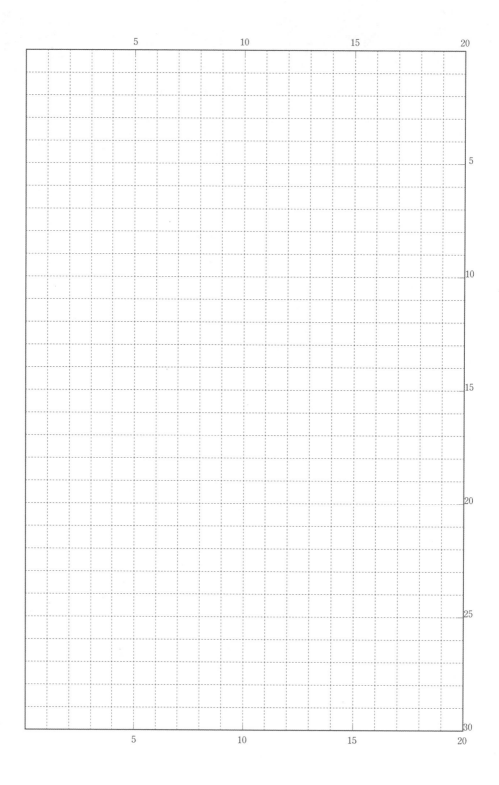

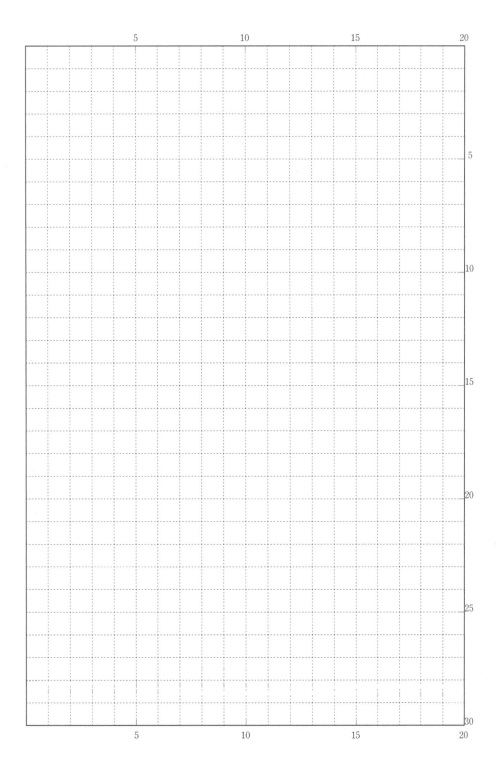

神尾　雄一郎（かみお　ゆういちろう）

　開成中学校・高等学校、慶應義塾大学総合政策学部卒。中央大学大学院にて公共政策修士号を取得。

　現在は、株式会社ジーワンラーニング代表取締役として学校推薦型選抜・総合型選抜対策と国語の指導を担当。また、ディベートの指導者として、開成中・高の弁論部監督と情報経営イノベーション専門職大学客員教授も務める。さらに、「NPO法人ロジニケーション・ジャパン」理事長として、グループプレゼンテーションの大会や出張授業も行う。

　著書に、『改訂第2版　書くべきネタが思いつく　看護医療系小論文　頻出テーマ15』『改訂版　書き方のコツがよくわかる　医系小論文　頻出テーマ20』『話し方のコツがよくわかる　医系面接　頻出質問・回答パターン40』（以上、KADOKAWA）などがある。

がっこうすいせんがたせんばつ　そうごうがたせんばつ
学校推薦型選抜・総合型選抜
　　　　じょうず　　　　　　　　しぼうりゆうしょごうかく
だれでも上手にまとまる　志望理由書合格ノート

2023年4月21日　初版発行
2024年9月10日　再版発行

　　　　かみお　ゆういちろう
著者／神尾　雄一郎

発行者／山下　直久

発行／株式会社KADOKAWA
〒102-8177　東京都千代田区富士見2-13-3
電話　0570-002-301(ナビダイヤル)

印刷所／株式会社加藤文明社印刷所
製本所／株式会社加藤文明社印刷所

学校推薦型選抜・総合型選抜

だれでも上手に話せる

面接

合格ノート

大学受験予備校 研伸館 専任講師　**中村 祐介**

▶この本で使われている現在の名称と旧名称との対応は、以下のとおりです。

- ●学校推薦型選抜：旧・推薦入試
- ●総合型選抜：旧・AO入試
- ●一般選抜：旧・一般入試

▶指導者の方へ　この本では、論理性に関しては、「伝わるかどうか」という程度の扱いです。また、発話の一貫性に関しても、「過去の経験から現在の志望理由や未来への希望に関連性があるかどうか」という程度の扱いとなっています。つまり、厳密な論理性を求める回答例は示されていませんのでご承知おきください。

▶第2章・第3章の記述は、第1章／テーマ10『「私」の未来予想図』（＝「志望理由アウトラインシート」）**A**～**F**の内容、ならびに、第1章／テーマ16『「私」の取扱説明書』（＝「自己分析アウトラインシート」）**G**～**L**の内容とそれぞれ対応しています。

▶第3章のテーマは、「面接官」A～C、「受験生」D～F＋ほかの受験生による、「面接官3人・受験生3人もしくは4人」の「集団面接」という設定です。

▶この本の内容は、2021年時点での情報にもとづいて書かれています。

はじめに

✳ 高校の先生に面接の練習をしてもらう「前」に読んでほしい！

はじめまして。この本は、高校の先生に面接の練習をしてもらう前、もしくは、1回面接練習をしてしかられた（？）怒られた（？）あとに読んでもらうと効果的な参考書だよ。

どういうことかというとね。僕のところに面接練習をしてほしいと来る受験生のほとんどが、学校の先生に1度練習をしてもらって、指摘された（？）しかられた（？）あとなんだよね。で、「どう指摘されたの？」と僕が聞くと、だいたいの受験生が「……よくわかんない」って言うんだよね。君もそうかな？

✳ 「弱い」とか「掘り下げろ」とか言われても……

で、そういう受験生にアドバイスで言われた言葉を聞くと、ほとんどの受験生が、先生が次のようなフレーズをおっしゃったと言うんだよね。

> ❶ 「弱い！」、または「薄い！」
> ❷ 「もっと掘り下げろ！」
> ❸ 「●●（←キミの名前）らしさを出せ！」
> ❹ 「個性がない！」
> ❺ 「大学教員が応援したくなることを言え！」

僕はある意味同業者なので、学校の先生がおっしゃるこれらのフレーズの意味が理解できるのですが……まぁ、受験生にはわからないよね……

✳ 面接の練習してもらう前に2つのシートを埋めるとうまくいく！

この本は、ここ数年言われつづけている「学生」と「大学」とのマッチングを主眼として設計したものなんだ……でも、そんな難しいことを言われても困るよね（笑）。

まぁ、とりあえず、2つのシートを埋めると、上記の学校の先生がおっしゃる内容をクリアすることができて、面接練習もスムーズに進んで、大学にも合格できるって思ってくれたらいい。

✳ 合格した先輩方のサンプルをたくさん用意したので、参考にすれば、だいじょうぶ！

ワークシートを埋めるとか難しいな……って思うかな？　だいじょうぶだよ。サンプルをたくさん用意したので、それを見ながら埋めていけば、だれにでも書けるから安心してね。

この本を通じて、君が過去の自分を振り返り、未来の自分を考え、そして、人生を考えてくれたらうれしい限りです。

この本の特長

✽ この本の使い方

◉ 試験までに1か月以上ある場合

① すべて読み、ノートを埋める。

② 巻末資料❷「定番の質問を学校の先生にチェックしてもらおう！」を使って、学校の先生に面接の練習をしていただく。

◉ 試験までに半月〜1週間程度しかない場合

① 第3章各テーマのページ最後にある「『私』の未来予想図」を見てイメージをつかむ。

② 第1章 第2節（テーマ10〜15）を流し読みして、テーマ10「『私』の未来予想図❶——『志望理由アウトラインシート』導入」だけを埋める。

　▶出願済みの場合には、志望理由書に合わせる！

③ 第1章 第3節（テーマ16〜27）を流し読みして、テーマ16「『私』の取扱説明書❶——『自己分析アウトラインシート』の導入」だけを埋める。

④ 第2章（テーマ28〜50）を読む。

⑤ 巻末資料❷「定番の質問を学校の先生にチェックしてもらおう！」を使って、1人で練習する。

⑥ 学校の先生に面接の練習をしていただく。

✽ キャラ紹介

◉ 祐介先生

この本の指導役。本職は予備校講師（国語・小論文）。地方の高校生が、都会の高校生に負けない学力を身につけられる良質な受験参考書を届けることが、人生の目標。

◉ そしえ

この本で読者といっしょに勉強していく生徒。

　←小5までイギリスで生活していた。

　←国際系の学部に行きたい。

　←将来の夢は海外で働くこと。

◉ 路 蘭（ろ らん）

この本で読者といっしょに勉強していく生徒。

　←サッカー部

　←将来の夢はとくにないが、なんとなく経営学部や商学部に進みたい。

　←名前は、僧侶である祖父がつけた。

学校推薦型選抜・総合型選抜
だれでも上手に話せる
面接合格ノート もくじ

第1章 学校推薦型選抜・総合型選抜面接で大切なこと

第3章

学校推薦型選抜・総合型選抜面接の学部・系統別事例集

第7節 人文科学系の質問・回答の事例

第8節 社会科学系の質問・回答の事例

本文イラスト：沢音　千尋

第 **1** 章

学校推薦型選抜・総合型選抜面接で大切なこと

この第1章の目的は、

- ●「『私』の未来予想図」（志望理由アウトラインシート）
- ●「『私』の取扱説明書」（自己分析アウトラインシート）

を作成することにあります。指示に従い、考えてノートを埋めていけば、「キミの志望理由」と「キミの自己分析」が完成するのです。

面接で中心となるのは、「3ポリシー」に準じた質問です。この「章」では、「路蘭くん」と「そしえさん」といっしょに「志望理由」を考え、「自己分析」を行ないます。この「章」に掲載したシートへの書き込みが完了すれば、面接対策は8割完成と言ってよいでしょう。

面接の練習段階で学校の先生から、

❶ 「弱い！」、または「薄い！」
❷ 「もっと掘り下げろ！」
❸ 「●● (←キミの名前) らしさを出せ！」
❹ 「個性がない！」
❺ 「大学教員が応援したくなることを言え！」

などと指導を受けた人は、シートを完成させれば、「よくなったね」とほめてもらえ、大学の合格に近づくはずです。

▶志望理由書をすでに提出した人は、必ずその書類に記載した内容に合わせて話してください。

テーマ 1 学校推薦型選抜・総合型選抜に面接試験がある理由

重要度　★☆☆☆☆

なぜ面接試験があるのだろう？

祐介センセ。私が受ける大学、面接試験の配点が300点中100点もあってけっこう比重が大きいんだけど、面接ってどんな基準で点数をつけるの？　やっぱり、教員の好み？　アタシ、年上の男性受けはいいんだけど、年上の女性受け悪いのよね。面接官、女性だったらどうしよう……

（笑）　その認識は、面接試験をだいぶ勘違いしているみたいだね。そもそも、なんで面接試験が大学受験にあるのか理解していないようだ。では、きょうはその話から始めよう。

大学は、「3ポリシー」を明示することが義務化されています。3ポリシーとは、「学位授与の方針（ディプロマ・ポリシー）」「教育課程編成・実施の方針（カリキュラム・ポリシー）」「入学者受入れの方針（アドミッション・ポリシー）」の3つです。

▶読者のみなさんは、以下は流し読みしてもかまいません（これらが文部科学省の正式な文言であり、きちんと読んでほしいところですが、次のページで簡潔に言い換えています）。

● ディプロマ・ポリシーとは、各大学がその教育理念を踏まえ、どのような力を身につければ学位を授与するのかを定める基本的な方針であり、学生の学修成果の目標ともなるものです。

● カリキュラム・ポリシーとは、ディプロマ・ポリシーの達成のために、どのような教育課程を編成し、どのような教育内容・方法を実施するのかを定める基本的な方針です。

● アドミッション・ポリシーとは、各大学が当該大学・学部等の教育理念、ディプロマ・ポリシー、カリキュラム・ポリシーにもとづく教育内容等を踏まえ、入学者を受け入れるための基本的な方針であり、受け入れる学生に、求める学習成果、いわゆる学力の3要素を示すものです。学力の3要素とは、❶ 知識・技能、❷ 思考力・判断力、表現力等の能力、❸ 主体性をもって多様な人びとと協働して学ぶ態度のこと…………

（ZZZZ……すぴー……ZZZZZZ……すぴー……ZZZZZZZZZZZZZ……すやすや……）

うっわぁぁぁぁああああああああああああああああああああああっ！　聞いてきたくせに寝てる――――――――――――――――――！

（目をこすりながら）ふぁ〜、おはよう。ってか、センセー。センセーなんだから、もっとわかりやすく教えなさいよね。アタシが眠くならないように。

大切な話だから、きちんと説明しないとダメなんだけどな……　しゃーないか……、じゃあ、誤解を恐れず、ディプロマ・ポリシー、カリキュラム・ポリシー、アドミッション・ポリシーとは、大胆に説明するとこうだ！

● ディプロマ・ポリシー：「ウチの大学で学ぶと卒業時点でこんな人になれるぞ」という、大学卒業時の理想の卒業生像

● カリキュラム・ポリシー：ディプロマ・ポリシー実現のための教育内容

● アドミッション・ポリシー：ディプロマ・ポリシー実現のために、「ウチの大学・学部で学ぶ学生は、入学してくる時点でこんな学生がいいな」という、理想の入学生像

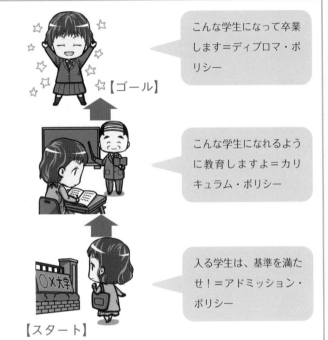

こんな学生になって卒業します＝ディプロマ・ポリシー

【ゴール】

こんな学生になれるように教育しますよ＝カリキュラム・ポリシー

入る学生は、基準を満たせ！＝アドミッション・ポリシー

【スタート】

「こんな卒業生に育てるぞ！」ってのがディプロマ・ポリシーで、「育てる方法はこれだぞ」ってのがカリキュラム・ポリシーで、「育てるのはこんな学生がいいな」ってのがアドミッション・ポリシーってことなのね……　じゃあ、<u>アタシが志望校のアドミッション・ポリシーに合った受験生だってのを面接でアピらなきゃいけないってことね？</u>

そういうことだね。<u>とくに、アドミッション・ポリシーとディプロマ・ポリシーは面接の対策でずっと意識する必要があること</u>だから、目につくところに、志望校のアドミッション・ポリシーやディプロマ・ポリシーをコピーして貼っておくといい。

　　▶アドミッション・ポリシーやディプロマ・ポリシーは、書き写すよりも、該当箇所をコピーすることをお勧めします。

テーマ 2 学校推薦型選抜・総合型選抜の面接で要求される「6つの力」

重要度 ★★☆☆☆

◎ 不確実な時代に生きるためのスキル

先生、学校推薦型選抜や総合型選抜では、一般選抜と求められるものが若干ちがうというのは理解しました。では、具体的に面接対策として何をすればいいんでしょう？

対策としては、いまから言う「6つの力」を身につける必要があるんだ。
教育には、「若い人たちが生きていくために必要な能力を身につけさせるしくみ」という前提があるんだよね。学校推薦型選抜や総合型選抜はこの前提の部分を試してくると、先生は考えています。予備校で働いている僕が予備校を否定するようなことを言ってしまうことになりますが、テストでよい点をとらせるため「だけ」とか、大学に合格させる「だけ」の技術は、本来は教育ではないんですよ。

……と言われてもよくわかりません。どのようなスキルを身につければよいのですか？

「21世紀型」と呼ばれることが多いスキルなんだけれど、この用語は、多くの人がさまざまな定義を述べているので、決めつけるのが難しいんだ。でも、先生は、あえて以下のような力だと教えていますよ。

➤ 学校推薦型選抜・総合型選抜で要求される力 （＝これからの世界で生きるための力）

❶ 主体性	みずから考え、判断し、行動する態度や姿勢
❷ 問題発見能力	みずから問題や課題を発見する力
❸ 問題解決能力	発見された問題や課題を解決する力
❹ 情報収集能力	● 信頼できる情報を検索し、収集する力 ● メディア・リテラシー（根拠のない情報に惑わされない力）
❺ リーダーシップ	チームをまとめ、他人を動かす力
❻ コミュニケーション能力	● 相手にわかりやすく、みずからの考えなどを表現する力 ● 他人やチームと意思疎通を図る力 ● 伝わる文章を書く力

わかったような、わからないような……　これ、面接と関係ありますか？

そう思うよね（笑）　ここに挙げた6つの力の多くは、<u>どの大学のアドミッション・ポリシー→テーマ1とも相性がいい</u>んだ。この6つの力を否定するアドミッション・ポリシーは存在しないんだよ。だから、「<u>この6つの力を基準として面接で答える内容を考えると対策になる</u>」と思ってくださいな。

たとえば、具体的にどんなのでしょうか？

「なぜこの大学を受験しようと思ったのですか」と質問して、「親に勧められたから」とか「友達がいいって言ってたから」などと答える受験生を、面接官はどう感じる？

自分の人生なのに他人に左右されている感じがしますね……

そう！　<u>主体性がないよね</u>。もし同じ質問に「自分でさまざまな大学のパンフレットを取り寄せて、比較して、貴学に決めました」と言う人がいたら、路蘭くんが面接官だったらどちらの受験生を合格させたい？

どう考えても、自分の意志で進学先を考えた後者の人を合格させますね……

そういうことです。ですから、これから先は、すべての質問に対して「自分にはこの6つの力があります」と答えられるように対策していきます。

面接をうそで固めて乗り切れと?!　それでいいのでしょうか……

（笑）　そうなるよね。たしかに、面接対策を「うそをつくみたいでいやだ」という人はいるね。でも、それは間違いだよ。
たとえば、路蘭くんの中に上記の6つの力はまったくないのだろうか？　まったくないならば、学校推薦型選抜や総合型選抜は受けないほうがいい。でも、過去を振り返って、6つの力に関係するエピソードを思い出すことはできるはずだ。6つの力が自分にはあると話すことは、「うそをつく」ことではなく、「<u>過去の体験を思い出して言語化する</u>」練習だと思ってほしいな。

テーマ 3 面接の練習であっても、準備は「書く」ことから始めよう！——「90秒ルール」

重要度　★☆☆☆☆

「何も思いつかない」なら、とりあえず「書く」

センセー、志望理由とか面接の質問に対する答えを考えていたら頭がごちゃごちゃしてきたわ。考えがまとまらなくて、時間をむだに過ごしているような気がしてきたんだけど……

過去のことを思い出したり将来について考えたりすると、頭がごちゃごちゃしてきて、結局何もまとまらずに時間だけが過ぎてしまうよね。時間をかけて考えたのに何も頭に残らないのはよくない。そこで、考えごとをするときのコツである「90秒ルール」をお教えします！

とりあえず、紙を準備して。<u>左上に、疑問形で題名を書いてください</u>。そうだなぁ……「そしえさんは、なぜ考えごとがまとまらないのか」でいきましょうか。<u>「90秒以内」「10〜30字程度」「4つ以上、6つ以内」で理由を書いてください。じっくり考えたりせず、思いつくまま、とりあえず書く！</u>　さあ、準備して！　いくぞ！

ピッ（ストップウォッチの音）

題　　名（疑問形）
❶ …………
❷ …………
❸ …………
❹ …………
❺ …………

- ☑ 左上に、題名を疑問形で大きく書く
- ☑ 90秒以内で思いつくまま書く
- ☑ 1文は10〜20字程度で書く
- ☑ 4つ以上、6つ以内で書く

できたわ……　こんなんでいい？

題　　名：アタシはなぜ考えごとがまとまらないのか
❶　考えごとをする習慣がないから
❷　何を考えているのかわからなくなるから
❸　別のことを考えてしまうから
❹　何をどうまとめていいのかがわからないから
❺　そもそも、自分が考えていることが何なのかがよくわからないから

（笑）そしえさん、❷と❺から察するに、書かずに面接の回答を考えているよね？

 えっ……　そりゃそうでしょう？　だって、面接対策よね？　面接って会話じゃない!?書く必要なんてないじゃない!?

 なるほど。たしかに、面接の試験では紙は使わないよね。でも、<u>面接対策では、紙に書くことが必要</u>なんだよ。
ときどき、<u>面接の練習を行なうたびに同じ質問に対してちがったことを答える生徒</u>がいるんだよね。「えっ、僕、さっきは何て言いましたっけ？」というように。そんな<u>行き当たりばったりの質疑応答ではダメ</u>です。

 だから「紙に書け」って言うのね！

 そう。この本には書き込みスペースを設けているけれども、直接書き込む前に、<u>「90秒ルール」で思いついたことを別の紙にたくさん挙げてから、それらの内容のうち「どれを面接で使うか」を考えて書き込んで</u>ください。
また、この本に書き込む場合には、シャープペンなど、消せる筆記用具で書くほうがいいね。あとで書き直したくなったときに、消して新たに書けるからね。

気づいたことをメモしよう

テーマ 4 伝える基本は「PREP法」

重要度 ★★★★☆

◎ 伝える場合は「PREP法」

アタシ、話すのが好きでコミュ力も高いほうだと思ってるんだけれど、友達に「何が言いたいのかわかんない」って言われることがあるのよね。それって治る？

（笑）だいじょうぶ、治ります。何事も練習ですよ。まずは、話す順番を意識しましょう。そしえさんは、どういう順番で話しているのかな？

えっ？　そんなの意識したことないわよ!?

そうだよね（笑）　では、これから正しい順番で話す習慣をつけましょうか。下の図で表されている方法は「PREP法（プレップ）」と言います。

❶	Point【主張】	伝えたいこと	例：私はその意見には賛成です。
❷	Reason【理由】	理由・根拠・原因	例：なぜなら、●●だからです。
❸	Example【具体例】	例・データ	例：実際、■■という例があります。
❹	Point【結論】	伝えたいこと（＝主張）を繰り返す	例：だから、私は賛成です。

なんでこの順番で話すの？

ふふ（笑）　ほらっ、先生が「この順番で話す」って「主張」したら「理由」が気になったでしょ？「主張」➡「理由」っていう順番は、聞く側にとってとても自然な流れなんです。

そうなの？　よくわかんないんだけれど……

では、面接の設定にあわせて具体的に説明してみましょう。
受験生であるAさんとBさんは同じことを話しているんだけれど、どちらがわかりやすい？

面接官　本学部の志望理由を教えてください。

Aさん　はい。私は将来、多文化共生の街づくりを実現するために、貴学で学びたいと考えています。国内では外国人労働者が増えていますが、彼らが住む街の多くは宗教や文化のちがいを考慮して設計されていないので、トラブルが多いと聞きます。貴学部は、多文化共生思考プログラム、比較文化や宗教摩擦の歴史など、私の学ぶべきことが充実しています。貴学部での学びをいかし、将来は多文化共生の街づくりにかかわりたいと思っています。

Bさん　国内では外国人労働者が増えていますが、彼らが住む街の多くは、宗教や文化のちがいを考慮したつくりではないため、トラブルが多いと聞きます。私はこの問題を解決したいと思い、何をすべきかを考えました。ちょうどそのころに、私はカナダにある自分の高校の姉妹高校へ短期留学しました。その高校では多文化共生の授業が行なわれており、あとで調べてみたところ、街全体で多文化共生を推進していると知りました。これはすばらしいと思い、私もそのような街をつくりたいと思うようになりました。その後、大学で何を学ぶべきかを考えたときに、貴学のパンフレットに出合いました。貴学部では、多文化共生思考プログラムや比較文化や宗教摩擦の歴史など、私の学ぶべきことが充実していると思いました。だから、貴学部での学びを熱望しています。

Bさんの話は、長くて聞く気が失せるわ……

そうそう、面接の回答は短くまとまっているほうがいいんだよ。

Aさんの話は、【主張】：将来像を実現したいという意志➡【理由】：その将来像を描いた理由➡【具体例】：自分が志望校で学びたいこと➡【結論】：【主張】の繰り返し、という順番に沿っているからわかりやすいんだ。これで、PREP法を理解してもらえたかな？

……　PREP法が大切➡聞く側が「主張」のあとに「理由」を聞きたくなるから➡具体的な面接の事例➡PREP法で話す……　今回のセンセの説明もPREP法なのね！

テーマ 5 「個性」って具体例だよ

重要度 ★★★★☆

◎ 「個性的」＝「みなとちがう」＝「ふつうとちがう」こと？

先生、「面接に強い生徒は『個性的』な人」だなんてよく言われますよね。僕はかなりふつうの人間で、「個性的」ではないのですが、そんな僕でも高得点はとれるでしょうか……

（笑）　路蘭くんは、個性的な人ってどんな人だと思ってる？

……レディ・ガガ？

（爆笑）　面接であのレベルの個性的な受験生が来たらビビるわな……　路蘭くんは、たぶん、「個性的」って言葉を「みなとちがう」＝「ふつうとちがう」ととらえているよね？

そう思っています。ちがうんですか？

「みなとちがう」＝「ふつうとちがう」は間違いではないけれど、面接においては少し考えを変えたほうがいいと思うよ。路蘭くん、きょう、朝ごはん食べた？

食べましたよ。唐突ですね……

パン派？　ごはん派？　おかずは何？

「ごはん派」です。家が寺院ですからね。食事も純和風です。おかずは、だし巻き卵、味のり、納豆と豆腐のみそ汁……って、何の話をしているんですか？

いい朝ごはんだね。先生は、あんパンと牛乳でした（笑）「朝ごはんを食べた」という答えは、みなと同じ。でも、朝ごはんが具体的に何だったのかは「みなとちがう」よね。

個性的ってそんな感じでいいんですか?!

面接では、「個性的」＝「具体的」ととらえよう！

そうそう。面接対策のために、以下のイメージをもってもらいます。上に行くほど一般的（抽象的）で、下に行くほど個性的（具体的）だと思ってください。

たとえば、「生徒会長を務めていた」って言うだけだったら、全国にある高校の数だけ生徒会長はいるから、まぁ「ふーん」としか思われないよね。ふつうだ。

でもさ、「いままでの学校の伝統を変えた生徒会長」だったら、少し個性的になるでしょう？

さらに、「伝統的に禁止されていた文化祭での飲食店の出店を、署名を集めて先生を説得することによって実行に移し、全校生徒から大感謝された経験をもつ生徒会長」だったら、どう？

```
┌─────────┐
│ 一般的   │     生徒会長を務めていた
│ （抽象的）│
└─────────┘
                生徒会長を務め、高校の伝統を変えた


┌─────────┐     生徒会長を務め、伝統的に禁止されてい
│ 具体的   │     た文化祭での飲食店の出店を学校側に認
│ （個性的）│ →   めさせ、全校生徒の希望をかなえた
└─────────┘
```

なるほど……　これなら「みなとちがう」ことがアピールできますね！

そうそう。面接の練習で学校の先生が「●●（←キミの名前）らしさを出せ」ってキミに注意するのは、「具体的に言え」ってことなんだよね。わかってくれたかな？

テーマ 6 過去の掘り起こしに役立つ「ライフラインチャート」

重要度 ★★★☆☆

◎ 過去を思い出すヒント

ねぇ、センセ。面接って、高校時代がんばったこととかを話すんでしょう？　過去のエピソード・トークじゃない？　アタシ、昔のことなんて覚えていないんだけれど……

それ、言う生徒多い（笑）「ライフラインチャート」を使って過去を思い出そうか。これは、本来は自己の価値観を知るために使うものですが、先生はこれをみんなの<u>過去の掘り起こし</u>に使っています。これで高校3年間を振り返ろう！

➤ ライフラインチャートのイメージ

▶表の横軸は時間の軸、縦軸はその時感じた幸福度と不幸度。

❶ ● それぞれの山（うれしい・楽しいなどの幸福度）や谷（悲しい・悔しいなどの不幸度）を記す。

❷ ● どんなささいな事でもOK。

● 学校行事の予定や自分の高校のホームページを見て行事を思い出したり、写真などを見て思い出すのが理想。

ん～。高1はパラダイスだったわ。⊕ね。クラスの仲間に恵まれたわ。
高2でクラスが変わって、仲よしの子と離れたのよね。⊖。でも、高2の夏くらいから、外国人に英語で街をガイドするボランティアに入ったのよね。そこから、毎日が充実したわ。⊕ね。で、その後、ボランティアの仲間との関係がこじれて、悩んだ。⊖ね。
で、高2の冬に、好きじゃなかったクラスのことが合唱祭から超好きになったのよね。⊕。で、受験勉強が始まって憂鬱で、⊖。でも、まぁ、毎日シンドいけど悪くはないかな。

そしえさん、ガイドのボランティアなんてやってたんだ。そういうの、<u>面接の材料になる</u>よ。

➤ 過去を思い出すためのライフラインチャート（そしえ版）

時　期	高　1	高2・春	高2・夏	高2・秋	高2・冬	現　在
当時していたこと	クラスの仲間とワイワイ	クラス替え	通訳ガイドのボランティア	❺ 通訳ガイドのボランティア ❻ 合唱祭	クラスの仲間とワイワイ	受験勉強が始まる
成功 嬉・楽	クラスが仲よし	なし	ボランティアで世界が広がった	なし	クラスが仲よくなる	学校は楽しい
失敗 悲・悔	なし	クラスの仲間がバラバラに	クラスはつまらない	ボランティアの仲間との関係がこじれた	なし	勉強は憂鬱

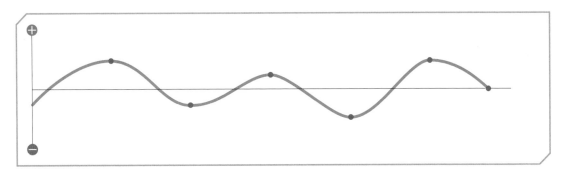

➤ 過去を思い出すためのライフラインチャート（キミ版）

時　期						現　在
当時していたこと						
成功 嬉・楽						
失敗 悲・悔						

▶「時期」は、学年別・季節別としなくてもかまわない！

テーマ 7 問題発見 ➡ 問題解決の視点は「As is To be」

重要度 ★★☆☆☆

⊘ パンフレットやホームページにある学部長の言葉は、何に注意して読めばよい？

先生。よく、面接対策に「学部長からのメッセージを読め」とか言いますよね。何に注意して読んだらいいでしょうか？　グッときた言葉をチェックするとかですか？

（笑）　グッとくる言葉か（笑）　面接の練習をすると、「『貴学の学部長のメッセージにあった●●という言葉に感銘を受けました』」ってすぐ言うからね。で、「なぜ感銘を受けましたか？」と聞くと、口ごもる（笑）　自分のフィーリングに合った言葉を感覚的にチョイスするのは、面接では意味がないかな。

では、何に注意して読んだらいいんでしょう？

路蘭くんは、大学って何するところだと思っているの？

勉強……するところ……ですかね？

（笑）　結論から言うと、大学は研究機関です。そして、国公立大も私立大も国から援助金をもらっています。そういう存在であるかぎり、大学で研究をされているものは必ず現在の社会で問題になっていることを解決すること（社会的意義）につながっています。そして、ほとんどの学部長は、入学してくるキミたちに、そのような問題に向かう意識（問題意識）を受験生の段階から身につけておいてほしいと語っているのです。

つまり、学部長の言葉の中で、現在の社会で問題になっていることを解決することにつながっている話をメモしろということでしょうか？　どうメモしたらいいですか？

抜き出しでもいいのですが、可能ならば、今から示す「As is To be」の型にはめるとわかりやすいと思うよ。路蘭くんがめざしている大学の学部長のメッセージで試してみようか？

路蘭くんの志望校の経営学部学部長の言葉を「As is To be」で整理する

　わが経営学部は2000年に誕生しましたが、その歴史は古く、1929年に創立された商学部にまでさかのぼることができます。経営学では、ヒト・モノ・カネ・情報といった限られた経営資源を有効に活用する方法について考えることで、企業をはじめとする組織がどれほど効率的に活動しているのかについて学びます。とくに、ニーズが多様化し短期間に変化してしまう現代社会では、顧客が満足する製品・サービスを継続的に創造しつづけることは大変難しい問題です。本学では、地域企業経営者を講師として招くなどリアルな現場の声と最新のビッグデータを使った分析手法を用いて、この課題に立ち向かう方法も学びます。

　学部の教育理念である「世界に羽ばたくビジネスマンの育成」を実現するため、4学科6コースのもとに多彩な専門科目と、それを支える豊富な教養科目を用意しています。また、学生に刺激を与えるため、学内のビジネスプラン・コンテストやそのコンテストを地域企業に持ち込む企画なども用意しています。大学での4年間は、自分自身を磨く場です。この4年間をどう過ごすかで今後のみなさんの人生にとって大きな差があらわれることでしょう。精いっぱいがんばってもらうことを期待しています。

大学がとらえる現代社会の「現状」

ニーズが多様化し短期間に変化してしまう現代社会で顧客が満足する製品・サービスを継続的に創造し続けることは大変難しい問題

「現状」と「理想」を埋める研究内容

- 地域企業経営者を招いて学ぶことができる
- 最新のビッグデータを使った分析
- 4学科6コースの多彩な専門科目と豊富な教養科目
- 学内のビジネスプラン・コンテストやそのコンテストを地域企業に持ち込む企画

大学の研究がめざす「理想」

ニーズが多様化し短期間に変化してしまう現代社会で顧客が満足する製品・サービスを継続的に創造することができる状態

以上の学部長の言葉をこの型でメモすると、面接で「日本はこれからどうなると思いますか？」「あなたが志す研究は何の役に立つと考えますか？」などの質問に答えやすくなるぞ！

テーマ 8 自己の経験を語るスキルは「STAR法」

重要度　★★★★☆

◎ 経験を語るにはコツがある

ねぇ、センセ。「具体的に語る＝個性的に語る」ってのはわかった→テーマ5んだけど、アタシ、友達に「何が言いたいのかわかんない」って言われることがあるって、さっき言った→テーマ4じゃない？　きのうあったこととかを友達に伝えるのもときどき失敗して「それ、どういうこと？」って言われるのよね。経験をうまく相手に伝える技術って「PREP法」以外にないのかしら？

ありますよ。「STAR法」と言って、就職活動の面接マニュアルにもよく載っている有名な型です。便利なので、教えておきますね。

➢ STAR法

❶	Situation	状況の説明	「いつ、どこで、だれが、何を、どうした」を説明
❷	Task	問題	乗り越える必要があった問題について説明
❸	Action	問題を解決するためにしたこと	問題を解決するためにみずからがとった行動について説明
❹	Result	結果	【Action】の結果を説明

みずからが経験したことから何を学んだのかを話したり書いたりするときに役立つよ。やってみようか。最近、腹が立ったことはない？

あるわ！　ほんと、世の中って腹が立つことばっかよね。知らない人に「バナナ、その量はないわぁ。キモっ」て言われたの！　いいじゃない！　好きなんだから！　って思ったけど、言い返したら空気悪くなるし、トラブルになったら店にも迷惑だから、深呼吸してがまんしたの！　エラいでしょ？　アタシ?!

うん、みごとに何言ってんだかわかんないね（笑）　まず、【Situation】からお願いします。「いつ、どこで、だれが、何を、どうした」を意識してもらえるといいな。

えーと。3日前（＝いつ）に、スイーツバイキングのお店（＝どこで）に、私が（だれが）友達3人と食べに行った（＝何を、どうした）の。で、そこで盛りつけをしているときに、大学生くらいの知らない女の人に「バナナ、その量はないわぁ。キモっ」て言われたのよ！　すごく腹が立ったけれど、食事は楽しくするものだと思うし、お店にも迷惑かかるのイヤだから、深呼吸してがまんしたの！　そのあとは友達が「そしえ、よくがまんしたね」ってほめてくれたわ。スイーツもおいしかったし、友達もほめてくれたし、まぁ、よかったかなって。

うん。だいぶわかりやすくなりました。ってか、それは腹が立つね〜。よくがまんしました！　エライ。心を落ち着けるときに深呼吸して冷静になるのは大切だね。では、そしえさんの経験を「STAR法」で整理してみます。

❶	Situation	3日前にスイーツバイキングのお店へ友達3人と行った
❷	Task	知らない人にイヤなことをいきなり言われて、腹が立った
❸	Action	深呼吸して、がまんした
❹	Result	友達にほめられた

なるほど……　STAR法を意識したら、友達に「何が言いたいのかわかんない」って言われることがなくなりそうね！　これを面接のエピソード・トークで使うってこと？

そうそう。たとえば、<u>自分の長所がいかされたエピソード、自分の短所を克服したエピソード、部活動をやって何かを得たというエピソード</u>などを話すときに使えると思うよ。

自分で書いてみよう・・・・・・・・・・・・・・・・・・・・・・・・・・・・

❶	Situation	
❷	Task	
❸	Action	
❹	Result	

テーマ 9 8つの「テーマ」まとめ

重要度 ★★★★★

次の第2節からはこの本の2つの核である「『私』の未来予想図」と「『私』の取扱説明書」の作成に入りますが、第1節の内容がベースとなるので、ここでおさらいしておきます。

➤ すべての回答に「3ポリシー」を意識！ →テーマ1

- ディプロマ・ポリシー：「ウチの大学で学ぶと卒業時点でこんな人になれるぞ」という、大学卒業時の理想の卒業生像
- カリキュラム・ポリシー：ディプロマ・ポリシー実現のための教育内容
- アドミッション・ポリシー：ディプロマ・ポリシー実現のために、「ウチの大学・学部で学ぶ学生は、入学してくる時点でこんな学生がいいな」という、理想の入学生像

➤ すべての回答に「6つの力」を意識！ →テーマ2

❶	主 体 性	みずから考え、判断し、行動する態度や姿勢
❷	問題発見能力	みずから問題や課題を発見する力
❸	問題解決能力	発見された問題や課題を解決する力
❹	情報収集能力	● 信頼できる情報を検索し、収集する力 ● メディア・リテラシー（根拠のない情報に惑わされない力）
❺	リーダーシップ	チームをまとめ、他人を動かす力
❻	コミュニケーション能力	● 相手にわかりやすく、みずからの考えなどを表現する力 ● 他人やチームと意思疎通を図る力 ● 伝わる文章を書く力

➤ 回答を考えるときは、別の紙にとりあえず書く！ →テーマ3

- ☑ 左上に、題名を疑問形で大きく書く
- ☑ 90秒以内で思いつくまま書く
- ☑ 1文は10〜30字程度で書く
- ☑ 4つ以上、6つ以内で書く

思いついたことをたくさん挙げてから、それらの内容のうち「どれを面接で使うか」を考えて書き込む

➤ 回答はいつも結論から！ 「PREP法」を意識！　→テーマ4

❶	**Point【主張】**	伝えたいこと	例：私はその意見には賛成です。
❷	**Reason【理由】**	理由・根拠・原因	例：なぜなら、●●だからです。
❸	**Example【具体例】**	例・データ	例：実際、■■という例があります。
❹	**Point【結論】**	伝えたいこと（＝主張）を繰り返す	例：だから、私は賛成です。

▶いつもこの順番で話す習慣をつける！

➤ みなとちがう個性的な回答は「具体性」を意識！　→テーマ5

　たとえば、「生徒会長を務めていた」ならごくふつうだが、「いままでの学校の伝統を変えた生徒会長」だったら、少し個性的になる。さらに「伝統的に禁止されていた文化祭での飲食店の出店を、署名を集め、先生を説得して実行に移し、全校生徒から大感謝された経験をもつ生徒会長」だったら、みなとちがう回答になる。具体的なエピソードを簡潔に話せば個性的になる！

➤ 「ライフラインチャート」で過去を掘り起こす！　→テーマ6

　「うれしい・楽しい」などの幸福度や「悲しい・悔しい」などの不幸度をグラフで示し、詳細を思い出していく。「そのとき何があったのか」「そのときどう感じたのか」を記していくとスムーズに進む。高校のホームページなどに載っている内容や写真を見て学校行事を思い出そうとすると、忘れていた記憶がかなりたくさんよみがえる。

➤ 問題解決を考えるときは「As is To be」を意識！　→テーマ7

- 解決したい「現状（問題）」を列挙する
- 「現状（問題）」の逆を「理想（あるべき姿）」とする
- 「現状（問題）」と「理想（あるべき姿）」の「ギャップを埋める方法」を考えると「問題解決」になる
  - ▶学部長のメッセージなどは、この視線から見ると理解しやすくなる。

➤ エピソード・トークには「STAR法」を意識！　→テーマ8

❶	**Situation**	状況の説明	「いつ、どこで、だれが、何を、どうした」を説明
❷	**Task**	問題	乗り越える必要があった問題について説明
❸	**Action**	問題を解決するためにしたこと	問題を解決するためにみずからがとった行動について説明
❹	**Result**	結果	【Action】の結果を説明

テーマ 10 「私」の未来予想図❶ ──「志望理由アウトラインシート」の導入

重要度 ★★☆☆☆

◎ 未来予想図＝志望理由のアウトラインがあれば、迷わない！

まず、2人ともこのシートを埋めてね。結論から言うと、このシートを埋めることができたら対策は4割完成です。これを「一貫性がある流れ」で埋め、それを地図代わりとして面接官からの質問に答えるんです。

（シートを埋めながら）……難しいですね…… というか、こういうのほんとうに必要ですか？ このノートを埋めれば合格できるのですか？

手厳しいね（笑） たしかに、面接の採点基準は大学によってちがうし、基準もさまざまだ。でも、学校推薦型選抜・総合型選抜の面接試験が「3ポリシー」を基準としていることだけはたしかだ→テーマ1。この本は、その基準にもとづいてつくられているし、この指導で20年間、きちんと合格者が出ているので問題はないよ。

◎ 過去の合格者の未来予想図

☑Ａ：過去のきっかけ みずから経験したことがきっかけで現在の入学意識につながった気づき

- 英会話を学んだことで消極的な性格が積極的に変化した。
- 外国語学習が性格を変えるのではないかと気づいた。
- 高校の総合学習（調べ学習）の時間に高学歴ニートの問題について調べた。
- 引きこもりなどの問題に消極的な性格が関係していると気づいた。

☑Ｂ：現在の価値観❶ 気づいたこと（問題意識）は解決されるべきだと思う理由（社会的意義）

- ニートや引きこもりは「8050問題」として深刻化している。

☑Ｃ：現在の価値観❷ 問題の解決への糸口

- 外国語学習と性格の変化の関係を研究し、学習で性格の改善をするプログラムを考える。

☑Ｄ：現在の価値観❸ 解決への糸口のためにこれから学ぶべきこと

- 外国語教育、言語学、心理学

☑Ｅ：志望校が最適である理由

- 文学部内で外国語教育のプログラムと心理学のプログラムが同時に学べる。

☑ F ： 将 来 像

> ● 性格の改善などを含めた外国語学習プログラムを開発し、必要な人に提供したい。具体的には、高校向けに課外学習用のプログラムをつくり提供する組織で働きたい。

面接官　本学部への志望理由を教えてください。

受験生　はい。私は将来、性格の改善などを含めた外国語学習プログラムを開発し、必要な人に提供する（「**F** 将来像」）ために貴学部を希望しています。

最初は、とてもこんなふうに答えられる気がしないかもしれない。でも、だいじょうぶ、ほかのシートでも練習していくからね。ちゃんと、埋まるように考えてあるから問題ない。このシートはゴールです。今回は、ゴールがどこにあるのか理解してほしくてこのシートを取り上げました。

自分で書いてみよう (空欄だらけでもかまいません)

☑ A ： 過去のきっかけ　みずから経験したことがきっかけで現在の入学意識につながった気づき

☑ B ： 現在の価値観❶　気づいたこと (問題意識) は解決されるべきだと思う理由 (社会的意義)

☑ C ： 現在の価値観❷　問題の解決への糸口

☑ D ： 現在の価値観❸　解決への糸口のためにこれから学ぶべきこと

☑ E ： 志望校が最適である理由

☑ F ： 将 来 像

▶とりあえず、1度は自分で書いてみてください。

テーマ 11 4年間で何がしたいの？──「志望校で学びたいこと」と「将来像」❶

重要度 ★★★★☆

◎ 学びたいことを列挙しよう！

「『私』の未来予想図」を書くためには、何から始めるの？

大学のパンフレットやホームページで「講座」「カリキュラム」を確認するところから始めよう。講座名とカリキュラム名にさえ目を通せば十分で、中身はわからなくてもかまわない。とりあえずは、以下のシートに気になる講座・カリキュラムを片っ端から書いてみて。細かくはあとから調べればいい。できるだけ、3年次までの講座・カリキュラムの中からまんべんなく選んでね。

（数十分、パンフレット、ホームページとにらめっこして）……書けたわ！

▶ 志望校で学んでみたい講座やカリキュラムシート（そしえ版）

志望校で学んでみたい講座やカリキュラムを3つにまとめると？			
興味がある講座やカリキュラム	比較文化概論	発達心理学	ポルトガル語
	現代アメリカ論	現代青年心理	英語Ⅲ
	現代オセアニア論	メディア論	言語学習論
	アジア文化史	社会心理学	社会言語学
	考古学概論	市民社会とメディア	文化社会学
	多文化共生論	社会言語学	食文化論

……でもさ、センセ。アタシが自分で書いておきながら言うのもナンだけど、興味の対象がバラバラだよ。こんなのでいいの？

ふふふ、とりあえず、いま書いたものを3つにまとめてもらえるかな？　分類できないものは無視していいよ。

（数分、シートとにらめっこして）……できたわ！　比較文化、心理学、外国語だわ！

オッケー！　じゃぁ、次のテーマ12に進みましょう〜　みなさんも、必ず自分で記入してからページをめくってね！

➤ 志望校で学んでみたい講座やカリキュラムシート（キミ版）

志望校で学んでみたい講座やカリキュラムを3つにまとめると？			
興味がある講座やカリキュラム			

気づいたことをメモしよう

テーマ12　10年後に何してるの？——「志望校で学びたいこと」と「将来像」❷

重要度 ★★★★☆

30歳の「私」はどんな「私」？　それを考えると、将来が具体化できる！

そしえさんは、比較文化と心理学と外国語を学びたいんだよね。では、この3つのスキルは、大学卒業後にどう使いましょうか？　30歳のときにどうなっていたい？　というわけで、以下のシートを埋めてごらん。

30歳かぁ。大学を卒業して7年くらいよね。英語はできて、ポルトガル語もある程度話せていると思うわ……　仕事では、きっと、来日して困っている外国人をサポートしていると思う……　ってことは、日本語の教え方なんかも大学で勉強しておくほうがいいかしら？

➢30歳の「私」シート（そしえ版）

私は大学で　比較文化　心理学　外国語　を学び、

30歳では	ひと言で表すと？	具体的に言うと？（資格名やスコア）
Q　どんな仕事をしている？	外国人のサポート	来日して困っている外国人のサポート
Q　どんなことに興味がある？	日本文化になじめない外国人を救う方法	？
Q　どんな能力（強み）が身についている？	外国語が話せる	● 英語の資格試験合格とハイスコア取得 ● ポルトガル語の資格試験合格とハイスコア取得
その能力を身につける過程	**ひと言で表すと？**	**具体的に言うと？（資格名やスコア）**
Q　22歳＝大学卒業時点で身につけていることは？	● 英語 ● ポルトガル語 ● 異文化への理解 ● 人間心理への理解	？
Q　22歳からは、どこで、何を、どうやって30歳までに能力を高める？	来日した外国人をサポートする機関に所属する	● NGO ● NPO

外国人をサポートする仕事ならば、日本語の教え方を身につけておくといいよね。ということで、このテーマ12はテーマ11と連動しているので、この2つの「テーマ」を何度か往復してそれぞれのシートを書き直す必要があります。

ところで、「英語が話せる」「ポルトガル語が話せる」って、どれくらいのレベル？　とりたいのは何の資格で、何級？　あるいは、スコアはどれくらい？

英語の資格は、英検？　TOEIC？　何級をとれば、どれくらいスコアをとれば「話せる」って言えるのかしら？　ポルトガル語の資格でTOEICみたいのって、何かあるの？

「海外就職　英語　点数」「ポルトガル語　資格」のキーワードを入力して、ネットで検索！　TOEICは990点満点の試験だ。満点をめざすなんていいんじゃない？

また、ポルトガル語には「国際ポルトガル語検定試験」と「Celpe-Bras」という資格があるぞ。さらには、志望校で日本語教授法が学べるかどうかも検索！　もし志望校で学べなければ方向転換が必要だ。大変だけど、自分でしっかり調べて2つのシートを埋めていきましょう！

➤ 30歳の「私」シート（キミ版）

私は大学で [　　　　　　　　　] を学び、

30歳では	ひと言で表すと？	具体的に言うと？（資格名やスコア）
◙　どんな仕事をしている？		
◙　どんなことに興味がある？		
◙　どんな能力（強み）が身についている？		
その能力を身につける過程	ひと言で表すと？	具体的に言うと？（資格名やスコア）
◙　22歳＝大学卒業時点で身につけていることは？		
◙　22歳からは、どこで、何を、どうやって30歳までに能力を高める？		

テーマ 13 どうしてそれになりたいの？——なぜその仕事をしたいと思ったのか

重要度 ★★★☆☆

仕事は、問題を解決するために存在する

先生。僕、経営学部を総合型選抜で受験するのはあきらめます。そしえさんのようには、テーマ11もテーマ12もうまく書けません。僕には、夢とかはないんですよ。なんとなくなんです。

なるほど……　ところで、路蘭くんの家は寺院だったよね？　「路蘭」っていう名前も、ご住職のおじいさまがつけたって言ってたね。寺院を継ぐ気は？

ウチの寺院、檀家が減って経営難なんですよ。継ぐ気にはならないかなぁ。

➤「私」の興味シート（路蘭版）

Q1　あなたが大学で学びたいテーマは何ですか？　なるべく具体的に記してください。
21世紀に合った寺院の経営方法、寺院のコンサルティング

Q2　そのテーマに取り組みたいと思ったのはなぜですか？　また、あなたとそのテーマにはどんな関係がありますか？
祖父が営む実家の寺院が経営難だから。また、全国的に、経営危機に陥っている寺院が多いと知ったから。

Q3　そのテーマの現状について書いてください（証明できるデータもあれば）。【As is】
16万軒あると言われる寺院のうち、4割が20年後までに消滅するという予想がある。

Q4　そのテーマについて、あなたは「どうあるべき」だと思いますか？【To be】
寺院の消滅を食い止めたい。

Q5　なぜ「そうあるべき」だと思いますか？【社会的意義】　▶書けない場合はテーマ14に進む。
祖父の寺院を守りたいから。

Q6　「あるべき姿」と「現状」のギャップが起きているのはなぜですか？【問題発見】　▶書けない場合はテーマ14に進む。
檀家が減っている。また、檀家からのお布施が少ない。

将来の夢、あるじゃないの！　経営学部に行って寺院の経営を立て直す方法を学んだらどうだい？　「寺院　コンサルタント」で検索してごらん！

えっ?!　そんな将来の夢ってありなんですか？……（スマホで検索しながら）すごい……寺院コンサルタントっていう仕事があるんですね……　じゃぁ、その方向で考えてみますね……

OK！　では、その方向で、このシートを埋めてごらんよ。（路蘭くんが書くのを見ながら）……「なぜ『そうあるべき』だと思いますか？」に対する答えが「祖父の寺院を守りたいから」では、個人のエゴにすぎないからダメだ。社会的意義がない。
それから、「『あるべき姿』と『現状』のギャップが起きているのはなぜですか？」の項目への書き込みは、ちょっと踏み込み不足だな。次のテーマ14で具体的に対策していくね！

➤ 「私」の興味シート（キミ版）

Q1　あなたが大学で学びたいテーマは何ですか？　なるべく具体的に記してください。

Q2　そのテーマに取り組みたいと思ったのはなぜですか？　また、あなたとそのテーマにはどんな関係がありますか？

Q3　そのテーマの現状について書いてください（証明できるデータもあれば）。【As is】

Q4　そのテーマについて、あなたは「どうあるべき」だと思いますか？【To be】

Q5　なぜ「そうあるべき」だと思いますか？【社会的意義】　▶書けない場合はテーマ14に進む。

Q6　「あるべき姿」と「現状」のギャップが起きているのはなぜですか？【問題発見】　▶書けない場合はテーマ14に進む。

テーマ 14 その仕事はなぜ必要とされているの？——「将来像」の社会的意義

重要度 ★★☆☆☆

その仕事には社会的意義があるか？

テーマ13でも触れたけれど、「なぜ『そうあるべき』だと思いますか？」に対する答えが「祖父の寺院を守りたいから」では社会的意義がない。テーマ7で、大学での研究には必ず、現代社会における問題を解決するという「社会的意義」がある、と言ったよね？シートの内容にもこの点を反映する必要がある。

また、「『現状（問題）』と『理想（あるべき姿）』のギャップが起こっているのはなぜですか？」に対する答えがありきたりになってしまうのは、調査不足だからだ。必ず、大学でのカリキュラムの中から問題解決の方法を見つけよう。

ところで、路蘭くん。寺院って何のためにあるのさ？

寺院の社会的意義ですよね？　寺院にはもともと、先祖の霊を敬うという役割だけでなく、地域コミュニティの拠点という役割もあったんですよね。寺院が母体となっている保育園には、地元の子どもを寺院で預かっていたことにルーツがあるところもあります。

しかし、人びとと地域との結びつきが弱くなっている現代では、寺院の社会的意義が薄れてきているかもしれませんね。

▶ 気づいたこと（問題意識）は解決されるべきだと思う理由（路蘭版）

Q1　あなたが解決したい問題は何ですか？

寺院と地域との結びつきを強め、経営難の寺院を救う。

Q2　その問題が解決される場合、どのような社会的メリットが生じますか？

現代で薄れつつある「地域コミュニティ」を再興することによって、地域の安全や文化が守られる。

Q3　その問題が解決されない場合、どのような社会的デメリットが生じますか？

地域コミュニティで人びとの結びつきが弱くなると、隣人のことすらわからない人たちが増え、犯罪の温床が生まれる。また、地域内の高齢化が進むと、独居高齢者の孤独死が増える。

Q4　メリットやデメリットを裏づけるデータはありますか？

『総務省　令和●年版　情報通信白書』

Q5　問題を解決するには、どのようなことを学び、実践する必要がありますか？

コンサルティング、地域コミュニティに関する知識、まちづくり論

なるほど、寺院は地域コミュニティの拠点なのか。そこから、東京一極集中の是正、地方の人口減少の抑制という、いわゆる「地方創生」と結びつけて経営を考えることができるかもしれないね。

「祖父の寺院を守りたい」という個人的な理由にとどまらず、「社会的意義」として「地方創生」まで考えが広げられそうですね。メリットとデメリット、裏づけのデータは検索するとして……「どのようなことを学び、実践する」への答えはどうしましょう？

ここまでに培ってきた視点を保ちながら、大学のパンフレットとホームページをチェックしよう。このシートの**Q5**が埋まったら、路蘭くんは、テーマ11に示された「志望校で学んでみたい講座やカリキュラムシート」の内容を書き直そうね。

はい！　もうこれでできそうです！

➤ 気づいたこと（問題意識）は解決されるべきだと思う理由（キミ版）

Q1　あなたが解決したい問題は何ですか？

Q2　その問題が解決される場合、どのような社会的メリットが生じますか？

Q3　その問題が解決されない場合、どのような社会的デメリットが生じますか？

Q4　メリットやデメリットを裏づけるデータはありますか？

Q5　問題を解決するには、どのようなことを学び、実践する必要がありますか？

テーマ 15 「私」の未来予想図❷──「志望理由 アウトラインシート」の完成

重要度 ★★★★★

◯ これで、面接対策の4割は完成だ！

では、ここまでに完成した、そしえさんと路蘭くんの「『私』の未来予想図」を、読者の みなさんに公開します！　参考にしてくださいな。

▶2人が書いたシートの内容は、過去の合格者をモデルとしている。

➤「私」の未来予想図（そしえ版）〔完成形〕

☑**A**：過去のきっかけ　みずから経験したことがきっかけで現在の入学意識につながった気づき

- 小5のときにイギリスから日本に来て、英語の発音がよいという理由でいじめられた
- 同じ日本人ですらこのようないじめを受けるのだから、ましてや、日本語が拙い外国の子どもが公立小学校に入ったらもっとひどい扱いを受けるのではないかと気になった

☑**B**：現在の価値観❶　気づいたこと（問題意識）は解決されるべきだと思う理由（社会的意義）

- 外国人労働者の子どもが日本の公立小学校で困っているというデータを見つけた
- 支援団体はあるが、支援が十分には行き届いていない

☑**C**：現在の価値観❷　問題の解決への糸口

- 来日した外国人に日本語を教える能力　　● 日本文化の特殊性の理解
- 近年増加しているブラジル人労働者が母語として話すことの多いポルトガル語の習得
- さまざまな場面で共通言語となる英語の習得

☑**D**：現在の価値観❸　解決への糸口のためにこれから学ぶべきこと

- 比較文化・心理学・外国語

☑**E**：志望校が最適である理由

- 日本語教師の資格がとれる　　● 英語のほかに、ポルトガル語も学べる
- 心理学が履修できる　　● 日本文化の特殊性について学べる

☑**F**：将来像

- 来日して困っている外国人労働者をサポートする

▶そしえさんが受けている面接のようすは、テーマ52で確認しよう。

➢「私」の未来予想図（路蘭版）〔完成形〕

☑**A**：過去のきっかけ　みずから経験したことがきっかけで現在の入学意識につながった気づき

- 実家は歴史の長い寺院で、祖父が住職。近年、檀家が減り経営が苦しくなっている
- 調べてみると、全国的に多くの寺院が廃寺に追い込まれていることがわかった

☑**B**：現在の価値観❶　気づいたこと（問題意識）は解決されるべきだと思う理由（社会的意義）

- 寺院の社会的な存在価値が低下している
- 地域コミュニティの中心がなくなっている➡地域に根づいた生活が失われている➡地方が停滞し始めている

☑**C**：現在の価値観❷　問題の解決への糸口

- 地方創生のために、寺院を活用し、地域を活性する
- 寺院コンサルティングを行なう

☑**D**：現在の価値観❸　解決への糸口のためにこれから学ぶべきこと

- 新しい価値創出のためのマーケティング　　　● 地域経済の現状
- 寺院が担ってきた社会的役割の歴史

☑**E**：志望校が最適である理由

- 地域経済について専門的に研究する教員がいる
- 他学部の講座が受講できるので、経営学部にいながら文学部で寺院の歴史などが学べる
- 地元商店街とのコラボによるフィールドワークなどがある

☑**F**：将来像

- 全国各地の寺院の復興と地域経済活性のコンサルタント

▶路蘭くんが受けている面接のようすは、テーマ55で確認しよう。
▶キミ版・清書用の「『私』の未来予想図」は巻末資料❸として掲載されている。

志望理由書との整合性が大切！

なお、志望理由書をすでに提出してしまったあとにこの本を読んでいる人は、自分の「『私』の未来予想図」と志望理由書との整合性を確認してくださいね。一方、これから志望理由書を書く人は、当然ですが、この「『私』の未来予想図」と志望理由書の内容を合わせてくださいね！

テーマ 16 「私」の取扱説明書 ❶ ——「自己分析アウトラインシート」の導入

重要度　★★☆☆☆

◎「私」を知る

面接対策のために「自己分析しろ」とよく言われますよね。何をするのですか？

テーマ15で「『私』の未来予想図」を完成させたよね。以下のシートは、同じ考え方にもとづいて自己分析できるようにつくられた「『私』の取扱説明書」だよ。

➢「私」の取扱説明書［自己分析アウトラインシート］（路蘭版）

	ひと言で表すと？	いかされた物語は？
☑ G：「私の長所は●●です」	柔軟性がある	たくさんある
☑ H：「私は●●というリーダーシップをもっています」	ひと言で表すと？　ない	具体的な物語は？　ない
☑ I：「私の短所は●●です」	ひと言で表すと？　優柔不断	短所を克服する物語は？（簡潔に）　性格だから仕方がない
☑ J：「私は他人からよく●●だと言われます」	ひと言で表すと？　友達思い	実際とのギャップがあるのはなぜ？　ギャップはない
☑ K：「私が高校で最もがんばったことは●●です」	ひと言で表すと？　部活動	具体的な物語は？（簡潔に）　がんばった
☑ L：「私の座右の銘は●●です」	座右の銘　「災い転じて福となす」	なぜそれが座右の銘なのか？　祖父の口ぐせだから

……Gの項目に書かれている「たくさんある」は、<u>具体化しないとダメ</u>だね。Jの項目にある「ギャップはない」は許容範囲かな。でも、それ以外は再考が必要だ。

自分で申告した分析を、他人である先生が見て修正の指示を出すなんて変だと思うのですが……　自己分析をねつ造しろということですか？

（笑）　ちがうよ。先生が言いたいのは、路蘭くんの中にあってまだ言語化できていない部分を、大学のアドミッション・ポリシー→テーマ1などと合わせて言語化してくださいね、ってことです。ねつ造ではありません。

自分で書いてみよう（空欄だらけでもかまいません）

☑G：「私の長所は●●です」	ひと言で表すと？	いかされた物語は？

☑H：「私は●●というリーダーシップをもっています」	ひと言で表すと？	具体的な物語は？

☑I：「私の短所は●●です」	ひと言で表すと？	短所を克服する物語は？（簡潔に）

☑J：「私は他人からよく●●だと言われます」	ひと言で表すと？	実際とのギャップがあるのはなぜ？

☑K：「私が高校で最もがんばったことは●●です」	ひと言で表すと？	具体的な物語は？（簡潔に）

☑L：「私の座右の銘は●●です」	座右の銘	なぜそれが座右の銘なのか？

▶とりあえず、1度は自分で書いてみよう。同じシートは、巻末資料❸にも掲載されている。

テーマ 17 「私」の探し方——「ライフラインチャート」で過去を思い出そう

重要度 ★★★☆☆

「私」の長所と短所

私の長所は「明るい性格で、何にでもポジティブに取り組むこと」よ!

ダメです。きちんと過去を振り返って考え直して! たしかに、テーマ6でそしえさんに描いてもらった「ライフラインチャート」を見るかぎりでは、高校以降は楽しい学校生活を送っているように思える。でも、高校より前の時期に、そしえさんの現在の長所と短所が形成されるうえで影響を及ぼしたできごとが、必ず何かあったはずだよね。そこで、このシートの範囲を、小学生・中学生の時期まで広げよう。高校以降の記述はあまり大きく変えなくてもよい。➖の状態になったできごとが短所に、➕の状態になったできごとが長所に関係している可能性が高いぞ。

➤ 長所・短所発見のためのライフラインチャート（そしえ版）

時　期	小　学	中　学	高　1	高2前半	高2後半〜	現　在
当時していたこと	小5でオシャレに目覚めた	❻ 短期留学 ❻ 英会話に通った	交換留学生と仲よしになった	通訳ガイドボランティア	クラス全員と仲よしになった	受験勉強
成功 嬉・楽	なし	❻ 英検準2級に合格した ❻ 外国の友達が増えた	クラス全員と仲よしになった	外国人旅行客と英語で話せて楽しかった	❻ クラスの友達とひたすらしゃべる ❻ 合唱祭	クラスが楽しい
失敗 悲・悔	担任にイヤリングを取り上げられ、けんかになった	雑誌の読者モデルの選考に落ちた	なし	クラス替えで楽しくなくなった	ボランティアの仲間との関係がこじれた	勉強がきらい（とくに、数学）

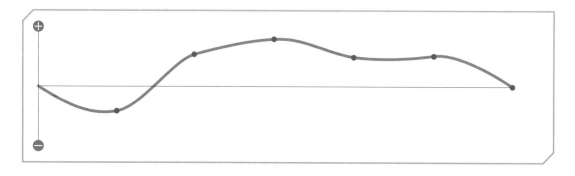

▶そしえさんのグラフの形がテーマ6とちがうのは、対象となる期間が変わったことにともない、➕と➖を合わせた幸福度を見直したからである。

➤ 長所・短所発見のためのライフラインチャート（キミ版）

時　　期						現　　在
当時していたこと						
成功嬉・楽						
失敗悲・悔						

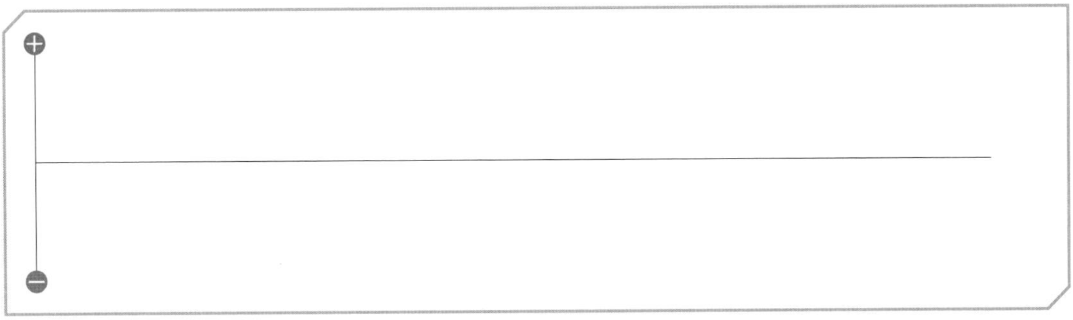

➕

➖

▶そしえさんの例のように、現在から遠い過去は「小学」「中学」のように大ざっぱに、現在から近い過去は「高1」「高2前半」のように細かく設定すると、比較的思い出しやすい。友達と「あのとき何してたっけ？」と話しながら、あるいは卒業文集や当時の写真などを見ながら思い出していこう。

テーマ 18 「STAR法」で長所を語ろう

重要度 ★★★★☆

◎ 長所はアドミッション・ポリシーと重ねるのが基本！

アタシって「前向き」とか「だれとでも仲よくなれる」なんかが長所だって自分で思っていたけれど……　考え始めたら訳わかんなくなっちゃったわ！

そしえさんの幸福度は、人間関係が原因で上下しているね。「面倒見がよい」からだろうね。でも、度が過ぎて、周囲から「おせっかい」だと思われているかもしれないよ。

センセが言うとおり、たしかに「おせっかい」かも……

これは短所についての自己分析だけど、一方、長所を考える場合に忘れてはいけない点がある。それは、「大学受験の面接で話す内容」だということだ。だとしたら、何に合わせる？

▷ 長所のエピソード（そしえ版）

長　所	◉ 面倒見がよいところ
そのように思った理由 [エピソード] ❶	◉ Situation：高2の合唱祭 ◉ Task：クラスのだれも乗り気でなかったため、無理やり指揮者に選ばれた ◉ Action：全員をやる気にさせようと、一人ひとりに声をかけていった ◉ Result：学年優秀賞をとった
そのように思った理由 [エピソード] ❷	◉ Situation：クラスに、オーストラリアからの交換留学生が来た ◉ Task：留学生はだれからも話しかけられず、性格も内気だったため孤立していた ◉ Action：私が最初に話しかけて、自分のグループに入れた ◉ Result：クラスになじみ、彼女の影響でクラス全体の英語力も上がった

あっ、そうよね！　これ、受験対策だもんね！　「長所はアドミッション・ポリシー→テーマ1に合わせろ」ってことね?!

正解〜！　ちなみに、アドミッション・ポリシーと合わせるのが難しかったら「学校推薦型選抜・総合型選抜で要求される『6つの力』→テーマ2のほうに合わせてくれてもいいよ。これで、テーマ16に出てきたシートの圖が埋まるはずだ。

シートが「STAR法」→テーマ8の書き方になっているのね。長所のエピソードを2つも
書かないといけないのはなぜ？　1つでよくない？

「長所がいかされたエピソード」を聞かれて1つ答えたあとに、「ほかにある？」と尋ね
られた場合に備えるためだよ。この種の質問に限らず、面接ではエピソードは2つ、で
きれば3つ用意しておくべきなんだ。エピソードを1つもっているのは当たり前で、そ
れだけではほかの受験生との差がつかないからだ。

このシートへの書き込みから判断できるのは、そしえさんが「一人ひとりを理解してメ
ンバーをまとめ、目標を達成させるタイプのリーダー」だ、ということ。この点は、次
のテーマ19とも関係してくるよ。

長　　所	
そのように思った理由 ［エピソード］❶	◉ Situation： ◉ Task： ◉ Action： ◉ Result：
そのように思った理由 ［エピソード］❷	◉ Situation： ◉ Task： ◉ Action： ◉ Result：

テーマ 19 「5つのリーダーシップ」を理解すれば、長所が見える❶ ——目標を語る・一人ひとりを理解する

重要度 ★★★☆☆

⌕ リーダーシップと長所との関係

自分の長所が把握できない人は、このテーマ19と、次のテーマ20を読もう。一方、自分の長所が把握できている人は、その長所と近いリーダーシップを、この2つのテーマから探してみてね。

リーダーシップと長所って関係あるの?!　よくわからないんだけれど……

もちろん、関係あるよ!　長所が発揮できればだれでもリーダーになれるんだもの。たぶん、そしえさんにとっての「リーダー」のイメージって、「自分の意見を貫き通す人」とか、「他人を導くような人」でしょう?

ええ、そうよ。ちがうの?!

間違ってはいないね。ただ、「リーダーシップ」にはさまざまなタイプがあるんだよ。世の中には、論者の数だけリーダーシップの定義が存在する。ここからは、面接でウケがよく、自分の長所を理解することにもつながりやすいリーダー像を5つ提示していくね。まずは最重要な2種類を理解してもらい、次のテーマ20で紹介する3種類と合わせてピンと来たものを自分の長所だと考えてね。もちろん、アドミッション・ポリシー→テーマ1との整合性を考えて自分なりにアレンジしてもいいからね!

☑❶：メンバーに1つの目標を語り、共通のゴールに向かわせるタイプのリーダー

特　徴		個人の自主性を重んじて、やり方は一人ひとりに任せる
成功談		「強い部活」のイメージをつくるため「●●の試合でまずは勝つ」などの身近な目標を立てたことによって、選手一人ひとりが自律的に動き始めた
挙げられる長所	ひと言で表すと	共感させる能力が高い
	具体的に言うと	他人を共感させたり、目標を共有したり、他人をその気にさせたりするようなコミュニケーション能力がある

☑**2**：一人ひとりを理解してメンバーをまとめ、目標を達成させるタイプのリーダー

特　　徴	個々人の希望を、1対1による対話を通じて全体の目標に結びつける	
成 功 談	行事や部活にやる気がない人・辞めそうな人一人ひとりに「いっしょにやろうよ」と声をかけ、モチベーションを高めた	
挙げられる長所	ひと言で表すと	面倒見がよい
	具体的に言うと	他人と深くかかわって他人の長所を見つけることができる

どう？　そしえさんは「**2**　一人ひとりを理解してメンバーをまとめ、目標を達成させるタイプのリーダー」だと思うんだけれど。

あっ、ほんと、そんな感じね！
じゃあ、「『私』の取扱説明書」→テーマ16の「**G**　『私の長所は●●です』」の「ひと言で表すと？」の項目に入るのは「面倒見がよい」で、「いかされた物語は？」の項目に入るのは、テーマ18で「STAR法」→テーマ8を使って書いた「高2の合唱祭の話」「クラスにオーストラリアから交換留学生が来た話」ね。
「**H**　『私は●●というリーダーシップをもっています』」の項目に入るのは、「一人ひとりを理解してメンバーをまとめ、目標を達成させるタイプのリーダー」ってことね。
これで、**G**と**H**の2つが埋まったわ。やった〜♥

自分で書いてみよう

☑**1**・**2**のどちらか：

特　　徴	
成 功 談	
挙げられる長所	ひと言で表すと
	具体的に言うと

▶**1**・**2**にあてはまらなければ、テーマ20に進む。

テーマ 20

「5つのリーダーシップ」を理解すれば、長所が見える 2 ── 友情を最優先する・意見を一致させる・お手本になる

重要度 ★★★☆☆

🗨 リーダーシップがない人なんていない?!

申し訳ないのですが……テーマ16の「『私』の取扱説明書」に書いたとおり、僕には、リーダーとして致命的な「優柔不断」という短所があるんですよね。うそはつけないので、面接では、「私にはリーダーシップはありません」とはっきり答えるつもりです。

あるよ！　テーマ16で、「G　『私の長所は●●です』」の「ひと言で表すと」の項目に「柔軟性がある」って書いていたじゃないか！　これは、十分にリーダーシップの一要素だと言えるよ。

ええっ……よくわからないのですが……

ここからは、テーマ19で述べてきた2つの「リーダー像」の続きを見ていきます。3つあるのですが、路蘭くんは、この中の「**4**　意見が一致することを最優先するタイプのリーダー」だと思うよ。

☑ **3**：メンバーとの友情を最優先するタイプのリーダー

特　　徴		チームワークを重視し、メンバーとの交流を積極的に行なう
成　功　談		仲間どうしの意思疎通が最も大切だと考え、毎週のミーティングに、各部員が仲間に対する思いを正直に打ち明ける場を設け、部活以外でもなるべくともに過ごして連携がとれるようにした【団体で行なう部活向け】
挙げられる長所	ひと言で表すと	協調性がある
	具体的に言うと	だれとでも合わせられる。仲間どうしでもめたときなどに仲裁役や調停役になれる

☑ **4**：意見が一致することを最優先するタイプのリーダー

特　　徴		メンバーから多くの意見を集めて全員で話し合わせ、全員が納得する意見ができ上がることを重視する
成　功　談		全校生徒が楽しめる文化祭にするため多くの意見を集めようと、各クラスに「文化祭提案ポスト」を設置した
挙げられる長所	ひと言で表すと	柔軟性がある
	具体的に言うと	さまざまな価値観や意見を認めることができる

☑**5**：まずは自分がお手本になるタイプのリーダー

特　　徴	メンバーにみずからが手本を示すことによって「やればできる」ことを証明し、全員のモチベーションを上げる	
成 功 談	合唱祭で優勝するため、仲間を誘って朝に練習を始めた。毎日参加者が増えていき、最後にはクラス全員が練習に来るようになった	
挙げられる長所	ひと言で表すと	責任感がある
	具体的に言うと	みずからが先頭に立ち、率先して何でもやってみせる

なるほど……　では、僕の場合、「『私』の取扱説明書」の中の：「**G**　『私の長所は●●です』」の「ひと言で表すと」の項目に入るのは「柔軟性がある」だとわかりましたが、「いかされた物語は？」の項目に入るのは何でしょうか？

……あぁ、先生がここに挙げている例に似た、文化祭の思い出がありました……

僕、クラスの文化祭実行委員になってたんですよね。「クレープ店」と「焼きそば店」のどちらを開くかでもめていたときに、中間をとって「クレープ風のお好み焼き（焼きそば入り）」という方向性を提案したんです。これを「**STAR法**」→テーマ8で書いてみます！

……（メモしながら）あと1つ、何かエピソードを考えると……

「**H**　『私は●●というリーダーシップをもっています』」の項目に入るのは「意見が一致することを最優先するタイプのリーダー」ってことになりますね。

テーマ18で長所が思いつかなかった人は、テーマ19とこのテーマ20に示した5つのリーダー像のうち、どれか「ピンと来たもの」を自分の長所だと考えて、テーマ18に戻って書いてみてね。

自分で書いてみよう

☑**3**・**4**・**5**のどれか：

特　　徴		
成 功 談		
挙げられる長所	ひと言で表すと	
	具体的に言うと	

049

テーマ 21 「5つのリーダーシップ」を理解すれば、短所が見える

重要度 ★★★☆☆

長所と短所は表裏一体?!　リーダーシップのデメリット

では、ここでは、テーマ19とテーマ20に挙げた5つのリーダーシップがもつデメリットについて理解してもらいますね。

リーダーシップのデメリットなんて知ってどうするんですか?

「長所と短所は表裏一体」って言うでしょう?　だから、テーマ19とテーマ20で自分がもつリーダーシップを挙げることによって長所を把握できた人は、同じように、自分がもつリーダーシップから短所を把握したらいいんだよ。

テーマ20で、僕は、自分を「❹　意見が一致することを最優先するタイプのリーダー」だと思ったので、そのデメリットを分析すると、テーマ16で取り上げた「『私』の取扱説明書」の「❶　『私の短所は●●です』」の項目を埋める参考になるのですね。

リーダー像とその短所

☑❶：メンバーに1つの目標を語り、共通のゴールに向かわせるタイプのリーダー

特　徴	個人の自主性を重んじて、やり方は一人ひとりに任せる	
失 敗 談	「強い部活」のイメージをつくるため「●●の試合でまずは勝つ」という身近な目標を立てていったんは成功したが、一部の納得してくれないメンバーへのフォローができなかったため、逆にやる気をなくさせてしまった	
挙げられる短所	ひと言で表すと	納得してくれない人の意見を見落としてしまうことがある
	具体的に言うと	納得してくれた仲間ばかりに気をとられてしまい、反対している人がいたことに気づきにくい

☑❷：一人ひとりを理解してメンバーをまとめ、目標を達成させるタイプのリーダー

特　徴	個々人の希望を、1対1による対話を通じて全体の目標に結びつける	
失 敗 談	行事や部活にやる気がない人・辞めそうな人一人ひとりに「いっしょにやろうよ」と声をかけたが、しつこすぎて避けられてしまった	
挙げられる短所	ひと言で表すと	おせっかい
	具体的に言うと	一人ひとりを理解しようと各人とじっくり話したがる傾向にあるため、干渉してほしくないと思っている人には避けられてしまうことがある

☑**3**：メンバーとの友情を最優先するタイプのリーダー

特　　徴	チームワークを重視し、メンバーとの交流を積極的に行なう
失　敗　談	文化祭での出し物として演劇を行ないたくて責任者に立候補したが、仲間に気を遣うあまり、自分の意見が言えなかった。その結果、自分としてはまったくやりたくなかったフランクフルトの出店が決まってしまい、自分自身が楽しめなかった
挙げられる短所	ひと言で表すと　他人に気を遣いすぎる
	具体的に言うと　メンバーの気持ちを優先し、自分の意見や目的を後回しにしてしまう。そのため、欲求不満を募らせ、本来の目的を達成することができなくなる場合がある

☑**4**：意見が一致することを最優先するタイプのリーダー

特　　徴	メンバーから多くの意見を集めてから全員で話し合わせ、全員が納得する意見ができ上がることを重視する
失　敗　談	全校生徒が楽しめる文化祭にするため多くの意見を集めようと、各クラスに「文化祭提案ポスト」を設置したが、意見が大幅に割れて調整に膨大な時間がかかったため、準備期間が短くなってしまった
挙げられる短所	ひと言で表すと　優柔不断
	具体的に言うと　他人の意見を尊重しすぎてしまうため、出てきた意見に統一性がない場合、調整に時間がかかる

☑**5**：まずは自分がお手本になるタイプのリーダー

特　　徴	メンバーにみずからが手本を示すことによって「やればできる」ことを証明し、全員のモチベーションを上げる
失　敗　談	合唱祭で優勝するため、仲間を誘って朝に練習を始めたが、受験が近いのでクラス全体が乗り気ではなく、朝の練習に来るやる気のある人とそうでない人との温度差を広げてしまった。また、自分一人だけでがんばろうとかかえ込み、苦しくなってしまった
挙げられる短所	ひと言で表すと　自分一人でかかえ込んでしまう
	具体的に言うと　全体で責任をもつべきことでも、自分一人だけの責任だと感じてしまうことがある

 僕の短所は、テーマ16に書いたとおり、やっぱり「優柔不断」ですね……　たしかに、メンバーから意見がたくさん出てくると決めるのに時間がかかってしまうタイプです……

テーマ
22 「STAR法」を2周させて短所克服のエピソードを語ろう

重要度 ★★★★☆

🌀 「ダメな私」じゃダメですよ

先生。長所を「STAR法」➡テーマ8で書くのならばわかるのですが……　短所もSTAR法で書くんですか？　こんな状況（**Situation**）でこんな問題があって（**Task**）、こんな行動をとって（**Action**）、こんな失敗をした（**Result**）って……　なんか、いやですね……

それは、テーマ7で述べた「**As is To be**」の視点を使って書くんだ。「問題発見」➡「問題解決」の順序だったね。路蘭くんの短所は「優柔不断」だよね。じゃあ、そこから考えようか。

➤ 短所克服のエピソード（路蘭版）

自分の短所（＝現状）

優柔不断

短所の具体的な克服法

メリットとデメリットを考えて、メリットが大きければ「可」と決めるようにしている

短所の克服（＝理想）

はっきりと決められる

短　所	● 優柔不断
そのように思った理由［エピソード］❶ ←失敗談	● Situation：クラスの友人と休みの日に遊びに行く予定を立てようとしたとき ● Task：意見が2つに割れ、決定権が自分にゆだねられた状態になった ● Action：答えを濁してしまった ● Result：結局合意できず、予定そのものがキャンセルとなってしまった
そのように思った理由［エピソード］❷ ←克服した体験	● Situation：合唱祭で発表する曲を決めていたとき ● Task：仕切り役だった自分の投票で発表曲が決まる状態になった ● Action：クラス全員に発表曲選択のメリットとデメリットを説明したあとで、自分はメリットが大きいほうの曲に投票すると表明した ● Result：決まったほうではない曲に投票していた人も納得してくれた

◯ 短所に気づけば「問題発見」！　克服法を考えると「問題解決」！

「As is To be」のイメージって、こんな感じですね！

- こんな状況（Situation）で➡こんな問題があって（Task）➡こんな行動をとって（Action）➡こう失敗した（Result）
- こんな状況（Situation）で➡こんな問題があって（Task）➡前回は短所のためにこんな失敗をしたから今度はこんな行動をとって（Action）➡こう成功した（Result）

そうそう。短所に気づいてから自分がその短所をどうやって克服したかを話すんだ。そのように話せれば、自力で「問題」を発見して自分で「解決」できたことが示せるよね。これで、テーマ16「『私』の取扱説明書」の項目「❶　『私の短所は●●です』」が埋まる。

➢ 短所克服のエピソード（キミ版）

自分の短所（＝現状）

| |
| |

短所の具体的な克服法

| |
| |

短所の克服（＝理想）

| |
| |

短　　所	
そのように思った理由 [エピソード] ❶ ←失敗談	● Situation： ● Task： ● Action： ● Result：
そのように思った理由 [エピソード] ❷ ←克服した体験	● Situation： ● Task： ● Action： ● Result：

テーマ23 「私は他人から●●だと見られている」

重要度　★★☆☆☆

自分で認識した「長所」や「短所」を担任の先生に確認してみよう

いやっ、恥ずかしい！　なんで担任に確認しないといけないのよ！

自分の「長所」と「短所」は、必ず担任の先生に確認してください！　担任の先生は、調査書［内申書］を書く方。近年の調査書の形式は、生徒の特徴や特技などのさまざまな取り組みを、以前よりも詳細に記入するように変わったんだ。だから、調査書に書かれた人物像と面接での人物像にズレがあると、「客観的に自己評価できていない受験生」とみなされてしまうんだよ。

だったら、テーマ16〜テーマ22のシートに書く前に担任に聞いちゃえばよかったわ！

他人から見た「私」の人物像記入シート（そしえ版）

「私は自分の長所を●●だととらえています」		面倒見がよい
「私は自分の短所を▲▲だととらえています」		おせっかい
担任の先生から見た私	長　所	明るくて面倒見がよい
	短　所	そそっかしい　←先生に「おせっかい」に変えてもらった
	その他のコメント	言葉づかいが悪い　←これは「調査書に書かない」って約束してもらった
担任の先生の認識とギャップがある理由		だいたいは自己認識と同じだった

いやいや、担任の先生に確認する前にテーマ16〜テーマ22のシートを記入することは、絶対に必要だよ！　もし何も考えずに担任の先生へ「私の長所と短所は何ですか？」と聞きに行ったら、「自分ではどう思うの？」って逆質問されるよ。

担任の先生には、「私は、自分の長所と短所を自分では●●／▲▲だと考えているのですが、先生の認識とズレていませんか？（＝調査書の内容とズレていませんか？）」と尋ねてください。自分の認識と担任の先生の認識とのあいだにギャップがある場合には、テーマ16〜テーマ22のシートを書き直すのではなく、「ギャップがある理由」を考えてみよう。たとえば、

> 「私の長所は、面倒見がよいところです。とくにクラスの役員などは務めていなかったので、担任の先生には物静かな印象だと言われていましたが、部活動では後輩の面倒を積極的に見ていました」

など。このようにシミュレーションしておけば、面接で「調査書の内容から受けるイメージとちょっとちがうね」と聞かれた場合でも、「自分には、担任の先生の前で見せるのとはちがう一面があります」と冷静に答えられるよ。これで、テーマ16「『私』の取扱説明書」の項目「**J**　『私は他人からよく●●だと言われます』」が埋まるね。

➢「他人から見た「私」の人物像記入シート（キミ版）

「私は自分の長所を●●だととらえています」		
「私は自分の短所を▲▲だととらえています」		
担任の先生から見た私	長　　所	
	短　　所	
	その他のコメント	
担任の先生の認識とギャップがある理由		

テーマ24 高校で最もがんばったことを語る

重要度 ★★★★☆

長所や短所、他人からの指摘をヒントにして考えよう

テーマ17〜23で自分の長所や短所を理解したら、それらをヒントとして、「高校で最もがんばったこと」を語れるようにしようか。

長所のエピソード➡テーマ18も、短所を克服したエピソード➡テーマ22も書いたので、もう書くことがありません……

➤「私」のがんばったこと振り返りシート（路蘭版）

Point		Q　高校生活の中で最も力を入れたことは何ですか？
		サッカー部のレギュラーを3年間維持してきたこと
Reason		Q　その活動を最も力を入れたことだと思うのはなぜですか？
		学校行事の委員会などで放課後に部活に出られず、練習不足をカバーするために朝や休日に自主的に練習していたから
Example	Situation	Q　活動の中で「がんばった」ときの状況を教えてください
		文化祭委員や合唱祭委員などの校内委員に選ばれることが多かったため、放課後の練習に出られないことを時間管理でカバーした
	Task	Q　活動の中で「大変だったこと」はどのようなものでしたか？
		練習時間が確保できない
	Action❶	Q　その「大変だったこと」に対してどうしようと思いましたか？
		1日の空いた時間に毎日必ず、部活の練習時間である2時間を自主練習で確保したい
	Action❷	Q　その「大変だったこと」に対して実際にどのように行動しましたか？
		朝は始業よりも1時間早く学校に来て練習し、家でも1時間のトレーニングを行なった
Point	Result	Q　行動した結果と、その活動から学んだことは何ですか？
		時間をうまく管理できれば、1日が有効に使え、目標が達成できる

書くことがなくなってしまった場合には、テーマ17〜23で書いた長所や短所の内容を流用してもかまいません。

ところで、路蘭くんは、テーマ20で「文化祭実行委員」って書いていたよね。一方、テーマ22では「合唱祭の仕切り役」って書いていなかった？ 意外にいろいろやっているじゃないか！

……断れないんですよ。優柔不断なので、いつも押しつけられてしまうのです。おかげで、入っていたサッカー部の放課後の練習に出られないことが多くて、レギュラーを保つために朝から練習していました。また、家でも練習していました。テーマ16「『私』の取扱説明書」の項目「**K** 『私が高校で最もがんばったことは●●です』」には、こういうことを書けばいいんですね。

➤ 「私」のがんばったこと振り返りシート（キミ版）

Point		**Q** 高校生活の中で最も力を入れたことは何ですか？
Reason		**Q** その活動を最も力を入れたことだと思うのはなぜですか？
Example	Situation	**Q** 活動の中で「がんばった」ときの状況を教えてください
	Task	**Q** 活動の中で「大変だったこと」はどのようなものでしたか？
	Action❶	**Q** その「大変だったこと」に対してどうしようと思いましたか？
	Action❷	**Q** その「大変だったこと」に対して実際にどのように行動しましたか？
Point	Result	**Q** 行動した結果と、その活動から学んだことは何ですか？

テーマ 25 いつも心にこの言葉

重要度 ★★☆☆☆

○ 「座右の銘」を知らないだとっ？

ねぇ、センセ。「ザユーノメイ」って何？

「座右の銘」ね……　「座右」とは「座っている場所のかたわら」のこと。「銘」とは、もともとは「金石や器物などに事物の来歴や人の功績を記したもの」。つまり、「いつも自分が座る場所のそばに書き記しておいて戒めとする文言」のことだよ。

「私のモットー」みたいな感じ？　（スマホで検索しながら）……四字熟語とかことわざって、なんか好きじゃないのよね……　うーん……　何かいいのないかしら？

「座右の銘」って、べつに四字熟語とかじゃなくてもいいんだよ。映画のせりふとかでもかまわない。

そうなの?!　アニメとかドラマのせりふでもOK？

（笑）　ダメではないよ。ただ、一般的に、「座右の銘」は、初対面の人に「自分はどんな人間なのか」とか、「自分はどんな価値観をもった人間なのか」を簡潔に伝えるための言葉だということは忘れないでね。なお、この内容は、テーマ16「『私』の取扱説明書」の項目「L　『私の座右の銘は●●です』」の対策だよ。

＞「私」の座右の銘シート（そしえ版）

「私の座右の銘は●●です」	There is always light behind the clouds. 「雲の向こうは、いつも青空」
「この言葉が座右の銘である理由は、▲▲です」 ←具体的に言えるようにしておこう。	『若草物語』を書いたルイーザ・メイ・オルコットの言葉で、小学生のときに通っていた英会話教室の先生が教えてくれた。つらいことがあってもその先には絶対いいことがあるという意味だと理解している。いやなことがあったら、いつもこの言葉をつぶやいている

先生にも、海外の有名な映画の中にお気に入りのせりふがある。みなさんにもそれぞれ、愛読書や好きな映像作品などの中に座右の銘があるはずだね。でも、せっかくだから、この機会に、自分の趣味以外からも座右の銘を見つけてみよう。ネットで検索すると、ことわざや偉人の言葉などがたくさん見つかるよ。

 言ったらすぐに相手に伝わる言葉がいいのね。だとしたら、ちょっとマニアックな言葉なんかはダメってことね。

 そう、わかりやすく簡潔な言葉がいい。もちろん、その言葉が座右の銘である理由も言えるようにね。
さらには、その言葉がアドミッション・ポリシー→テーマ1とズレていないことも大切だよ。だからといって、「座右の銘」を聞かれて「私の座右の銘は、貴学のアドミッション・ポリシーである『■■』です」なんて言わないでよ。それでは、あまりにも露骨でうそくさいからね。
なお、過去の合格者の中には、高校の校訓を挙げた受験生もいる。また、キリスト系高校に通う生徒で、『聖書』の中にある言葉を挙げた人もいた。そういうのもアリだよ。

➣「私」の座右の銘シート（キミ版）

「私の座右の銘は●●です」	
「この言葉が座右の銘である理由は、▲▲です」 ←具体的に言えるようにしておこう。	

気づいたことをメモしよう

テーマ 26 「私」の取扱説明書❷ ──「自己分析アウトラインシート」の完成

重要度 ★★★★★

◎ これで面接対策は8割終了だ！

では、ここまでに完成した、そしえさんと路蘭くんの「『私』の取扱説明書」を、読者のみなさんに公開します！ 参考にしてください。

▶2人が書いたシートの内容は、過去の合格者をモデルとしている。

➤ 「私」の取扱説明書（路蘭版）

	ひと言で表すと？	いかされた物語は？
☑**G**：「私の長所は●●です」	柔軟性がある ←さまざまな価値観を認めることができる。	文化祭に「クレープ店」と「焼きそば店」のどちらを開くかでもめていたときに、中間をとって「クレープ風のお好み焼き（焼きそば入り）」という方向性を提案したところ、大成功した
	ひと言で表すと？	具体的な物語は？
☑**H**：「私は●●というリーダーシップをもっています」	意見が一致することを最優先するタイプのリーダー	● **G**に書いた文化祭のエピソード ● 合唱祭の曲決めの際にメリットとデメリットを話して、クラス全員を納得させた
	ひと言で表すと？	短所を克服する物語は？（簡潔に）
☑**I**：「私の短所は●●です」	● 優柔不断 ● 決断するまでに時間がかかる	● 合唱祭のエピソード ←メリットとデメリットを比較し、メリットが大きければ「可」と決めるようにしている。
	ひと言で表すと？	実際とのギャップがあるのはなぜ？
☑**J**：「私は他人からよく●●だと言われます」	● 礼儀正しい ● 物静か	部活でのおしゃべりな一面は、担任に見せたことがない ←これは、面接では言わない！
	ひと言で表すと？	具体的な物語は？（簡潔に）
☑**K**：「私が高校で最もがんばったことは●●です」	サッカー部のレギュラーを3年間保った	委員会活動で放課後の練習に参加できないことを、時間管理でカバーした
	座右の銘	なぜそれが座右の銘なのか？
☑**L**：「私の座右の銘は●●です」	「災い転じて福となす」	実家の寺院が傾いていることをつらく思っていたが、寺院の経営を救うという前向きな将来像を思いついたのは、実家の寺院の経営難がきっかけだから

▶路蘭くんが受けている面接のようすは、テーマ55で確認しよう。

➤「私」の取扱説明書（そしえ版）

☑G：「私の長所は●●です」	ひと言で表すと？	いかされた物語は？
	面倒見がよい	⦿ 合唱祭の練習に乗り気でない人へ声をかけ、盛り上げた ⦿ 交換留学生がクラスにとけ込めるよう工夫した

☑H：「私は●●というリーダーシップをもっています」	ひと言で表すと？	具体的な物語は？
	一人ひとりを理解してメンバーをまとめ、目標を達成させるタイプのリーダー	⦿ Gに書いた合唱祭のエピソード ⦿ 留学先の学校で、台湾の生徒とインドの生徒と3人でプレゼンテーションの内容を考えたときに、リーダーとして2人とよく話し合い、プレゼンを成功させた

☑I：「私の短所は●●です」	ひと言で表すと？	短所を克服する物語は？（簡潔に）
	おせっかい	1度話して受け入れてもらえない場合には、時間をかなり空けてから再度話しかける

☑J：「私は他人からよく●●だと言われます」	ひと言で表すと？	実際とのギャップがあるのはなぜ？
	⦿ 明るくて面倒見がよい ⦿ そそっかしい 　←これは、面接では言わない！	とくにはない

☑K：「私が高校で最もがんばったことは●●です」	ひと言で表すと？	具体的な物語は？（簡潔に）
	英語の勉強	英検準1級の取得

☑L：「私の座右の銘は●●です」	座右の銘	なぜそれが座右の銘なのか？
	There is always light behind the clouds. 「雲の向こうは、いつも青空」	小学生のころ、英会話の先生に教えてもらった。すてきな言葉なので、つらいことがあるたびにつぶやいている

▶そしえさんが受けている面接のようすは、テーマ52で確認しよう。

テーマ
27

面接の練習、その前に
──敬語が使えない！

重要度　★☆☆☆☆

◯ 敬語が使えないと不合格になるの？

さぁ、「『私』の未来予想図」も「『私』の取扱説明書」も完成したから、あとはこれにもとづいて僕と練習してから学校の先生に練習していただこうか〜
…………そしえさん、どうしたの？　暗い顔して？

アタシ、面接無理かも……　お姉ちゃんに、「そしえは敬語が使えないから、面接試験は厳しいのではなくって？　練習なさいませ」って、真顔で言われたのよ。どうしたらいいの？　「はべり」とか言ったらいいの？　先生が、私に敬語の話し方をお教えいたします？　……ください？

（まゆをひそめて）予想以上にひどいなぁ……　では、基本語の5つだけを覚えようか。それ以上は、たぶん短期間じゃ無理だから。「言う」「見る」「聞く」「知る」「〜する」だけ覚えて、それら以外は、語尾に「です・ます」をつければいいよ。

基 本 語	尊 敬 語	謙 譲 語	丁 寧 語
言う	おっしゃる	申し上げる・申す	言います
見る	ご覧になる	拝見する	見ます
聞く	お聞きになる	お聞きする・伺う・承る	聞きます
知る	ご存じ	存じ上げる・存ずる	知ります
〜する	〜なさる	〜いたす	〜します

▶一人称は、男女とも「私」が無難。
▶語尾は「〜でぇ」などと伸ばさず、はっきりと「です・ます」で締めるのが無難。

丁寧語が、話しかけている相手に対して敬意を払う言葉だというのはわかるのよ……でも……いまさらなんだけれど、尊敬語と謙譲語って、何がちがうの？

（目を丸くして）おっおぉぅ……　中学で習っているはずでは？　一般選抜の対策もしっかりしておいてね……次のように理解してください。

➤ 最低限知っておくべきこと

- 尊敬語：動作を<u>する</u>人がエラい
- 謙譲語：動作を<u>される</u>人がエラい

 そっかぁ〜　アタシがさっき言った「先生が私に敬語の話し方をお教えいたします」だと、「いたします」が謙譲語だから「私」がエラくなっちゃうからダメなのね。

 古文の場合だと、皇族がみずからに対して敬意を払う表現はあるけどね。面接ではありえない……

（ぶ厚い受験情報誌を見ながら）　ところで、そしえさんの志望校の面接は、日本語による雑談のような会話から始まって、途中から英語で志望理由などを聞いてくるみたいだよ。

 えっ、そんなのがあるの?!　じゃあ、「『私』の未来予想図」と「『私』の取扱説明書」を英語で言えるようにしておかなきゃ！

- 敬語は、最低限をおさえられていれば問題ない。きちんと使いこなせるのが理想だが、「面接官に敬意を払っている」という姿勢が示せればよい。
- 国際系学部の面接では「英語で自己紹介」「それ以外の答えもすべて英語」というパターンも増えているので、過去の情報を調べ、英語で質問されるかどうかを確認しておこう。
  ▶入室や退室のマナーは、巻末資料❶にまとめてある。

 ちなみに、「担任の先生」以外に練習してもらう相手としては、「<u>志望する学部に近い科目を教えている先生</u>」がよい。また、面接での臨場感をシミュレーションするために、「<u>あまり面識のない先生</u>」にお願いするのも効果的だよ！

おじぎの角度やノックの回数では合否は決まりません

このコラムの題名は、関西の最難関ライン私立大である「関関同立」のうちの1つの大学が、実際に総合型選抜の講評集に載せていた文言です。

これまで、面接におけるおじぎの角度やノックの回数について、生徒や保護者から何度も問い合わせを受けてきました。そこで1度大学関係者に尋ねてみたところ、やはり大学にも電話での問い合わせが多数来ていることがわかりました。

この手の質問が、なぜ有名私立大の講評集に書かれてしまうほど多いのでしょうか。その理由は、「中学や高校の面接試験」にあるようです。

市販されている「面接官が書いた、高校入試面接マニュアル本」を見ると、「おじぎの角度」や「ノックの回数」についてかなり詳細な記述があります。高校入試の場合、礼儀作法を点数化する学校が実際にあるようです。

しかし、大学の選抜は、高校入試とは事情が異なります。学校推薦型選抜や総合型選抜は、礼儀正しい受験生を合格させる試験ではありません。もちろん、最低限の礼儀作法は必要ですが、合否を決めるポイントはそこにはありません。大学の選抜ではおじぎの角度を間違えたり入室のノックの回数を間違えたりしたくらいで不合格になることはない、と考えていただいてかまいません。

もっとも、礼儀作法が大切であることは言うまでもありません。それができただけで合格することはありません。気をつけてください。

第 **2** 章

一問一答事例集

面接でよく聞かれる質問にも、

- ●「『私』の未来予想図」（志望理由アウトラインシート）
- ●「『私』の取扱説明書」（自己分析アウトラインシート）

に沿って話せば、合格回答が返せます！

　この章では、面接でよく聞かれる質問を集めました。第1章で作成したノートにもとづき、指示に従って回答すればバッチリです！　これで、面接対策は9割完成します。

テーマ 28 「なぜ●●学部／学科を志望したのですか？」

重要度 ★★★★★

自分で書いてみよう：「なぜ●●学部／学科を志望したのですか？」

_____

_____

_____

_____

_____

_____

面接官の視点

- ☑ ディプロマ・ポリシー ☑ カリキュラム・ポリシー ☐ アドミッション・ポリシー
- ☐ 主体性 ☑ 問題発見能力 ☑ 問題解決能力
- ☐ 情報収集能力 ☐ リーダーシップ ☐ コミュニケーション能力
  - ▶上記の要素はすべて面接で見られているが、とくに☑がついている項目が重視されている。
    - ➡「**F** 将来像」を中心にすると回答しやすい。

NG回答 私は、幼いころから建物を見るのが好きでした。中学のころには……高1の海外研修では珍しい東南アジアの建物に魅了され……（3分くらいの過去話）……このような経験から、私は建築士に興味をもつようになりました。そのため、建築学部への進学を志望しています。

話が長いのは×だ。「練習したんだね、お疲れさま」と、面接官は心の中で合掌していることでしょう。最近は、しびれを切らした面接官が「もういいです」と途中で話をさえぎってくることも……

志望理由には2つの方向性がある。1つは、上の **NG回答** のように「過去の経験から将来を決めて大学を選んだ」という「過去」を理由にする流れ。もう1つは、「将来なりたいものがあるから」という「未来」を理由にする流れ。

「過去」を理由とする流れは、志望理由書などの書類の流れとして向いてはいるし、1人で30分くらい話せる面接ならいいかもしれない。しかし、多くの面接では時間が短い。「過去」の話は長くなりやすいので、「これ（「**F** 将来像」）になるために貴学部を志望しています」と「未来」を話すほうがすっきり短くまとまる！

平凡回答 私は将来、地元に貢献したいと考えています。私は地元を愛しているからです。だから、地域に関する学問を修めるために、どうしても貴学部で学びたいと考えました。また、オープンキャンパスで貴学の先輩の話を聞き、私もこんな先輩になりたいと憧れました。

 「未来」を理由にしている。合格ラインだ。でも、平凡。「将来の夢を具体性なく言う➡その夢のためにこの学部に行きたいと言う」はありきたりな回答。伝えるべきは、具体的な「F　将来像」だ！

面接官がうなずく回答 ❶私は、日本の伝統的な建物を守るために貴学部をめざしています。❷いま、社会の中では空き家が問題となっています。❸空き家の中には日本の伝統技術が使われているものも多くあり、それらをいかしたいと、私は考えます。❹貴学では、とくに日本の伝統建築とリノベーションについて学びたいと考えます。

 この回答の構成は、以下のとおりだ。

- ❶：「F　将来像」
- ❷：「B　気づいたこと（問題意識）は解決されるべきだと思う理由（社会的意義）」
- ❸：「C　問題の解決への糸口」
- ❹：「D　解決への糸口のためにこれから学ぶべきこと」

気づいたことをメモしよう

テーマ 29 「なぜ本学を選んだのですか?」

重要度 ★★★★☆

自分で書いてみよう：「なぜ本学を選んだのですか？」

面接官の視点

☐ ディプロマ・ポリシー　　☑ カリキュラム・ポリシー　　☑ アドミッション・ポリシー

☐ 主体性　　☐ 問題発見能力　　☐ 問題解決能力

☑ 情報収集能力　　☐ リーダーシップ　　☐ コミュニケーション能力

▶ 上記の要素はすべて面接で見られているが、とくに ☑ がついている項目が重視される。

➡「**E** 志望校が最適である理由」を中心に答えろ。

「なぜ●●学部／学科を志望したのですか」➡テーマ28 と似てはいるが、少し異なる質問だ。「学部／学科」の志望理由を聞かれたならば、将来就きたい職業や学びたい研究内容を答えればよいが、「大学」の志望理由を答えるためには、<u>大学の特長や講座・カリキュラムの概要をあらかじめ理解しておくことが必要だ。</u>

平凡回答 貴学の教育理念である「良心は心の目である」に感銘を受けたからです。また、英語資格の対策講座にも魅力を感じました。また、グローバル化の影響を今後ますます強く受ける日本に生まれた者として海外の文化に対する知見を広げる必要があるため、留学したいと考えています。貴学は、私が憧れるカナダやオーストラリアの大学への留学制度があり、そこにも魅力を感じました。

「理念に感銘を受けた」という理由は△だ。うそくさいでしょ。「理念」ではなく、理念を具体化した「カリキュラム」に触れれば説得力がある。また、「資格がとれる」という理由は、大学側がパンフレットやホームページで資格取得をアピールしている場合には悪い回答ではない。しかし、その資格が大学に行かなくてもとれてしまう場合は、理由としてはイマイチだ。たとえば、英語の資格は大卒でなくともとれる。

「留学」の制度も、理由としてはイマイチだ。留学制度はたいていの大学に存在するから、別に「本学」に入って留学する必然性はない。この質問で大切なのは、「大学の特長や講座・カリキュラムにひかれました」と伝えることだ。

面接官がうなずく回答

❶●●先生に指導を受けたいと考えているからです。❷私は、幼いころからファッション業界に興味があり、その興味を経由して経営に興味をもちました。❸経営学部をもつ大学をいくつか調べたところ貴学を知り、オープンキャンパスに参加して❹●●先生の講義を聴いたことがきっかけで「行動経済学」に興味をもちました。その後、●●先生が書いた本を読んで直接に指導を受けたいという思いが募り、貴学を志望しました。

❶：「E　志望校が最適である理由」

「●●先生」という、「その大学にしかいない人」を理由にしている点がいいね。その教員が書籍を出しているならば、ぜひ読んでおこう。面接では、その本の「内容」と「感想」まで簡潔に言えたら申し分ない。

▶できるならば、准(じゅん)教授の名前を出すことは避けたほうがよい。他校と掛け持ちし、そちらへの出講のほうが多いという可能性があるからだ。

▶その先生が次年度も在籍するかどうかを、あらかじめ大学側に確認しておくのがよい。基本的には、教えてもらえる。

❷：「A　みずから経験したことがきっかけで現在の入学意識につながった気づき」

❸・❹：「D　解決への糸口のためにこれから学ぶべきこと」
「E　志望校が最適である理由」

ほかの大学と比較したうえで「本学」を選んだことが伝えられている点がいいね。なお、他校のオープンキャンパスについて悪口を言ってはいけないよ。

こんな質問もある

「他校にも似た学部がありますが、なぜ本学を選んだのですか？」

この質問にも、「E　志望校が最適な理由」を回答すればいい。とにかく、大学側がパンフレットやホームページでアピールしている特長や講座・カリキュラムに触れ、具体的に話そう。

テーマ 30 「大学卒業後にしたいことは何ですか?」

重要度 ★★★☆☆

自分で書いてみよう:「大学卒業後にしたいことは何ですか?」・・・・・・・・・・・・・・・・

_____

_____

_____

_____

_____

_____

面接官の視点

☑ ディプロマ・ポリシー　□ カリキュラム・ポリシー　□ アドミッション・ポリシー

□ 主体性　　□ 問題発見能力　　□ 問題解決能力

□ 情報収集能力　　□ リーダーシップ　　□ コミュニケーション能力

▶上記の要素はすべて面接で見られているが、とくに☑がついている項目が重視される。

➡「**F**　将来像」を中心に回答。

➡テーマ28・テーマ29などですでに将来について聞かれていたら、この質問は出ない。

NG回答　ビジネスパーソンとしてバリバリ働きながら家族をもち、みんながうらやむすてきな家庭を築いていると思います。

気持ちはわかるが、✗。小学生が「将来、プロのスポーツ選手になる!」と言うのと同じくらい低レベルの回答だ。

まず、「ビジネスパーソン」の具体的なイメージがまったく描けていない。また、「すてきな家庭」はみなが築きたいものではあるが、大学側が受験生に聞きたいのはあくまで「大学に入ってからのこと」であって、こんなボンヤリした将来への希望ではないよね。

平凡回答　私は、国際的に活躍できる人になりたいと考えています。外資系の会社に入り、得意とする英語をいかして働きたいと考えています。

「国際的に活躍」したいと答える受験生は多いが、具体的に、どこでどう活躍したいのかというレベルまで言えないとダメだ。

また、大学での学びが「英語」だけになっている点も△だ。英語は、いまや語学系の学部だけでなく、「国際」とつく学部、「総合」とつく学部、「グローバル」とつく学部などでも学べる。また、近年では、文学部の英文学専攻の多くで「話せるようになるためのカリキュラム」が当たり前のように組まれている。大学で学ぶべきなのは、何も英語だけではない。

面接官がうなずく回答 　●貴学の所在地であり、私の地元でもある●●市か▲▲県の行政にかかわり、多文化共生の街づくりに尽力します。●10年後は、日本は労働人口のかなりの部分を外国人労働者や高齢者に頼っていると思います。●大学では多文化共生が成功する街づくりを研究しようと考えていますので、大学で学んだことをいかして、街中で発生する、異文化摩擦が原因のトラブルを解決することに尽力していると思います。

●：「F　将来像」

　近年、「大学と地域との共生」「高大産（高校・大学・産業）連携の推進」がさけばれている。地元の大学を受験する人は、大学のパンフレットやホームページに、地域との連携プロジェクトが記載されていないかどうかを確認してみよう。もし記載されている場合、「大学で学んだことを地元に役立てたい」と答えられれば加点される可能性がある。

●：「B　気づいたこと（問題意識）は解決されるべきだと思う理由（社会的意義）」

　10年後の世界がどう変わっているのかを自分なりに予想できている点がいいね。

●：「C　問題の解決への糸口」

　　「D　解決への糸口のためにこれから学ぶべきこと」

　　「F　将来像」

　将来の社会状況と、これから大学で学ぶ研究を結びつけている点がいいね。

こんな質問もある

「大学で学んだことをどのようにいかしたいと考えていますか？」

「どのようにいかすか」と尋ねているこの質問のほうが、「大学卒業後にしたいことは何か」に答える場合よりも「F　将来像」を具体的に言う必要があるね。今回の**面接官がうなずく回答**のような内容が話せれば、この質問もクリアできる。

テーマ 31 「大学入学後、中心的に学びたいことは何ですか?」

重要度 ★★★☆☆

自分で書いてみよう:「大学入学後、中心的に学びたいことは何ですか?」 ・・・・・・・・

面接官の視点

☑ ディプロマ・ポリシー　　☑ カリキュラム・ポリシー　　☐ アドミッション・ポリシー

☑ 主体性　　☑ 問題発見能力　　☑ 問題解決能力

☐ 情報収集能力　　☐ リーダーシップ　　☐ コミュニケーション能力

▶ 上記の要素はすべて面接で見られているが、とくに☑がついている項目が重視される。

➡「**D** 解決への糸口のためにこれから学ぶべきこと」と「**E** 志望校が最適である理由」を中心に答える。

➡ テーマ28・テーマ29などですでに「学びたいこと」について聞かれていたら、この質問は出ない。

NG回答❶ 　いまは教育学全般に興味があります。1年次に教育学のさまざまな分野に触れられると聞いたので、具体的にはその段階で見きわめたいと考えています。

一般選抜で大学に入る受験生ならばこの回答でも許容されるが、学校推薦型選抜・総合型選抜の面接では、「学びたいことを大学に入ってから考える」という回答は✕だ。学校推薦型選抜や総合型選抜は、「学びたいことがすでに決まっているから入学したい」という受験生を合格させる試験だということを忘れないように!

NG回答❷ 　私は、人間関係の中でもとくに学校内での人間関係について勉強したいと思っているので、そういうテーマが研究できるゼミに入りたいと考えています。

学びたいことをフンワリと言うだけは✕だ。こう答えたら必ず「『そういうテーマが研究できるゼミ』って、具体的にどんなゼミ？」と聞かれて困ることになる。何を学びたいのかが具体的に示されていない回答は、レストランで注文を聞かれて「おいしいものが食べたい」と答えるようなものだ。店員から再度「具体的にご注文ください」と聞かれ、むだなやり取りが発生するだけだ。

平凡回答　私は、貴学のオープンキャンパスで聴いた、●●先生による教育心理学の講義に感銘を受けたので、貴学で学んでみたいと思うようになりました。将来教員になるうえで教育心理学を勉強することはとても大切だと感じたので、教育心理学を中心に学びたいと考えています。

「オープンキャンパスで講義を受けて、入学を決めた」という回答は、数年前までならば「よい」とされる回答だった。しかし、大学教員による動画講義がネット上でいくらでも見られる時代になってからは、「講義を受けた」という回答では「平凡」だとみなされてしまう。

面接官がうなずく回答　❶教育心理学を学びたいと考えています。❷私が大学で研究したい「多文化共生社会で生きていく子どもへの教育」というテーマのヒントになるからです。❸私は、貴学のオープンキャンパスで●●先生の講義を受け、この学問に興味をもち、教育心理学の本を読みました。❹いまは●●先生のもとで教育心理学を学びたいと考えています。

❶：「**D**　解決への糸口のためにこれから学ぶべきこと」
❷：「**B**　気づいたこと（問題意識）は解決されるべきだと思う理由（社会的意義）」
　「**C**　問題の解決への糸口」の要素でもよい。
❸・❹：「**E**　志望校が最適である理由」
　教員の講義を受けて興味をもってから自分で本を読んで学ぼうとしたという姿勢（主体性）が示せている。

テーマ 32 「●●（＝職業）になりたいのはなぜですか？」

重要度　★★☆☆☆

自分で書いてみよう：「●●（＝職業）になりたいのはなぜですか？」

_____

_____

_____

_____

_____

_____

面接官の視点

☐ ディプロマ・ポリシー　　☐ カリキュラム・ポリシー　　☑ アドミッション・ポリシー
☐ 主体性　　☑ 問題発見能力　　☑ 問題解決能力
☐ 情報収集能力　　☐ リーダーシップ　　☐ コミュニケーション能力

▶上記の要素はすべて面接で見られているが、とくに☑がついている項目が重視される。

➡「**A** みずから経験したことがきっかけで現在の入学意識につながった気づき」や「**B** 気づいたこと（問題意識）は解決されるべきだと思う理由（社会的意義）」を中心に答えろ。また、「**C** 『私の長所は●●です』」を含めて「職業でいかせる」と答えることも可能。

NG回答 ❶　「みずから組織を立ち上げたい思うのはなぜですか？」

　私は、人に命令されることに耐えられないタイプなので、自分が経営者となって人に指示するほうが向いています。貴学で学んだことをいかして、世の中に貢献しながら会社を大きくしていきたいと思います。

2つ目の発言は「大学での学びをいかしたい」という主旨なので○だけど、1つ目の発言は、「他人に命令されることに耐えられない人間」≒「自己中心的な人間」という「短所」を理由として将来を決めているとわかってしまうため、✕。

NG回答 ❷　「公務員になりたいのはなぜですか？」

　先行き不透明な世の中で最も安定した職業だと思うからです。昔から競争などがきらいなので、出世争いなどがなく、年功序列のしくみがあることも魅力です。

「未来」を考えているし、自分の性格もわかっている。しかし、発言があまりにも安定志向であることから、面接官に「うちの大学での学びにも消極的なのではないか」と思われてしまう。

面接官がうなずく回答❶　　「みずから組織を立ち上げたいと思うのはなぜですか？」

❶●●を解決する仕事を探したのですが、いまのところ理想とする組織が見つかっていないことが理由です。❷また、私はリーダーシップを強く発揮して活動してきましたので、その長所を大学でさらに伸ばせば、組織の一員として働くよりも効率的に社会へ奉仕できると考えたからです。

❶：「Ａ　みずから経験したことがきっかけで現在の入学意識につながった気づき」

　将来像を突き詰めていくと、「そういう仕事はいまのところ存在しない。だったら、自分で新しい仕事をつくり出せばよいのではないか」という考えに至る場合がある。こういう場合には、「自分で組織を立ち上げる」と答えるのが一つの方法なんだ。ただし、高校生が思いつく新しい仕事のほとんどは現時点でほぼ実現化されているので、事前にきちんと調べておこう。

❷：「Ｇ　『私の長所は●●です』」

　NG回答❶　と似ているけれど、こちらは「長所」を「過去」の経験とからめている点がよい。　NG回答❶　のように「人の言うことを聞くのがきらい」と言ってしまうと「短所」だけれど、「リーダーシップがある」と言えば「長所」がアピールできる。

　　▶ここでは、テーマ19・テーマ20で扱ったリーダーシップとは異なり、「全体を引っ張るタイプ」という一般的な意味で使っている。

面接官がうなずく回答❷　　「公務員になりたいのはなぜですか？」

❶私が住む●●市は、今後人口減少で行政に支障が生じると予想されています。❷公務員には、「国民全体の奉仕者」という使命があります。私は、幼いころから他人のために尽くすことに喜びを感じる性格であること、および地元愛が強いことから、行政にかかわることに向いていると考えました。

❶：「Ｂ　気づいたこと（問題意識）は解決されるべきだと思う理由（社会的意義）」

　公立大学（県立、市立など）の面接でこれを言うと、「地域への貢献」という項目で加点される可能性がある。

❷：「Ｇ　『私の長所は●●です』」

　自分の適性を踏まえて将来を決めていることがわかるのでよい。

テーマ 33 「あなたの長所は何ですか?」

重要度 ★★★☆☆

自分で書いてみよう：「あなたの長所は何ですか?」

面接官の視点

☐ ディプロマ・ポリシー　　☐ カリキュラム・ポリシー　　☑ アドミッション・ポリシー

☐ 主体性　　☐ 問題発見能力　　☐ 問題解決能力

☐ 情報収集能力　　☐ リーダーシップ　　☐ コミュニケーション能力

▶上記の要素はすべて面接で見られているが、とくに☑がついている項目が重視される。

➡「**G**　『私の長所は●●です』」を答える。もちろん、調査書の内容やアドミッション・ポリシーとの整合性が重要であることは言うまでもない。

NG回答　　自慢できるようなところはありません。しいて言えば、幼いころから習っているピアノが得意です。

「ピアノ」はあくまで「特技」であって「長所」ではないから、これでは質問に答えたことにはならない。このように、「特技」と「長所」を混同してしまう人がよくいるが、長所の意味は「性質や性能などですぐれているところ」だから、こう尋ねられたら「もともとの性格や行動の特性」などを答えよう。

この受験生は、自分の長所を話すことを自慢することだととらえてしまい、その抵抗感から「自慢できるようなところはありません」というフレーズを使っているが、長所を答えて「この受験生は調子に乗っているな」と思う面接官はいないので、安心してほしい。

平凡回答 私は、何事にもよい部分を見つけて楽しむことができます。部活動でも、地道なトレーニングをつらいと思いながらも、いつもよりも少しでも早くトレーニングを終えることや、1回でも多く腹筋をすることなど、できることを少しずつ増やしていくことに喜びを見つけて楽しみました。大学でも、この能力をいかして学びたいと思います。

自分の「長所」とそれにまつわる体験談を述べたうえで、大学でもその点をいかしたいと答えられている。これでも十分合格レベル。でも、残念ながら「平凡」だ。

面接官がうなずいてくれるのは、受験生の長所が、大学、あるいは学部・学科のアドミッション・ポリシー→テーマ1と合っている場合だ。だから、面接官にアピールすべき長所は、大学、あるいは学部でそれぞれちがうと考えられる。

近年、多くのアドミッション・ポリシーは、「知識・技能」「思考・判断・表現」「関心・意欲・態度」などのように細かく設定されている。この質問に対しては、「知識・技能」に属している「特技」ではなく、「思考・判断・表現」「関心・意欲・態度」に属している「長所」を答えるとよい。

[「関心・意欲・態度」]

● 異文化の中で生じるさまざまな体験や出来事に向き合う心がまえをもっている者
● 国際社会の諸問題に興味をもち、将来は国際的に活躍したいと考えている者

たとえば上記のようなアドミッション・ポリシーをかかげている大学・学部であれば、以下のような回答が理想だ。

面接官がうなずく回答 私の長所は、❶好奇心旺盛なところだと思います。興味があることは、いったん気になり始めると調べずにはいられない性格です。とくに、❷国際社会の問題に強い興味をもっているため、探求学習では、ニュースで見た難民問題について徹底的に調べて発表し、❸校内で賞をとりました。

❶・❷：「G 『私の長所は●●です』」
「国際的な諸問題に興味をもち」というアドミッション・ポリシーに合った回答だ。

❸：長所が他人に評価されることにつながった点がアピールできている。
先述のとおり、長所を答える場合には、調査書の内容との整合性を必ず考えよう。もし調査書にどのようなことが書かれているのかが想像できない場合には、学校の先生に必ず、「こういう長所を面接で答えようと考えているのですが、調査書と矛盾しませんか？」と確認しよう！

テーマ
34

「あなたの短所は何ですか?」

重要度　★★★☆☆

自分で書いてみよう：「あなたの短所は何ですか?」

面接官の視点

☐ ディプロマ・ポリシー　　☐ カリキュラム・ポリシー　　☑ アドミッション・ポリシー

☐ 主体性　　☑ 問題発見能力　　☑ 問題解決能力

☐ 情報収集能力　　☐ リーダーシップ　　☐ コミュニケーション能力

▶上記の要素はすべて面接で見られているが、とくに☑がついている項目が重視される。

➡「❶『私の短所は●●です』」にもとづいて、短所を克服したエピソードを話す。

NG回答❶　飽きっぽいところです。いつも、何をやっても長続きしません。

いくらすばらしい「志望理由」を述べても、これで台なしだ。<u>大学4年間で志を持続できない可能性がある人を「よし、入学させよう」とは思わない。</u>

NG回答❷　思ったことをすぐに口に出してしまうところです。ただ、それは「直感が鋭い」ことを意味するので、人の本心を言い当てることがうまいという長所でもあります。

<u>「思ったことをすぐ口に出」</u>すことは、<u>「深く考えずにしゃべること」</u>だと受け取られてしまうから要注意だ。

また、このように「直感で人の本心を言い当てる」などという<u>スピリチュアル・ワードを口にするのは避けたほうがよい。</u>「なんで言い当てられるの?」と聞かれて「何かわかっちゃうんです」としか答えられないとしたら、「この受験生は論理的に考えることができないのだ」とみなされてしまう。「感性が豊かな人だ」と好意的に受け止めてもらえる可能性は低い。気をつけよう。

平凡回答 ・・ 集中しすぎると周りが見えなくなるという短所があります。電車の中で考えごとをしていて降りるのを忘れたこともあります。しかし、それは、1つのことに没頭できるという長所でもあると思います。

「短所」と「長所」は表裏一体だけれど、この受験生は、自分の「短所」を、電車を乗り過ごしたという心温まるエピソードとして「長所」に変えている。思わずクスっと笑い出しそうな面接官もいるだろう。これなら十分合格ラインだ。ただし、だれもが言えそうな、非常に平凡な回答でもある。

面接官がうなずく回答 ・・ 私の短所は①優柔不断なところです。たとえば、友人と食事に行く約束をしたときに、どこに行くのかを決められず、予定自体が流れてしまったことがあります。②この短所を克服するために、いまは、物事を考える場合にはメリットとデメリットの両方をはかりにかけてメリットが大きいほうを選ぶよう心がけています。

❶:「■『私の長所は●●です』」
短所を述べてから失敗談を言うという流れがきっちりおさえられている。
❷:短所[問題]克服のために行なっていることを言えていて、「問題発見」と「問題解決」の能力があることが示せている。

こんな質問もある

「自分の性格で損をした、もしくは失敗した経験を教えてください」

この質問でも、「短所」を具体的に述べてから、それを克服したエピソードを話せばよい。

気づいたことをメモしよう

テーマ 35 「好きな科目[教科] は何ですか？　また、きらいな科目[教科] は何ですか？　その理由とともに教えてください」

重要度 ★★☆☆☆

自分で書いてみよう：「好きな科目[教科] は何ですか？　また、きらいな科目[教科] は何ですか？　その理由とともに教えてください」

面接官の視点

☐ ディプロマ・ポリシー　　☐ カリキュラム・ポリシー　　☑ アドミッション・ポリシー
☐ 主体性　　☐ 問題発見能力　　☐ 問題解決能力
☐ 情報収集能力　　☐ リーダーシップ　　☐ コミュニケーション能力

▶上記の要素はすべて面接で見られているが、とくに ☑ がついている項目が重視される。

➡面接では、志望する学部と関連する科目に苦手意識はないかどうか、あるいは学部で学ぶことと高校の科目との関連性を意識しているかどうかが見られている。

この質問には、志望する「学部」が関連する。例として、ここでは経済学部の面接という設定で話を進める。

NG回答　好きな科目は、世界史です。さまざまな人びとの過去の営みの上に現在の世界があることをおもしろいと思うからです。数学は、わからないことが多く、テストでも点数がとれないため、好きになれませんでした。

私立大の場合、英語、国語、地歴公民の3科目[教科] で受験できてしまう経済学部が多いことは事実だが、<u>経済学部で「数学がきらい」と答えてしまうことは、たとえそれが本心であっても避けるべき</u>だ。大学によって差はあるが、経済学部に入ってから高校の「数学Ⅱ・B」までの理解が必要となる場合は多い。

平凡回答 好きな科目は政治・経済です。学んだ用語や内容が日々のニュースに直接出てきて、学べば学ぶほど、新聞などの内容が深く理解できるようになったからです。きらいな教科は、英語です。暗記があまり得意ではなく、英単語などを覚える作業が苦手だからです。

経済学部の面接であれば、好きな科目として「政治・経済」と答えるのは悪くない。ただ、学部に関係なく、最新の論文は英語で書かれている場合が多いから、入学後の学びを考えると「英語がきらいな受験生」を好ましいと面接官が判断する可能性は低い。

面接官がうなずく回答 ❶得意というほどではありませんが、英語が好きです。SNSで外国の友人ができて英語でやり取りするようになってから、英語ができると選択肢が増えるのだと実感したからです。❷逆に、きらいな科目は美術です。幼いころから絵がへただと言われてきたので、苦手意識がありました。しかし、課題としてデッサンを提出しなければならなかったときには、描き方を美術部の友人に教えてもらいながら仕上げ、よい点数はつきませんでしたが、美術の先生にほめてもらえました。

❶：好きな科目［教科］を聞かれ、「好き」と答えた科目の成績が「イマイチ」だったり、「ふつう」だったりすることはよくある。その場合には、「好き」と言う前に、この回答のように、「得意というほどではありませんが」とか「よい点数はつきませんでしたが」などの「枕詞」を入れて話そう。

❷：きらいな科目［教科］を答える場合には、「苦手を克服したことがわかる短いエピソード」を示し、「問題解決」を試みていることを「STAR法」→テーマ8で伝えよう。

こんな質問もある

「得意な科目［教科］は何ですか？」

「好きな科目［教科］」ではなく「得意な科目［教科］」を聞かれたら、通知表での評価が高い科目［教科］を答えるべきだ。一方、通知表で評価の高い科目［教科］がない場合には、「得意とは言えませんが」とか「テストでよい点をとることはできませんでしたが」などのフレーズを前置きして答えよう。

なお、聞かれてもいない苦手科目［教科］を話してしまう人がたまにいるけれども、「聞かれていないマイナスの内容」をわざわざ付け加える必要はない！

テーマ 36 「高校で最もがんばったことは何ですか？」

重要度 ★★★★☆

自分で書いてみよう：「高校で最もがんばったことは何ですか？」

_____

_____

_____

_____

_____

_____

面接官の視点

☐ ディプロマ・ポリシー　　☐ カリキュラム・ポリシー　　☑ アドミッション・ポリシー

☑ 主体性　　☑ 問題発見能力　　☑ 問題解決能力

☐ 情報収集能力　　☑ リーダーシップ　　☑ コミュニケーション能力

▶上記の要素はすべて面接で見られているが、とくに☑がついている項目が重視される。

➡「K『私が高校で最もがんばったことは●●です』」を中心に答える。また、「G『私の長所は●●です』」や「H『私は●●というリーダーシップをもっています』」を答えてもよい。

NG回答❶　がんばったと言えるほどのことかどうかはわかりませんが、文化祭の準備を、実行委員として2年間がんばりました。高2では委員長も務めました。

謙虚な性格からなのか、「がんばりました」と言い切ることをためらう受験生は多い。謙虚であることは悪いことではないけれども、自己アピールの場で控えめであってはいけない。堂々と、「●●をがんばりました！」と言おう！

ただし、アピールするとはいっても、この回答のように「文化祭の準備」や部活動に真剣に取り組んだなどと訴えるだけでは、面接官には何も伝わらない。具体性が大切➡テーマ5だ！

NG回答❷　高1では体育委員、文化祭実行委員、さらに生徒会で会計担当を務めました。高2では体育委員長を務め、部活動では主務になりました。また、勉学も手を抜かず、全科目がんばりました！

いっぱいがんばったね！　でも、質問されたことにはちゃんと答えよう。

質問は、「高校で『最も』がんばったこと」だ。学校推薦型選抜・総合型選抜を受ける人には、がんばったことをたくさんもっている人が多い。だから、「がんばったこと」を複数挙げてしまう受験生がいるけれども、「最も」と聞かれているのだから「1つ」に絞らなければならない。正確に答えることができないと、「コミュニケーション能力」として「他人の話を聞く」という項目がある場合、大幅に減点されるおそれがあるぞ。

平凡回答　高1と高2で文化祭の実行委員を務め、高2では実行委員長に就任しました。先生方と何度も打ち合わせしたり、委員のみんなと夜遅くまで学校に残り企画を練り直したりして、涙あり笑いありのすばらしい思い出ができました。

 惜しい！　先生方との打ち合わせで何が得られたのか、「企画を練」ることによってどんな能力が得られたのか、さらには、「涙」と「笑い」の中にどのような「問題」があって、それが「笑い」としてどのように「解決」されたか、という点にまで踏み込んで話すべきだった。この回答だけだと、「得られたのは『青春』でした」という話で終わってしまう。具体的に述べることが個性➡テーマ5だね！

面接官がうなずく回答　❶がんばったことは、高1と高2で文化祭の実行委員を務めたことです。高2では❷実行委員のほかのメンバーから委員長に推薦されました。❸先生方との打ち合わせでは、計画された日程に無理があることを指摘されたり、予算を考慮せずに企画を立てて予算がオーバーしてしまったりするなど、1つの企画を成功させるために計画を練ることの難しさを知りました。このような経験を踏まえて、委員のみんなと何度もディスカッションを行なって計画を補正し、文化祭を成功させたことによって❹計画力や実行力が得られるとともに、仲間と1つのことを成し遂げるおもしろさを知りました。

 ❶：「Ｋ　『私が高校で最もがんばったことは●●です』」

❷：実行委員長に他薦で選ばれたことを示すことによって、「リーダーシップ」←テーマ19・20がアピールできている。

❸：「問題」（Task）を「行動」（Action）によってクリアしたことを示すことによって、「問題解決能力」がアピールできている。

❹：経験から得たことを「STAR法（スター）」➡テーマ8で回答できている点がよい。

テーマ 37 「本学部・学科のアドミッション・ポリシーをどう思いますか?」

重要度 ★☆☆☆☆

自分で書いてみよう：「本学部・学科のアドミッション・ポリシーをどう思いますか?」

_____

_____

_____

_____

_____

_____

面接官の視点

☐ ディプロマ・ポリシー　　☐ カリキュラム・ポリシー　　☑ アドミッション・ポリシー
☐ 主体性　　☐ 問題発見能力　　☐ 問題解決能力
☐ 情報収集能力　　☑ リーダーシップ　　☐ コミュニケーション能力

▶上記の要素はすべて面接で見られているが、とくに☑がついている項目が重視される。

➡「**G**　『私の長所は●●です』」や「**H**　『私は●●というリーダーシップをもっています』」
となろべく重ねる。

NG回答

「知識面においては高等学校等での学習で身につけた知識をきちんともっていること、意欲面においては問題解決や創造的活動などを通じてみずからを成長させる意欲をもっていること、態度面においては広い視野を有し多様な他人を受け入れる素直な態度をもっていること」です!

「ドヤ顔しているな。よくがんばって覚えてきた、えらいエラい。ただし、質問にはちゃんと答えてくれ」……面接官はこう思っているだろう。

質問は、「本学部・学科のアドミッション・ポリシー➡テーマ1をどう思いますか?」だ。「丸暗記してきたアドミッション・ポリシーを答えてください」ではない。それでは、ただのクイズだ……

平凡回答 「高等学校等での学習で身につけた知識をきちんともっていること、問題解決や創造的活動などを通じて自分を成長させる意欲をもっていること、広い視野を有し多様な他人を受け入れる素直な態度をもっていること」というアドミッション・ポリシーが、国際社会で活躍する予定である私にピッタリだと思っています！

まぁ、合格ラインではあるけれども、惜しい！
テーマ 1 で学習したとおり、アドミッション・ポリシーは「入学者の受け入れ方針」だから、この質問は、「本学のアドミッション・ポリシーはキミのどんなところと合っていると思いますか」と言い換えられる。しかし、「国際社会で活躍する予定」というこの回答はディプロマ・ポリシーに属する「未来」の話であり、アドミッション・ポリシーからはズレてしまっている。

面接官がうなずく回答 アドミッション・ポリシーとして 3 つの素養が挙げられていたと記憶しています。❶私は、2 つ目に書かれていた「問題解決や創造的活動などを通じて自分を成長させる意欲をもっていること」という部分が自分によくあてはまると考えています。❷具体的に言うと、自己推薦書にも記させていただいたように、廃部寸前の部活動を復活させたことが当てはまります。

❶：アドミッション・ポリシーは、複数かかげられていることが多い。その場合には、このように、そのうちのどれが自分に最もピッタリあてはまっているのかを答えられるようにしよう。

❷：大学のアドミッション・ポリシーが自分のどんなところと合っているのかを述べている。状況にもよるけれども、この場合、エピソードがあまり長くならないように気をつけよう。

こんな質問もある

「本学のアドミッション・ポリシーはあなたのどんなところと合っていると思いますか？」

「本学部・学科のアドミッション・ポリシーをどう思いますか」よりも、答えるべきことを具体的に限定してきている質問だ。こう質問されたら、「●●というところです。たとえば……」のように回答すればよい。

テーマ 38 「あなたにはリーダーシップがありますか?」

重要度 ★★★★☆

自分で書いてみよう：「あなたにはリーダーシップがありますか？」

_____

_____

_____

_____

_____

_____

面接官の視点

- ☐ ディプロマ・ポリシー　　☐ カリキュラム・ポリシー　　☐ アドミッション・ポリシー
- ☐ 主体性　　☐ 問題発見能力　　☐ 問題解決能力
- ☐ 情報収集能力　　☑ リーダーシップ　　☑ コミュニケーション能力
  - ▶上記の要素はすべて面接で見られているが、とくに☑がついている項目が重視される。
    - ➡「**H** 『私は●●というリーダーシップをもっています』」を答える。

NG回答　　私は、人に命令したり指示を出したりすることに向いていない性格ですので、リーダーシップはありません。どちらかといえば、周囲に決めてもらって合わせるほうがうまくやっていけるタイプです。

思わず「キミはきっといいやつなんだろうな」と肩に手を当ててあげたくなるような実直な人柄が垣間見られるすてきな回答だけれども、この質問に対する面接の回答としては不合格だ。「周囲に決めてもらって合わせる」という発言は、主体性がないことを自分で認めてしまっているようなものだ。これを聞いて「よしっ、この受験生を入学させよう！」と考える面接官はいないよね。採点に「リーダーシップ」→テーマ19・20の項目があるならば、もちろん✕だ。

平凡回答　私にはリーダーシップがあると思います。合唱祭では、指揮者としてクラス全体を引っ張りました。朝練を提案し、起きられないクラスの仲間にはモーニングコールをかけ、伴奏者の友人と休日に集まって自主的に練習しました。その結果、クラスが学年最優秀賞に選ばれました。

「モーニングコール」はユニークなエピソードで、面接官によっては「いいネ！」と言ってもらえるレベルだ。話の構成も筋道立っていてよい。ただし、「平凡」な話ではある。

面接官がうなずく回答❶　私は、人に命令したり指示を出したりすることには向いていない性格ですが、バランスをとって周囲に合わせていき、和の乱れをフォローして全体の調和を守ることができるタイプです。全体をまとめる能力を「リーダーシップ」と呼ぶのであれば、私は、全体の調和を守るリーダーだと思っています。

NG回答を合格レベルに言い換えたのがこの回答だ。「きっといいやつ」だと思わせる人柄はそのままかもし出しながらも、自分を「メンバーとの友情を最優先するタイプのリーダー」→テーマ20だと定義している。そもそも、リーダーには、全体を引っ張る役職を経験していなければなれないわけではない→テーマ19・20から、この回答で十分合格点がつく。

面接官がうなずく回答❷　❶私は、仲間の気持ちを大切にしてチームを一つにまとめることができるタイプのリーダーです。❷私は、バレー部で副キャプテンを務めていたのですが、なかなか試合で勝てずみんながやる気をなくしていたときに、最もやる気をなくしていたキャプテンに私から声をかけてキャプテンのやる気を取り戻しました。その後は部員一人ひとりと話して、全体のモチベーションを上げました。臨んだ試合で1度勝ててからは部の雰囲気がよくなり、❸県大会南部ブロックでベスト8まで勝ち残れました。

❶：「H 『私は●●というリーダーシップをもっています』」
　自分なりのリーダーシップ像→テーマ19・20をもって話せている。
❷：「STAR法」→テーマ8を使い、話をコンパクトにまとめている。
❸：「県大会南部ブロックでベスト8まで勝ち残れ」たのがどの程度のことなのかはさておき、大切なのは、成果の大きさではなく、リーダーシップを発揮して成果が表れたという事実だ。

テーマ 39 「あなたは●●（＝資格）をもっていますが、なぜその資格を取得したのですか?」

重要度　★☆☆☆☆

自分で書いてみよう：「あなたは●●（＝資格）をもっていますが、なぜその資格を取得したのですか?」

面接官の視点

☐ ディプロマ・ポリシー　　☐ カリキュラム・ポリシー　　☑ アドミッション・ポリシー
☑ 主体性　　☐ 問題発見能力　　☐ 問題解決能力
☑ 情報収集能力　　☐ リーダーシップ　　☐ コミュニケーション能力

▶上記の要素はすべて面接で見られているが、とくに☑がついている項目が重視される。

➡「 F 　将来像」と資格に関連性があるかどうかが見られる。

NG回答①　強制ではありませんでしたが、周囲がみな受けていたので、とりあえず受験したら合格してしまったという感じです。

「能ある鷹は爪を隠す」とでも言いたげな「そんな気はなかったんですけれど、能力あったので〜」という「自分語り」は、面接での高評価にはつながらない。「周囲がみな受けていた」から自分も受けたと発言してしまうと、「この受験生には主体性がないな」と判断される。

NG回答②　はい、学校推薦型選抜での入学をねらっていましたので、英語の資格が有利に働くと聞き、1年間がんばってこの資格を取得しました!

よくがんばった。ただし、0点だ。たしかに「大学合格のために資格をとる」という動機自体は別に不純ではないし、学校でもそのような指導を受けたかもしれない。でも、ここでは、「受験をクリアする」ための「将来」ではなく、大学卒業後につながる「将来」のために資格をとった、と答えるべきだった。

「えっ？　大学に行くという将来のために資格をとったのだからいいのでは？」と思った人は、こう考えてみよう。

- 「学校推薦型選抜の提出書類で加点されると聞き、ボランティア活動に参加しました！」
- 「将来は人のためになる仕事に就きたいという気持ちから、いまできることとしてボランティア活動に参加しました！」

キミが面接官ならば、どちらの受験生を合格させるだろうか？　もちろん、後者だろう。たとえ本心であったとしても「大学受験のために資格をとる」と答えてしまうと、「加点されるからボランティア活動に参加した」と答える受験生と同じ扱いになってしまうと考えたほうがよい。

面接官がうなずく回答　❶将来は海外で活躍したいことと、研究のために英語の論文が読める必要があることを考えて英語の学習に力を入れ、その力を試すために❷英検を受検しました。❸現在は2級合格の段階ですが、貴学入学までに準1級がとれるよう勉強を続けます。

❶：「3ポリシー」を意識した「**F**　将来像」が回答できている。

❷：目標を立てて主体的に行動していることが伝えられている。

❸：これは、とても重要な発言だ。学校推薦型選抜合格後から遊んでしまう合格者を、大学側は警戒している。だから、近年では、合格後に提出課題を与える大学も増えている。そのような流れがあるため、学校推薦型選抜合格から大学入学までの期間を主体的な学びの期間とする意欲がある受験生を、大学側が高く評価してくれる可能性がある。

第 **2** 章

第 **6** 節

089

テーマ 40 「あなたは他人からどう思われていると考えますか?」

重要度 ★★☆☆☆

自分で書いてみよう：「あなたは他人からどう思われていると考えますか?」・・・・・

_____

_____

_____

_____

_____

_____

面接官の視点

☐ ディプロマ・ポリシー　　☐ カリキュラム・ポリシー　　☑ アドミッション・ポリシー

☐ 主体性　　☐ 問題発見能力　　☐ 問題解決能力

☐ 情報収集能力　　☐ リーダーシップ　　☐ コミュニケーション能力

▶ 上記の要素はすべて面接で見られているが、とくに☑がついている項目が重視される。

　➡「**J**　『私は他人からよく●●だと言われます』」を中心に答える。調査書の内容との整合性に注意。

NG回答❶　明るくて、少し抜けたところのあるキャラだと思われています。

NG回答❷　よく笑う人だと思われています。

自己紹介としてはOKだ。明るくて少し抜けたところがある人も、よく笑う人も、先生は好きだよ。仲よくなれそうだ。

しかし、面接はあくまで「アドミッション・ポリシー→テーマ1に合った受験生を選抜する」場だ。「明るくて、少し抜けたところのある学生を求めています」とか「よく笑う学生を求めています」などというアドミッション・ポリシーをかかげている大学は存在しない。

平凡回答 クラスの学級委員長や文化祭の実行委員を務めていたので、行事に積極的に参加する人間だと思われているはずです。また、陸上部に入っていたので、体力がある人だとも思われています。

実際に高校時代に行なってきたことを述べているので、調査書の内容とは合致しているだろう。しかし、面接官が聞きたい「他人からの評価」は、アドミッション・ポリシーとの整合性がとれる内容や、人間関係の築き方に関する内容だ。この回答だともう一歩だ。

面接官がうなずく回答 ❶クラス担任からはまじめな性格だと思われているはずですが、❷所属していたバスケットボール部の顧問や仲間からは、負けずぎらいで粘り強い人間だと思われています。

❶：「**J** 『私は他人からよく●●だと言われます』」を述べている。まずは、クラス担任が調査書に記してくれていると予想される自分の人柄を述べる。これで、自己と他人の評価が合致していることが伝わる。

❷：「負けずぎらい」は「向上心がある」、「粘り強い」は「努力家だ」と評価してもらえる。アドミッション・ポリシーに「向上心」や「不断の努力」などのフレーズがある場合には、このようなアピールが有効だ。

このように、調査書を担当したクラス担任が知らない部分を部活動などの場で発揮していた、という回答はアリだ。

なお、「具体的にどんなことがあって、そう思われていると感じる？」という追加質問が来る可能性があるので、「まじめな性格」「負けずぎらいで粘り強い性格」であることを証明できるエピソードを用意しておこう。その場合には「STAR法」→テーマ8で話すとよい。

こんな質問もある

❶ 「あなたは先生や友人からどう思われていると考えますか？」
❷ 「あなたはクラスや部活動の中でどんな存在ですか？」

テーマ
41
「オープンキャンパスには参加しましたか?」

重要度 ★★★☆☆

自分で書いてみよう:「オープンキャンパスには参加しましたか?」

面接官の視点

☐ ディプロマ・ポリシー　　☐ カリキュラム・ポリシー　　☑ アドミッション・ポリシー

☑ 主体性　　☐ 問題発見能力　　☐ 問題解決能力

☑ 情報収集能力　　☐ リーダーシップ　　☐ コミュニケーション能力

▶上記の要素はすべて面接で見られているが、とくに☑がついている項目が重視される。

➡「**D** 解決への糸口のためにこれから学ぶべきこと」「**E** 志望校が最適である理由」「**F** 将来像」と関連させて答えろ。

➡大学側がオープンキャンパスの効果を単にデータとして収集したいだけで、参加したからといって加点の対象とはならない場合もある。

NG回答 ❶　　参加できませんでした。その時期はけっこう忙しかったもので……

参加していないからといって落とされるわけではないので、言い訳は不要。とくに、「忙しかった」という理由はアウトだ。将来にかかわることを検討する機会を、「忙しかった」という理由で放棄してしまう受験生を、大学側が合格させたいとは思わないからだ。

NG回答 ❷　　すごく楽しめました。学食の料理がとてもおいしくて、毎日ここで食べたいと思いました!　それから、キャンパスがとてもきれいで、とくに、大学内にある教会に感動しました!

オープンキャンパスは、大学側の広報活動だ。学食無料、オリジナルグッズ進呈と、至れり尽くせり。楽しいに決まっている。だから、面接で「楽しかった」とだけ答えても意味がない。

平凡回答❶ 大学構内を案内してくださった先輩がとてもすばらしい方で、私もこのよううな学生になりたいと憧れました。

 どこで覚えてくるのかわからないけれど、<u>面接の練習で「このような学生になりたい」という言葉</u>を、僕は年に何回も聞きます。1度会っただけで高校生が憧れてしまうようなすてきな学生を擁する大学はたいしたものだと思うけれど、この言い回しに<u>面接官は聞き飽きている</u>はずだ。

平凡回答❷ ●●先生のミニ講義を受けました。このときはじめて経済学という学問を知り、私たちを取り巻くさまざまな経済活動のしくみを研究する学問であることに興味をもちました。

 近年、<u>「大学教員によるミニ講義」が大学のオープンキャンパスでの目玉イベントとなっている</u>。そのためか、このように発言する受験生が増えた。ただ、この答え方だと「興味をもった」という内容しか伝わってこない。もう一歩踏み込んだ答えがほしい。

面接官がうなずく回答 ●●先生のミニ講義を受けました。❶<u>もともと経済学に興味があったのですが、●●先生がお話しされていた「エシカル消費」に興味をもちました。</u>❷<u>その後、●●先生が書かれた本を購入して読んでみたところ、より深い興味をもちました。</u>❸<u>将来はフェアトレードを推進する仕事に就きたいと考えていますので、オープンキャンパスは大変よい学びの場となりました。</u>

 ❶:「**D** 解決への糸口のためにこれから学ぶべきこと」を理解したうえでオープンキャンパスを訪れたことが伝えられている。
❷:「**E** 志望校が最適である理由」に、オープンキャンパスをきっかけとして主体的に学ぶ姿勢が身についたことが伝えられている。
❸:「**F** 将来像」とオープンキャンパスに参加したことが関連している。

気づいたことをメモしよう

第6節　どのような意図があるのかを考えて答えるべき質問

テーマ 42 「●●の成績がよくないのはなぜですか?」

重要度 ★★☆☆☆

自分で書いてみよう:「●●の成績がよくないのはなぜですか?」

―――――――――――――――――――――――――――――――
―――――――――――――――――――――――――――――――
―――――――――――――――――――――――――――――――
―――――――――――――――――――――――――――――――
―――――――――――――――――――――――――――――――
―――――――――――――――――――――――――――――――
―――――――――――――――――――――――――――――――

面接官の視点

☐ ディプロマ・ポリシー　　☐ カリキュラム・ポリシー　　☐ アドミッション・ポリシー
☐ 主体性　　☑ 問題発見能力　　☑ 問題解決能力
☐ 情報収集能力　　☐ リーダーシップ　　☐ コミュニケーション能力
▶ 上記の要素はすべて面接で見られているが、とくに☑がついている項目が重視される。
➡ 成績が悪い科目が入学後の学びにつながる場合、大学側の「この受験生は、はたして入学後の学びについて行けるのだろうか」という懸念を払しょくするよう答えろ。

テーマ35で取り上げた「好きな科目 [教科] は何ですか?　また、きらいな科目 [教科] は何ですか?」と似ているように思えるが、大きくちがう。この質問の場合には受験生側に「どの科目について答えるか」という選択権がない。今回は、どの学部とも関連しそうな「英語の成績が悪い受験生」という設定で話を進めていく。

NG回答❶　　高1のときの英語の先生がほんとうに何を説明しているのかわからず、クラスの全員が英語ぎらいになっていました。高2のときの先生は比較的マシでしたが、それでも、高1のときの先生の授業の最悪さが尾を引き、英語が苦手なまま現在に至ります。

たとえ学校の先生の教え方が悪かったことは事実でも、自分の成績が悪いことを先生のせいにしてはダメだ。自分に落ち度がありながら他人のせいにしてしまう人は、主体性のある人とは見なされない。面接官は、「将来的に自分が担当することになるかもしれない受験生」を選考している。「何でも他人に転嫁してしまう学生」は担当したくないのだ。

NG回答❷ 私は暗記が苦手で、英単語集で覚えるという勉強が性に合いませんでした。生きた英語を学べば得意になると思いますので、貴学の留学制度を利用すれば英語ができるようになると思います。

この回答、どこがダメなのかわかるだろうか？　自分の苦手なところを理解し、それをどう克服するかまで話している。しかし、何かひっかかる。

「ダイエットできないのは、周囲においしいものが多いからです。周囲においしいものがない国に行けば、私はやせられると思います」と言う人がいたら、キミならどう思う？

「やせない理由を日本のせいにするなよ……」と思わないだろうか。

この回答も似たようなものだ。できない理由を「環境」のせいにしているのである。

面接官がうなずく回答 ❶英単語を覚えるのが苦手で、高1のときに英語の勉強から逃げてしまいました。❷高2になって大学進学を考えたとき、最新の論文を読んだり海外の研究者と話したりするためには英語が絶対に必要だと知り、そこから苦手意識を克服するよう努力し始めました。❸そこで、まずは高1の範囲から英単語を覚え直すことにしました。また、授業でわからないところは先生に毎回聞きに行くようにしました。❹まだ苦手意識は克服できていませんが、徐々に薄らいでいっているのを感じます。苦手意識克服のゴールとして英検の受検を計画しています。❺大学入学までには、周囲の学生よりも少し英語ができるというレベルまでもっていきたいと考えています。

❶：苦手な原因が正直に伝えられている。ここから先は「STAR法」→テーマ8で話すとよい。

❷：大学で学ぶために必要なこと（Situation）が伝えられている。

❸：具体的な解決策（Task・Action）が伝えられている。

❹：苦手意識が徐々に克服できていること（Result）が伝えられている。

❺：大学入学時点でどの程度のレベルに達していたいのかという目標が伝えられている。

テーマ 43 「学業以外で、あなたが大学生になったらしてみたいことは何ですか?」

重要度　★★☆☆☆

自分で書いてみよう：「学業以外で、あなたが大学生になったらしてみたいことは何ですか?」

面接官の視点

☑ ディプロマ・ポリシー　　□ カリキュラム・ポリシー　　☑ アドミッション・ポリシー
□ 主体性　　□ 問題発見能力　　□ 問題解決能力
□ 情報収集能力　　□ リーダーシップ　　□ コミュニケーション能力
　▶ 上記の要素はすべて面接で見られているが、とくに ☑ がついている項目が重視される。
　　➡ 「**E** 志望校が最適である理由」「**F** 将来像」に関連があることを答えろ。

NG回答①　大学生活は一生の思い出をつくる場だと聞くので、いろいろな体験を重ねるつもりです。たとえばバックパッカーとして世界一周するなど、見聞を広めたいと思います!

学校の先生などから聞く「学生時代に世界中をめぐった話」は、多くの人の憧れだ。でも、それをそのまま面接で話すのはダメだ。「世界一周」をすることは、「約半年、大学を休学します!」と宣言するのに等しい。たとえ「学業以外」と聞かれていても、それは「学業を中心とした生活の中で」という意味だと考え、必ず学業と関連があることを答えよう。

NG回答②　高校ではテニス部に所属していたので、大学でもテニスサークルに入りたいと思います。それから、留学もしてみたいと思います。

ときどき、「遊びたがっている人だと思われるから、『サークル』ではなくて『ボランティア』と答えなさい」とか、「印象が悪くなるから、『アルバイト』の代わりに『ボランティア』と言いなさい」などの指導を受けた、という話を聞く。では、「ボランティアサークル」はどうなのだろうか？……

「サークル」がダメなわけでも「アルバイト」がダメなわけでもない。だから、「ボランティア」が正解というわけでもない。面接官は、<u>「その活動を通じてキミがどう成長したいのか」</u>を採点すると思って回答すべきだ。

面接官がうなずく回答❶

❶<u>私は、将来、中学校か高校の先生になりたいので、公教育</u>とは少しちがいますが、塾や家庭教師として教える経験を積みたいと思っています。

面接官がうなずく回答❷

❶<u>私は、将来、英語を使って海外の方とやりとりする仕事に就きたいので、観光地を英語でガイドするボランティア活動に参加して、英語でのコミュニケーション力を磨きたいと思っています。</u>❷<u>そのような活動を行なうサークルが大学内にあることを貴学のパンフレットから知りました</u>ので、入学後にさらにくわしいことを伺いたいと思っています。

❶：将来と学業以外の体験が結びついている。

❷：<u>大学内にどんなサークルがあるかについて、面接官はほとんど知らない</u>。高校の先生が校内の部活動を知っているのと同じレベルで大学教員が大学内のサークル活動を把握していると考えてはならない。そういう前提で話しても、まったく伝わらない。それでも、このように言うことによって、<u>「パンフレットをよく読み込んで将来設計をきちんと立てている、主体性のある受験生なんだな」</u>ということは、<u>十分に伝わる。</u>

気づいたことをメモしよう

テーマ 44 「（面接の前の）試験はどうでしたか？」

重要度　★☆☆☆☆

自分で書いてみよう：「（面接の前の）試験はどうでしたか？」

面接官の視点

☐ ディプロマ・ポリシー　　☐ カリキュラム・ポリシー　　☐ アドミッション・ポリシー
☑ 主体性　　☑ 問題発見能力　　☑ 問題解決能力
☐ 情報収集能力　　☐ リーダーシップ　　☐ コミュニケーション能力

▶上記の要素はすべて面接で見られているが、とくに☑がついている項目が重視される。

➡たとえば「小論文」の試験対策にこれまでどの程度熱心に取り組んできたか（＝どの程度本気で志望校をめざしてきたか）、また、実際に試験を受けてどのように自己分析し、どのような問題を発見したのかを意識して答えろ。

NG回答❶　あまり自信はありませんが、解答用紙のマス目は、いちおう全部埋めました。
【小論文を受験】

ほんとうに手ごたえがなくてこう言ってしまう人も、ほんとうはできていても謙遜からこう言っている人もいる。しかし、くどいようだが、<u>自己アピールの場である面接では、遠慮などは不要だ。</u>

NG回答❷　途中で採点官にアピールしようと突然持論を展開し始めた人がいて困りました。あの人がいなかったら、もっとうまく行っていたと思います。
【グループディスカッションで司会を経験】

<u>0点！</u>　たとえ本音であっても、グループディスカッションに参加したメンバーを批判してはダメだ。<u>試験では、司会が、暴走するほかの参加者をなだめてうまくまとめられたかどうかまで見られている。</u>

平凡回答❶ できたと思います。知っている内容だったのでスラスラ書けました。

【小論文を受験】

平凡回答❷ よかったと思います。話し合いが時間内でまとまりました。

【グループディスカッションを受験】

「試験の出来」を聞かれたら「できた」か「できなかった」かを答えるのが一般的だけれども、「なぜそれをわざわざ面接で尋ねるのだろう」と考えたことはあるだろうか。採点すれば、わざわざここで聞かなくてもわかってしまうのに、あえて尋ねてくる理由は何だろうか。

それは、受験生が試験を通じて正しく自己分析と問題発見ができているかどうかを面接で試しているからだ。では、どう答えれば加点につながるのだろうか。

面接官がうなずく回答❶ ❶小論文の試験に出題されたテーマは新聞などを見て気にはなっていたのですが、いざ「意見を述べよ」と言われると断定的に結論づけるのは難しいと感じました。なんとか結論は書きましたが、❷休憩時間にネットで検索してみたところ、私が挙げた解決策はごくありふれたものだとわかりました。私の将来にもかかわる内容ですから、今後さらに調べてみたいと思います。

❶：試験を振り返ってみずからの問題点が指摘できている。
❷：休憩時間にネットで検索するなど、興味のあることをすぐに調べる習慣があることが示せている。

面接官がうなずく回答❷ ❶グループディスカッションの書記として、参加者の意見を記しました。私が、ディスカッションの途中で議論がそれたことを指摘できたのは収穫でした。❷また、司会者がじょうずで、時間内に意見をまとめてくれました。❸意見を聞き、さまざまな価値観の人たちと議論することは大切だと感じました。

❶：グループディスカッションでの自分の振り返りができている。
❷：グループディスカッション全体の振り返りができている。
❸：この活動を通して学んだことが示せている。

テーマ 45 「●●は専門学校や短大を卒業してもなれる職業ですが、なぜ四年制大学である本学を選んだのですか?」

重要度　★★★☆☆

自分で書いてみよう：「●●は専門学校や短大を卒業してもなれる職業ですが、なぜ四年制大学である本学を選んだのですか?」

「職業固定系」の中でも、保育士や幼稚園教諭、看護師や理学療法士や作業療法士などをめざす受験生に対して多い質問だ。この質問の場合には、学部のディプロマ・ポリシー→テーマ1に合わせて答えるのが基本だ。それを前提として読んでね。

面接官の視点

- ☑ ディプロマ・ポリシー　　□ カリキュラム・ポリシー　　□ アドミッション・ポリシー
- □ 主体性　　□ 問題発見能力　　□ 問題解決能力
- □ 情報収集能力　　□ リーダーシップ　　□ コミュニケーション能力
  - ▶上記の要素はすべて面接で見られているが、とくに☑がついている項目が重視される。
    - ➡「E 志望校が最適である理由」を意識して四年制大学の利点を答える。

NG回答❶　四年制大学を出たほうが就職に有利だからです!

残念。そもそも「大学を出たほうが就職に有利」というのは誤解だ。専門学校で就職率100％に近いところだってたくさんある。

NG回答❷　四年制大学を出たほうが、給料をたくさんもらえるからです。同じだけ働いても給料が少ないのはいやなので、四大卒のほうがいいと考えました。

「給料をたくさんもらえる」を四年制大学に行きたい理由として挙げるのは、あまり感心しない。大卒者でも、生涯年収にはかなり差がある。大卒だからといってみんなが稼げるわけではない。

また、「同じだけ働いて」もダメだ。四年制大学出身者、短大出身者、専門学校出身者は、はたしてそれぞれ「同じ」仕事をしているのだろうか。なぜ、それぞれの出身者が受け取る給与額にちがいがあるのだろうか。もっと慎重に考える必要がある。

平凡回答 看護の資格は短大や専門学校でも取得することができますが、四年制大学ではより専門的に学べるからです。日進月歩の医療の世界に進むからには、四年制大学で高度な知識を得たいと考えています。

「四年制大学出身者、短大出身者、専門学校出身者で給料がちがうのはなぜか」という問いへの合格ラインの回答は、これだ。実際はどうあれ、理屈として、四大卒者は、高度な知識を学び、高度な仕事を担うから、給料が高い。

面接官がうなずく回答 ❶理学療法士の資格は専門学校でも取得できますが、やはり大学でより高度に学びたいと思っています。❷四年制大学には、附属病院が併設されているという強みもあります。❸そして、何より、チーム医療の予行演習として医学部や看護学部との共同実習があったり、将来、医療従事者として私とは異なる道を歩む友人ができたりすることに魅力を感じています。

❶：四年制大学で学ぶことに「専門性の高さ」があることを理解している。

❷：「目 志望校が最適である理由」にもとづいて答えられている。医療系学部の場合、「大学病院」の存在は、実習などとも関連するため十分な志望理由になる。

❸：医療系学部の面接では、「他学部と合同でチーム医療が学べる」という点を挙げることが大切だ。

また、この回答例のように、「将来、さまざまな人とかかわる仕事なので、多様な価値観を学ぶため、総合大学で幅広い交友関係を得たいと考えました」という言い方もある。これは、教員志望者などにも当てはまる内容だ。

テーマ 46 「なぜ学校推薦型選抜／総合型選抜で受験したのですか？」

重要度 ★★★☆☆

自分で書いてみよう：「なぜ学校推薦型選抜／総合型選抜で受験したのですか？」・・・

面接官の視点

☑ディプロマ・ポリシー　　☑カリキュラム・ポリシー　　☑アドミッション・ポリシー

☑主体性　　☐問題発見能力　　☐問題解決能力

☐情報収集能力　　☐リーダーシップ　　☐コミュニケーション能力

▶上記の要素はすべて面接で見られているが、とくに☑がついている項目が重視される。

➡「E　志望校が最適である理由」を意識して答えろ。

NG回答　先生や親に、実績的にも能力的にも学校推薦型選抜に向いているから受けてみたほうがいい、と勧められたからです。

周囲から勧められたということは、周囲が自分の実力を認めてくれた結果だからこの回答でOKではないかと思う人がいるかもしれないけれども、NGだ。「主体性」という観点からは、「勧められ」るままに受験したという点がマイナスだからだ。

ただし、「学校推薦型選抜に向いているから受けてみたほうがいい、と勧められた」の後ろにほかの回答が加わればOKだ。それは、「そこで、<u>貴学について調べてみたところ、私の学びたいことと貴学のカリキュラムが合致し、条件を満たしていることがわかったので受験することに決めました</u>」などの回答だ。他人に勧められたあとで大学の方針が自分の関心と合致しているかどうかを確かめたという、<u>主体的に受験を決めたことのアピール</u>ができれば可となる。

平凡回答 貴学が第一志望ですので、一般選抜以外にも受けて合格のチャンスを広げたいと思い、試験を受けようと決めました。

「一般選抜以外にも受けて合格のチャンスを広げたい」という回答はとても多い。ダメではないのだが、みなが言えそうな内容で、とても平凡だ。そこで、ここにもう少しほかの要素を加えて回答してみよう。

パンフレットやホームページで、学校推薦型選抜・総合型選抜がどのような人物像を求めているかを確認すると、たいてい「アドミッション・ポリシー→テーマ1と合致した人物を求める」と書かれている。そこで、この内容を拝借して、回答に「自分は、貴学がこの選抜で求める人物像に当てはまると思ったので、受験を決めました」という内容を加えると、 **平凡回答** ではなくなる。

面接官がうなずく回答❶ 貴学が第一志望であり、一般選抜以外のチャンスを増やそうと思ったからです。また、❶貴学の求める人物像である「多種多様な社会問題に関心が強く、その解決に意欲をもつ者」という部分が、私が高校の探求学習で見いだしたみずからの素養と合致していると考えたからです。

❶：学校推薦型選抜・総合型選抜の趣旨を理解し受験していることがアピールできている。

面接官がうなずく回答❷ ❶私には、将来●●になりたいという強い思いがあります。❷そのためには、▲▲と■■が学べる貴学が最適であると考えました。❸この試験には面接がありますので、私の強い思いを直接伝えることができると考え、受験を決めました。

❶：「F 将来像」とディプロマ・ポリシー→テーマ1が合致していれば、学校推薦型選抜・総合型選抜の趣旨を理解して受験しているとアピールできる。

❷：「D 解決への糸口のためにこれから学ぶべきこと」と「E 志望校が最適である理由」に軽く触れている。

❸：一般選抜として面接を課す大学は、医療系学部以外ではさほど多くない。だから、「学校推薦型選抜・総合型選抜を受けて面接で大学に思いを伝えたいから」という回答は十分な理由になりうる。

テーマ 47 「あなたが通う高校／出身高校を紹介してください」

重要度 ★☆☆☆☆

自分で書いてみよう：「あなたが通う高校／出身高校を紹介してください」

_____

_____

_____

_____

_____

_____

面接官の視点

- ☐ ディプロマ・ポリシー　　☐ カリキュラム・ポリシー　　☑ アドミッション・ポリシー
- ☐ 主体性　　☐ 問題発見能力　　☐ 問題解決能力
- ☑ 情報収集能力　　☐ リーダーシップ　　☐ コミュニケーション能力
  - ▶上記の要素はすべて面接で見られているが、とくに☑がついている項目が重視される。
    - ➡指導者の中でも、その意図についてさまざまな憶測が飛んでいる質問の一つである。
    - ➡高校のディプロマ・ポリシーと志望校のアドミッション・ポリシーとの相性を考えて答える。

NG回答

地元二番手校であり、偏差値は高めなので、進学実績はかなり良好です。また、インターハイに行った部活動もあり、とくにバレー部は強豪です。全体的にとても雰囲気のよい学校です。

キミの高校が地元でどれくらい優秀だと思われているのか、キミが属してもいない部活がどれだけ強いのかを伝えたところで、キミの高校の教育方針やディプロマ・ポリシー→テーマ1と、志望校のアドミッション・ポリシー→テーマ1が合致していることがわかる回答でないかぎり、高評価がつく可能性は低いと考えられる。

平凡回答❶ 　自主・自立の精神の育成を教育理念とする高校であり、自由を尊重する校風によって個性を伸ばします。卒業生にアナウンサーの●●さんや、プロゴルファーの▲▲さん、政治家の■■さんなどがいるように、多彩な人物を輩出してきた地元の名門高校です。

平凡回答❷ 　自由な校風をかかげる高校です。制服もありますが、私服での登校も認められています。先生にも個性的な方が多く、先生自身が学生時代に専門としていた研究内容を教えてくれる授業など、必ずしも大学受験対策にとらわれない授業もあります。また、文化祭と合唱祭はとても盛り上がります。

　NG回答 と2つの **平凡回答** とのちがいは、<u>高校の教育方針や校風を答えているか</u>どうかにある。高校と大学の接続（高大接続）の観点から考えると、<u>「高校が育てる人物像」</u>と<u>「大学が入学時点で求める人物像」</u>との相性は密接に関係していると考えられる。高校の教育方針には似たものが多く、大学のアドミッション・ポリシーとの相性が悪いということは、基本的にはない。だから、この質問が来たら、「私の高校には、こんな教育方針があり、それを受けて、私はこういう人物に育ちました！　そして、その方針は、貴学の入学者受け入れの方針ともピッタリ一致します。だから、私は貴学にふさわしい人物です！」と、胸を張って回答しよう。

面接官がうなずく回答 　❶<u>私の高校は、「自主・自律につながる学び」と「確かな学力の育成」を教育目標としてかかげている高校です。</u>文化祭などの行事は、企画から運営まですべて生徒自身が行ないます。また、探求学習の活動がさかんであるため、生徒一人ひとりが何かしらの学問に興味をもっています。❷<u>私は、探求学習の中で「食のタブー」について調べたことをきっかけとして食文化に強い興味をもち、その興味から貴学への進学を決めました。</u>❸<u>また、クラスの文化祭委員として活動したことによって、多くの人が納得する企画を考える難しさを知ると同時に、組織を動かすリーダーシップも身につきました。</u>

❶：どんな卒業生を輩出してきた高校であるかという高校の教育方針が伝えられている。

❷：「**A**　みずから経験したことがきっかけで現在の入学意識につながった気づき」を回答にからめられている。

❸：「**K**　『私が高校で最もがんばったことは●●です』」を回答にからめられている。

こんな質問もある

「あなたが通う高校／出身高校の特徴を教えてください」

テーマ 48 「今回の試験で合格したら、どうしますか？ また、不合格だったら、どうしますか？」

重要度 ★★☆☆☆

自分で書いてみよう：「今回の試験で合格したら、どうしますか？ また、不合格だったら、どうしますか？」

面接官の視点

☐ ディプロマ・ポリシー　　☐ カリキュラム・ポリシー　　☑ アドミッション・ポリシー

☑ 主体性　　☑ 問題発見能力　　☑ 問題解決能力

☐ 情報収集能力　　☐ リーダーシップ　　☐ コミュニケーション能力

▶上記の要素はすべて面接で見られているが、とくに☑がついている項目が重視される。

➡合格後も遊ばずに学びを続ける意志があるかどうか、受験する大学がほんとうに第一志望なのかをどうかを答える。

NG回答❶ 合格したら、入学金を稼ぐためにアルバイトすることを考えています。また、合格するつもりでこの場にいますので、不合格だった場合については考えていません。

この質問に「アルバイト」と回答するのは避けるべきだ。近年、<u>一般選抜で入学した学生と学校推薦型選抜・総合型選抜で入学した学生の学力差を埋めるため、「入学前事前教育」と称して入学前に課題提出や講義受講を義務づけている大学がある。</u>入学前であっても、勉強する意志を示そう。

「不合格だった場合については考えていません」という発言はポジティブに聞こえるし、こう教える指導者もいるけれども、<u>「万が一落ちた場合を想定していない無計画な人」</u>という低い評価につながりかねない。

NG回答❷ 合格したら、残りの高校生活で多くの思い出を残すため、日々を満喫したいと思います。落ちてしまったら先生や親と相談します。

最後の高校生活を満喫したいのはわかる。いましかない青春だからである。ただ、前述のとおり、学校推薦型選抜・総合型選抜で入学した学生は一般選抜で入学した学生よりも学力面で劣ると認識している大学関係者が多いので、<u>合格してから学びを放棄してしまうのではないかと思わせるような発言は控えるほうがよい</u>。また、「落ちてしまったら先生や親と相談します」の箇所に<u>主体性の低さ</u>が表れてしまっている。

平凡回答 合格したら、大学での学びに備え、英語の資格試験に挑戦する予定です。また、貴学が第一志望ですから、不合格だった場合は一般選抜で入学するつもりです。

合格レベルの回答ではある。入学までの時間の使い方も、不合格だった場合の対応も問題なし。一般選抜で再チャレンジするという点も、この大学が第一志望であることが伝えられている。しかし、あまりに平凡な回答だ。

面接官がうなずく回答 ❶<u>合格したら、●●先生がホームページで推薦している書籍をひととおり読みます。</u> ❷<u>また、大学では英語の論文をたくさん読む必要があると思いますので、英語の勉強を続けます。</u> ❸<u>不合格だった場合には、今回の試験で何がダメだったのかを考えたうえで気持ちを切り替え、一般選抜で貴学合格をめざします。</u>

❶：近年は、受験生に読んでほしい書籍を教員が紹介する場合が多い。また、たとえ紹介されていなくても、<u>自分が選ぶ学問の入門書</u>はぜひ読んでおこう。
　　▶面接対策として発言するだけでなく、合格したら実際に読むことが必要！
❷：英語の勉強をがんばる理由として、入学後の学びが伝えられている。
❸：「問題発見」の観点から失敗に学ぼうとする姿勢が伝えられている。

こんな質問もある

「合格した場合、残りの高校生活はどんなことをして過ごしますか？」

テーマ49 「最近気になるニュースは何ですか?」「最近読んだ本は何ですか?」

重要度 ★★★★☆

自分で書いてみよう：「最近気になるニュースは何ですか?」「最近読んだ本は何ですか?」。

_____

_____

_____

_____

_____

_____

面接官の視点

☐ ディプロマ・ポリシー　　☐ カリキュラム・ポリシー　　☐ アドミッション・ポリシー

☐ 主体性　　☑ 問題発見能力　　☑ 問題解決能力

☑ 情報収集能力　　☐ リーダーシップ　　☐ コミュニケーション能力

▶上記の要素はすべて面接で見られているが、とくに☑がついている項目が重視される。

➡「**B** 気づいたこと（問題意識）は解決されるべきだと思う理由（社会的意義）」「**C** 問題の解決への糸口」「**D** 解決への糸口のためにこれから学ぶべきこと」に関連するニュースが望ましい。

平凡回答❶：最近のニュースで考えさせられたのは、●●県の中学校で起こった「いじめによる自殺」です。

平凡回答❷：貴学部の●●先生の『▲▲学入門』を読みました。

これらの回答だけでは、加点はないかもしれない。この回答に続くはずの、「その事件についてどう思う?」とか「その本の内容をザッと教えてください」などの質問に答えられるどうかで採点が決まる。

学校推薦型選抜・総合型選抜対策をうたう予備校・塾が増えた結果、

● 学部と関連する時事ネタを答える

● 学部の教員が執筆した書籍を読んだと答える

という回答が定番になってしまった。

その結果、多くの面接官が「受験対策のためにニュースを見ているのではないか」「本を読む習慣がないのに、受験対策のために本を読んだと答えているのではないか」などと疑い始めているので、要注意。

対策としては、「ニュース」も「本」も「3つ」の答えを用意しておこう。1つ答えただけだと、「ほかにはある？」などと、ほんとうに興味があるのかどうかをさらに突っ込んで調べられる可能性が高い。

本については、志望学部の教員が書いたり、推薦したりしている本と同系統の本を2冊、小説など、大学での学びとは直接関係のない本を1冊挙げるとよい。志望学部・学科での内容とは関係のない本を挙げると、「興味関心の幅が広い」という評価がつく可能性がある。

また、ニュースについては、「背景」と「感想」、本については「概要」と「感想」を、それぞれ言えるようにしておこう。

面接官がうなずく回答❶ 最近のニュースで考えさせられたのは、●●県の中学校で起こった「いじめによる自殺」です。❶いじめは、人間が集団で過ごすなかで起こりがちですが、少年が自殺に追い込まれるほど精神的に追い詰められていたことに周囲が気がつかなかったのは問題だと感じました。

❶：ニュースに対して「感想」を述べていて、問題意識があることが示されている。

面接官がうなずく回答❷ 貴学のホームページで、高校生への推薦図書として●●先生が紹介していた『▲▲の整理法』という本を読んで、❶物事には「考える手順」というものがあることを知りました。そこで、実際に日々の生活で使ってみたところ、頭の中でゴチャゴチャ考えていたことがスッキリまとまったので、❷同じ●●先生が書かれた『■■の技術』も読ませていただきました。

❶：本に対して「感想」を述べていて、問題意識があることが示されている。

❷：自発的に本を読む受験生であることが伝えられている。

　▶このあとに、「その本を読む前に読んでいた本は何？」と質問される可能性があるので、答えを用意しておこう。

テーマ **50**

「最後に聞いておきたいこと はありますか?」

重要度　★☆☆☆☆

自分で書いてみよう：「最後に聞いておきたいことはありますか?」

面接官の視点

☐ ディプロマ・ポリシー　　☐ カリキュラム・ポリシー　　☐ アドミッション・ポリシー
☐ 主体性　　☐ 問題発見能力　　☐ 問題解決能力
☑ 情報収集能力　　☐ リーダーシップ　　☐ コミュニケーション能力
　▶上記の要素はすべて面接で見られているが、とくに☑がついている項目が重視される。
　　➡事前に大学側に問い合わせればわかるような内容をわざわざ聞かないよう注意。

NG回答❶　　どのような人が合格するのでしょうか?

NG回答❷　　学生の就職先としてどんな会社があるのか、教えてください。

　NG回答❶ については、「アドミッション・ポリシーに書いてありますよ」と不きげんな顔で言われて終わりだろう。また、**NG回答❷** についても、「パンフレットやホームページに載っているけれど」と返されるだけだ。
基本的に、受験生が聞きたい情報は、たいていパンフレットやホームページに載っている。「よくある質問」や「Q&A」という項目を見てみると、かなり細かい情報まで書かれていることがわかる。それなのにわざわざ尋ねてしまうと、リサーチ不足であるとみなされる。

平凡回答 いいえ、事前に調べたうえでこの場に参りましたので、いまのところはとくにありません。

「何か聞かなきゃ……」という焦りから加点がつかないかもしれない質問への答えで大失敗するくらいならば、上記のとおり、<u>中途半端なことをわざわざ聞かず「とくにありません」と切り抜けるのが無難だ。</u>

面接官がうなずく回答 ❶<u>志望理由書に記した私の将来像について何かアドバイスがあれば伺いたいです。入学後の学びの参考にさせていただきたく思います。</u>

 ❶：<u>大学のパンフレットやホームページに絶対に載っていないのは「自分のこと」だよね。</u>自分が描いた「未来」に教員からアドバイスをもらえたら、こんなに得なことはない。

受験生は、その気になれば、事前にオープンキャンパスで聞いたり、大学にメールで問い合わせたりすることができる。教員も、「受験生が下調べしたうえで試験に臨んでくれているのだろう」という前提のもと、質問してくる。そのうえで面接官から「何か一つくらい聞きたいことない？」と念を押された場合に、僕はこの答えをいつも推奨している。

こんな質問もある

「最後に言い残したことはありますか？」

この質問への答えとしては、「私は将来●●になり、▲▲に貢献します。そのために貴学で学ぶことが必要ですので、入学したらよろしくお願いします」という<u>意気込みが示せれば十分</u>だろう。

気づいたことをメモしよう

選抜は、就職活動ではありません

一時期、電話問い合わせで保護者さま（匿名が多いので、たぶん、僕の生徒の保護者の方ではない）からやたら受けたのが、「『学校推薦型選抜・総合型選抜では、大学に書類を早く送付すると受かりやすくなる』というのはほんとうですか？」という質問でした。

どうやら、就職活動の場合には、「エントリーシート（書類）を早く送付するほうが有利」という都市伝説があるようなんですね。「遅く出すと、本命ではないと思われて、人事担当者が書類を読んですらくれない」とうわさされていて、これが大学受験にも当てはまるのではないか、と思われているようです。

しかし、結論から言うと、学校推薦型選抜や総合型選抜ではこれはありません。大学の選抜は、あくまで「3ポリシー」にもとづいた試験です。たしかにブラックボックスに包まれている部分はあるものの、重要なのは受験生が3ポリシーを理解しているかどうかを試すことであって、それ以外の要素は重視されません。

大学の選抜は、受験生から検定料を徴収して行なわれます。ある意味では、受験生は「お客さま」です。「買い手」である企業が「売り手」である大学生よりも相対的に優位な立場にある就活とは、そもそもの意味合いがちがうのです。

とはいえ、あまりにもこの問い合わせが多いので僕自身が怖くなり複数の大学に確認したところ、大学のアドミッションセンター担当者から、苦笑いとともにこのような答えを聞きました。

「早い者勝ちで入学させている大学が発覚したならば、その大学は文部科学省に注意されますよ……」

そりゃそうですよね……

第 3 章

学校推薦型選抜・総合型選抜 面接の学部・系統別事例集

　実際の面接は、「面接官 3 人」に対して「受験生 1 人」の形式が主流です。一方、この第 3 章では、「面接官 3 人」に対して「受験生 3 人」という「集団面接」の形式をおもに取り上げました。集団面接は、受験生どうしの競争ではありません。しかし、自分よりもすぐれた実績をもっている受験生が有利ではあります。ぜひ、「3 人のうち、だれが最も合格に近いか」を予想しながら読んでみてください。

　面接では最初の質問が必ずしも「志望理由」だとは限りませんが、ここでは、各テーマの最初の質問はすべて、「なぜ●●学部／学科を志望したのですか」→テーマ 28 と、「なぜ本学を選んだのですか」→テーマ 29 に統一しています。

　実際の面接では部活動などの「過去」に関する質問が多く、その答えは受験生個々人の体験からしか出てこないので、他人の回答は参考になりにくいという傾向があります。しかし、研究したい内容などの「未来」に関する質問については、ほかの受験生による回答例が大いに参考となります。これらに触れることによって、「この答えと興味・関心が近いから、私もこんな研究がしてみたい」「この理由は使えるかもしれない」など、さまざまな気づきが得られるはずです。

　各テーマの末尾には、最も高い評価がつくと思われる受験生の「『私』の未来予想図」を掲載しました。みなさんが自分で記入することになる「『私』の未来予想図」の模範回答の一種として確認してみてください。

　▶以下、第 3 章の記述は、「『私』の未来予想図」（＝「志望理由アウトラインシート」）**A**〜**F**の内容、ならびに、「『私』の取扱説明書」（＝「自己分析アウトラインシート」）**G**〜**L**の内容とそれぞれ対応している。それぞれの表記は、「未来予想図　**A**〜**F**」、「取扱説明書　**G**〜**L**」とした。

テーマ
51
文学系

重要度 ★★★★☆

➤ 設　定

- 映画批評に興味があるDさん
- 国文学に興味があるEさん
- 話し方に興味があるFさん

この面接での志望理由以外での質問

- 志望理由書に記した内容をさらに掘り下げる質問

⚛ 面接の事例

面接官C▶ では、面接を始めます。❶なぜ文学部を志望したのかを教えてください。順番に、Dさんから。

Dさん▶ はい。❷私は映画を芸術として研究したいと考えています。私は、幼いころから父の影響で古い外国の名作映画を見る機会が多かったため、映画に興味をもっています。映画は当時の社会背景を反映しており、物語のすばらしさ以外にもさまざまな角度から考察することができるため、大学で専門的に学んでみたいと考えました。

面接官C▶ はい、わかりました。では、Eさんどうぞ。

Eさん▶ はい。❸私は、高校の国語の授業で『伊勢物語』を読み、その世界のすばらしさにひかれ古典を専門的に学んでみたいと思い、文学部を志望しました。

面接官C▶ わかりました。最後に、Fさん。

Fさん▶ はい。❹私は、ことばが人びとの心理に与える影響について学ぶために文学部を志望しました。

面接官B▶ では、ここまでに答えていただいた内容について少し質問させてください。Eさんは、『伊勢物語』のどんなところにひかれたのですか？

Eさん▶ ❺教科書で読んだのは「東下り」の箇所で、在原業平がなぜ東に下っていったのかに興味をもち、自分で調べました。そこで、「在原」という名字の由来や、業平が政治的にはあまりよい立場にいなかったことなどを知

❶：「未来予想図　F」を答えるのが基本だが、文学部の志望理由は職業と結びつきにくいので、「未来予想図　D」にもとづいて答えてもよい。

❷：○　「未来予想図　D」から「未来予想図　A」を述べている。文学部の場合、学部の性質として、「社会的な問題の解決」を目的とせず、「興味がある」という理由だけで志望しても問題はない。

❸：○　「未来予想図　A」から「未来予想図　D」を述べている。

❹：△　質問には答えているが、Dさん・Eさんのように「未来予想図　A」が話せていない。しかし、このように答えるとたいていは「なぜ？」と質問されるので、そこで答えられれば問題ない。

❺：○　「未来予想図　A」の具体的なエピソードを述べている。高校で学習した内容に「興味をもち、自分で調べました」という答えは「主体性」のアピールとなる。

り、教科書の短い文章の背景にあるもっと深い内容を専門的に学びたくなりました。

面接官B Fさんは、ことばが心理に与える影響にどうして興味をもったの？

Fさん ❻文化祭で大勢の人たちの前で漫才を披露したのですが、みんなから笑いをとるために話し方の本をいろいろ読み、そこから興味をもちました。

面接官B Dさんが最も好きな名作映画は？

Dさん マイケル・カーティス監督の『カサブランカ』です。

面接官B 渋いね〜（笑）　どんなところがいいの？

Dさん ❼幼いころから父と何度も見てきました。年齢が上がって中学のときに恋愛模様が理解できるようになったり、また、高校で世界史を学んでいくなかでドイツの愛国歌をフランスの国歌がかき消すという有名なシーンが含む意味が理解できるようになったりして、見るたびに新しい発見があるところです。

面接官C では、次に、将来について質問します。大学卒業後はどうしようと考えていますか？　Fさんから。

Fさん ❽私は、ことばが人びとの心理に与える影響を研究し、その研究結果をいかして、将来は、話し方のアドバイザーとして活躍したいと考えています。また、広告の分野にも興味があります。

面接官C Eさんは？

Eさん ❾国文学を学び、教員になってそのおもしろさを伝えたいと考えています。

面接官C Dさんは？

Dさん はい。❿映画批評誌を発行する出版社に入りたいと考えています。

面接官A ⓫3人とも、しっかりした考えをもっているね。じゃあ、今度は、一人ひとりにちがう質問をするよ。Dさんは、ほかにどんな古い映画を見てきたのかな？

Dさん ⓬ええっと……　ちょっとパッと思いつきません。

面接官A ⓭Eさんは、古典が好きなんだよね。……（書類を見ながら）でも、調査書を見ると、国語の成績はさほどよくないようだけれど……

Eさん ……（少し焦って）国語の授業で決められた解釈を答えることに抵抗があり……テストではよい点をとることができませんでした。

面接官A 学校の国語の授業が好きではないのに、将来は国語の教師になりたいの？

第
3
章

第
7
節

❻：○　Fさんは「未来予想図 **D**」しか答えていなかったため、ここで「未来予想図 **A**」を追加した。Eさんと同様、自分で調べたという行動は「主体性」のアピールとなる。

❼：○　何かに対して「よい」と回答した場合には必ず「理由」を聞かれると考えるべきである。「PREP法」で答える→テーマ4。

❽：○　大学での学びをいかした「未来予想図 **F**」が示せている。

❾：○　Fさんと同様、大学での学びをいかした「未来予想図 **F**」が示せている。

❿：○　Eさん・Fさんと同様、回答が、大学での学びをいかした「未来予想図 **F**」になっている。

⓫ 文学部に出願する受験生には「好きなもの」への思い入れが強い人が多いので、志望理由を述べるだけでは差がつきにくい。

⓬：×　「名作映画を見る機会が多かった」と言ったのだから、映画名を1つ答えただけではダメ。複数挙げるべきだった。書名や作品名などの答えは、あらかじめ3つ準備しておこう。「好きだから何個でも答えられる」と思っていても、本番で緊張しているとなかなか出てこないものだ。

⓭ 大学での研究対象に関連する科目の成績が芳しくない受験生が、意外に多い。だが、「好きであること」と「テストで点数がとれること」は別物だ。焦らずに、なぜ点数がとれないのかという理由を答えられれば問題ない。

E さん ⑭はい……将来については、大学で学びながらじっくり考えたいと思います。

面接官A Fさんは、「みんなから笑いをとるために話し方の本をいろいろ読」んだ、と言ったね。どんな本を読んだの?

F さん ⑮最初はお笑い芸人のエッセイなどを読んでいたのですが、下積み時代の内容などが中心で話し方の勉強にはならないと思ったので、今度はテレビプロデューサーが書いた、コミュニケーション術としての「ツッコミ」を扱う本を読みました。また、その本で取り上げられている落語の本を読んだり、心に響くことばについて調べたりもしました。その過程で、ヒトラーの演説が策略的だったと知って、演説の本なども読みました。

面接官A ちなみに、文化祭では笑いがとれた?

F さん ⑯はい。「笑いは落差から起こる」という理論があります。うまい漫才師は、内容のギャップや声の大小、話のスピードの緩急から笑いを起こします。文化祭ではその理論をいかし、「生徒会選挙」というまじめな設定のもと、「幼児言葉で話す会長」というネタで笑いをとりました。

面接官C なるほどね、ありがとう。お疲れさまでした。

⑭：× 対策不足。志望理由は「過去➡現在➡未来」の一貫性が大切なので、それぞれが矛盾しないように組んでおくべきである。ここは、「私が自分で好きだと思える授業をしてみたい」などと切り返すべきだった。初対面の相手からのひと言で揺らぐ程度の「未来」であるならば、「卒業後のプランがあるか」という項目では×がついてしまう。

⑮：○ 「読みました」と答えているのに、書名を聞かれて困ったり、中身の感想を聞かれて答えられなかったりする受験生がたくさんいる。Fさんのように具体的に答えられなければならない。

⑯：○ 読書の内容をまとめ、それを学校生活の中でどういかしたのかまで言えている。

気づいたことをメモしよう

➢「私」の未来予想図（Fさん版）

☑**A**：（過去のきっかけ）　みずから経験したことがきっかけで現在の入学意識につながった気づき

- 高1・高2の文化祭で漫才を披露した。そのために、有名落語家、人気漫才師・コント師の話術を研究した。ネタはすべて文字に起こし、人気者たちがどのようにことばをチョイスしているのかを調べた。その結果、同じことを伝えるにしても、言い方を変えるだけで「笑い」が起こるという不思議さに気づいた。
- 昭和の有名な漫才師を見てもあまりおもしろいと思わないのはなぜか。時代が変わると笑いが変わるのはなぜか。
- 技術が発達し、紙媒体に対する電子媒体、テレビに対するネットなど、情報を伝える手段はどんどん多様化しているが、結局、人の心を動かすのは「ことば」である。

☑**B**：（現在の価値観❶）　気づいたこと（問題意識）は解決されるべきだと思う理由（社会的意義）

- ことばと心の関係は研究されているが、まだまだわからないことだらけだと知った。
- ことばと心の関係を研究すれば、SNSで傷つく人を減らしたり、自殺者を引き留める広告をつくったりすることができ、さまざまな社会貢献が可能となる。

☑**C**：（現在の価値観❷）　問題の解決への糸口

- 時代、ことば、人間心理との関係を研究する。

☑**D**：（現在の価値観❸）　解決への糸口のためにこれから学ぶべきこと

- 国語学
- 言語学
- 認知心理学

☑**E**：（志望校が最適である理由）

- 国語学の中で落語などの大衆文化が研究できるコースがある。
- 漫才やコントを研究しているときに●●先生の『ユーモアの▲▲学』に書かれていた「間」と「声量」の科学的な分析が大変参考になったため、●●先生の講義を受けたい。
- 「笑い」には、認知心理学や社会心理学の視点も必要だと考える。文学部内に心理学専攻がある貴学が志望校として最適である。

☑**F**：（将　来　像）

- ことばの研究をいかして政府の自殺防止の広告のキャッチコピーを考えるなど、不幸な状況にある人たちをことばによって救う仕事に就く。
- ことばの研究には終わりがないと考えているので、貴学大学院への進学も視野に入れている。

テーマ 52 外国語・国際系

重要度　★★★★☆

▶ 設　定

- 短期留学経験や海外旅行経験が豊富なDさん
- 留学経験はないが英検準1級をもっているEさん
- 小5までイギリスで生活していたそしえさん

この面接での志望理由以外での質問

- 希望するカリキュラムについての細かい質問

🎮 面接の事例

面接官A▶ これから、面接試験を始めます。❶本学の外国語学部を希望した理由を教えてください。

Dさん▶ はい。❷私は、高2のときに、オーストラリアのシドニーにある高校へ短期留学しました。中2で英検2級を取得し、英語力には自信があったのですが、留学先では会話をほとんど聴き取ることができず、また、授業にもついていけなくて大変苦労しました。しかし、友人に助けられながら徐々に聴き取れるようになり、会話もできるようになって、授業も理解できるようになりました。この経験の中で、日本人とオーストラリア人の気質のちがいや文化のちがいを知りました。そこで、この経験をいかせる大学はどこなのかと考えて、貴学の外国語学部が最適だと思い、希望しました。

面接官A▶ ん〜（少し考えながら）留学経験を、本学の外国語学部だとどうしていかせると思ったのかな？

Dさん▶ はい。❸貴学は、オーストラリアへの留学制度が整っており、また留学生も多く、国際交流にはぴったりだと思ったからです。

面接官A▶ オーストラリアがよっぽど気に入ったんだねぇ。（笑いながら）では、Eさん。本学の外国語学部を希望した理由を教えてください。

Eさん▶ はい。❹私は映画の翻訳について本格的に学びたいと思い、貴学の外国語学部を希望しました。私は、海外

❶：「未来予想図 E」と「未来予想図 F」のセットで答えるのが基本。

❷：△ 「未来予想図 A」を答えているものの、志望理由に具体性がない。

❸：× 外国語系学部を志望する受験生に多い回答。「留学したいから外国語学部に行きたい」は×だ。「ウチではなく、外国の大学で学びたいのか」と思われてしまう。この回答で、Dさんは最も大切な項目である「志望理由」に×がついてしまうため、面接で合格する可能性は消えた。

❹：△ 「未来予想図 E」がない。つまり、「本学の」に答えられていない。「未来予想図 A」と「未来予想図 D」だけしか述べていない。

に行ったことはありませんが、高校では留学生の友人ができ、英語が好きになりました。また、留学生の友人に日本語を教える過程で、英語を含む言語全般に興味をもちました。その友人と英語字幕つきの邦画を見たり、日本語字幕でアメリカの映画を見たりするなかで、まったくちがう単語が使われているのになんとなくニュアンスが似ている表現があることなどを知り、映画の翻訳にも強く興味をもつようになりました。さらには、自分の力を試すために、高2で英検準1級を取得しました。

面接官A なるほど。では、そしえさんはどうですか。

そしえ はい。⑤私は、年々増えている、日本に住む外国人労働者の子どもたちに日本語を教える仕事に就きたいと考えています。貴学には、子ども向けの日本語教育について研究する先生がいらっしゃいますので、進学先として最適だと考えました。

面接官A なるほど。どうして、そういうことをしたいと思ったの？

そしえ はい。⑥私はイギリスの小学校に通っていました。その後、親の転勤で日本の公立小学校に入ったのですが、小学校で始まった英語の授業で先生以上によい発音で話したところ、クラスの中で浮いてしまいました。この経験から、日本人には英語の発音がよい人をばかにする傾向があると気づきました。そこで、外国人の子どもが日本の小学生たちに受け入れられているのかどうかを調べてみたところ、全国各地にいる外国人労働者の小学生の子どもが、日本語をまともに話せず困っていることがわかりました。そこで、この問題を解決したいと思うようになりました。

面接官B では、一人ひとりにちがう質問をしていきますね。まず、Dさん。Dさんは、卒業したら何になりたいの？

Dさん はい。国際線のキャビン・アテンダントになりたいと考えています。

面接官B なるほど。具体的に、どんなCAになりたいの？

Dさん どんな……（困ったような顔で）⑦世界じゅうを飛び回るCAになりたいです。あっ、LCCではなく、大手航空会社のCAを希望しています。

面接官B では、Eさんに質問です。⑧翻訳に興味があるということだけれど、近年、自動翻訳の精度が劇的に高まっているから、人間が翻訳する必要はなくなるのでは？

⑤：○ 「未来予想図 **E**」と「未来予想図 **F**」を答えている。グローバル化の影響をますます強く受ける日本の課題を踏まえた回答である。外国人労働者が連れてきた家族、とくに子どもが日本語を話せない場合が多く、問題となっていることを背景として理解できている。

⑥：○ 「未来予想図 **A**」➡「未来予想図 **B**」という流れに沿って述べられていて、秀逸。ただし、この種の話は冗長になりがちであるため、練習が必要だ。

⑦：× 外国語系・国際系学部の面接で「CA」になりたいと答える受験生はとても多い。そう答えるのはかまわないが、CAの採用は、四年制大学さえ卒業していれば学部不問だ。また、養成用の専門学校も数多く存在している。ここでの面接官の質問の意図は、「本学で学んだことをいかしてどのようなCAになりたいのか」である。だから、ディプロマ・ポリシーに合わせて回答すべきだった。

⑧：近年、AIの発達と相まって、翻訳ツールの精度が劇的に高まっている。外国語を学びたい人は、この質問に対する自分なりの考えをもっておくべきである。

Eさん はい。⑨意思疎通さえできればよい会話の翻訳なら自動翻訳で事足りるようになる時代は近いと思います。しかし、私が研究したいのは、映画や小説などの翻訳です。言語や文化を超えた文学的な表現のニュアンスの伝え方については、これまでどおり人間の感覚が必ず要ると思っています。

面接官B （うなずきながら）では、そしえさんに質問です。日本語教育の問題点は何だと思う？

そしえ はい。⑩外国人の子どもに教えるための日本語教授法が地方自治体や学校レベルで完結していて一般化するのが難しい状況にあるということを、インターネットの記事で読みました。また、外国人の子どもが身につける日本語は、日常会話能力と、具体的な教科・科目を学ぶための言語能力に分けられると思いますが、会話の能力が身についても、先生が授業で使う日本語が難しくて理解できず授業についていけなくなるケースが多いと、貴学の先生がホームページに書いておられたのを読みました。

面接官A ⑪では、大学で学びたい英語以外の言語について質問しますね。Dさんは、何が学びたいですか？

Dさん はい、フランス語です。

面接官A なるほど。なぜフランス語を選ぶの？

Dさん はい。私は、⑫フランスに両親と旅行に行ったことがあるのですが、世界遺産のモン・サン・ミッシェルがとてもすてきでした。その経験から、将来はフランスと日本をつなぐ国際線でスタッフとして働きたいという夢ができてフランス語を学びたいと思ったからです。

面接官A Eさんは？

Eさん はい。⑬私は、スペイン語に興味があります。私は、先ほども申しましたとおり映画の翻訳に興味があるのですが、とくにアメリカ映画の設定に出てくる「スペイン語なまり」の英語に興味をもっています。英語とスペイン語がどのように影響し合っているのかを勉強したいと思っています。

面接官A そしえさんは？

そしえ はい。私はポルトガル語に興味をもっています。

面接官A ほう、それはなぜ？

そしえ はい。日本に住む外国人労働者の中で、近年、ブラジル人の割合が高くなっています。ブラジル人はポルトガル語を話すので、ポルトガル語を学べば、ポルトガ

---

⑨：○ 翻訳ツールの開発者はこの部分をクリアしようと研究しているが、外国語学部を受けるうえではこの回答が無難だ。

⑩：○ 自分が学びたい学問の領域で何が問題となっているかをきちんと調べていることが伝わる。また、「貴学の先生がホームページで」と答えることによって、志望校の情報を入念に調べていることも伝わる。なお、ここに記された日本語教授法の問題について興味がある人は、BICS（Basic Interpersonal Communicative Skills）、CALP（Cognitive Academic Language Proficiency）で調べるとよい。

⑪：外国語系・国際系学部には「英語は話せるようになって当たり前」という前提があるため、ほとんどの学部でもう1か国語の習得を必須としている。英語以外で興味のある言語と学んでみたい理由は、「具体化」して言えるよう準備しておくべきである。ボンヤリした理由しか答えられないと、入学後のビジョンがあいまいな受験生だと採点される可能性がある。なお、「興味がある」と答えるからには、その言語を独学しておくのが望ましい。最低限、あいさつや自己紹介くらいは覚えておこう。

⑫：△ 海外旅行の経験自体は、とくには加点の対象にはならない。ときどき、海外渡航歴をやたらアピールする人がいるが、その体験でなんらかの「気づき」があったことを述べないかぎり、加点はない。「旅行が楽しかった」は「そりゃそうだ」としか思われない。

⑬：○ 外国語系学部には、言語と言語の響き合いによる新たな言語の創出や、外国語の方言などを専門とする教員が高確率で在籍している。興味がある人は、調べてみるとよい。

ル語を母国語とする子どもだけが習得しにくい日本語や発音に気づくことができると考えたからです。

面接官A ふーん。でも、⑭外国人労働者数首位は中国人だけどね。中国語のほうがいいんじゃないの？

そしえ ……⑮英語や中国語が堪能な日本人は私の知り合いにもいますが、ポルトガル語が得意な人はいません。もしも私が外国人の子どもたちを支援するため、仲間をつくったり雇ったりするとしたら、中国語を話せる人はすぐに見つかると思うのですが、ポルトガル語を話せる人はなかなか見つからないのではないかと考えたからです。

面接官C ⑯ありがとう、お疲れさまでした。

第3章
第7節

⑭：当然だが、面接官は大学教員が務めるのが基本。「教員＝研究者」である。少しネットで調べた程度の知識しかもたない受験生には、面接官がこのように「●●のほうがいいんじゃないの？」と返す場合もある。

⑮：○　多少苦しいが、理由としては悪くない。

⑯：「大学で学びたい英語以外の言語」に関する質問への回答については、この3人の中で最も加点が低いのはDさんである。3人とも将来と結びつけて学ぶ理由を話せていて、「未来」と「学び」がマッチしている。しかし、Dさんだけが「話せるようになりたい」としか答えられておらず、「外国語学部で言語を研究したい」という段階に踏み込めていない。暴論を言ってしまえば、「外国語の会話技術」は、大学に行かず、英会話学校などに通って習得することも可能である。選抜の面接では、「大学は学問の研究機関である」という意識をもたなければならない。

僕が見てきた受験生の中で最も多いタイプはDさんです。

- 海外旅行にたくさん行って、外国になんとなく興味がある
- 短期留学でその国が気に入った

たしかに、それらの経験はすてきなものです。しかし、その経験から何も気づきが得られていなければ、自己アピールにはなりません。

また、航空関係への就職を希望する受験生が、外国語学部をあたかも英会話スクールであるかのようにとらえて「話せるようになりたいから外国語学部へ行きたい」と短絡的に答えてしまう場合がありますが、これはよくありません。面接では、あくまで「大学という研究機関で学ぶ意義」を答えましょう。あらためて、志望校の「3ポリシー」と講座・カリキュラムをきちんと確認してください！

▶そしえさんが書いた「『私』の未来予想図」は、テーマ15に掲載されている。

テーマ 53 心理学系

重要度 ★★★★★

➤ 設　定

● 心理学に興味があるDさん、Eさん、Fさん
　▶ 3人とも興味の対象が同じだが、知識量には大きな差がある。

この面接での志望理由以外での質問

● データの根拠や読んだ本について

面接の事例

面接官A では、❶本学部の志望理由を教えてください。Dさんからお願いします。

Dさん はい。❷私は心理学に関する入門書を読んだことがきっかけで、心理学に興味をもちました。本を読んでから身の回りのことに目を向けてみると、本に書いてあったようなことが実際にたくさんあることに気づき、大変おもしろいと思って、この学部を志望しました。

面接官A なるほど。では、Eさん。

Eさん はい。❸私は、ブラック企業を題材としたベストセラー小説を読み、残業やパワハラなどの問題に関心をもちました。死ぬくらいならば会社を辞めればよいのに、それができなくなる人間の心理に強くひかれます。

面接官A なるほどなるほど。では、Fさん。

Fさん はい。❹私は、将来、学校や企業で活躍するカウンセラーになりたいと考えています。そのために、大学と大学院で学んで公認心理師の資格を取得したいと思い、その養成課程をもつ貴学を志望しました。

面接官B では、いま答えてもらったことや、書類に書いてもらったことに関して質問していきますね。Dさんは、心理学の本を読んでから、「本に書いてあったようなことが実際にたくさんあることに気づ」いた、と言っていたね。具体的に言うと、どんな本を読んで、どんなことに気づいたのかな？

❶：「未来予想図 **D**」「未来予想図 **F**」で答える。

❷：○ 「未来予想図 **A**」から、「未来予想図 **D**」について興味があると答えている。読書と自分の身の回りのことを結びつけ、興味をもったという話すことは、動機として十分。

❸：○ Dさんと同じ。心理学系学部の受験生は「本を読んで興味をもった」と回答するパターンが多いが、それ自体に問題はない。また、Dさんが読んだのは「心理学に関する入門書」、Eさんが読んだのは「小説」だが、それで加点は変わらない。

❹：○ 「未来予想図 **F**」を述べ、資格にからめて、「未来予想図 **E**」についても述べている。心理学系学部志望者の多くが「カウンセラー」をめざす。しかし、実際には「心理カウンセラー」という名前の仕事が明確にあるわけではなく、それは心理カウンセリングを担当する人たちの総称にすぎない。なお、資格をもっていなくても心理カウンセラーを名乗ることは違法ではない。国家資格は「公認心理師」のみであり、大学院まで進まなければ取得できない。

Dさん はい。⑤私は夢による占いに大変興味をもっています。たとえば、飛行機の夢は「未来への希望」を象徴します。実際、飛行機が気持ちよく飛んでいる夢を見たあとに描いた絵画が入賞したので、あれは吉夢なのだと思いました。貴学では、昔から人びとの未来を予知するために使われてきた夢を研究し、多くの人を正しい未来に導くお手伝いをしたいと考えています。

面接官B うーんと……（困ったような顔をして）夢占いの研究は、ウチではやっていないだけれど……

Dさん （びっくりした顔をして）えぇと、でも、パンフレットを見たら、「占い」について書かれている先生がいらっしゃったのですが……

面接官A （笑いながら）⑥それは、たぶん僕だね。「占いが当たっているように感じるのはなぜか」という内容だろう？あそこに書いたのは、多くの人に「的中した」と思わせる「バーナム効果」の話なんだけど……ちゃんと最後まで読んでくれた（苦笑）？

Dさん （うつむいてしまう）すみません……

面接官B ⑦まぁ、でも、何事もきっかけだからね。入学してからきちんと勉強してくれたらいいよ。では、Eさん。残業やパワハラなどの問題に関心があるって言っていたね。どうしてそこから心理学を学ぼうと思ったの？

Eさん はい。⑧年によっていろいろと変化はありますが、日本では毎年、自殺者数が約2万人出ています。大手企業内でのパワハラが原因となった自殺のニュースも、よく聞きます。自殺するくらいなら会社を辞めたらいいと思ったのですが、そういう行動をとれなくなる心理に非常に興味があります。

面接官B 志望理由書にもそういうことを書いてくれているけれども、もしかして、その2万人全員が職場のパワハラが原因で自殺に追い込まれたと思っているのかな？

Eさん （焦った顔をして）⑨はい。もちろん、それだけではなく、学校でのいじめなども原因だと思いますが……

面接官B そうだね。たとえば、病気苦などによる自殺もその統計に含まれているよね。そういうことは調べたかな？

Eさん はい。あっ……いいえ、調べていません。勉強不足です、すみません。

面接官B はい。では、Fさん。Fさんは、学校か企業で活躍するカウンセラーになりたいと言っていたけれど、どうしてそういう将来を志したの？

⑤：× この発言によって、Dさんへの加点はほぼなくなった。Dさんは極端な例だが、実際に「夢占い」を心理系学部で学べると勘違いしている人は多い。「占い」は学問ではないので、心理学の研究対象とはならない。心理学がどんな学問なのかを確認しておくべきである。

⑥：パンフレットに載っている教員からのメッセージの一部分だけを取り出し、独自の解釈で志望理由書に記してしまう人にはこういう事故が起きがち。

⑦：こういうやさしい言葉をかけられて、「面接で『入学してから』と言われたのですが、これは『合格』ということでしょうか？」と聞いてくる人がいるが、必ずしもそうとは限らない。

⑧：○ 「未来予想図 **B**」を答えている。しかも、データを根拠として答えられているので、みずから主体的に調べていることがアピールできている。

⑨：× テーマ13に載せている「『私』の興味シート」の「**Q3** そのテーマの現状について書いてください」の項目を適当に書いてしまっていると、こういうことが起こる。面接で統計・データを示す場合には、相手が「教員＝研究者」であることを忘れないよう下調べしておくべきである。なお、自殺者についてのデータは、内閣府のホームページで調べられる。

| Ｆさん | はい。⑩私は、友人から、いじめを受けていると相談されたことがあります。具体的な名前は伏せますが、Aさんが「私はBさんにからいじめられている」と私に相談してきて、その後、Bさんからも「私はAさんからいじめられている」という相談を受けました。2人ともお互いが「いじめられている」と感じて私に相談してきたのです。ふつうは、「いじめ」には加害者と被害者がいるはずですが、この相談には「加害者」が存在しませんでした。双方と話していくうちに、このようなことが起きた原因は、お互い「されたこと」だけが印象に残り、自分が「したこと」には罪悪感をいだかなかったことにあるとわかりました。私は、これらの経験から「人の感じ方・受け取り方」に興味をもち、さまざまな人間関係のトラブルを扱うカウンセラーをめざそうと思いました。 |

| 面接官B | へぇ、おもしろい話だね。それに関して、何か本は読んだ？ |

| Ｆさん | はい。⑪「いじめ」や「スクールカースト」に関する本や、心理学の入門書を何冊か読みました。 |

| 面接官B | では、Eさん。Eさんもカウンセラーになりたいと志望理由書に記していたけれど、どうしてそういう将来を志したの？ |

| Ｅさん | はい。⑫私は、中学生のときにクラスになじめずにいたのですが、学校に週2日来ていたスクールカウンセラーに救っていただいたことがきっかけです。 |

| 面接官C | はい、わかりました、ありがとう。時間になったので終了します。 |

⑩：○　少し長いが、「未来予想図　Ａ」をきれいにまとめられている。

⑪：○　「何冊か読みました」と答えるからには、題名、著者名とその内容まできちんと言えるようにしておこう。

⑫：○　「未来予想図　Ａ」から、「未来予想図　Ｆ」という流れに沿って回答できている。

心理系学部の場合、きっかけや興味が似通いやすい。そこで、「テーマ5　『個性』って具体例だよ」を思い出してほしい。心理学で何を学びたいのか、どんな資格をとりたいのか、どんな場所で活躍したいのかを「具体化」して話そう。

➤ 「私」の未来予想図（Fさん版）

☑A：過去のきっかけ　みずから経験したことがきっかけで現在の入学意識につながった気づき

- 中学、高校と過ごすなかで、クラス以外にも校内で部活と委員会に属してきた。また、校外ではボランティアサークルなどの集団に属してきた。その中で、集団内では必ず人間関係の序列がつくられることに興味をもった。
- 中学・高校の学校生活の中で、友達と会うことに喜びやつらさを感じることが多かったことから、生きるうえで最も重要な課題は人間関係ではないかと考えるようになった。

☑B：現在の価値観❶　気づいたこと（問題意識）は解決されるべきだと思う理由（社会的意義）

- 令和●年の厚生労働省からの発表によると、離職理由の▲％が自己都合であり、その自己都合の中で「人間関係」を理由としているものは■％と、高めである。また、転職サイトなどの調査でも、仕事を辞める理由の上位には必ず「人間関係」が挙がっている。
- 自殺の要因にもなっている。
- SNSが普及したため、人間関係がもたらす負の影響がますます深刻化している。
- 国内に外国人が増え、社会における人間関係がより複雑になっている。

☑C：現在の価値観❷　問題の解決への糸口

- 「スクールカースト」など、いじめにつながる負の人間関係について研究するには、集団内での人間関係について学問的に知る必要がある。また、外国人が増えている日本では、多文化共生の状態におかれた人間心理についても学ぶ必要がある。

☑D：現在の価値観❸　解決への糸口のためにこれから学ぶべきこと

- 社会心理学　　　● 社会階層学　　　● 多文化共生

☑E：志望校が最適である理由

- 「スクールカースト」などにくわしい●●先生がいらっしゃる。また、アメリカやオーストラリアなどの多民族共生国家におけるコミュニティ問題にくわしい▲▲先生もいらっしゃる。
- 公認心理師の資格取得が可能な、大学院までの一貫したカリキュラムと、その資格の養成課程がある。

☑F：将来像

- カウンセラーとして、複雑な現代日本で生きる多くの人びとの人間関係の悩みを解消したい。具体的に言うと、現時点では産業カウンセラーかスクールカウンセラーになることを考えている。

テーマ 54 法学・政治系

重要度 ★★★☆☆

＞ 設 定

- 公務員になりたいDさん
- 弁護士になりたいEさん
- 弁護士になりたいFさん

この面接での志望理由以外での質問

- 最近の気になるニュースについて→テーマ49

面接の事例

面接官A ❶では、面接を始めますね。まず、なぜ法学部をめざしたのかを教えてもらえますか？　Dさんから。

Dさん はい。❷私は将来、公務員になり、愛する地元のために貢献したいと考えているからです。貴学は公務員試験対策が充実しており、公務員試験の合格率も高いとオープンキャンパスで聞きました。貴学で学び、立派な公務員になりたいと思っています。

面接官A どんな公務員になりたいの？

Dさん はい。いまは、困っている高齢者を助ける市役所の相談窓口などに興味があります。私が住む●●市は、高齢者がとても多いので。

面接官A 市の相談窓口係って、市の職員が担当してるの？　市が委託した福祉団体とかが運営している場合もあると思うけれど？

Dさん ……（固まって）❸よくわかりません。大学に入ってから勉強します。

面接官A はい、がんばってね。では、Eさん。

Eさん ❹私は、将来、弁護士として多くの人を助けたいと考え、法学部を志望しています。法律の中でも、とくに刑事法に興味があります。オープンキャンパスで、国家による処罰を適正な範囲にコントロールする役割を担っている刑事法についての講義を聴き、大変興味をもちました。

❶：「未来予想図　F」を答えるのがよい。

❷：△　「未来予想図　F」から答えているのはよい。しかし、質問は「法学部をめざす理由」であり、Dさんが答えたのは「この大学を選んだ理由」なので、ズレがある。さらに、大学は資格の専門学校ではないので、資格試験対策を志望理由にするのはイマイチだ。

❸：×　これはネットで調べればわかるレベルの話であり、大学入学後に学ぶべきことではない。この発言により、「志望理由」の項目でDさんが加点される可能性はなくなった。ちなみに、市役所で働いている人がみな公務員であるとは限らない。とくに、福祉関係の業務については、委託業者が担当している場合が多い。

❹：○　「未来予想図　D」と「未来予想図　F」を具体的に言っている。また、「未来予想図　E」として、オープンキャンパスの話題にも触れている。秀逸な回答だ。

面接官Ａ	（うなずきながら笑顔で）なるほど。刑事法のどのへんに興味をもったの？　具体的に教えてもらっていいかな。
Ｅさん	❺どのへん……ですか（少し困って）世の中の闇を裁くとか、そういう部分です。
面接官Ａ	そうですか（笑顔が消えて）では、Ｆさんは？
Ｆさん	はい。❻……（少し怖がりながら）私は、将来、労働者を守る弁護士になりたくて、法学部を志しています。
面接官Ａ	どうして労働者を守りたいと思ったの？
Ｆさん	はい。❼高１のときに現代社会の授業で女性の社会進出について学び、労働者を守る法律に興味をもちました。高２の探求学習では、労働に関する法律をテーマとして、世の中には労働に関してどのような問題があるのかを調べました。最初は同性である女性の労働にスポットを当てて調べていましたが、途中から、多様な人材を積極的に活用しようというダイバーシティの考え方を国が推進していると知りました。調べていくうちに、法律がありながら労働に関するトラブルが多発していることを知り、女性だけでなく、外国人労働者や高齢労働者を守りたいと思うようになりました。
面接官Ａ	わかりました。みなさん、ありがとう。
面接官Ｂ	最近の気になるニュースを教えてください。Ｄさんから。
Ｄさん	はい。❽私は、●●県の▲▲村が廃村になるというニュースに興味をもちました。自分の生まれ育った場所がなくなるというのは、とても悲しいことだと思います。将来は公務員として、消滅集落や限界集落に向き合いたいと考えています。
面接官Ｂ	なるほどねぇ。Ｅさんの気になるニュースは？
Ｅさん	はい。私は最近、■■（←芸能人の名前）が大麻所持で逮捕されたことに関心があります。
面接官Ｂ	……なんで？
Ｅさん	えっ……　❾（焦って）好きな芸能人だったので……もし自分が弁護士だったら少し助けてあげられるのにな、と感じました。
面接官Ｂ	……なるほどね……Ｆさんが気になるニュースは？
Ｆさん	はい。❿けさのネットニュースで見た、●●という大手企業でパワハラによる自殺者が出た問題に関心があります。何か月かに１度は過労死やパワハラによる自殺のニュースを目にしますが、法律がありながら起こり続けているのはとても悲しいことだと思います。

❺：×　この前のすぐれた回答が、これで台なし。オープンキャンパスでたった１回の講義を受けただけで「●●」に興味があると答えてしまう受験生がとても多い。しかし、オープンキャンパスで耳にした「単語」と「なんとなく興味がある」というイメージだけで面接に臨むと、必ず途中で答えに窮する。「未来予想図　Ｂ」を考え、刑事法関連で社会問題になっていることを事前に調べておくだけでもまったくちがう展開になったはずだ。

❻：○　「未来予想図　Ｆ」を具体的に答えている。自分よりも前に質問されている受験生が追いつめられているのを見ると萎縮してしまうかもしれない。しかし、他人は他人、自分は自分。面接では、自分が準備してきた回答をきちんと言えさえすればよい。

❼：○　「未来予想図　Ａ」と「未来予想図　Ｂ」がきちんと話せている。

❽：○　Ｄさんは、志望理由をこのような話とからめればよかった。この「消滅集落」「限界集落」への興味を主要な将来像とし、面接官Ａの質問「どんな公務員になりたいの？」の問いに答えていれば、かなりちがう結果になったはずだ。Ｄさんの発言からは「公務員として地方の人口減に取り組む」という「志」がうかがえるだけに、もったいない。

❾：×　法律に関係のある「大麻所持」という事件であったため面接官Ｂが理由を尋ねているが、このように、「好き」という理由では加点にならない。

❿：○　労働問題に興味があると言っていたことと重なる。興味にブレがないのがよい。

面接官B	なるほどね。⑪Fさんは、なぜこういうことが起こり続けると思う？どうしたらいいと思う？
Fさん	はい。⑫原因は、2つあると思います。1つ目は、加害者が自覚なしにパワハラを行なっている点です。加害者は、会社だと上司の場合が多いはずです。上司自身は、部下の指導・教育によって、むしろよいことをしていると感じています。2つ目は、被害者に、相談する相手がいない点です。けさのニュースでの報道もそうでした。被害者は、本来相談相手となるべき上司からパワハラを受けていた場合、精神的に追い込まれてしまいます。その対策としては、パワハラ被害を受けたらすぐに、無料で相談に乗ってくれる法律サービスをもっと利用してもらう必要があります。
面接官B	はい、わかりました、ありがとう。これで終了しますね。

⑪：法学部、経済・経営学部、商学部などの社会科学系学部の面接では「時事ニュース」について問われることが多いので、必ず「事件や現象が起こった原因（問題発見）」と、「自分なりの対策（問題解決）」を回答として準備しておこう。小論文の対策にもなる。

⑫：○ 「問題発見」➡「問題解決」の流れに沿っている。具体例も含まれていて、秀逸な回答である。

公務員試験や警察官試験の対策講座が設置されている法学部を受ける場合には、発言に注意が必要だ。試験対策講座を大学がウリにしているとしても、卒業単位とは関係のない講座も多い。また、資格専門学校と提携しているだけで、大学教員はいっさい関与していない場合もある。教員が対策を担当しているかどうか、また、それが単位に含まれる正式な講座であるかどうかを、必ず事前に、パンフレットやホームページで確認しよう。それでもわからなければ、大学に直接尋ねてもよい。

気づいたことをメモしよう

➤「私」の未来予想図（Fさん版）

☑ **A**：〔過去のきっかけ〕 みずから経験したことがきっかけで現在の入学意識につながった気づき

- 高1の「現代社会」の授業で女性の社会進出について学び、労働者を守る法律に興味をもった。
- そこで得た女性の社会進出への興味から、高2での探求学習で労働についての法律をテーマとして、労働に関するどのような問題が存在するのかについて調べた。
- 男女雇用機会均等法、最低賃金法などのさまざまな法律を知り、順守すべき法律がありながら多くのトラブルが発生していることを知った。
- 最初は同性である女性にスポットを当てて調べていたが、その後、多様な人材を積極的に活用しようというダイバーシティの考え方を国が推進していると知った。
- いままで以上に、多様な価値観をもつ人びとが同じ会社で働く時代が来ると知った。
- 労働人口が減少している日本では、外国人労働者が増えていることを知った。
- 労働基準法では、国籍、宗教などの理由から賃金や労働時間といった労働条件について、外国人労働者を差別的に扱ってはならないと規定されている。しかし、日本語能力が劣るなどの理由で仕事の能率が低く、賃金に個人的差異が出るような場合は差別的な扱いには該当しないと見なされるなど、難しい部分があると知った。

☑ **B**：〔現在の価値観❶〕 気づいたこと（問題意識）は解決されるべきだと思う理由（社会的意義）

- 弱い立場にいる労働者を守ることによって、だれもが働きやすい社会が実現できる。

☑ **C**：〔現在の価値観❷〕 問題の解決への糸口

- 安価で気軽に相談できる弁護士と、トラブルをかかえやすい外国人労働者の数の不均衡を解消する。

☑ **D**：〔現在の価値観❸〕 解決への糸口のためにこれから学ぶべきこと

- 司法試験に合格し、労働問題に強い弁護士になるための学び。

☑ **E**：〔志望校が最適である理由〕

- 私が探求学習で参考文献として使用していた『労働判例●●●』の執筆者である▲▲先生の労働法ゼミがある。
- 中小企業の社長や弁護士をゲストとして呼び、労働問題についてディスカッションする実践的な講座がある。また、多文化共生と日本の法律に関する講座もある。

☑ **F**：〔将来像〕

- とくに、女性と外国人労働者がかかえる労働問題に強い弁護士。

テーマ 55 経営・商学系

重要度 ★★★☆☆

➤ 設　定

- 新しい商品を提案する仕事に就きたいDさん
- ホテルを経営したいEさん
- 銀行で働きたいFさん
- 寺院コンサルタントという仕事に就きたい路蘭くん

この面接での志望理由以外での質問

- 好きな科目について→テーマ35
- 大学入学後にしたいこと→テーマ31・43

面接の事例

面接官A　では、面接を始めていきます。では、Dさんから、●本学の経営学部を志望した理由を教えてください。

Dさん　はい。❷私は、外国人と高齢者の割合が高まり続けている日本では、今後売れる商品が大きく変わると考えています。そこで、新たな売れ筋を提案するコンサルタントとして活躍するために、貴学の経営学部を志望しています。

面接官A　ふ〜ん。❸（無表情で）難しい話だね。じゃあ、つぎはEさん、お願いします。

Eさん　❹私は、将来ホテルを経営したいと考えています。そのために最先端の経営学を学びたいと考え、最先端の研究を行なっていると聞く貴学の経営学科を志望します。

面接官A　ほぉ。じゃあ、つぎはFさん。

Fさん　❺はい。私は将来、銀行で働くために貴学を希望しています。貴学は、ファイナンシャル・プランナーの養成講座やTOEIC対策講座などの資格対策が充実しているため、強く志望します。

面接官A　はい。じゃ、路蘭くん。

❶：「未来予想図 **E**」と「未来予想図 **F**」を中心に回答するのがよい。

❷：△　「未来予想図 **E**」について回答していない。「未来予想図 **F**」は答えられている。また、「未来予想図 **B**」についても触れている。

❸：面接官の表情を気にする受験生は多いが、もともと無愛想な教員もいるので気にしない。

❹：○　「未来予想図 **E**」と「未来予想図 **F**」を答えているが、**E**に関しては「最先端の」というフンワリとした答え方になっているので、あとで質問されたときに答えられないと×。

❺：△　「未来予想図 **E**」と「未来予想図 **F**」を答えているが、その大学で開講している資格系の講座がカリキュラムに含まれているものなのかどうかは、事前に確認しておく必要がある。資格系の講座が卒業単位に含まれない場合もある。

路蘭くん	⑥はっ、はい。僕……あっ、私は、寺院の経営を立て直す寺院コンサルタントになるため、貴学で学びたいと考えています。
面接官B	では、いまの質問についてさらにくわしく尋ねていきます。 Dさんは、「外国人と高齢者の割合が高まり続けている日本では、今後売れる商品が大きく変わる」って話してくれたけれど、具体的に言うとどんなこと？
Dさん	はい。⑦たとえば、コンビニは、近年、一人暮らしの高齢者をターゲットとして揚げ物よりも煮物や焼き魚などの商品比率を高めている、と聞きます。また、イスラムの人びと向けのハラルフードを増やしていくという話も、ネットニュースで読んだことがあります。これからは、ますます多くの外国人が日本で暮らすことになるので、たとえば、体格のよい外国人向けの靴などを販売する必要があると思います。
面接官B	なるほどね、わかりました。じゃぁ、Eさんに質問です。どうしてホテルを経営したいの？
Eさん	はい。⑧中学のときの職業体験がホテルで行なわれ、そのときにホテルで働く従業員の姿に憧れました。その後、ホテルに勤めたいという思いを募らせていたときにホテル経営者のドキュメンタリーをテレビで見て、その気持ちがますます強くなりました。
面接官B	どんなところにひかれたの？
Eさん	⑨ええっと……。なんか、すごくかっこいい車に乗ってたり、英語で外国の経営者と会話していたり……
面接官B	はい。じゃぁ、Fさんはどうして銀行で働きたいの？
Fさん	⑩はい。父が銀行で働いており幼いころから銀行員が身近な職業であったことと、政治・経済の授業で金融のしくみを知っておもしろいと思ったことが理由です。
面接官B	なるほどね。えぇーと、路蘭くんは⑪寺院コンサルタントになりたいんだよね？　それ、どういう仕事なの？
路蘭くん	はい。⑫現在、檀家の減少で経営難に陥っている寺院に経営のアドバイスを行なう仕事です。寺院にはもともと地域コミュニティの場を提供するという重要な意義がありました。ですから、地域経済や地方創生について学ぶことがこの仕事につながると考えています。
面接官C	⑬じゃぁ、好きな教科・科目について聞いていきますね。Dさんから順に、好きな教科・科目を教えてください。

⑥：△　「未来予想図 F」を答えているが、「本学の」への答えとなるべき「未来予想図 E」には触れられていない。

⑦：○　「未来予想図 B」を答えている。具体性が高く、事前にしっかり下調べしていることが伝わるので○。

⑧：○　「未来予想図 A」を答えている。

⑨：×　「かっこいい」などというフンワリとした言葉には「具体的に言うと？」という質問が返ってくる。このような言葉を使う場合には、「どんなところが」「どんなふうに」という点まで具体的に言えなければならない。

⑩：○　「未来予想図 A」を答えている。

⑪：比較的珍しい職業を挙げると、このように説明が求められる場合がある。きちんと説明できるよう、答えを用意しておこう。面接官がすべての職業を知っているわけではない。

⑫：○　「未来予想図 D」を踏まえ、職業が具体的に説明できている。

⑬：この質問が来た場合には、志望学科との関連性が強い科目を「好き」「得意」、関連性が弱い科目を「苦手」と答えるのがよい→テーマ35。「学習成績の状況」（旧・評定平均）との整合性に注意。

Ｄさん　はい。⑭私は、英語が好きです。外国人と話したいという思いから、英会話スクールに通ったり、英検にも挑戦したりと、高校の授業にとどまらず学んできました。大学入学までに英検準1級を取得するつもりです。

Ｅさん　⑮私は、日本史が好きです。テレビで時代劇を見て、戦国時代に興味をもちました。近現代史はあまり好きではありませんが、国内にある史跡をなるべくたくさんめぐりたいと思っています。

Ｆさん　はい。⑯私は、国語が最も好きです。かるた競技の経験もあり、とくに古典が好きです。

路蘭くん　⑰私は、政治・経済が好きです。高校の先生に、税金システムなど、私たちの生活に密接にかかわることをくわしく説明していただいて、関心が高まりました。

面接官Ｃ　はい。じゃ、（時計を見ながら）⑱大学でやってみたいことを教えてくれるかな。Ｄさんから順番に。手短にお願いします。

Ｄさん　⑲はい。私は、国内に住む外国人が増えることによって多文化共生が重要な課題になると考えています。ですから、貴学の留学制度を利用して、移民の多い国であるアメリカやドイツを、この目で見てきたいと思っています。

Ｅさん　⑲私は、将来はホテルを経営したいと考えているので、ホテルでのアルバイトによって経験を積みたいと考えています。

Ｆさん　⑲貴学の資格試験対策講座を受講し、銀行で働くための資格を1つでも多く取得したいと考えています。

路蘭くん　⑲私は寺院コンサルタントをめざしているので、貴学部の講座だけでなく、文学部で日本の宗教の歴史などの講座も受講して、教養を深めたいと考えています。

面接官Ｃ　（時計を見ながら）はい、じゃあ、これで終了です。お疲れさま。

▶路蘭くんの「『私』の未来予想図」は、テーマ15に掲載。

⑭：○　学部での学びとは直接には結びつかないが、英語の指導にはどこの大学も力を入れているので問題ない。また、大学入学までの学びの目標がある点もよい。

⑮：△　学部での学びとは直接には結びつかない。また、「近現代史はあまり好きではありません」は不要な情報。聞かれてもいないのに「苦手」「好きではない」などとネガティブに発言することは控えよう。

⑯：△　学部での学びとは直接には結びつかない。可もなく不可もない回答。

⑰：○　政治・経済は、経営学部での学びに関連性がある。

⑱：「テーマ31　大学入学後、中心的に学びたいことは何ですか？」で答えることも、「テーマ43　学業以外で、あなたが大学生になったらしてみたいことは何ですか？」で答えることも可能だが、できる限り、テーマ31にもとづいて答える。大学は学ぶための場所だ。

⑲：Ｄさん、Ｆさん、路蘭くんは○。Ｅさんは△。全員、大学での学びに関連性がある内容を答えられている。しかし、Ｅさんの回答だけは、大学内での学びと結びついていない。アルバイトやボランティア活動に参加するのは悪いことではないが、「大学でやりたいこと」を聞かれたらテーマ31にもとづいて答えるのが定石だ。

➢「私」の未来予想図（Dさん版）

☑ **A**：(過去のきっかけ) みずから経験したことがきっかけで現在の入学意識につながった気づき

- 中学のときに、ヨーロッパに行った友人からおみやげとしてクッキーをもらったが、パッケージの色使いなどから、あまりおいしそうだとは思えなかった。
- 高校での英語の授業で、色からいだくイメージが国によってちがうと聞いて、調べてみた。たとえば、日本人は赤を「情熱」や「愛」のイメージでとらえることが多いが、ケルト民族は赤から「死」を連想することが多いと知り、興味をひかれた。
- これらの経験から、高校での探求学習の時間に、菓子のパッケージに使われている色と売上の関係について調べた。
- 某飲料水メーカーの「●●茶」はペットボトルの色を変えただけで売上が1.5倍になったなど、とても興味深い事例があることを知った。
- さらに調べていくと、「朝専用」というキャッチフレーズをつけて売上を伸ばした缶コーヒーがあることを知り、キャッチフレーズによって売上が変わることについても興味をもった。

☑ **B**：(現在の価値観❶) 気づいたこと（問題意識）は解決されるべきだと思う理由（社会的意義）

- 日本では外国人労働者が増えている。また、高齢者も増えている。
- 人びとの価値観がますます多様化する。
- 外国人や高齢者の好みに合わせて販売方法を考えなければならない時代が来ている。

☑ **C**：(現在の価値観❷) 問題の解決への糸口

- 外国人と高齢者が増え続ける結果、人びとの嗜好が共鳴してどのような商品が好まれるのかを考え、社会の中で新たに生まれるニーズに応える商品を先取りしたい。

☑ **D**：(現在の価値観❸) 解決への糸口のためにこれから学ぶべきこと

- おもに来日外国人を対象とするマーケティング。
- おもに高齢者を対象とするマーケティング。

☑ **E**：(志望校が最適である理由)

- 最近、本を読んで興味をもった行動経済学や消費者行動論など、さまざまな経営学に触れることができるカリキュラム。
- 2年次からマーケティングコースが開講されている。
- 色彩とマーケティングについての本を執筆した●●先生がいらっしゃる。

☑ **F**：(将 来 像)

- 外国人と高齢者の割合が高まる社会で新たに生まれる価値観を踏まえた商品を提案する仕事。

テーマ
56 社会学系

重要度 ★★★★☆

➤ 設 定

- いじめ問題に関心があるDさん
- アンケート調査や統計などの分析に興味があるEさん
- 食のタブーに興味があるFさん

この面接での志望理由以外での質問

- 入学後に勉強以外でしてみたいことについて→テーマ43

⚛ 面接の事例

面接官A では、面接を始めますね。最初に、**①**本学部の志望理由を、Dさんからお話しください。

Dさん **②**はい。私の弟は、小学生のときにいじめに遭い、不登校になってしまいました。いまは元気になりましたが、当時は家族総出で弟をなんとか学校へ行かせようと大変でした。私は弟と同じ小学校に通っていたので、弟の手を引いて学校に行かせようとしたのですが、弟は、学校の近くまで来ると歩くのをやめてしまい、お腹が痛いとか頭が痛いとか言って苦しんでいました。それを見ても私はどうすることもできず、いつも母を呼んでいっしょに家へ連れて帰ってもらっていました。このような経験からいじめの問題に関心があるので、社会学を学んでその解決策を勉強したいと思っています。

面接官A では、Eさん。

Eさん はい。私も**③**Dさんと似ていて、不登校の問題に関心をもったことがきっかけなのですが、**④**私は、社会問題の原因を統計から読み取り、その問題の解決策を学びたくて、貴学部を志望しました。

面接官A では、Fさんは？

Fさん はい。**⑤**僕は、日本と外国の食文化について興味があります。インドネシアへ旅行に行ったときに、イスラム教徒がとる「ハラルフード」という食事の存在を知り

---

①：「未来予想図 **F**」を回答するのが基本。

②：△ 「未来予想図 **A**」から話している。ダメではないが、「未来予想図 **F**」に具体性がない。

③：集団面接の場合、前に質問されている受験生と志望理由が重複することが多いが、気にせずに堂々と言おう。

④：△ 「未来予想図 **D**」と「未来予想図 **F**」を答えているが、「未来予想図 **F**」に具体性がない。

←近年は、「データサイエンス」「データ社会学」「統計社会学」「計量社会学」など、「統計」をウリにする社会学系学部が多い。これらの学部の受験生は、大学で学んだことをいかして何をするつもりなのかを具体的に話すべきである。

⑤：△ 「未来予想図 **B**」や「未来予想図 **D**」が話せているので悪くはないが、「この状況を打破する」ための「未来予想図 **F**」が具体化されていない。また、「僕」という一人称もあまり適切ではない。一般的

ました。イスラム教徒が暮らす地域のハンバーガーショップには豚肉を使ったメニューがありません。また、イスラム教徒が摂取してもよい食品のパッケージにはハラルマークがついています。日本に来る外国人労働者の中にもイスラム教徒が増えていますが、彼らへの気づかいはまだなされていないと思います。僕は、この状況を打破するために、食のタブーについて貴学で学びたいと考えています。

面接官B みな、それぞれ明確な目的をもって志望してくれたんですね。

では、いまの回答について、志望理由書も踏まえて質問しますね。

Dさんは……志望理由書に……❻「将来は中学校の先生になりたい」と書いているね。小学校教員になるのであれば、教育学部のほうがよかったんじゃないの？

Dさん はい。教育学部も考えたのですが、やはり、社会についていろいろと学ぶほうがよい教員になれると考えました。

面接官B 「よい教員」って、どんな教員ですか？

Dさん ❼はい。社会についていろいろと子どもたちに語ることができる教員です。

面接官B はい。では、Eさん。Eさんはどうして「不登校」の問題から統計に興味をもったの？

Eさん はい。❽私は、小学生のときに3回転校して、私自体は不登校にならなかったのですが、転校したてのころは毎回、学校に行くのがいやになるという経験を味わいました。また、中学生のときには、私の隣のクラスに来た転校生が、クラスになじめず不登校になったのを見てきました。このような経験から、転校が原因で不登校になる人がどのくらいいるのかを調べてみたところ、文科省のホームページに不登校の原因を分析した統計資料が掲載されているのを知りました。さまざまな項目に分けて集計されているこの資料を見て、世の中の問題を解決するには統計の勉強が不可欠だと考え、興味をもつようになりました。

面接官B はいはい、なるほど。……Fさんの志望理由書には「地域の復興にかかわりたい」と書かれているけれども、これってどういうこと？

Fさん ❾志望理由書を提出した時点では地域の復興に最も興味をもっていました。ただ、地域復興について調べて

には、「私」が適切。これで落ちる可能性は低いが、「礼儀」や「常識」が評価項目にある場合には危険だ。それ以外はOK。

❻：面接官がなぜこう質問したのか。それは、Dさんが「小学校の弟の不登校」という経験を語ったからだ。その経験からは、「小学校教員」になりたいと考えるのが自然だ。面接では「過去➡現在➡未来」という流れが重視されるので、矛盾点があればすぐに質問が来る。

❼：× この時点で、Dさんへの「志望理由」の加点は0に近い。たしかに、社会学部でも教員免許の取得は可能であり、パンフレットやホームページでそのようにうたっている大学も多い。しかし、Dさんは、教育学部ではなく社会学部で学んで中学校教諭になるメリットを具体的に答えられていないので×だ。

❽：○ 「未来予想図 **A**」から、「未来予想図 **B**」「未来予想図 **C**」「未来予想図 **D**」という流れに沿って述べられている。秀逸な回答だ。

❾：× 志望理由書を提出したあとに面接の練習を受けていくと、受験生の志望理由が途中で変わる場合がある。しかし、残念ながら、面接ではそのような事情は認められないため、このように答えてしまうと、たとえこの話が真実だとしても、提出書類の内容と面接での回答との整合性がないと判断されて加点されない可能性が高い。選抜はシビアである。

いるうちに外国人労働者のことがわかってきて、考えが少し変わりました。外国人労働者と食のタブーは切り離せません。外国人労働者が地域の復興にかかわっているという側面もあるので、社会学を学ぶことによって、そのような問題を見通せるようになりたいと考えています。

面接官B▶ わかりました。面接官Cさん、お願いします。

面接官C▶ そうですね。では……（書類を見ながら）⑩入学後に、勉強以外でしてみたいことは何ですか？　Dさん、Eさん、Fさんの順に答えてください。

Dさん▶ はい。⑪私は、将来、教員になりたいので、子どもたちにいろいろなことが語れるよう、世界の国ぐにを見て回りたいと思っています。大学では、夏休み期間が2か月あると聞きましたので、カフェでアルバイトをしてお金をため、そのお金を元手にしてさまざまな国に渡りたいと考えています。

Eさん▶ ⑫はい。私は、大学祭の実行委員会に入りたいと思っています。もともと、高校でも文化祭実行委員長を務めていたので、大学祭にも興味があります。実行委員として学生からさまざまなアンケートをとるなどの活動が学びに直結すると考えています。

Fさん▶ はい。⑬それは、入学後から考えます。さまざまなことを学んで視野を広げ、アルバイトなどもして友人を増やし、⑭物事を俯瞰的にとらえられるようになってから「してみたいこと」を選び、それが決まったら実行に向けてまっしぐらに進んでいきたいと思います。⑮高校時代も、友人に勧誘されてサッカー部に入り、最初は興味がなかったサッカーにどんどんとはまっていって、最後には県大会でベストプレーヤーにも選ばれました。この突進力を大学でもいかしていきたいと思っています。

⑩：テーマ43を参照。

⑪：× 「いじめ問題」と「社会学」に関心があり、「中学校の先生になりたい」と考えている。勉強以外ではカフェでのバイトをして海外に行きたい……たしかに、このような経験を積めば教え子には多くのことが語れるだろう。しかし、自分の将来への展望にあまりに一貫性がない。また、それをDさんが自覚していない点も痛々しい。

⑫：○ 少しこじつけっぽいが、大学での学びに触れている点は高評価。

⑬：× 大学の「3ポリシー」にもとづいて答えるべき面接の場では、「大学入学後に考えます」とは言わないほうがよい。

⑭：△ 近年、面接で「俯瞰的に物事をとらえる」「多角的に物事をとらえる」「グローバルな視点で物事をとらえる」と回答する受験生が増えてきたが、「それはどういうことですか？」と聞かれて、きちんと意味を答えられないならば、わざわざ言わないほうがよい。

⑮：× 面接が終わりそうだと察すると、質問内容に関係なく、「用意してきた自己PR」を唐突に語り始める人がいる。しかし、質問内容と関係がないアピールは逆効果だ。「質問を理解しているかどうか」の項目が採点基準にあれば、×がつく。

こんな質問もある

「2年次から始まるコースでは、どの学域を希望しますか？」

社会学部などカバーする学問領域が広い学部の場合、1年次に基礎を学んだあと、2年次から専門コースに分かれることが多い。DさんとFさんはフンワリと社会学に興味があるだけであり、上記の回答から察するに専門領域が決まっていない可能性が高いため、この質問には答えられないはずだ。この面接の受験者の中で最も高く評価されるのは、当然Eさんだ。

➢「私」の未来予想図（Eさん版）

☑A：(過去のきっかけ)　みずから経験したことがきっかけで現在の入学意識につながった気づき

- 小2のときに神奈川県から静岡県に、小3のときに愛知県に、小5のときにいま住んでいる京都府に移り、小学生の間だけで3回も転校を経験した。
- 転校が決まってからは、通っている小学校から離れたくなくなった。
- 転校日当日には逃げ出したい気持ちになった。
- その後も、友人ができるまでの数週間は学校に行きたくなかった。
- 私の場合は、友人や担任の先生に恵まれたため、転校先でなじんでからは楽しかった。
- しかし、もしうまくなじめなかったら不登校になっていたと思う。

☑B：(現在の価値観❶)　気づいたこと（問題意識）は解決されるべきだと思う理由（社会的意義）

- 中学生のときに、隣のクラスに転校生が来た。
- その生徒はいじめを受けていたわけではないが、友達ができず不登校になったと聞いた。
- 私とちがってその生徒は友人や先生に恵まれなかったようで、その経験から、転校と不登校との関係に関心をいだいた。

☑C：(現在の価値観❷)　問題の解決への糸口

- ネットで調べてみると、文部科学省が「児童生徒の問題行動・不登校等生徒指導上の諸課題に関する調査結果について」というデータを発表していることを知った。
- 不登校は転校やいじめなどが原因となって起こると知ると同時に、世の中の問題を浮き彫りにするこのような社会調査のデータがあることを知り、興味をもった。
- 社会調査の方法を学び、不登校をはじめとする教育の問題を分析して原因を突き止め、多くの人に解決のヒントを提供したい。

☑D：(現在の価値観❸)　解決への糸口のためにこれから学ぶべきこと

- 社会調査士の資格
- データの見方を学び、原因を推論する方法

☑E：(志望校が最適である理由)

- 社会統計学が専攻できる。
- 社会調査士の資格取得のためのカリキュラムがある。
- 副専攻として社会心理学が学べる。

☑F：(将 来 像)

- 総務省統計局などの国の研究機関で働くか、大学院で研究を続けるかで迷っているが、いずれにせよ、統計によって世の中の問題を解決することに貢献したい。

テーマ 57　看護系

重要度　★★★★★

＞ 設　定

- 高校時代の病院実習で看護師に憧れているＤさん。高校ではボランティア活動に参加
- 祖父が受けていた訪問看護に興味があるＥさん。帰宅部
- 弟が生まれた瞬間に立ち会った経験から助産師になりたいＦさん。テニス部に所属

この面接での志望理由以外での質問

- 卒業後の進路

面接の事例

面接官Ａ　面接試験を始めますね。リラックスして答えてください。では、❶本学を志望した理由を教えてください。Ｄさんからお願いします。

Ｄさん　はい。❷幼いころから看護師への憧れがあり、高2のときに、病院の1日看護師体験に参加しました。そこで実際にお手伝いをしたり、看護師からお話を聞いたりするなかで、どうしても看護師になりたいという思いが高まりました。もともと子どもが好きなので、❸いまは子ども病院で働く看護師をめざしています。

面接官Ａ　……はい。では、Ｅさんはどうですか。

Ｅさん　私は、訪問看護を専門的に学びたいと思い、貴学を志望しました。❹私の祖父は病気で身体が不自由になってしまいましたが、入院はせず、人生の最期を自宅で迎えたいと望んでいました。その願いをかなえてくれたのが、訪問看護の看護師でした。もともと看護師に憧れており、看護系へ進むつもりでしたが、貴学が訪問看護に特化したカリキュラムをもっていると知り志望しました。

面接官Ａ　では、Ｆさん。

Ｆさん　はい。❺私は、看護師の資格をとったあとで助産師の資格をとりたいと思い、貴学を志望しました。助産師は、生命の神秘に立ち会うすばらしい仕事だと思っています。母が弟を生んだときに強くそう感じました。だから、

❶：看護系学部の場合、夢は看護師や理学療法士だということはわかっている。よって、どんな医療従事者になりたくてどんなことを学びたいのかを、「未来予想図　Ｆ」にもとづいて具体的に話すことが重要だ。

❷：△　一見問題なさそうだが、「本学を」と質問されているのだから、「未来予想図　Ｆ」が必要だ。Ｄさんが話しているのは看護師になりたいという思いにすぎず、ズレた答え。

❸：？　大学の附属病院や系列病院に子ども病院があるのならば、この答え方でかまわない。しかし、そのような病院がない場合、「ウチの系列、子ども病院はないけれど、いいの？」と返されてしまうおそれがある。大学の関連病院に「子ども病院」があれば○だが、なければ△。

❹：○　「未来予想図　Ａ」から「未来予想図　Ｆ」、そして、「未来予想図　Ｅ」としてカリキュラムの強みを述べている。秀逸な回答だ。

❺：？　この大学に助産師のコースがあれば○、助産師のコースを設置していなければ×だ。

助産師になるために貴学で学びたいと考えています。

面接官A　うんうん、ありがとう。では、いま答えてもらったことについてもう少し質問するね。面接官Bさんから、お願いします。

面接官B　Dさんは、「1日看護体験でどうしても看護師になりたい」と思ったんだよね。具体的に、どんなところからなりたいと思ったのかを教えてください。

Dさん　はい。働いている方がとても生き生きとして輝いて見えて……私もこういうふうになりたいと強く思いました。

面接官B　（うなずきながら）「輝いていた」っていうのは、どういうことかな……

Dさん　はい……（うつむいて考えてから顔を上げて）⑥……ええと、一生懸命働くってすてきだな、と。

面接官B　はい、わかりました。では、Eさん。訪問看護はこれからの日本で必要だと思いますか？

Eさん　はい、⑦必要です。世界に類を見ない高齢社会を迎えた日本では、「病気や障がいがあっても、住み慣れた家で暮らしたい」と考える人が増えています。たとえば、高齢で病院まで行くのが難しい方や、病気で出歩くのが難しい方が増えるので、確実に必要だと思います（少しドヤ顔）。

面接官B　（冷たい口調で）すごいね。⑧学校の先生と練習したの？
Eさん　（少し慌てながら）はいっ、学校の先生と練習しました。

面接官B　そうですか。では、Fさん。助産師に興味があるようですが、これからの助産師に必要な能力は何だと思いますか？

Fさん　⑨外国人労働者が増えるので、英語力でしょうか。
面接官B　なるほどね、わかりました。

面接官C　（うつむいて書類を読んでいた顔を上げて）では、提出書類について質問しますね。Dさんは、ボランティア活動に参加していたんだね。どんな活動をしていたの？

Dさん　はい。学校の近くの老人ホ　ムや養護施設でのボランティアで、被災地にも行きました。

面接官C　へぇ、被災地はどうだった？

Dさん　はい……　みなさん体育館で寝泊まりして大変でした。

面接官C　（困った顔をして）うーん、ほかに何か感想はないの？

Dさん　⑩えっ……あぁ……自分の無力さを知りました。

面接官C　……わかりました。では、Eさん。Eさんは部活に入っていなかったんだね。放課後は何をしていたの？

⑥：× 「輝いていた」「すてきだった」などのフンワリとした言葉を使ってしまうと、このように「どういうこと？」や「具体的に言うと？」という質問が来る。また、「私もそのような人になりたい」と答える受験生が多いが、「そのような人」が具体的に「どのような人」なのかを答えないと高評価にならない。

⑦：○ 看護系小論文の答案としても合格ラインである。このように、小論文の知識は面接でもそのまま役に立つので、可能な限りたくさん覚えよう。

⑧：たとえきちんとした答えを述べていても、「どうだっ！」と言わんばかりにドヤ顔をしてしまうと、面接官から冷淡な反応を受けることがある。しかし、面接官には悪意があるわけでもいじわるしようという意図もないようなので、合否への影響はほぼない。面接官のつれない反応にも慌てず、冷静に答えよう。

⑨：？ この発言では加点されない可能性が高い。まず、外国人労働者が母国語として英語を用いるケースは少ないので、この発言は微妙だ。また、近年、「高齢出産」（35歳以上で子どもを出産すること）が増えているため、これまで以上に高い技術が必要になると言われている。助産師をめざす人は、高齢出産に関する知識を仕入れよう。

⑩：△ ボランティア活動などのよい経験をしている人でも、きちんと言語化する練習をしていないために、面接でその経験をいかして話すことができない人が多い。「たっぷり経験してきたから楽勝で答えられる」という考えは甘い。それなりに緊張した空間で、自分の経験を相手にきちんと伝えるのは至難の業だ。自分の経験はすべて「STAR法」→テーマ8で事前にまとめておこう。

E さん ⑪(少し言いにくそうに)塾に通っていました。看護系には入試が難しい大学が多いので、一般選抜で合格できるように、放課後は塾で授業を受けたり、自習室で勉強したりしていました。

面接官C わかりました。では、Fさん。Fさんはテニス部に入っていたんだね。部活と勉強は両立できていた？

F さん ⑫朝練があり、眠くて授業中に寝てしまったことも多かったのですが、テスト前にがんばって帳尻を合わせていましたので、両立できていたと思います。

面接官C はい、ありがとう。時間になったので、これで終了します。

⑪：△　部活に入っていないと学校推薦型選抜や総合型選抜で不利になると考えて、放課後の過ごし方について答えるのをためらう人がいる。しかし、帰宅部だからといって不利になることはない。「放課後を将来のための勉強にあてていた」などと、堂々と話すべきである。

⑫：×　一見よさそうだが、ダメ。面接官は、教える側にいる。講義で寝る可能性がある学生や、講義を聴かないのに試験を乗りきれると考えている学生を、教える側が積極的に受け入れるだろうか。「学びへの姿勢」の項目が採点基準にあれば、△か×がつく。

看護系を志す受験生が将来就きたい仕事はみな同じです。このテーマには記しませんでしたが、看護師に憧れた理由（「**A**　みずから経験したことがきっかけで現在の入学意識につながった気づき」）も、たいていが「小さいころに行った病院で看護師を見て憧れた」というパターンです。看護系志望の受験生と練習すると、みなが似たようにしか答えない傾向にあります。ですから、Eさんのように、「訪問看護」など「**F**　将来像」に具体性をもたせ、その具体的な将来をかなえるために貴学のカリキュラム（「**E**　志望校が最適である理由」）が必要だと回答すると、かなり有利です。

なお、看護師は一生学び続ける必要がある仕事であり、一定の実務経験をへないととれない「認定看護師」や「専門看護師」などの資格もあります。覚えておきましょう。

> **「私」の未来予想図（Eさん版）**

☑**A**：（過去のきっかけ） みずから経験したことがきっかけで現在の入学意識につながった気づき

- 小4のときに弟が入院し、毎日、弟の見舞いに行った。病院に行くと、弟を担当している看護師が毎日、私に「えらいね」と言ってくれた。私もこのようなすてきな看護師になりたいと感じるようになった。
- 中学生のときに看護師から医療についてのお話を聞いて、とても大変な仕事だと知った。そんな大変な仕事の中で、小4だった私に対応しすてきな笑顔を向けてくれた看護師にますます憧れるようになった。
- 高1のときに祖父が病気になり、身体が動かなくなった。入院をいやがった祖父を救ってくれたのは訪問看護の看護師だった。このときに、訪問看護というものの存在を知った。

☑**B**：（現在の価値観❶） 気づいたこと（問題意識）は解決されるべきだと思う理由（社会的意義）

- 疾病や障がいをかかえる状況、および終末期の状況にあるすべての人びとに対して、個々人が住み慣れた場所で最期まで住みつづけることを支える訪問看護に期待が高まっていると知った。
- 訪問看護ステーション数は増加しているが、地域によって偏在しており、訪問看護師数も十分とは言えないと知った。また、私が住む地域でも訪問看護師が足りていない。

☑**C**：（現在の価値観❷） 問題の解決への糸口

- 訪問看護師の1人として、地元に貢献する。
- 日本に住む外国人が増えているので、外国語によるコミュニケーション能力を高める。

☑**D**：（現在の価値観❸） 解決への糸口のためにこれから学ぶべきこと

- （さまざまな価値観をもつ患者がいるので）さまざまな価値観について理解する。
- 外国語（いまのところ中国語がよいと考えている）によるコミュニケーション能力。
- 日進月歩の医療の世界に対応できる高度な医療知識と、訪問看護の知識。

☑**E**：（志望校が最適である理由）

- 総合大学であるため、さまざまな学部の学生との交流により多様な価値観に触れることができる。
- 医学部や薬学部と同じキャンパス内にあるので、チーム医療を身につけることができる。
- 外国語の授業が充実している。
- 附属病院での早期実習や訪問看護ステーションでの実習があり、実践的に学べる。

☑**F**：（将来像）

- 高度な知識をもち、外国人患者にも対応できる看護師。
- 小学生のときに憧れた、笑顔で人に接することができる看護師。
- 訪問看護ステーションで働く看護師。

テーマ 58 栄養系

重要度　★★☆☆☆

➤ 設　定

- 対象の大学は、女子大
- Dさん、Eさん、Fさんは、3人とも管理栄養士の資格をとりたいと思っている。

この面接での志望理由以外での質問

- 女子大を選んだ理由
- 部活動について

面接の事例

面接官A▶ では、面接を始めますね。まずは、❶本学栄養学部の志望理由をお聞かせください。Dさんからどうぞ。

Dさん▶ はい。❷私は、幼いころから料理が好きで、料理に関係する仕事に就きたいとずっと思ってきました。じつは、人のために役立つという点で医療系への進路も考えていましたが、疾患をかかえる人を栄養面からサポートする管理栄養士の養成コースが貴学にあると知り、志望しました。

面接官A▶ なるほど。では、Eさんは？

Eさん▶ ❸私は、小さいころから何度も転校を繰り返してきました。あるとき、給食のメニューに地域ごとのちがいがあることに気づき、給食に興味をもちました。高校の調べ学習では、学校給食を研究しました。給食にはもともと、貧困家庭の児童・生徒を対象として無料で昼食を提供するという意義がありました。しかし、食生活を取り巻く社会環境の変化により、給食の意義が変わってきました。調べていくうちに、現在の給食はカルシウム不足や脂肪分過剰摂取などの栄養摂取の偏りを防ぐ健康教育の一環として位置づけられていると知り、より深い興味をもっています。

面接官A▶ Eさんは、将来は給食をつくりたいのですね。

Eさん▶ はい。❹栄養教諭になり、食育や学校給食の管理を行ないたいと考えています。

❶：「未来予想図 **E**」と「未来予想図 **F**」を回答するのが基本。

❷：○　「未来予想図 **A**」「未来予想図 **E**」「未来予想図 **F**」の3つを短くまとめた秀逸な回答だ。なお、病院で働く管理栄養士に興味がある場合には「NST」（栄養サポートチーム）で検索してみよう。

❸：△　ダメではないが、この回答は「自分自身の興味があること」について語っているだけであり、質問の「本学栄養学部の」に言及していない。

❹：△　「未来予想図 **F**」を答えてはいる。ただ、ここで「貴学には給食について学べる講座がたくさんある」などの「未来予想図 **E**」を言えたならば、1つ前の発言にも○がついた。

　←「栄養教諭」は、食育推進の中心的存在。気になる人は調べてみよう。なお、現時点ではすべての学校に配置義務があるわけではない。

面接官A なるほど。では、Fさん。

F さん ⑤私は、将来、栄養食品などを手がける企業に就職し、健康でおいしい介護食と、日本人と外国人の両方の嗜好に合う食品の開発にかかわりたいので、貴学を志望しています。

面接官A Fさんは、どうしてそのような食品を開発したいの？

F さん ⑥はい。幼いころから料理が好きで、食べ物は何でもおいしく調理できると思っています。職業体験で老人ホームに行ったことがあるのですが、そこで、ミキサー食を口に入れたがらないお年寄りを見ておいしい介護食をつくりたいと思うようになりました。また、日本人と外国人の両方の嗜好に合う食品を開発したいのは、国内で外国人労働者が増えていると知ったからです。

面接官A なるほどね。みんな、将来したいことがきちんと決まっていてえらいね。

面接官B では、次に質問をします。本学は女子大ですが、女子大を希望した理由は何ですか？ Dさんからどうぞ。

D さん （少し考えて）はい。⑦女子大には、とてもよいイメージがあります。また、男性がいないことから、恋愛など勉学の邪魔になることも起きにくいと思います。

面接官B （笑いながら）ははは、恋愛が勉学の邪魔かぁ。Eさんは？

E さん はい。⑧管理栄養士の資格がとれる共学校のオープンキャンパスにも行きましたが、雑多な雰囲気でイマイチでした。やはり貴学の、女子大特有の気品あふれる雰囲気がよいと感じました。

面接官B Fさんは？

F さん はい。⑨女子大だから選んだというよりも、「みずからの可能性を自主的に追求するエレガントな女性」という、貴学が理想とする人物像が私の将来像と近いため、女子大である貴学を志望しました。

面接官B なるほどね、わかりました。

面接官C それでは、高校生活について質問しますね。部活動には入っていましたか？ Dさんからどうぞ。

D さん はい。⑩バスケ部に入りましたが、1年生のときに先輩たちから理不尽な仕打ちを受けて納得が行かず、退部しました。

面接官C 「理不尽なこと」って、どんなこと？

D さん はい。⑪先輩に対して気を遣えていないなどの理由で、よく叱責を受けました。たぶん、私がうまかったのが、先輩たちは気に入らなかったのだと思います。

---

⑤：△ 「未来予想図 F」のみを答えてしまっている。質問は「本学栄養学部の」であるから、「未来予想図 E」が不足している。

⑥：○ 「未来予想図 A」と「未来予想図 B」を答えている。介護食も、外国人労働者の食も、近年注目を集める問題である。

⑦：△ 可もなく不可もない回答。

⑧：△ 減点の対象となるかどうかはわからないが、他校の悪口ととられる発言は控えるべきである。

⑨：○ 「なぜ女子大を選んだのですか？」と聞かれた場合には、「ディプロマ・ポリシーが自分の将来像と近いから」と答えるのが無難だろう。たいていの女子大は、ディプロマ・ポリシーとして理想とする女性像をかかげている。志望校のホームページなどでチェックしてみよう。

⑩：△ 人間関係を理由として部活動を辞める人は多い。しかし、辞めた理由がネガティブな場合には、たとえば「勉強」や「習いごと」などの別の理由を答えるのが無難だ。人間関係が原因で部活動を辞めたと正直に言ってしまうと、「コミュニケーション能力に難あり」というマイナスの評価がついてしまう。面接の場においては、何でも正直に話すのがよいとは限らない。

⑪：× ネガティブな回答に、さらにネガティブな内容を上塗りしてしまっている。

面接官C	大変だったんですね。では、Eさん。
Eさん	はい。私は3年間、テニス部に所属していました。
面接官C	何か思い出はありますか？
Eさん	はい。⑫練習方法について同期の部員の間で意見が割れてしまい、決裂の危機に陥ったことがありました。しかし、部長が全員と話し合ってなんとか一つにまとめ、その後はだれも辞めずに3年間やり通しました。引退記念試合では、最後までみんなと戦えてほんとうによかったと思えました。
面接官C	最後に、Fさんは？
Fさん	私は料理が好きだったので、クッキング部に所属していました。
面接官C	何か思い出はありますか？
Fさん	⑬はい。文化祭でクッキーを販売したことが思い出に残っています。先輩の代まではクッキーが売れ残っていたのですが、私は、自分たちがつくったものが売れ残るのが悔しくて、買ってもらえるように工夫しようと部員に呼びかけました。話し合いの結果、針金を使い校章の焼き印をつけて売ることにしたところそのクッキーが大好評で、完売しました。

⑫：△ 「練習方法について同期の仲間で意見が割れた」【Situation・Task】、「部長が全員と話し合った」【Action】、「一致団結して、3年間やり通せた」【Result】と「STAR法」で回答しているが、じつは【Action】として部活をまとめたのは部長であり、本人の主体性はいっさい述べられていない。加点の対象とはならないだろう。

⑬：〇 Eさんとはちがい、「部員に呼びかけた」というみずからの行動が「STAR法」の【Action】に相当する。

 近年、管理栄養士の活躍の場が劇的に増えています。Dさん、Eさん、Fさんの「F 将来像」はどれも、近年志望理由としてよく挙げられる内容です。

気づいたことをメモしよう

➢「私」の未来予想図（Fさん版）

☑ A：過去のきっかけ　みずから経験したことがきっかけで現在の入学意識につながった気づき

- 小学生のときに、自分で料理を1品つくって家族に食べてもらう、という宿題が出た。そのときに、家族に「おいしい」と言ってもらった経験から、自分がつくった料理で人を笑顔にすることができるのはすばらしいことだと気づいた。
- この経験から、将来は漠然と食品関係の仕事に就きたいと思い続けた。
- 職業体験で老人ホームに行ったとき、ミキサー食を口に入れたがらないお年寄りを見て介護食への興味をもった。

☑ B：現在の価値観❶　気づいたこと（問題意識）は解決されるべきだと思う理由（社会的意義）

- 日本は高齢社会であり、ミキサー食などの介護食への需要は今後ますます高まる。しかし、調べたところ、おいしい介護食は少ないとわかった。食事は人を笑顔にするものだと考える。介護食も料理であるかぎり、必ずおいしく調理できるはずである。
- 外国人労働者が増え、日本食が口に合わないなどの食文化の問題が、今後ますます増えてくる。これからの社会では、食の考え方について大きな変化が必要だと考える。

☑ C：現在の価値観❷　問題の解決への糸口

- おいしさと健康を両立させた食事をつくるには、科学的な根拠が重要だと考える。
- 豚肉を食べてはならないなど、世界の食のタブーについても精通する必要がある。

☑ D：現在の価値観❸　解決への糸口のためにこれから学ぶべきこと

- 人体と食の関係について。　　　　● 人間の味覚について。
- 世界の食文化、とくに、国内で働く外国人労働者の食文化。

☑ E：志望校が最適である理由

- 科学的な根拠にもとづく健康的な食生活や、食品とうまみとの関係を専門的に学べる。
- 世界の食文化について実際の調理によって学べる実習があり、食文化を、知識としてだけでなく実際に味わう体験ができる。また、介護食を開発している企業との共同実習がある。
- オープンキャンパスで受けた●●先生の「みそ汁のすばらしさ」の話にとても興味をもった。その後、先生の本を購入し、日本が、医療だけで長寿大国となったわけではなく、平均寿命が延びた秘けつが食文化にもあるという内容に感銘を受けた。

☑ F：将来像

- 食品会社に就職し、健康でおいしい介護食と、日本人と外国人の両方の嗜好に合う食品の開発にかかわって、自分が開発した食品で多くの人びとを笑顔にしたい。

テーマ
59 **教員養成系**

重要度 ★★★★★

> **設　定**

- ◉ 障がい者と健常者がともに学ぶことに興味があるDさん
- ◉ 小学校のときの担任の先生に憧れているEさん
- ◉ いじめから子どもたちを救う小学校教員になりたいFさん

この面接での志望理由以外での質問

- ◉ あなたの長所は何ですか？→テーマ33
- ◉ あなたの短所は何ですか？→テーマ34

面接の事例

面接官A▶ では、面接を始めていきます。**❶**みなさんが小学校教員になりたいと思う理由を教えてもらっていいかな？Dさんからどうぞ。

Dさん▶ はい。**❷**私は将来、インクルーシブ教育にかかわる小学校教員をめざしています。その教育への興味をもったきっかけは、小学生のときに障がいをもつ友人ができたことにあります。幼いころから障がい者と接する機会が増えれば、多くの子どもが共生社会の理念を理解できるようになるはずです。私が、その一翼を担いたいと考えています。

面接官A▶ では、Eさん。

Eさん▶ **❸**私は、小1のころに、すごくすてきでやさしい女性の先生に習いました。私もこんなふうになりたい！　と強く思い、それ以来ずっと、小学校の先生になることを夢見てきました。さまざまな大学と比較しましたが、貴学のオープンキャンパスで構内を歩き、絶対ここがいいと感じて貴学を志望しました。よろしくお願いします。

面接官A▶ はい、**❹**よろしく（笑顔で）。では、Fさん。

❶：「未来予想図 **A**」と「未来予想図 **B**」に、「取扱説明書 **G**」を加えてもよい。

❷：○　「未来予想図 **F**」を具体的に述べてから、「未来予想図 **A**」と「未来予想図 **B**」を答えている。「インクルーシブ教育」は、人間の多様性を尊重し、障がい者が精神的・身体的な能力を最大限に発揮できるよう助けるしくみ。障がい者と健常者がともに学ぶことを前提とする。

❸：△　じつは、質問に答えていない。質問内容は「小学校の先生になりたい理由」であるが、Eさんの答えは「本学の志望理由」。また、志望理由に具体性がない。「すてきでやさしい女性の先生」がどうすてきだったのかという点まで踏み込んで答える必要がある。

❹：教育学部の教員には比較的温和に接してくれる方が多いため、受験生がしばしば「あっ、いまの答えはOKなんだ」と勘違いしてしまうようだが、「選抜」である以上、面接官の反応と採点は別物である。気を抜かないこと。

Ｆさん	❺私が小学生のころに、クラスでいじめがありました。担任の先生はいじめに気づいておらず、いじめられた子は不登校になってしまいました。日本にはいじめが原因で不登校になる子どもがたくさんいると聞きますが、不登校の生徒の数は、教員の質を高めることによって減らせるはずです。私は、多くの子どもたちを救うために小学校教員になりたいと考えています。
面接官Ａ	はい、ありがとう。では、いま答えてくれたことに、一人ひとりちがう質問をしていきますね。Ｂさん、お願いします。
面接官Ｂ	では、Ｄさん。「小学生のときに障がいをもつ友人ができたこと」をきっかけとしてと言っていましたね。どんなきっかけだったのかを、具体的に教えてもらえますか？
Ｄさん	❻はい。小2のときに知的障がいのある子が隣の席に座ることになり、そこからその子と仲よくなって、彼女の勉強を手伝ったりいっしょに帰ったりしました。その子が特別支援学校に移ることになったとき、ご両親に「お友達になってくれて、ほんとうにありがとう」と、涙を流して感謝されました。当時の私は、その子とは友達として純粋に仲よくしていただけなので、その涙の意味がうまく飲み込めませんでした。中学生になってから、障がいをもつ子どもが小学校のクラスで仲間に入れてもらえないという記事を新聞で読み、私のいた小学校ではそういうことがなかったのでとても驚きました。私が過ごした小学校では、障がいをもつ子も、もたない子もともに仲よくしていたので、同級生には障がい者への偏見をもつ人がいませんでした。なるべく偏見をもたないようにするには、小さなころからともに生活することが重要だと考えます。❼それがきっかけです。
面接官Ｂ	はい、わかりました。❽練習してきたの（笑）？　では、Ｅさん。「すごくすてきでやさしい女性の先生」っていうのは、具体的にどんな先生でしたか？
Ｅさん	はい。❾私は、幼稚園は大好きだったのですが、小学校に入りたてのころはとてもきらいで、いつも泣いていました。担任の先生は、そんな私が楽しく授業に参加できるよう、私が算数の問題に答えるときにじゃんけんを採り入れたりして気を遣ってくださいました。

第3章

第9節

❺：△　とてもまともなことを言っているように思えるが、実際には単なる、小学生のときの担任批判である。

❻：○　このように、具体的なエピソードはあくまで尋ねられた場合にのみ答えよう。聞かれてもいないのにエピソードを長々と話してしまうと「もういいです」と打ち切られる場合がある。一方、質問された場合には最後まで聞いてもらえる。ただし、なるべく簡潔に話すことを心がけよう。

❼：○　最後に、質問への答えがきっちりまとめられている。

❽：流ちょうにエピソードを話すとときどきこう言われるようだが、採点にはとくに影響はないので、気にする必要はない。

❾：○　近年、「保育所・幼稚園と小学校との連携」、いわゆる「幼小連携」が提唱されている。大学のカリキュラムに含まれている場合もあるので、小学校低学年の指導に興味がある人は調べておくとよい。

面接官B へぇ、いい先生だね。ちなみに、いろいろな大学と比較したうえで本学に決めてくれたと言っていたけれども、それはなぜ？

Eさん （少し慌てながら）……はっ、はい、⑩なんかピンと来たというか、運命を感じました。

面接官B ⑪はははっ（笑）、そうか、ありがとう！ Fさんは「いじめ」の問題に関心があると言っていたけれども、いじめを減らすにはどうしたらよいと思う？

Fさん いじめは人が集まると起きるので、基本的には、教員が一人ひとりをよく見て、生徒のようすのささいな変化に気づくことが必要だと思います。

面接官B うーん、そうだと思うけれども、生徒全員の状態をどうやって見るの？ 気づくことができるのかな？

Fさん ⑫たとえば、休み時間にいっしょに遊んだりするなど、教員が生徒とともに過ごす時間をなるべく増やすことが大切だと思います。

面接官B なるほどね。Aさん、お願いします。

面接官A ⑬みなさんそれぞれの長所と短所を教えてください。まず、Dさんから。

Dさん はい。私の長所は、何にでも夢中になれるところです。短所は、⑭引っ込み思案なところです。

面接官A では、Eさんの長所と短所は？

Eさん ⑮私の長所は、責任感があるところです。短所は、何でも一人でかかえ込んでしまうところです。

面接官A では、Fさんは？

Fさん ⑯私の長所は、面倒見がよいところです。短所は、少しおせっかいなところです。

面接官A はい、ありがとう。終了します。

⑩：× たとえそれが真実だとしても、「運命を感じた」という答えは不適切。「未来予想図 **E**」や「3ポリシー」とのマッチングが重要。

⑪：面接官が笑ってくれたからといって加点につながるわけではない。合格者から「面接官が、隣に座っていた受験生の答えには笑っていたのに、私にはニコリともしなかった」と報告を受けることがあるが、面接官が素っ気なく映るのは問題点がないからだといえるので、気にする必要はない。

⑫：○ 「いじめ」対策は、小論文でも頻出。世の中の状況を踏まえ、ある程度の根拠をもったうえで自分なりの意見や予防策を答えよう。

⑬：「取扱説明書 **G**」と「取扱説明書 **I**」を答える。大学がかかげる理想の教員像にふさわしいかどうかを踏まえて答える必要がある。

⑭：△ 学部によっては不問に付されるが、教員養成系学部の面接で話すことは控えよう。

⑮：○ 長所と短所が表裏一体だと伝わる無難な回答。

⑯：○ 「教師が生徒をよく見るべきだ」という主張からもうかがえる長所。繰り返すが、長所と短所はえてして表裏一体である。

今回、時事ネタは入れませんでしたが、実際の教育学部の面接では、「教員採用試験の低倍率」のように時事性の強い話題が質問されるので、意見をきちんと言えることが必要です。また、「理想の教員像」をアドミッション・ポリシーとして設定している大学が多いので、その教員像に合わせて答えましょう。

➤「私」の未来予想図（Dさん版）

☑A：過去のきっかけ　みずから経験したことがきっかけで現在の入学意識につながった気づき

- 小2のときに、隣の席に座ったことがきっかけで知的障がいのある子と仲よくなって、彼女の勉強を手伝ったり、いっしょに帰ったりした。彼女はいつも笑っていたので、私の友達の間でも人気者だった。
- 高学年になり、その子が特別支援学校に移ることになったとき、その子のご両親に「お友達になってくれてほんとうにありがとう」と涙を流して感謝された。ただ、当時の私は、友達として純粋に仲よくしていただけだったので、その涙の意味がうまく飲み込めなかった。
- 中学生になり、障がいをもつ子どもが小学校のクラスで仲間に入れてもらえないという記事を新聞で読み、私のいた小学校ではそういうことがなかったので、とても驚いた。

☑B：現在の価値観❶　気づいたこと（問題意識）は解決されるべきだと思う理由（社会的意義）

- 高2のとき、本気で教員をめざそうと貴学のオープンキャンパスに参加した。そこで「インクルーシブ教育」についての●●先生の講義を聴いて、興味をもった。障がい者と健常者がともに学ぶ共生社会は、私が小学校で過ごした空間と同じだと感じた。

☑C：現在の価値観❷　問題の解決への糸口

- 多くの小学校が、私が通った小学校のように障がい者への偏見がない学びの場になれば、多くの子どもが共生社会の理念を理解することができるようになると考える。
- 障がいをもつ子ども自身とその保護者に、特別扱いされることや、自分のせいで授業進行が遅れることへの心理的負担があるなど、さまざまな問題があると知った。

☑D：現在の価値観❸　解決への糸口のためにこれから学ぶべきこと

- 問題点はあるものの、インクルーシブ教育は、世界各国だけでなく、国内にも成功事例がある。その考え方を地道に普及していくしかない。そのためには、インクルーシブ教育について深く学び、教員として小学校の教壇に立って実践したい。

☑E：志望校が最適である理由

- インクルーシブ教育に取り組んでおり、専門カリキュラムがある。
- 私の過去の経験と教育を結びつけてくれたことへの感謝の気持ちがある。
- 初等教育の実践的な学びの場として、附属小学校での早期実習がある。
- インクルーシブ教育に興味をもつきっかけになった●●先生のゼミがある。
- 小学校教諭と特別支援学校教諭の両方の免許がとれる。

☑F：将来像

- 多くの子どもたちに共生社会の理念を理解させることができる小学校教員。

リベラル・アーツ／教養・総合系

重要度　★★★★☆

➤ 設　定

- 世界の貧困問題に関心があるDさん
- 日本語補習校に興味があるEさん
- 移民受け入れ問題に関心があるFさん
    - ▶大学側が「文理融合」をウリにしている、という設定。

この面接での志望理由以外での質問

- 留学経験について

⚛ 面接の事例

面接官A　では、面接を始めていきますね。まずは、❶本学本学科への志望理由を教えてください。Dさんから。

Dさん　はい。❷高校の研修で、フィリピンの孤児院を訪問しました。そこで笑顔の子どもたちを見て、身寄りのない子どもたちを育てている孤児院の職員に尊敬の念をいだくと同時に、つらい状況でもたくましく生きいている子どもたちの姿に感動し、子どもたちを助ける仕事に就きたいと考えるようになりました。将来を考え始めて貴学のオープンキャンパスへ参加したときに貧困問題を研究している貴学の学生の体験談を聴き、貴学でならば私の夢をかなえられると確信し、志望するにいたりました。大学では、発展途上国への開発支援について学びたいと考えています。

面接官A　オープンキャンパスに来てくれたんだね、ありがとう。発展途上国の開発支援というテーマとして、具体的にどういうことを学びたいのかな？

Dさん　ええっと……❸貴学の先輩が「貧困問題は政治的、経済的、社会構造、宗教、文化などさまざまな問題が複雑にからみ合って生じているので、簡単には解決できない」とおっしゃっていたので、関連すること全般を学んでいきたいと思っています。

面接官A　ふむふむ、志望理由書にはそのあたりのことはとくに

❶：「未来予想図 **E**」と「未来予想図 **F**」をセットで回答しよう。

❷：○　「未来予想図 **A**」「未来予想図 **E**」「未来予想図 **F**」を回答している。近年、高校でSDGsを学ぶようになった流れからか、リベラル・アーツ／教養・総合系学部の面接で、「格差をなくしたい」「貧困をなくしたい」と答える受験生が増えた。これらを挙げてもよいが、ほかの受験生との差をつけるには、志望理由を考える過程でみずから調べて学んだ結果、発見した問題や解決案を具体的に答えられなければならない➡テーマ5。ちなみに、集団面接を受けた3人全員が志望理由として「子どもの貧困をなくしたい」と答えた、という話もある。その場合には、具体的に答えられるかどうかが合否を左右する。

❸：×　一見しっかり答えているように思えるが、オープンキャンパスで先輩の話を聞いてから主体的に調べ学んだ形跡がない。学校推薦型・総合選抜型

は書かれていないけれども、具体的な学びのプランは決まっていないのかな？

Dさん はい。④入学して、1年次にさまざまなことを学び、その中から見つけたいと考えています。貴学のパンフレットに「教養とは専門的な学問の土台として身につけるべき事柄」だと書かれていました。それを身につけながら、どの分野を学ぶべきかを考えていきたいと思っています。

面接官A なるほどね。では、Eさんの本学本学科への志望理由を聞かせてもらえるかな？

Eさん ⑤父の仕事の関係でお手伝いした経験から、日本語の補習授業校に強い興味をもっています。当初は外国語学部への進学を考えましたが、海外在住の子どもへの日本語教育は子どものナショナル・アイデンティティや思考力にもかかわると本で読み、言語学、心理学、脳科学などの幅広い知識も必要だと考えました。そんなとき、貴学のホームページで、●●先生が執筆された「脳科学の立場からの言語学と心理学の学び」という記事を読んで、私の学びたいことと合致していると考え、オープンキャンパスに参加しました。その相談会で、自分の学びたいことが貴学で学べると確認できたため、志望しました。

面接官A では、Fさんの本学本学科への志望理由を教えてください。

Fさん はい。日本では今後高齢社会がますます進み、労働力を多くの外国人労働者に頼ることになります。現在、日本には多くの移民が入ってきています。私は、日本人と移民とが共生していくための方法を考えたいと思っています。そのためには、外国の文化や宗教などを貴学で学び、教養を身につける必要があると考えています。

面接官A うんうん、なるほど。でも、ちょっと気になったんだけれど……⑥日本って、移民をどんどん受け入れているの？　外国人労働者と勘違いしているんじゃない？

の面接では、興味があることを調べたうえで考えたことをアピールする必要がある。

❹：△　リベラル・アーツ／教養・総合系学部は「何でも学べる」ことがウリである。だから、このように、「入学してから考えたい」と答える受験生が多い。しかし、たとえ途中で学びの方向性が変わる可能性があるとしても、将来像をかなえる学習プランを現時点で具体的にもっておくべきである。そういう人は「主体性がある」と評価される。

❺：〇　リベラル・アーツ／教養・総合系学部はたしかに「何でも学べる」ことがウリだが、このように、「ある特定のテーマを研究する」ために文系・理系それぞれの領域でどんな学びが必要なのかを、「未来予想図　E」と「未来予想図　F」にからめて具体的に話せるよう準備しておきたい。また、学びたいことを「相談会で確認」するのはとても大切なことである。なお、「補習授業校」は、日本人が少ない地域などで平日の放課後または週末に国語を中心とした補習的内容の授業を行なう教育機関であり、「日本人学校」とは異なる。グローバル化により加速した日系企業の進出によってその必要性が高まっているが、問題も多い。海外で暮らす日本人に興味がある人は、どのような点が問題となっているのかを調べてみるとよい。

❻：Fさんのような間違いは非常に多いので、ここで指摘しておく。「移民」と「外国人労働者」は明確に異なる。「移民」とは、ある国に国籍を移して永住する人のことである。一方、「外国人労働者」とは、出稼ぎなど短期間の労働を目的として外国から移住する人のことである。日本は、現時点では移民受け入れに消極的だ。

Fさん　え……、あっ……、すみません、⑦そういうのは学校では教えてもらわなかったので……

面接官B　では、自己推薦書に関して質問するね。3人とも、海外に住んだ経験があるんだね。海外で暮らした感想を教えてもらえるかな。Dさんは、フィリピンでの研修のほかに、オーストラリアにも2週間行ったと書いてあるね。どうだった？

Dさん　はい。⑧ホストファミリーの人たちがとても親切で、毎週、さまざまな場所に連れて行ってもらいました。なかでも、「世界一美しい海岸道路」と言われる「グレートオーシャンロード」に行ったときには感動しました。

面接官B　メルボルンのあたりだねぇ。私は行ったことがないなぁ、ははは（乾いた笑い）では、Eさんは？　アメリカにけっこう長く滞在していんだよね。どうでしたか？

Eさん　⑨日本とはいろいろなちがいがありましたが、何よりも Daylight Saving Time……あっ、「サマータイム」にはなかなか慣れませんでした。サマータイムが終わり冬時間になっていたのを忘れて友人との待ち合わせ場所に1時間早く着いてしまい、友人がなかなか来なかったので電話したら笑われました。

面接官B　あぁ、私も、向こうで生活しているとき、サマータイムに慣れるまで時間がかかったよ。Fさんは、イギリスに1か月留学していたんだよね。どうでしたか？

Fさん　⑩イギリスで、現地の高校に通う同年代の生徒と仲よくなったのですが、学校での勉強について話したところ、履修する科目のちがいに驚きました。日本では理科が物理、化学、生物などに分かれているのに、イギリスでは理科が「Science」としてひとまとまりになっていたり、「Humanities」という科目があったりと、国がちがうとカリキュラムもちがうのは当たり前ですけれども、あらためて知って驚きました。また、⑪イギリスの友人とSNSでやりとりを始めたことが、英語の勉強によりいっそう励むきっかけにもなりました。

面接官B　なるほどね、ありがとう。3人とも本学に入学してからもがんばってね。お待ちしています。

「リベラル・アーツ」「教養」「総合」などの学部は「何でも学べる」ことがウリだが、だからといって、「学びたいことがフンワリしていてもかまわない」とか、「学びたいことに具体性がなくてもよい」などというわけではないぞ！

⑦：×　主体性のない発言。自分が知らなかった原因を学校のせいにしている。ここは、素直に「勉強不足でした」と答えるべきだった。もし「主体性」という評価項目がある場合には加点されない可能性がある発言だ。

⑧：×　短期留学経験者にありがちな発言。観光地に連れて行ってもらって楽しかったなどという経験を語る受験生がいるが、面接官が聞いているのは「留学の経験で何を得たか」ということである。楽しかった思い出を聞いているわけではない。

⑨：○　文化のちがいを具体的なエピソードとして語れている、すぐれた回答だ。

⑩：○　「日本と外国とのちがいに驚きました」と答える受験生は多いが、それだけではダメだ。Fさんのように、「具体的なちがい」に触れよう。

⑪：○　「主体性」や「コミュニケーション」という評価項目がある場合には加点される可能性がある発言だ。

➤「私」の未来予想図（Ｅさん版）

☑**A** ：(過去のきっかけ)　みずから経験したことがきっかけで現在の入学意識につながった気づき

- アメリカ滞在中に、日本語補習校で日本人の駐在員の子どもに教える手伝いを経験した。そのとき、子どもたちが日本語を学ぶ日本語補習校の環境が十分ではない、現地の学校との両立が難しい、などの問題があることに気がついた。

☑**B** ：(現在の価値観❶)　気づいたこと（問題意識）は解決されるべきだと思う理由（社会的意義）

- アメリカの高校から日本の高校に転校し、高校の探求学習で日本語補習校の問題点について論文を執筆するためにいろいろと調べる過程において、あらためて以下のような問題があることを知った。
  - ❶　渡航時年齢や在留期間の長短により、子どもたちの日本語能力に大差があること
  - ❷　文部科学省から補助金が出ない場合、人件費を切り詰めるために、専門の先生ではなく、駐在員の母親などがボランティアとして教える場合があること
  - ❸　国際結婚の増加などにより、いつ日本に帰国するかわからない子どもは、日本語の読み書きを学ぶ必要性を感じていないこと

☑**C** ：(現在の価値観❷)　問題の解決への糸口

- 日本の国語教授法でも日本語教授法でもない、独自プログラムを開発すべきだと考えた。
- 言語を学ぶことは子どものナショナル・アイデンティティにかかわるため、そのアイデンティティを子どもが構築できるよう配慮してプログラムを開発する必要がある、と考えた。

☑**D** ：(現在の価値観❸)　解決への糸口のためにこれから学ぶべきこと

- 言語教育を専攻、心理学を副専攻とし、語学学習プログラムの作成方法を学ぶ。

☑**E** ：(志望校が最適である理由)

- 言語能力は、語学的な素質のほか、脳の発達などからも大きな影響を受けるため、文理を問わない学びが必要だと考えた。
- 貴学のホームページで、●●先生が執筆された「脳科学の立場からの言語学と心理学の学び」という記事を読んで、私の学びたいことと合致していると考えた。
- 日本語による講義と英語による講義がバランスよく配置された貴学のバイリンガル教育のカリキュラムは、語学力向上に資するだけでなく、2か国語で考える習慣も身につくことから、みずからの学びに役立つと考える。

☑**F** ：(将　来　像)

- 既存の国語教育法や日本語教育法ともちがう、日本語補習校専用の学習プログラムの開発に携わる。

テーマ 61 情報系

重要度 ★★☆☆☆

➤ 設　定

- ⦿ アニメーション制作に興味があるDさん
- ⦿ デジタルアーカイブに興味があるEさん
- ⦿ デジタルアートに興味があるFさん

この面接での志望理由以外での質問

- ⦿ 今回の試験で合格したら、どうしますか？

⚛ 面接の事例

面接官A では、面接を始めますね。まずは、全員、❶本学部の志望理由を教えていただけますか？　Dさんから。

Dさん はい。❷私は、幼いころからアニメが好きで、当初は声優になりたいと考えていました。しかし、高校の放送部で「●●杯全国高校放送コンテスト」に向けてドラマをつくることになったとき、映像の編集作業を進めるなかでCGに興味をもつようになりました。そして、作業が進むにつれ、自分は、演者としてよりもむしろ裏方として映像とかかわることに喜びを感じる性格だと気づきました。貴学は、プロが使うような最新の機材をそろえており、優秀な先生もいらっしゃると、オープンキャンパスで聞きました。貴学でCGアニメーターとして必要なスキルを学び、映像の世界で働きたいと思っています。

面接官A では、Eさん。本学部の志望理由は？

Eさん はい。❸私は将来、自分が生まれ育った●●県の伝統的な行事を守る仕事に就きたいと考えています。いま、伝統行事が急速に失われています。無形文化は、後を継ぐ人がいなければ失われます。しかし、デジタル技術を使えば、さまざまな無形文化をデジタルアーカイブとして後世に残せます。無形文化を後世に残すには、情報に関して文系・理系にとらわれない学びが必要だと考えます。そのため、貴学の情報学部を志望しました。

❶：「未来予想図　**E**」「未来予想図　**F**」を答える。

❷：○　「未来予想図　**A**」にもとづいて、部活動から自分の性格に気づいた（「取扱説明書　**G**」に近い内容）という経験が答えられている。なお、明確には言っていないが「編集作業」「映像制作の経験」から「未来予想図　**F**」を導き、最後に「未来予想図　**E**」も言えている。

❸：○　「未来予想図　**F**」に、「未来予想図　**B**」「未来予想図　**C**」「未来予想図　**D**」「未来予想図　**E**」の要素までを詰め込んだ、秀逸な回答である。「デジタルアーカイブ」とは、博物館、美術館、図書館などに収蔵されている有形・無形の文化資源をデジタル化によって記録・保存する試みである。Eさんが答えているように、伝統行事をデジタル化するという流れもある。「文化の理解」「デジタル化の技術」「法的理解と倫理」など文理を問わない学びが必要となるため、文理融合系に属する。文化とデジタルの両方に興味がある人は調べてみよう。

面接官A　なるほどね。では、Fさん、お願いします。

F さん　はい。④私は、プロジェクションマッピングが低コストで実現できる技術を開発し、地域活性化に役立てたいと考えています。そのためには、デジタルアートの技術だけでなく、地域コミュニティについても学ぶ必要があるため、文理融合のカリキュラムが履修できる貴学部を志望しました。貴学部には地域活性化のためのイベントに参加できるゼミがあり、また、地方のテーマパークにプロジェクションマッピングの技術を提供している●●先生もいらっしゃいます。さらには、設備がとても充実していて実践的に学べると聞きますので、私の夢をかなえる場所は貴学しかないと考えます。

面接官A　はい、ありがとう。

面接官B　では、私から、いまの発言や志望理由書の内容にもとづいて質問しますね。Dさんは、部活動で映像を編集して「みんなからセンスがあると言われた」と、志望理由書に記しているね。具体的には、本学でCGの技術を学んで、何をつくりたいのかな？

D さん　（少し考えて）う〜ん、そうですね。⑤みんなをあっと言わせる映像をつくりたいと思います。かつてない、う〜ん、なんとなくイメージはあるのですが……

面接官B　わかりました。入学後につくったら見せてくださいね。次は、Eさん。Eさんは「伝統行事が急速に失われていることに危機感をいだいている」と言っていたけれども、具体的にはどんな行事？

E さん　はい。⑥たとえば、私たちの地域に伝わる「●●踊り」です。私は、地元の高齢者が踊っているのを幼いころに見たことがあるだけです。いまは、地元の保存会の人たちしか再現できないと聞きました。

面接官B　へぇ、そんなのがあるんだね。私は、この大学の所在地生まれじゃないから、興味深いよ。ほかにはどんな伝統行事があるの？

E さん　えっ……（焦って）……⑦調べておきます、すみません。

面接官B　わかりました。では、Fさん。志望理由書に、地域活性化策としてプロジェクションマッピングを利用したいと書いているけれど、どうしてプロジェクションマッピングにそこまで入れ込んでいるの？

F さん　はい、⑧理由は2つあります。1つは、プロジェクションマッピングのすばらしさに感動したからです。修学旅行で訪れたテーマパークで見て、音と映像で人の心

④：○　「未来予想図 **F**」に「未来予想図 **D**」「未来予想図 **E**」の要素までを組み込んだ回答である。

⑤：×　クリエイターをめざす受験生には、頭の中にあるイメージを具体的に言語化できない人が多い。面接においては、たとえイメージがあるとしてもそれが説明できなければ、イメージをもっているとは見なされない。「●●のようなもの」という漠然とした説明でもかまわないので、自分がつくりたいものを言語化できるよう準備しておくべきである。

⑥：○　きちんと答えられている。

⑦：×　地元の伝統行事を守りたい、だが伝統行事は1つしか知らないという有様では、伝統行事に興味があると信じてもらうことは不可能だろう。面接官は、いじわるな気持ちではなく純粋な興味から追加質問してくる場合もあるので、回答は複数用意しておく必要がある。

⑧：○　きちんと練習していなければできない答え方。回答はすべて、「理由が尋ねられる」という想定のもとでシミュレーションしておこう。

をここまでつかむことができる見せ物があるのかと感動しました。もう1つは、花火大会などのイベントに比べて、プロジェクションマッピングがはるかに低コストで実現できるからです。⑨私は、幼いころからホームページをつくったりボーカロイドで作曲したりしていましたが、当時に比べると、ホームページ制作技術やボーカロイドによる作曲技術が格段に向上しましたし、ソフトも安価になっています。技術がさらに向上していけば、レベルが高く安価な制作物がますます増えてくると思います。ですから、⑩プロジェクションマッピングも数年後には工夫しだいでさらに低コストで実現できるはずです。少ない予算しか使えない商店街の集客手段などに向いていると思います。

面接官B▶ わかりました。では、最後に、今回の試験で合格したら入学までの期間は何をする予定なのかを、Dさんから順番に教えてください。

Dさん▶ （少し考えて）⑪入学後にアルバイトをして高性能のパソコンを購入し、大学の授業に臨みたいと考えます。

Eさん▶ はい。⑫先ほど答えに詰まってしまったので、地元で保存されるべき伝統行事についてもっとくわしく調べます。また、⑬伝統行事の動きなどをモーションキャプチャでデジタルアーカイブするという技術にも興味があるので、そのようなテーマを扱った本を読みたいと考えています。

面接官C▶ Fさんは？

Fさん▶ はい。⑭いまは勉強中心の生活で行けていませんが、有名テーマパークに足を運び、最新のエンターテインメントでは音や光がどう使われているのかを見てきたいと思っています。

⑨：○　学部でのカリキュラムと親和性が高い、過去の経験が伝えられている。

⑩：○　「未来予想図　B」「未来予想図　C」を答えられている。

⑪：×　大学入学後を見越している点は評価できるものの、アルバイトは基本的には×。入学に備えて学ぶべき内容を答えなければならない。

⑫：○　面接の振り返りを踏まえた発言なので、先ほどの失敗の印象を緩和できる可能性がある。

⑬：○　入学後につながる学びについて話せている。

⑭：△　ここまでのFさんの受け答えは完璧だったが、この発言によって若干微妙な評価になってしまった。大学への学びにはつながっているが、これだと「入学までに遊びたい」ととられる可能性がある。テーマパークについて述べるとしたら、たとえば、「テーマパークを学術的に取り上げている本を読みます」などと答えるべきだった。

メディアなどについて学びたい人が合格後にしたいことを尋ねられると、「いまは忙しくてやれていない趣味」を答える場合が多い。たしかに、入学後につながることではあるが、やはり勉強について発言するのが望ましいよ。

➤「私」の未来予想図（Fさん版）

☑A：過去のきっかけ みずから経験したことがきっかけで現在の入学意識につながった気づき

- 小5のときにパソコン教室に通ったことから、パソコン上で表現するおもしろさを知った。
- 中1でボーカロイドによる作曲を始め、パソコン上での表現にさらに興味をもった。
- 中2の修学旅行で訪れたテーマパークでプロジェクションマッピングを見て、音と映像でここまで人の心をつかむことができる見せ物があるのかと感動した。
- プロジェクションマッピングについて調べると、たとえば商店街全体に映像を投影するなど、比較的低コストで行なえるイベントの一つとして地域活性化に役立っていると知った。

☑B：現在の価値観❶ 気づいたこと（問題意識）は解決されるべきだと思う理由（社会的意義）

- 地理と現代社会の授業で、「消滅可能性都市」に該当する全国896の市区町村のうち523の市区町村が人口1万人未満となり、2040年までに消滅する可能性があると知った。
- 私の住む地域もその中に含まれていると知り、パソコンによるデジタルアートの技術を使って低コストによる地域活性化のイベントを行ないたいと考えた。

☑C：現在の価値観❷ 問題の解決への糸口

- プロジェクションマッピングは、比較的低コストとはいえ、少ない予算しか使えない場合に実現することは難しいと知った。最初は専門家しかつくれなかったホームページやデジタル音楽が、技術の進化によって現在では小学生や中学生でもつくれるようになったのだから、デジタルアートも日進月歩の技術を使えば低予算で実現できるはず。

☑D：現在の価値観❸ 解決への糸口のためにこれから学ぶべきこと

- 地域活性化について
- 視覚や聴覚を中心とした認知のメカニズム
- 光や音と心理との関係
- 映像を空間的にとらえる技術と錯視の考え方
- デジタルアートに必要な、ソフトとハードに関する幅広い知識

☑E：志望校が最適である理由

- 地域活性化に役立ちたいというゴールがあるので、デジタルアートの技術だけでなく地域コミュニティについても学ぶ必要があり、文理融合のカリキュラムが履修できる貴学部が最適である。
- 地域活性化イベントに参加できるゼミがある。
- 地方のテーマパークにプロジェクションマッピングの技術を提供している●●先生が教鞭を執っている。また、プロが使うような最新の機材がそろっていて、実践的に学べる。

☑F：将来像

- プロジェクションマッピングのイベントを、商店街や温泉街、テーマパークが所在する地域の実情に合うようカスタマイズし、低コストで実現する。

テーマ **62** 環境系

重要度 ★★★☆☆

➤ 設定

- 生徒会活動をしており、環境保護団体に強い興味をもっているDさん
  ：大学所在地の県外から来た受験生
- プレゼンテーション大会出場、バスケ部、ドイツ留学と充実した高校生活を送ったEさん
  ：大学所在地の県内に住む、地元の受験生
- 過去の実績はとくにないFさん：大学所在地の県内に住む、地元の受験生
  ▶大学は公立大学であるという設定。

この面接での志望理由以外での質問

- 他都道府県からの受験者に対する質問
- 部活動についての質問

面接の事例

面接官A では、面接を始めます。リラックスして話してくださいね。❶なぜ本学の環境学部を志望したのですか？ Dさんから述べてください。

Dさん はい。❷私は小学生のころからNHKなどのドキュメンタリーを見ていました。とくに海の動物、イルカやシャチ、クジラが出てくるドキュメンタリーが大好きでした。小学生のころに、イルカが人間が捨てるビニール袋を食べて窒息したというドキュメンタリーを見て、いてもたってもいられなくなりました。その経験から「海が灰色なのはだれのせい」という題名で、市の作文コンクールに応募し、入賞しました。そこで市長にほめられて、将来は絶対に海をきれいにする仕事に就くぞと考えました。中学生になってからは生物部に入部して海の浅瀬や川を調査し、人間がどれだけ地球を汚してきたのかを実感したので「このままではまずい」と考え、貴学をめざすことにしました。

面接官A はい。わかりました。では、Eさんどうぞ。

Eさん はい。❸私は、高校時代にプレゼンテーションの大会に出場しました。環境問題のテーマで登壇したのです

❶：「本学の」に沿って、「未来予想図 **E**」と「未来予想図 **F**」をセットで回答しよう。

❷：× 「未来予想図 **A**」「未来予想図 **B**」にもとづいて答えている。一見すばらしい回答に見えるかもしれないが、じつは質問に答えられていない。「学部への志望理由」はギリギリ答えていたとしても「本学」である理由がない。また、「小学生」と「中学生」の話からいきなり「大学」に話が飛んでいる。面接官からしたら「あれっ？ 大切なのは高校の話なんだけど……どうしたの？」となる。

❸：○ 「未来予想図 **A**」「未来予想図 **B**」にもとづいて述べ、さらに「取扱説明書 **K**」と「未来予想図 **E**」まで入れている。いささか長いが、秀逸な回答である。ただし、ここまで話してしまうと、面接官から「すばらしい教員」について具体的に聞かれることになる。

が、そこで新エネルギーに関する考察を述べました。10分のプレゼンテーションでしたが、世界のエネルギー問題について半年間調べました。当初は、風力エネルギーが最もよいと結論づけられるだろうと安易に考え、風力エネルギーについてしか調べなかったのですが、風車の数が増えすぎて風の流れが変わると環境問題になってしまうことなどがわかり、最初から調べ直しました。そして、環境問題にはほんとうにさまざまな事柄がからんでいると実感しました。そこで、環境問題の知識をさらに深めるため、環境問題にくわしい、すばらしい教員がいらっしゃる貴学で学びたいと考え、志望しました。

面接官A わかりました。最後に、Fさんどうぞ。

Fさん はい。❹私は、将来、ここ地元●●県で自然を見どころにした観光業に携わりたいと考えています。●●は自然が豊かな地域で珍しい風景もありますが、あまり知られていません。そのすばらしさを広め、地元を活性化させたいと考えています。ただ、自然を見どころとした観光業は、観光の部分が大きくなると自然を劣化させてしまうというジレンマに陥ると、書籍を読んで知りました。❺大学では、自然環境やそれにかかわる人間環境の観光利用適正化について研究し、自然を守りながら自然を見どころにした観光業で地元を活性化させたいと考えています。

面接官B では、いま答えていただいた内容について、それぞれ質問していきますね。Dさん。「このままではまずい」と考えて本学をめざしてくれたんだね。具体的に、本学では何を学びたいのですか？

Dさん 環境について学びたいと思っています。❻くわしくは決めていませんが、大学に入学してから興味がある研究を探し、授業は休まず出席して一生懸命学ぶと決めています。

面接官B そうですか。わかりました。ちなみに、環境について学べる学部はあなたが住んでいる●●県にもありますよね。どうして県外の本学に入学したいと思ったのかな？

Dさん はい。❼親元を離れて一人暮らしをしたかったことと、自然が好きでいなか暮らしに憧れていたからです。

面接官B では、Eさんに質問です。「環境問題にくわしい、すばらしい教員がいらっしゃる」と言ってくれましたね。ありがとう。具体的に❽指導を受けたい教員はいるかな？

❹：「未来予想図 F」に沿って地元に貢献する仕事に就きたいと宣言していて、「未来予想図 E」にもなっている。また、「未来予想図 B」に沿って地元に密着した仕事をしたいという宣言もあり、秀逸な回答である。なお、公立大学の存在意義は「地域における社会・経済・文化への貢献」であるため、「地元のために研究し、地元のために働きたい」という未来像は高く評価される可能性がある。

❺：○ 「未来予想図 D」を具体的に述べている。

❻：× この発言により、面接での高得点はなくなった。入学後の学びの計画がないと、主体性がないと判断される。また、アドミッション・ポリシー→テーマ1にも合いにくい。

❼：× 面接官Bは「なぜ本学の環境学部を志望したのですか？」を根気強く聞き続けてくれていたが、Dさんの学びたいことには具体性がない。また、大学を選んだ理由が「一人暮らし」と「いなか暮らし」という結論では説得力がない。

❽：「未来予想図 D」や「未来予想図 E」に沿えば答えられるはず。Dさんは、最初に完璧な志望理由を言っている。ここで具体的に何も言えないと、完璧な答えを暗記してきただけの受験生に成り下がる。なお、名前が出てこなければ、「●●を専門とされている先生がいらっしゃったと思います」でもかまわない。

Eさん えっと……すみません。⑨そこまでは考えていません。しかし、私の部活の先輩が貴学で学んでいて、大変わかりやすい授業をされる先生に習っていると伺っています。それから、高校時代に短期留学でドイツに行って環境大国であることを実感したので、貴学に進んだらドイツへの留学を考えています。

面接官B ⑩えっと……うちの大学はドイツの提携校はないから……入学後については、1度入学前にきちんと考えておいてね。

面接官A 最後に、Fさんに質問です。……⑪えっと（書類を見ながら）、Fさんはバトミントン部だったんだね。何か賞とかとった？

Fさん ⑫いいえ。じょうずではなかったので……3年間続けましたが、賞はとくにとっていません。ですが、部員が最後までだれ一人辞めることなく引退までともに過ごしたので、人間関係について学ぶことができました。

面接官A では、Eさんに質問です。えっと（書類を見ながら）Eさんは高校でバスケットボール部に入っていたのだったよね。何か賞とかとった？

Eさん ⑬はい。私は、中学からバスケットボールをしていました。中学のバスケットボール部は強くなかったため、おもに地元のクラブチームで活躍しました。地元の多くの大会でも好成績を収めてきました。高校の部活動では、県大会でベスト・プレーヤーに選ばれました。また、チームは全国大会にも出場しました。ふだんからの朝練と放課後の練習はもちろん、休日は中学時代のクラブチームで後輩を指導しました。他人を教えることによって、自分のプレーの悪い点なども発見でき、みずからも成長しました。さらに、プロのプレーヤーの動きを映像で研究したり、効率的なトレーニング方法を体育大の先輩へ学びにも行ったりして自己研鑽に励みました。

面接官A では、Dさんは、中学は生物部で……高校では（書類を見ながら）部活動はしていなかったんだね？　ふだんは何をしていたの？

Dさん はい。部活動はしていませんでしたが、⑭生徒会に所属しており、文化祭や体育祭の準備など生徒会の業務をずっと担当していました。

面接官C （時計を見ながら）⑮では、時間となりましたので、これで終了します。

⑨：× 学びの計画がないことがここで発覚した。最初のバッチリな志望理由が水のあわである。

⑩：志望校について理解していないことがわかってしまった。面接官は「入学前に」と言ってくれているが、この面接でEさんが高得点になることはない。

⑪：Fさんだけ、志望理由に対する追加質問がない。これは、Fさんの志望理由がダメだったのではなく、むしろ志望理由が明確だったので質問することがなかったからである。「質問が少ない」は「アウト」ではなく、「問題がない学生」と見られている場合があることを知っておこう。

⑫：△ 賞はとれなかったものの得たことはあった、と答えている。ただし、質問は「賞について」なので、部活動の思い出を長々と話すと、聞かれたことに答えていないととらえられるおそれがあるので注意。

⑬：△ 高校での戦績を聞かれて、中学からの部活動について述べ始めている。これは「受験生あるある」で、「聞いてほしいことがきた！」と思い、用意してきたアピール・ポイントをここぞとばかりに回答へ盛り込むものの、じつは聞かれたことに答えていないためアピールが台なし、というパターンである。

⑭：○ 聞かれたことにきちんと答えられている。

⑮：このように、最後までひと言も話さない面接官がいる場合もある。にらんでいるように見えるため気になるだろうが、気にする必要はない。あくまで話しかけてきている面接官を意識しよう。

➤ 「私」の未来予想図（Fさん版）

☑ **A**：(過去のきっかけ)　みずから経験したことがきっかけで現在の入学意識につながった気づき

- 地元の子ども会で、小さいころから地元の●●渓谷や▲▲鍾乳洞に行っていた。
- 中学生のときに理科の授業のフィールドワークでも行った●●渓谷や▲▲鍾乳洞が、じつは全国的に珍しい地形であると知った。しかし、地元の観光ガイドに少し載っている程度であり、まったく有名ではない。
- 高校生になり、地理の授業で環境問題について調べた。また、●●渓谷や▲▲鍾乳洞以外にもおもしろい地形があることを、自然環境の調査によって知った。
- 環境問題について学ぶなかで、観光地として人気が出ると自然環境が破壊されることがあることを知った。たとえば、観光地になっている鍾乳洞は、観光客のオーバーユースによる気温とCO_2濃度の上昇を受ける。こうした大気環境の変化は、鍾乳洞の形成に直接的にかかわる石灰岩の化学的風化（溶解）のプロセスに影響を与えると知った。

☑ **B**：(現在の価値観❶)　気づいたこと（問題意識）は解決されるべきだと思う理由（社会的意義）

- 私の地元は見どころがないと言われているが、じつは興味深い自然の地形などがたくさんある。地元の自然環境を破壊せずに地元の珍しい地形を国内や国外の人びとに知ってもらうことによって地域を復興したい。

☑ **C**：(現在の価値観❷)　問題の解決への糸口

- 地元の自然環境の珍しさなどを、多くの人びとに知ってもらう。
- 観光によって自然環境が破壊されてしまった事例を分析して、地元の観光に役立てる。

☑ **D**：(現在の価値観❸)　解決への糸口のためにこれから学ぶべきこと

- 自然環境と観光という別のものを同時に学ぶ必要がある。

☑ **E**：(志望校が最適である理由)

- 環境学部に観光のカリキュラムがある。
- 何よりも、地元の大学であり、地元の自然環境を研究するには貴学が最適である。

☑ **F**：(将来像)

- 県のまちづくり局など、行政で観光と環境にかかわる仕事に就きたいと考えている。

テーマ
63 農学系

重要度　★★☆☆☆

➤ 設　定

- ◉ 砂漠で育つ植物に興味があるDさん
- ◉ 生まれ育った街で地元ブランドの農作物をつくり、地域を助けたいと考えているEさん
- ◉ 薬品ではなく、食品でアレルギーを治したいと考えているFさん

この面接での志望理由以外での質問

- ◉ 高校で最もがんばったことは何ですか？ →テーマ36

⚛ 面接の事例

面接官A　では、面接を始めます。❶本学の農学部を志望してくれた理由を教えてもらっていいですか？　Dさんから。

Dさん　はい。❷私は、高校の探求学習で砂漠で育つ植物を研究して、『星の王子さま』に出てきて有名なバオバブ、かゆやパンをつくることができるソルガム、カラハリスイカなど、水の少ない乾燥地で育つ植物が意外に多いことを知りました。近い将来、地球の人口が増加し続けて食糧危機の時代が来ると言われています。私は、砂漠の緑化を通じて食糧危機の到来を防ぎたいと考えています。貴学には、砂漠で育つ植物を研究されている●●先生や▲▲先生がいらっしゃいます。ぜひとも両先生のもとで学びたいと考えています。

面接官A　では、Eさんの志望理由は？

Eさん　❸私は、これといった人気の特産物がない地元●●市でおいしいブランド農作物をつくり、地域に貢献したいと考えています。近々、貴学が私の住む市に実験農地をつくると聞きました。貴学で学び、貴学と私の地元とでコラボができたらと思い、貴学への入学を熱望しています。

面接官A　そうですか。では、Fさんは？

Fさん　はい。❹私は幼いころから花粉症だったのですが、甜茶（てんちゃ）というお茶を飲み続け、ヨーグルトを食べ続けたことにより花粉症がやわらぐことを体験しました。薬品

❶：「未来予想図　E」「未来予想図　F」を答えるのが基本。

❷：○　「未来予想図　A」「未来予想図　B」「未来予想図　F」を述べ、さらに「未来予想図　E」まで話している秀逸な回答。「未来予想図　F」が若干フンワリしているものの、植物の研究について明確に話せているので問題ない。ちなみに、「『星の王子さま』で有名な」などは不要な情報であり、合否への影響はない。

❸：○　「未来予想図　B」「未来予想図　C」「未来予想図　E」「未来予想図　F」をコンパクトにまとめた秀逸な回答である。

❹：○　「未来予想図　A」と「未来予想図　D」をオープンキャンパスで確認できたと話しており、合格ラインだ。ただ、農学部は対象範囲が広いので、大学によっては「（食品）栄養」や「生命」などの学部と研究内容が重なる場合もある。そういう場合を想定し、農学部で自分がそのテーマを研究したい理由を具体的に話せるよう準備しておこう。

のような即効性はありませんが、食事で体質改善ができた経験から、アレルギーと食品の関係性について学びたいと思いました。貴学のオープンキャンパスで開催されていた相談会でこの話をしたところ、学べる研究室があると知り、貴学を志望しました。

面接官A うんうん。❺みな、いろいろと考えているんだね。わかりました。

面接官B では、Dさんに質問です。大学に入って研究したいテーマがあれば、具体的に教えてください。

Dさん はい。❻高校で最も熱心に調べたのは、ソルガムについてです。主食としてはもちろんですが、バイオエタノールとしても活用される可能性があることを知りました。日本でも、改良されたホワイトソルガムは買うことができるので、母に頼んで購入し、自分で調理したこともあります。美味でした。

面接官B なるほどね。Eさんは、最も興味のある植物は何ですか?

Eさん はい。❼私は、地元のブランド農作物をつくりたいと思っていて、いま最も興味があるのはイチジクです。栄養価のバランスがよい食材です。もともと、私の街でも少し収穫されています。そのままでも食べられますし、スイーツや肉巻きなどの料理にも使えるので、地元ブランドの農作物として汎用性があるのではないかと注目しています。

面接官B なるほどね。Fさんは? 何か興味のあるものはありますか?

Fさん ……(少しうつむいて)❽えっと、私はお2人のように……まだ興味がある植物は具体的にはないのですが、お茶でアレルギーが治ったので、お茶に興味があります……

面接官B はい、わかりました、ありがとう。じゃ、試験官Cさんからお願いします。

面接官C では…… 高校で最もがんばったことを教えてください。Fさんから。

Fさん ❾あっ(びっくりして)……はい。❿私は2年連続で、文化祭でのクラスの出し物を仕切る中心的存在としてがんばりました。高2のときは、クラスがまとまらず大変でした。当初は焼きそば店を出す予定でしたが、段取りを決めたところで先生からダメだと言われ、みんながやる気をなくしてしまいました。その後、代替案

❺:この時点で、3人とも合格ラインだ。

❻:× 一見よさそうな回答だが、「現在」の興味から「未来」につなぐためには、「大学で研究してみたい食品」としてソルガムを挙げるべきである。しかし、ここでは「最も熱心に調べたのは」と過去のことを答えてしまっている。しかも、「食べておいしかった」ことは、質問とはいっさい関係ない。

❼:○ 興味があるものを「未来予想図 **F**」と結びつけて回答している。これならば、大学でも「イチジク」のような、スイーツにも料理にも使える食材を研究したいのだとわかる。

❽:△ 周囲がイマイチな回答しかできない受験生ばかりならば、十分に合格レベルの回答かもしれない。しかし、「集団面接は受験生どうしの競争ではない」とはいえ、やはり、先にほかの受験生が秀逸な回答を返している場合、Fさんの印象が多少薄くなる可能性があることは否めない。

❾:△ 最初に自分が質問を受けると思っておらず、油断していた。くれぐれも、気を抜かないように。

❿:○ 「取扱説明書 **K**」に「取扱説明書 **H**」を含めている。しかも、「STAR法」→テーマ8で述べられていて、秀逸である。

163

で劇を披露することにしたのですが、みんなの意欲は低いままでした。そこで、私が一人ひとりに「高3になったら文化祭に参加できなくなるのだから、いっしょに思い出をつくろう」と訴えかけたところ、最初は私と仲のよい友人、次にその友人と仲よしの生徒から輪が広がり、最後は全員で団結できました。シナリオは演劇部員がオリジナルでつくってくれて、文化祭の優秀賞をとることもできました。

面接官C▶ では……Dさん、高校で最もがんばったことを、さっき言っていた「探求学習」以外で教えてもらっていいですか？

Dさん▶ はい。（少し焦って）えっと……　⓫探求学習以外では……部活動をがんばりました。テニス部に所属していたのですが、毎日厳しい練習に耐え続けました。勉強との両立はつらかったのですが、計画的に勉強してなんとか乗り越えました。

面接官C▶ はい、わかりました、ありがとう。では、Eさん。がんばったことを教えてもらっていいですか？

Eさん▶ はい。⓬私は、個人で英語の検定資格をとることに打ち込みました。英語は中学のころはとても苦手だったのですが、大学院では英語で論文を読んだり書いたりする機会が多くなり英語が苦手なままだと大変だという話を聞き、いまから勉強しなければならない、と思ったからです。高2の春から計画を組んで勉強を始めました。最初は苦痛でしたが、高2の冬には、ある程度英語が読めるようになり、楽しくなってきました。力試しのつもりで英検準1級を受けて、最近合格しました。だから、最もがんばったのは英語の学習です。

面接官C▶ はい、わかりました、ありがとう。では、これで終了しますね。お疲れさまでした。

この本では取り上げていませんが、農学系では面接で「口頭試問」を課す場合があります。たとえば、机の上に、「食品ロス」「ゲノム食品」などの用語が書かれた4枚のカードが置かれていて、その中から1枚を選び、そのカードに書かれたテーマについて説明させるなど、手の込んだ形式となっています。農学部の研究対象には比較的身近なものが多いため、「興味あるなら調べているよね？」と言わんばかりの質問が高い割合を占めます。学部に関連する専門用語は、できる限りたくさん覚えておきましょう。

⓫：△　Dさんは、「探求学習」の話で乗りきるつもりだったのだろう。しかし、「探求学習以外で」という質問に即興で答えたものの、「自己分析」が足りていなかったためフンワリとしたエピソードしか話せず、がんばったことを具体的に示せなかった。答えを1つしか用意していないと、往々にしてこういうことが起きがちである。

⓬：〇　「PREP法」→テーマ4で話せている。また、「大学院まで進む」という「4年後の学びの計画」や、強制ではなくみずから資格をとろうとした「主体性」も示せている。秀逸な回答である。

☑**A**：過去のきっかけ　みずから経験したことがきっかけで現在の入学意識につながった気づき

- 幼いころから、父の実家である●●県に、毎年、年2回帰省していた。
- 中3のときに、テレビを見て、父の実家に近い場所のグルメとして白桃のアイスが有名だと知った。
- しかし、私が幼いころから行っている場所のグルメをテレビではじめて知るのは変だと思い、調べてみた。
- その結果、それは、地域に根ざした特産品を食材として、大学が開発し地元メーカーが商品化した産学連携の商品であると知った。
- 大学が研究して地元のグルメや特産物が生まれることにとても強い興味をもった。
- この経験から、理科の中でも化学と生物に興味をもつようになった。
- 高1の探求学習で、うまみと酵素との関係をテーマとして研究を行なったところ、人間が食べ物をおいしいと感じる理由の多くがまだ科学的に証明されていないと知った。

☑**B**：現在の価値観❶　気づいたこと（問題意識）は解決されるべきだと思う理由（社会的意義）

- 私の地元の特産物は、知名度が低く、「ふるさと納税」や観光のみやげ物としてもあまり人気がないと知った。

☑**C**：現在の価値観❷　問題の解決への糸口

- おいしい農作物を多品目開発して特産物とし、地元に貢献したい。

☑**D**：現在の価値観❸　解決への糸口のためにこれから学ぶべきこと

- おいしい農作物の研究
- 農作物を安定して供給できる技術

☑**E**：志望校が最適である理由

- 多くの特産物を生み出し、また研究を行なっている附属農場がある。
- 応用生命科学コースに入れば、品種改良について研究できる。また、副専攻で農業生産科学の講座を履修すると、農作物を病気から守り安定的に供給できる技術についても学べる。

☑**F**：将来像

- 私の地元で、国内外に知られる農作物のヒットブランドを開発し、地域に貢献する。

テーマ 64　建築系

重要度 ★★☆☆☆

➤ 設　定

- 幼いころから世界各地の建物を見てきて、最新の建築技術に興味があるDさん
- 古い建物のリノベーションに興味があるEさん
- 廃校になった学校を改修して有効利用したいと考えているFさん

この面接での志望理由以外での質問

- 最後に聞いておきたいことはありますか？ →テーマ50

⚛ 面接の事例

面接官A　では、面接を始めますね。❶建築学部を希望した理由を教えてください。Dさんどうぞ。

Dさん　はい。❷私は、幼いころから家族でよく海外旅行に行っていました。世界のさまざまな建物を見て回るうちに、風土と建築物、宗教と建築物に興味をもつようになりました。最も好きなのは、アントニ・ガウディが建築した「サグラダ・ファミリア」です。かつてサグラダ・ファミリアの完成には約300年かかると言われていましたが、3Dプリンタやコンピュータ数値制御による石材加工機といった先端情報技術の活用で工期が150年弱に短縮されたと聞いて感動し、最新技術を身につけた建築士になりたいと思って志望しました。

面接官A　……はい、ありがとう。Eさんは？

Eさん　私は……❸Dさんのような高い目標ではありませんが、❹昔からの知恵と現代の技術を組み合わせた低コストのリノベーションによって古民家を有効利用する技術を学びたくて、建築学部をめざしています。

面接官A　はい、ありがとう……Fさんは？

Fさん　はい。私は、Eさんと少し似ているのですが、❺古い木造建築の学校の保存などに興味があって建築学部を志望しました。また、新しい技術による木造の学校の建築にも興味があります。

❶：「未来予想図 F」を具体的に答えるのが基本。

❷：○　やや長いものの、「未来予想図 A」「未来予想図 D」「未来予想図 F」が具体的に答えられている。建築学部の志望理由として悪くない。

❸：△　海外留学経験者や受賞歴のある人とともに面接を受けると、卑屈になってこう発言してしまう人がいる。しかし、学校推薦型選抜・総合型選抜で重要なのはあくまで「3ポリシー」とのマッチングであり、受験生がかもし出す雰囲気などは考慮されない。気おされず、堂々と語ろう！

❹：○　具体化された「未来予想図 F」にもとづいて志望理由が述べられている。

❺：○　Fさんの回答と同様、具体化された「未来予想図 F」にもとづいて志望理由が述べられている。

面接官B では、私から質問しますね。建築学部はさまざまな大学にあるけれども、⑥あえてウチの大学を選んでくれたのはなぜですか？　総合型選抜で受験してくれてるってことは、第一志望だよね？　じゃあ、順番を変えてFさんから行こうか。

Fさん はい。⑦私は小さいころから何度も転校を繰り返してきたためマンション暮らしが多く、木造の一軒家住まいに憧れていました。小学生のときに林間学校で●●県の小学校の校舎や体育館を借りて寝泊まりしました。そのときに、木造校舎の内部が温かいことに感動して、木造建築がさらに好きになりました。また、中学生のときに、廃校になる小学校のドキュメンタリーを見て、まだ使える木造の学校が取り壊されるのはもったいないと思いました。高校生になって木造建築が学べる大学を選んでいるときに、進学サイトに上がっていたB先生のミニ講義動画を見て、海外の都市では中高層の木造建築が次々と竣工されていると知りました。オープンキャンパスで、木材の性質についてB先生に質問させていただいたところていねいに答えていただき、大変感動しました。ぜひともB先生のもとで学びたいと考えています。

面接官B あー、⑧そんな話、したかなぁ。でも、そんなにほめても点数はあげないよ（まんざらでもないという表情）。3人の面接官で決めるからね。では、Eさん。

Eさん ⑨（額に汗を流し）私が貴学を選んだ理由は4つあります。⑩1つ目は、寺院の柱などに施された技術に高い合理性があることを研究する先生がいらっしゃることです。2つ目は、最新の耐震技術が実験できる設備をもっていることです。3つ目は、●●先生が顧問を務める地元企業と、貴学の学生とがコラボするリノベーションのプロジェクトに興味をもったことです。大学生とプロの建築士が意見を出し合って街の一角に昔ながらの景観を残し、さらには災害に強い建築にリノベーションしていくという試みに魅力を感じました。⑪4つ目は、同じ学内に、薬品剤による木材の軟化処理技術を扱う研究室があることです。もしその研究室に在籍する学生と友人になれれば、その人から学べることがたくさんあると考えました。

⑥：「未来予想図 **E**」が明確でなければ答えられない質問だ。

⑦：○　やや長いものの、「未来予想図 **A**」から始まり、「まだ使える木造の学校が取り壊されるのはもったいない」という「未来予想図 **B**」を述べている、すぐれた回答だ。「もったいない」に主観が入ってしまっているが、許容されるだろう。また、「未来予想図 **E**」もきちんと述べられている。

⑧：このような、「志望のきっかけとなった教員が面接官を務めていた」という奇跡はときどき起こる。

⑨：海外渡航歴があるDさんと、志望のきっかけとなった教員に面接されているFさん。2人を見たEさんは、自分だけがイマイチなのではないかという焦りからこうなってしまったが、その後はきちんと「3ポリシー」に合わせて答えられているので、問題ない。面接会場では、周囲が全員「強メン」に見える魔法がかかるが、気にする必要はない。

⑩：○　「未来予想図 **E**」として、大学教員、施設、プロジェクトなどにバランスよく触れられている。国公立大・私立大を問わず、大学には地域への貢献が強く求められる。近年、行政や地元企業との共同プロジェクトをカリキュラムに含む建築学部［学科］が増えている。

⑪：○　「未来予想図 **E**」として適切な答え。自分にとって将来役立ちそうな講座が同じ大学内のちがう学部に設置されていて履修できない場合、その講座を履修している学生と友人になれれば自分がその人から学べるという、総合大学特有の長所を理由として述べるのは、1つの有効な作戦である。

面接官B　よく考えているねえ、なるほど。では、Dさん。

Dさん　はい。⑫グローバル人材を育てるという貴学の教育方針に感銘を受けたからです。今後は、日本でも多角的に物事を見ることができる人材を育成し、国際社会の中で生き残ることが必要です。建築士にも、グローバルな視点から多角的に物事を見ることが求められます。私はこれまで海外でたくさんの建築物を見てきており、国際感覚がありますので、貴学にぴったりの人材だと思います。

面接官B　……。ふ〜ん。「グローバルな視点から多角的に物事を見る」っていうのは、具体的にどういう意味なの？

Dさん　(少し焦った表情で)はい、⑬英語が話せて、いろいろな方向から物事を考える、というようなことです。

面接官C　みなさん、よく考えていますね。私が質問することはなくなりました。逆に、みなさんから我われに聞いてみたいことはありますか？　あれば、手を挙げてください……はい、Dさん。

Dさん　はい。私は、留学したいと考えているのですが、どのような制度があるのか、教えていただいてよろしいでしょうか。

面接官C　う〜ん、留学制度ねぇ……パンフレットとホームページに載っている情報がすべてですね。どちらかをちゃんと読んでくれましたか？

Dさん　⑭はい。あっ、すみません。あっ、書いてありましたね。失礼しました……

面接官C　はい、では、終了しますね。お疲れさまでした。

(そのときの世の中の景気に多少は左右されるものの)理系学部ではほとんどの学生が大学院に進学するので、学びの計画は、大学院まで見据えたうえで立てるべきです。また、一級建築士については大学卒業後に実務経験を積むなどの条件をクリアしてはじめて受験資格が得られるなど、正確な情報を把握するよう努めましょう。

⑫：× 「志望理由あるある」の一例。パンフレットやホームページに載っている聞こえのよい言葉を並べ立てただけの回答は、何も評価されない可能性が高い。

⑬：× 「グローバル」という言葉を「英語が話せること」の意味でしかとらえない受験生は多いが、大学側が必ずしもそういう意図で用いているとは限らない。抽象的な表現はたいてい、カリキュラムとして具現化されている。こういう言葉は、カリキュラムを理解したうえで使わなければならない。

⑭：「何か質問はありませんか？」と聞かれ→テーマ50、回答に失敗したと感じた受験生が一発逆転をねらおうと即興で質問してさらに傷口を広げてしまうという例が多い。「やぶヘビ」にならないよう、慎重に発言する必要がある。

気づいたことをメモしよう

➤「私」の未来予想図（Eさん版）

☑A：過去のきっかけ みずから経験したことがきっかけで現在の入学意識につながった気づき

- 小さいころから木造家屋や寺院の模型などをつくるのが好きだった。それが、「本物の家をつくりたい」という気持ちにつながっていった。
- 中学生のときに、祖父の家で改修工事があった。それを見るのが楽しく、毎週1回、電車で1時間かけて祖父の家に見に行った。そのときに「リノベーション」という言葉を知った。

☑B：現在の価値観❶ 気づいたこと（問題意識）は解決されるべきだと思う理由（社会的意義）

- 高校の調べ学習で扱った空き家の問題が予想以上に深刻であることを知った。
  - ▶雑草や悪臭、野生動物の生息、不法侵入者などによる治安の悪化など。
- 修学旅行で京都に行き、古い建物をリノベーションしたカフェを何軒も見た。
- 「●●の小京都」と呼ばれる私の街には、古い空き家が多い。リノベーションすれば、オシャレなカフェなどに変わるのではないかと思った。
- 貴学のオープンキャンパスで●●先生による「災害と建築」という講義を聴き、災害が増えている日本では台風や地震などの災害に強い建物が求められていると知った。
- リノベーションによって災害に強い建物に改修するためには多額の予算が必要だと知った。

☑C：現在の価値観❷ 問題の解決への糸口

- 空き家の改修と再利用。

☑D：現在の価値観❸ 解決への糸口のためにこれから学ぶべきこと

- 低コストの耐震技術とリノベーション技術。

☑E：志望校が最適である理由

- 材料工学や耐震の実験施設など、低コストで古い建物を残すための技術を学べる場が、貴学に存在する。
  - ❶ 寺院の柱などに施された技術に高い合理性があることを研究する先生がいらっしゃる。
  - ❷ 最新の耐震技術が実験できる設備をもっている。
  - ❸ ●●先生が顧問を務める地元企業と、貴学の学生とがコラボするリノベーションのプロジェクトに興味がある。
  - ❹ 薬品剤による木材の軟化処理技術を扱う研究室が同じ学内にあるので、もしその研究室に在籍する学生と友人になれれば、その人から多くのことが学べる。

☑F：将来像

- 昔からの知恵と現代の技術を組み合わせた低コストのリノベーションによって古民家を有効利用する技術がいかせる仕事に就く。

テーマ 65 理 工 系

重要度 ★★☆☆☆

「理工系」というくくりは、非常にやっかいです。「理学」であれば、その多くの研究領域（≒基礎研究）が知識欲や好奇心から生じているため、学問への興味のみを志望理由として挙げることが可能です。一方、「工学」の場合は、ほとんどの学問が何かの役に立つことを目的としているため、学問への興味のみを志望理由として挙げるだけでは少々物足りないと見なされる可能性があります。

なお、今回は紙面の都合上「理工系」というくくりで面接の場面を記載していますが、実際の面接のほとんどは「学科」や「学域」単位で実施されるので、あらかじめご了承ください。

➤ 設　定

- 物理学科志望のDさん
- 機械工学科志望のEさん
- 応用化学科志望のFさん

この面接での志望理由以外での質問

- 最近読んだ本は何ですか？ →テーマ49

面接の事例

面接官A▶ では、面接を始めますね。まずは、①志望の学科とその志望理由を教えてください。え〜っと、まずはDさんから行きましょうか。

Dさん▶ はい。②私は、物理学科を志望しています。私は将来、物理学の研究者として自然界のなぞを解き明かしたいと考えています。そのために志望しました。

面接官A▶ ふ〜ん。③物理を学ぶのになぜウチの大学がいいのですか？

Dさん▶ はい。④バスケットボール部でシュートの打ち方を練習しているときに、ボールの回転が気になっていろいろと調べてみたところ、流体力学に興味をもちました。貴学のオープンキャンパスで●●先生が担当される高校生向けの講義が流体力学を取り上げると知って参加したのですが、そこで、光や画像を応用して流れを可視化する流体計測システムなどのたくさんの実験機材

①：「未来予想図 E」を答える。

②：○ 「未来予想図 F」のために志望すると述べている。

③：「未来予想図 E」を中心に答える。

④：○ 「未来予想図 A」については、ほぼ完璧に答えられている。また、「未来予想図 E」も完璧だ。

を見せていただき、自然界のさまざまな対象を研究する環境が充実していると感じました。また、2年次からは研究者養成コースが開講される点も魅力的です。

面接官A オープンキャンパスの講義でとくに印象に残った話は覚えている？

Dさん はい。えーっと……_⑤木の葉が風に揺られてどこに落ちるのかを解く方程式は、形式的には存在はするけれども、分子一つひとつについて解いていく必要があるため、解くことは実質的には不可能だという話です。先生が講義でていねいに説明してくださったのですが、現代でもそんな身近なことが解明できていないことに驚くとともに、ますます興味がひかれました。

面接官B では、Eさん、どうぞ。

Eさん はい。_⑥私は機械工学科を志望しています。将来は、航空機メーカーかその関連企業に勤めたいと考えています。小学生のころに、ペットボトルで水ロケットをつくって遠くに飛ばすという、●●（企業名）主催の大会に出場しました。そこでたまたま優勝して以来、ロケットだけでなく、空を飛ぶもの全般が好きになりました。貴学の機械工学科では、昆虫サイズから航空機までのさまざまな飛行物体が研究できると聞きます。貴学で学び、最先端の機械技術を駆使できるエンジニアになるためのセンスを磨きたいと考えます。

面接官B 航空系の学科なら、近所の●●大学にもあるけど、どうしてウチなの？

Eさん あ〜、えーっと、貴学の先生がその大会の審査員を務めていらっしゃって中学生のころから親しみがありましたので……●●大学にはあまり興味がありませんでした。

面接官B あぁ、そうなの（笑いながら）。そういえば、その大会には本学も協賛していたな。

面接官C では、Fさん、どうぞ。

Fさん はい。_⑦私は、応用化学科を志望しています。中1のときに、酢酸ナトリウム水溶液とステンレス鋼が使われたエコカイロを授業でつくり、その不思議さに心を奪われました。その後、高1のときに理論化学で凝固熱について学び、そのしくみをきちんと理解しました。そこで、探求学習では、エコカイロの内容液に含まれる水の体積を変化させて最高温度を上げたり温度が継続する時間を延ばしたりするのに最適な水量を考察して、論文にまとめました。いまは、消臭剤や使い捨てカイロなどをつくるメー

⑤：○ 「オープンキャンパスで講義を聴いた」という主旨で答えると、高い確率で、具体的にどんな話に興味をもったのかが尋ねられるので、このようにきちんと答えられるように準備しておこう。

⑥：△ 「未来予想図 **F**」は言えているが、「未来予想図 **E**」は、学びたいカリキュラムなどを具体的に答えるべきである。

⑦：△ 「未来予想図 **A**」から研究活動内容と興味の対象について語っており、「いまは、消臭剤や使い捨てカイロなどをつくるメーカーで研究職として働くことに興味があります」という回答までは申し分ない。しかし、「未来予想図 **E**」の、「企業との共同研究が多い」「就職にも強い」という部分が△。ここは、「企業との共同研究が多い」ことを、「就職に強い」ことに結びつけるのではなく、「実践的な研究ができる」など「学びへの興味」に結びつけるべきだった。

カーで研究職として働くことに興味があります。貴学には、●●先生のようにもともと企業で商品開発にかかわっていた方が何人も教員として在籍されていることから、企業との共同研究が多く、就職にも強いと聞きます。そこで、貴学の応用化学科を志望しました。

面接官C なるほどね、わかりました。

面接官A では、全員に質問しますね。⑧最近読んだ本は何ですか？　Ｄさんからお願いします。

Ｄさん はい。最近ですと、『傑作！　物理パズル』という本です。

面接官A どんな内容だったの？

Ｄさん はい。⑨アメリカの物理教育雑誌に連載されたパズルの名作を日本語訳した本で、数式を使わずに日常生活から物理を学ぶというコンセプトになっていました。その本に載っていた、「すべての物質は、電磁波としてエネルギーを放射している」という内容を自分で調べてみたのですが、理解にはいたりませんでした。でも、大学で学んだらきっと理解できるのだろうと思っています。

面接官A なるほどね。Eさんは？

Ｅさん はい。最近ですと『●●●●』という小説のシリーズを読んでいます。

面接官A なるほどね。小説はよく読むの？

Ｅさん はい。⑩通学時間が長いので、電車で座れたら勉強するのですが、立っているときには小説を読んでいます。

面接官A Fさんは？

Ｆさん はい。⑪いまは受験勉強中なので、本は読んでいません。この試験に合格したら読もうと思います。

面接官A なるほど。受験勉強が始まる前はどんな本を読んでいたの？

Ｆさん ……⑫すみません、ちょっと思い出せません……

面接官A （時計を見て）……はい、時間ですね。これで終了します。

⑧：「テーマ49　最近読んだ本は何ですか？」にもとづいた質問。

⑨：○　本を読んで出てきたわからないことを調べているという主体的な行動がアピールできている。

⑩：○　面接では、ジャンルを問わず多くの本を読むことは好意的に受け止められる（ただし、指導者によって意見が分かれる）。学部での学びと関係のある本を答えたＤさんのほうが若干有利かもしれないが、日々活字に触れる習慣がある受験生だとアピールできているので、問題ないだろう。

⑪：×　一般的には、「受験勉強をしていたから、本を読んでいない」という理由は好ましくない、といわれている。

⑫：×　「いまは受験勉強中なので、本は読んでいません」という答えに対する追加の質問。ここで受験勉強以前に読んでいた本を答えられなかったら、先ほどの「受験勉強をしていたから、本を読んでいない」という理由がただの言い訳だと判断されてしまう。

先ほど述べた「理工系」というくくりについて補足していきます。

誤解を恐れずにあえて言いますが、理工系学部における「研究」の3つの区分は、以下のとおりです。

- **基礎研究**：科学的な価値が高い。ただし、経済的な価値の評価は未知数
  - ←市場を意識せず、研究者の自由な発想で進展させることができる。
- **応用研究**：市場に出ることを見越して行なわれる研究
- **開発研究**：企業が行なう、短いスパンの研究

理学部は「基礎研究」寄りで、工学部は「応用研究」寄りだと、まずは便宜的に理解してもらってかまいません。これにもとづくと、理学部では「社会的な問題を解決したい」などという志望理由は必須ではないと言えます。つまり、「知りたいから勉強したい」という探究心こそが志望理由になりうるのです。その場合の将来像は、基本的には「研究者」(大学教員など) となるはずです。

気づいたことをメモしよう

➤ 「私」の未来予想図（Dさん版）

☑ Ⓐ ：（過去のきっかけ） みずから経験したことがきっかけで現在の入学意識につながった気づき

- 小1のときに、湯船につかっていたアルキメデスが、あふれ出た水を見て「アルキメデスの原理」を発見したという話を本で読み、理科が好きになった。
- 中学で「浮力」を習ったときに「アルキメデスの原理」がはじめて理解できた。また、その際に数学の知識をたくさん使ったので、数学も好きになった。
- 高校で微分が物理学に由来すると知って感動し、とくに物理が好きになった。
- バスケットボール部でシュートの打ち方を練習しているときに、ボールの回転が気になった。そこで、いろいろと調べてみたところ、その現象には流体力学がかかわっていると知った。さらに調べてみたが、理解にはいたらなかった。高校の物理の先生に質問すると、それは大学の範囲だと教えていただいた。

☑ Ⓑ ：（現在の価値観❶） 気づいたこと（問題意識）は解決されるべきだと思う理由（社会的意義）

☑ Ⓒ ：（現在の価値観❷） 問題の解決への糸口

☑ Ⓓ ：（現在の価値観❸） 解決への糸口のためにこれから学ぶべきこと

- 流体力学についてネットで検索したところ、貴学のオープンキャンパスで●●先生による高校生向けの講義が流体力学を取り上げると知り、参加した。
- 木の葉が風に揺られてどこに落ちるのかを解く方程式は、形式的には存在はするけれども、分子一つひとつについて解いていく必要があるため、解くことは実質的には不可能だそうだ。現代でもそんな身近なことが解明できていないと知って驚くとともに、ますます興味がひかれた。

☑ Ⓔ ：（志望校が最適である理由）

- 光や画像を応用して流れを可視化する流体計測システムなどのたくさんの実験機材をオープンキャンパスで見せてもらい、自然界のさまざまな対象を研究する環境が充実していると感じた。
- 2年次から研究者養成コースが開講される。

☑ Ⓕ ：（将　来　像）

- 物理学の研究者として、自然界のなぞを解き明かしたい。

オンライン面接の受け方

「ふつうの面接」と同じだと思って臨もう

たいていの受験生は、オンライン面接を自室で受けることになります。だからといって、たとえばジャージなどの部屋着で受けるのは×です。服装は、制服など、フォーマルでなければいけません。

ほとんどの場合、面接開始前に大学側でネットの接続状況をテストしてくれます。しかし、面接本番で接続状況が悪くなる場合もありえます。たとえ万が一そうなったとしても、パニックになってはいけません。大学側のネット環境に問題があるかもしれません。もし接続状況が悪くて質問が聞こえなかったら、「大変申し訳ありませんが、音が途切れましたので、もう一度お願いできますか」と、きちんと言ってください。面接官も、このような事態には慣れていますからちゃんと対応してくれますよ。

基本的には、あとはリアルの面接と変わりません。画面越しに映る面接官の目をしっかり見て、パソコンのカメラ目線を意識しながら、この本で学んだ内容を堂々と話してください。

カンニングはバレる

もし受験生がカンニングペーパーなどを見ながら話していると、対話の過程で、「この受験生は何かを見ながら話しているな」「だれかがそばでサポートしているな」などと、必ず面接官に気づかれます。面接では、自室をウェブカメラで大学側に見せるなどの事前チェックもあるので、そのようなズルは絶対にやめましょう。

ネット環境が整っていない場合には大学側に相談しよう

小稿を書いているのは2021年4月なのですが、前年の2020年には、「コロナ禍」が原因で「オンライン面接」が選抜のトレンドの一つになったようです。「ようです」と書いたのは、僕が教えている関西では、2020年の時点でそれがトレンドになっていなかったからです。実際に僕がオンライン面接の対策を指導したのは、首都圏の私立大を学校推薦型選抜で受けた生徒だけでした。

令和2年5月に総務省から発表された「令和元年通信利用動向調査の結果」という公文書を見ると、インターネット利用者の割合は全体の9割となっていますが、これは、「固定回線の安定したネット環境がある家庭が9割にのぼる」ということを意味しません。

首都圏に住んでいる受験生には実感しにくいことかもしれませんが、地方にはネット環境が不安定な地域はまだたくさんあります。また、地方の家庭には、固定回線を敷設せず、接続が不安定なスマホやポケットWi-Fiしか通信手段をもたないところも多いのです。そういう状況で選抜を受ける場合には、迷わず大学側に相談してください。自宅に安定したネット回線がないことを相談したからといって、面接でマイナスの点数がつくことはないはずです。

「●●先生の指導を受けたいからです」は要注意!

　志望校に入りたい理由として「●●先生の指導を受けたいからです」と答える受験生がたくさんいます。もちろん、僕ら指導者も、受験生がその教員についてしっかり調べ、研究内容を本や論文からある程度理解したうえで発言しているのであれば、この答え方を推奨します。

　しかし、面接時にこれを言って、「……●●さんは、ことし、退官することになっているのだけれど……」とか、「来年度から他校に移る予定だけれど……」などと返ってくる場合がときどきあるようです。実際にこの状況におかれた受験生が、僕の教え子にも何人かいました。でも、その返答がきつすぎてかわいそうかなと思った面接官が「あぁ、でも、●●さんが辞めても、あなたが研究したいことはできるから問題ないよ」とフォローしてくれる場合も多いようで、この答え方が原因で不合格になったという話は、いまのところ聞いていません。

　もし教員の名前を具体的に挙げる場合には、その教員の研究内容を著作物でチェックするだけでなく、次年度もその方が在籍するのかどうかを、あらかじめ大学側に確認しておくのが安全です。基本的に、そのような情報は教えてもらえます。

　また、「准教授」や「客員教授」などの立場にある方は、他校と兼務して他校への出講のほうが多い場合もあるので→テーマ29、「●●さんは▲▲大学で教えるほうが中心だから、そちらの大学をめざすほうががいいんじゃない?」と返されてしまうこともあります。したがって、具体的に教員名を挙げる場合には、あらかじめ、自分の志望校への出講が中心であるかどうかまで確認していれば安心できます。

おわりに

✻ この本を選んでくれた受験生のキミへ

シートは全部埋まりましたか？　学校の先生との練習はうまく行きましたか？　「緊張するから、やっぱり面接はいやだな……」なんて思っていない？

だいじょうぶ！　面接は、「じょうずにスラスラ話すこと」を求めているわけではないんだ。この本で何度も言ってきたことを繰り返すけれど、キミが志望校の「3ポリシー」を理解している受験生であるかどうかを見る場だからね。「『私』の未来予想図」（志望理由アウトラインシート）と「『私』の取扱説明書」（自己分析アウトラインシート）を埋め、そこに記入した内容にもとづいて堂々と話せばいいだけだよ。

また、質問への答えを考えるために少し「間」を空けてしまっても問題ない。間をあけず適当にペラペラしゃべっちゃう人よりも、しっかり考えて話す人のほうが高く評価されるのです！

✻ スペシャルサンクス

この本で紹介した指導法は、さまざまな書籍やさまざまな方たちから影響を受けています。直接「技」を教えてくださった方たちやお世話になった方たちに、この場をお借りしてお礼を申し上げたいと思います。

産業能率大学経営学部の藤岡慎二教授、㈱Prima Pinguinoのみなさま、ライティングオフィス トリガーワクス主宰の松見敬彦先生。みなさまと出会わなかったら、私は民間教育サービスでこのような指導を行なおうとは思わなかったはずです。

㈱アップの小南達男社長、森俊夫さん、今村朗先生、吉田明宏先生、執筆の許諾、ありがとうございます。そして、㈱KADOKAWAの山川徹さん、私の技が多くの受験生に届くよう編集を担当してくださり、ありがとうございます。

あっ、歴代の「推薦」クラスに在籍してくれたみんなにも、もちろん感謝しているよ！

✻ この本を手にとってくださった「先生」へ

この本を手にとってくださり、ありがとうございます。この本には、これまで指導してきた生徒とのやりとりや、キャリアコンサルタントのもとで「就職活動支援」や「傾聴」について学んだ内容が反映されています。さらには、「就職活動の面接」と「大学受験の面接」とのちがい、「高校受験の面接」と「大学受験の面接」とのちがいに関する考察や、私の「ルーブリック評価」についての研究成果など、「20年に及ぶ進路指導ノウハウ＋α」も詰め込まれています。

もしこの本を現役で教えておられる先生が手にとり、進路指導や探究学習に役立ててくださるとしたら、これ以上の喜びはありません。

アップ教育企画

中村　祐介

面接マナーのまとめ──「これが無難」集

> ## 服　装

- 制服を着ていくのが無難。清潔感あふれる、優等生風のスタイルでまとめる。浪人生の場合には、スーツを着るのが一般的。ただし、派手なものは着ないように。
  - ▶服装に独自性はいらない。相手は大学教員である。賢そうで教えやすそうな学生だと思われるよう、見た目を整えよう。
  - ▶パーマや髪染めは避けよう。また、前髪で目が隠れないようにしよう。
  - ▶ピアス、イヤリング、ネックレスなどは避けよう。
  - ▶ネイルアートなどの爪の装飾は避けよう。
  - ▶スカート丈は、高校で決められた標準の長さを守ろう。もし長さがわからなければ、学校の先生に確認しよう。
  - ▶靴下の色は、黒か紺を選ぼう。
  - ▶靴は、革靴を選ぼう。

> ## 待合室・控え室

- この本を読みながらおとなしく待つのが無難。
  - ▶「控室で待機しているときもじつは見られている」などの都市伝説（＝根拠のないうわさ）を口にする指導者もいるが、就職試験はさておき、選抜ではその可能性は低い。ただし、おとなしくしておくことに越したことがないのは間違いない。

> ## ドア付近❶

- ノックの回数は3回が無難。
  - ▶国際基準は4回だが、日本では3回が通例。学校の先生にも「3回」と言う方が多い。「『2回』の場合もあるのではないか」と指導者に尋ねると、「それは空室確認の場合」「それはトイレに入る場合」などと注意される。しかし、選抜の面接は就職面接ではないので、ノックの回数で合否が決まることはないと考えてよい。本番で間違えても気にしない！
- 「どうぞ」などの合図があったら、ドアを静かに開けるのが無難。
- 面接官の方を向いて、「失礼します」と言ってから軽く一礼するのが無難。
- ドアは、後ろ手ではなくドアに向き直って閉めるのが無難。
- 閉め終わったら、面接官の方を見て、無言で一礼するのが無難。
  - ▶30°程度の角度でよい。

- いすの横に立つのが無難。
  - ▶ いすの右側がドアに近いなら右側に、いすの左側がドアに近いなら左側に立つなどのマナーがあると言われるが、面接時にドアの位置を確認する余裕はないので、実際の座席に対して自然な位置のほうでよい。
  - ▶ 集団面接では、ほかのいすとの間隔がせまく、いすの横に立つのが難しい場合がある。そのときは、いすの前に立てばよい。
  - ▶ 立ち位置が合否に関係することはない！
- 受験番号、高校名、氏名を、はっきりと恥ずかしがらずに告げ、「よろしくお願いします」と言ってから一礼するのが無難。
- 面接官が「どうぞ（おかけください）」と言ったら、「失礼します」と言ってから着席するのが無難。
  - ▶ いすに深く腰掛けると背中が丸まりやすいので、若干浅めに座るのがよい。なお、背もたれを使うのはNG。
  - ▶ 背筋を伸ばしてあごを引くと、姿勢がよく見える。
  - ▶ 手でいたずらしないよう、手のひらを握り、膝の上に置く。足はなるべくそろえる。股を大きく開いたり足を組んだりはしない！
- 無言で立ち上がるのが無難。
  - ▶「どっこいしょ」などとは言わない。
- いすの横に立つのが無難。
  - ▶ 立ちやすい位置でよい。
- 「ありがとうございました」と言ってからゆっくりと一礼するのが無難。
  - ▶「おじぎをしてから頭を上げるまでに何秒おく」などと考える必要はない。
- 退出するドアまでは姿勢よく歩くのが無難。

- ドアの前で振り返り、面接官の方を向いて、「失礼します」と言ってからもう1度軽く一礼するのが無難。
- ドアに向き直って静かに開くのが無難。
- ドアから出たら、ドアに向き直って静かに閉めるのが無難。
- ドアを閉めてからも、控え室までは無言を貫くのが無難。

定番の質問を学校の先生にチェックしてもらおう！

▶3人くらいの先生方にチェックしてもらうのが望ましい。

先生のお名前 ➡		先生
定番質問	○△×	アドバイス
「なぜ●●学部／学科を志望したのですか？」→テーマ28		
「なぜ本学を選んだのですか？」　　　→テーマ29		
「大学卒業後にしたいことは何ですか？」→テーマ30		
「大学入学後、中心的に学びたいことは何ですか？」→テーマ31		
「●●（＝職業）になりたいのはなぜですか？」→テーマ32		
「あなたの長所は何ですか？」　　　　→テーマ33		
「あなたの短所は何ですか？」　　　　→テーマ34		
「好きな科目［教科］は何ですか？　また、きらいな科目［教科］は何ですか？その理由とともに教えてください」　　　　→テーマ35		
「高校で最もがんばったことは何ですか？」→テーマ36		
「本学部・学科のアドミッション・ポリシーをどう思いますか？」　　　　→テーマ37		
「あなたにはリーダーシップがありますか？」→テーマ38		
「あなたは●●（＝資格）をもっていますが、なぜその資格を取得したのですか？」→テーマ39		
「あなたは他人からどう思われていると考えますか？」→テーマ40		

先生のお名前 ➡		先生
定番質問	○△×	アドバイス
「オープンキャンパスには参加しましたか?」➡テーマ41		
「●●の成績がよくないのはなぜですか?」➡テーマ42		
「学業以外で、あなたが大学生になったらしてみたいことは何ですか?」　➡テーマ43		
「(面接の前の)試験はどうでしたか?」　➡テーマ44		
「●●は専門学校や短大を卒業してもなれる職業ですが、なぜ四年制大学である本学を選んだのですか?」　➡テーマ45		
「なぜ学校推薦型選抜／総合型選抜で受験したのですか?」　➡テーマ46		
「あなたが通う高校／出身高校を紹介してください」➡テーマ47		
「今回の試験で合格したら、どうしますか?　また、不合格だったらどうしますか?」➡テーマ48		
「最近気になるニュースは何ですか?」「最近読んだ本は何ですか?」　➡テーマ49		
「最後に聞いておきたいことはありますか?」➡テーマ50		

「私」の未来予想図

（キミ版・清書用）

自分で書いてみよう

☑ **A**：（過去のきっかけ） みずから経験したことがきっかけで現在の入学意識につながった気づき

☑ **B**：（現在の価値観❶） 気づいたこと（問題意識）は解決されるべきだと思う理由（社会的意義）

☑ **C**：（現在の価値観❷） 問題の解決への糸口

☑ **D**：（現在の価値観❸） 解決への糸口のためにこれから学ぶべきこと

☑ **E**：（志望校が最適である理由）

☑ **F**：（将 来 像）

「私」の取扱説明書

（キミ版・清書用）

自分で書いてみよう

☑ G：「私の長所は●●です」	ひと言で表すと？	いかされた物語は？
☑ H：「私は●●というリーダーシップをもっています」	ひと言で表すと？	具体的な物語は？
☑ I：「私の短所は●●です」	ひと言で表すと？	短所を克服する物語は？（簡潔に）
☑ J：「私は他人からよく●●だと言われます」	ひと言で表すと？	実際とのギャップがあるのはなぜ？
☑ K：「私が高校で最もがんばったことは●●です」	ひと言で表すと？	具体的な物語は？（簡潔に）
☑ L：「私の座右の銘は●●です」	座右の銘	なぜそれが座右の銘なのか？

中村　祐介（なかむら　ゆうすけ）
　大学受験予備校 研伸館 専任講師。
　学校推薦型選抜・総合型選抜が世の中で注目されていなかった時期から指導を開始し、現在ではその分野の第一人者として知られる。
　趣味は、全国・世界の大学めぐり。
　著書に『直前30日で9割受かる　中村祐介の志望理由書・自己推薦書』（KADOKAWA）がある。

学校推薦型選抜・総合型選抜
だれでも上手に話せる　面接合格ノート

2021年6月18日　初版発行

著者／中村　祐介

発行者／青柳　昌行

発行／株式会社KADOKAWA
〒102-8177　東京都千代田区富士見2-13-3
電話　0570-002-301(ナビダイヤル)

印刷所／株式会社加藤文明社印刷所